Gallien · Leben und Kultur in römischer Zeit

W0090023

Paul-Marie Duval

Gallien

Leben und Kultur
in römischer Zeit

Mit 81 Textabbildungen, 24 Fotos
und 1 Karte

Aus dem Französischen übersetzt
von Carl Helmut Steckner

Philipp Reclam jun. Stuttgart

Titel der Originalausgabe:
La Vie quotidienne an Gaule pendant la paix romaine

CIP-Kurztitelaufnahme der Deutschen Bibliothek

Duval, Paul-Marie:
Gallien : Leben u. Kultur in röm. Zeit /
Paul-Marie Duval. Aus d. Franz. übers. von
Carl Helmut Steckner. – Stuttgart : Reclam, 1979.
Einheitssacht.: La vie quotidienne en Gaule
pendant la paix romaine ⟨dt.⟩
ISBN 3-15-010288-X

Alle Rechte vorbehalten. © Philipp Reclam jun. Stuttgart 1979
Die deutsche Ausgabe erscheint mit Genehmigung von Librairie Hachette, Paris,
der Übersetzung liegt die französische Ausgabe von 1976 zugrunde
© Librairie Hachette, 1952
Satz: C. H. Beck'sche Buchdruckerei Nördlingen. Herstellung: Reclam Stuttgart
Umschlagentwurf: Hanns Lohrer, Stuttgart
Karte: Theodor Schwarz, Urbach
Printed in Germany 1979
ISBN 3-15-010288-X

Vorwort zur deutschen Ausgabe

Für den Historiker der vorchristlichen antiken Welt sind die Provinzen Galliens, in deren geographisch klar abgegrenztem Rahmen eine Nation zu entstehen beginnt, ein ideales Forschungsgebiet. Denn dieses Land hatte schon von den Kelten eine einheitliche europäische Lebensform empfangen, und zwar durch eine einzige gemeinsame keltische Sprache – wenn man von den Dialekten in ihren Randgebieten und fremden Einflüssen in ihren Grenzzonen absieht. Reiche Natur- und Bodenschätze sind im Überfluß vorhanden, das archaische polytheistische Heidentum ist von Natur aus »tolerant«, die Bevölkerung ist erfinderisch, fleißig, sucht Neues zu lernen, zu übernehmen und nachzuahmen. Das römische Gallien ist das größte, blühendste und volkreichste Land der westlichen Welt. Unter einer starken kaiserlichen Verwaltung herrscht bewaffneter Friede drei Jahrhunderte lang bis zum Beginn der späten Kaiserzeit. Im sozialen und politischen Rahmen des Stammes hatte sich eine originale keltische Kultur entwikkelt. Daraus ergaben sich mehr Gelegenheiten zu fruchtbarem Austausch als zur Konfrontation mit dem Kulturkreis des Mittelmeers, mit einer von den Griechen ererbten lateinischen Kultur. Es liegen demnach gute Voraussetzungen dafür vor, den Grad der Verschmelzung zweier Lebens- und Kulturkreise, des keltischen und des römischen, anhand eines Bildes vom Alltagsleben zur Zeit der Pax Romana zu untersuchen und weiterhin anzudeuten, wie der Druck der Erschütterungen das offene, strahlende Gallien in ein mehrfach verwüstetes Land verwandelte, das auf sich selbst zurückgeworfen war.

Für diese Untersuchung gibt es zahlreiche Quellen, und sie werden immer zahlreicher. Etwa 25 zeitgenössische Autoren haben in der Periode der Ruhe über Gallien geschrieben und ungefähr 65 danach bis zum Ende des 4. Jahrhunderts, von denen einige auch die vorhergehende Zeit behandeln. Wir kennen sie aus vollständigen griechischen und lateinischen Texten oder aus Fragmenten; Zeugnisse der gallischen Sprache sind fast nur in epigraphischer Form erhalten. Dazu gibt es zahllose lateinische Inschriften. Durch die Archäologie erhalten wir wichtige Erkenntnisse über die Lebensweise und den materiellen Lebensrahmen: Gallier und Römer stehen im gegenseitigen Austausch von technischen Kenntnissen, Kunstformen, Bekleidungsgewohnheiten, Transportmitteln, Glaubensweisen und Göttern. Entweder werden Elemente verschiedener Herkunft nebeneinander verwendet oder auch vermischt und verschmolzen, so daß daraus etwas Neues hervorgeht: ein technisches Verfahren, eine andere Lebensweise, ein Kunstwerk oder ein besonderer Kult. Für diese Mischform mußte heute die Bezeichnung »gallo-römisch« geschaffen werden – und diese Wortverbindung paßt nur für Gallien, sonst nirgends.

Am schwersten ist mit den heute verfügbaren Mitteln die innere Einstellung der Gallier und Gallierinnen zur römischen Herrschaft zu erfassen, nachdem man sie mit Waffen besiegt und zu einem Frieden unter schwierigen Bedingungen gezwungen hatte: der Dienst im Heer, das die Grenzen bewacht, die Übernahme städtischer und religiöser Ämter, die Teilnahme an wirtschaftlichen Unternehmungen, die Annahme der lateinischen Sprache und bestimmter Götter – das kann noch nicht viel sagen über eine vielleicht eher passive Loyalitätsauffassung. Die öffentliche und private Meinung konnte sich nicht artikulieren: wir müssen annehmen, daß trotz materieller und geistiger kultureller Fortschritte die Erinnerung an die Freiheit nicht überall in Vergessenheit geraten sein dürfte und einigen möglicherweise ständig im Bewußtsein geblieben war.

Während ich dies schreibe, erschließen neue Methoden der Forschung immer neue Quellen zum Studium des Lebens in jener Zeit. Die Luftbild-Archäologie entdeckt Jahr für Jahr neue Strukturen im Boden: Grundrisse von Villen, von keltischen Tempelbauten, den Verlauf vermuteter römischer Straßen. Die Unterwassergrabungen vor den Küsten des Mittelmeers fördern Schiffsrümpfe zutage, Ladungen von Importwaren, Techniken des Schiffbaus. Laboratoriumsanalysen versetzen Gegenstände aus Metall, Holz oder Keramik in ihren ursprünglichen Zustand zurück, und mit Überraschung sieht man, daß Ähnliches noch gestern in unseren Werkstätten und Wohnungen gebraucht wurde. Neue zuverlässige wissenschaftliche Publikationen geben dem Forscher Gesamtverzeichnisse von Kunstgegenständen an die Hand. Immer besser können wir erkennen, was Gallien Rom (und durch dessen Mittlerrolle Griechenland und dem Orient) verdankt und was Rom Gallien, und was diese beiden Faktoren gemeinsam oder jeder für sich zum Alltagsleben der Welt beigetragen haben, die wir heute die westliche und Mitteleuropa nennen. Dem Verlag Philipp Reclam jun. sei für die Möglichkeit gedankt, mit diesem Buch in diesem Land zahlreiche neue Leser zu erreichen.

Paul-Marie Duval

Einleitung

Die Epoche der Pax Romana erscheint in unseren Augen leicht als ein Goldenes Zeitalter, denn in der Geschichte Frankreichs sucht man nach gleich friedlichen Jahrhunderten vergeblich. Der Volksmund sagt: Wenn gebaut wird, geht es allen gut. Nie wurden Paläste und Wohnhäuser, Tempel und Heiligtümer, Zirkusarenen und Theater, Bäder, Brücken und Aquädukte so zahlreich und dauerhaft gebaut wie in jener Zeit, die die Entstehung der meisten Städte und Straßen in Frankreich erlebt hat. Unter der allgemeinen Sicherheit haben sich Traditionen herausgebildet, die in Ruhe ihre schönsten Früchte zur Reife brachten: fast zehn Generationen konnten an den Fortschritt glauben.

Solche Voraussetzungen sind der Entfaltung einer Kultur besonders günstig: die Schriftquellen sprechen von verschiedenen Lebensbereichen, deren konkrete Spuren wir noch häufig sehen können. Wer das Leben jener Zeit erforschen will, stößt da auf reichliches Material, aber auch auf ein Problem: diese in der europäischen Geschichte so herausragende Zeit führte zu einer Vermischung der sittlichen Normen, die sich nur mit der von Alexander gesuchten Begegnung des Ostens mit dem Westen vergleichen läßt. Die Ausbreitung der römischen Zivilisation unter Völkern mit eigener Geschichte und mit eigenen Lebensgewohnheiten hat die unterschiedlichen Lebensstile eng miteinander vermengt und daraus neue Gewohnheiten und Existenzformen entstehen lassen, die in einem Teil der westlichen Welt fortdauerten. Rom hat um sich her die Blumen seiner Kultur gepflanzt, aber der gleiche Same brachte in verschiedenen Böden entsprechende Varianten hervor. Das Schicksal hat es gewollt, daß die schönste und beständigste Blüte in dem Land aufging, das Italien am nächsten lag; es war von allen Ländern das fruchtbarste und besaß die einheitlichste Struktur. Das von der neuen Humanität tief durchdrungene Gallien hat eine beträchtliche Zahl von Dokumenten über das Leben seiner Bewohner überliefert, wobei den gallischen vom römischen Anteil zu trennen immer noch schwerfällt.

Vor über 2000 Jahren, als Cäsar seine Feldzüge beendet hatte, gab es in Gallien zum ersten Mal eine einheitliche Politik und Verwaltung. Das Land wurde in drei Provinzen aufgeteilt, denen Lyon (Lugdunum) als gemeinsame Hauptstadt diente: die provincia Aquitania, von den Pyrenäen bis zur Loire reichend, die Lugdunensis zwischen Loire und Seine und die Belgica im Norden. Der schon 120 v. Chr. romanisierte Süden bildete die älteste, die provincia Narbonensis. Zuletzt wurde das zu Anfang des 1. Jahrhunderts befriedete linke Rheinufer in zwei große, von Germanen bewohnte militärische Verwaltungsbezirke gegliedert. Die hier lebenden, vom rechten Rheinufer herübergezogenen Germanenvölker fügten sich schnell in den gallo-römischen Rahmen ein. Narbonne, Lyon und Köln[1] waren die drei Zentren des Kaiserkultes, an deren Altären sich die Vertreter der gallischen Stämme jährlich versammelten. Insgesamt einheitlichen Gesetzen unterworfen, wird das Land endlich zu einer Nation – im Rahmen ihrer geographischen Grenzen lebt »eine einheitliche Familie«[2], wie Strabo zu Anfang unserer Zeitrechnung sagt.

Was Rom den bisher geteilten Galliern brachte, das sind nicht nur ständige Sicherheit, technischer Fortschritt und materieller Wohlstand, die Schätze der klassischen Kultur, religiöse Toleranz (allein das Druidentum blieb ausgenommen) und Heilslehren: das waren Vorteile, die sie mit anderen Provinzen teilten. Darüber hinaus aber räumte Rom Gallien eine bevorzugte Behandlung ein, als im Jahre 48 unserer Zeitrechnung Kaiser Claudius die Zustimmung des Senats erhielt, zum ersten Mal Mitglieder aus dem »langhaarigen Gallien« zuzulassen. Diese Auszeichnung war bis dahin nur den hervorragendsten Bürgern aus der Baetica (in Spanien, eine der ältesten römischen Provinzen, heute Andalusien), der Narbonensis (sie wurde als Fortsetzung Italiens angesehen) und der Stadt Lyon (Hauptstadt der drei Gallien) zugestanden worden. Claudius verlangte diese Zulassung für die ersten Bürger aller drei Gallien, erhielt sie aber nur für die Häduer. Indes, der Anstoß war gegeben, weitere Gallier rückten in den Senatorenstand auf, und nach kurzen Unterbrechungen erreichte die Bewegung ihren Höhepunkt zu Beginn des 3. Jahrhunderts, als einer Elite, die, aus der Masse der Provinzbewohner hervorgegangen, insgesamt die römische Staatsbürgerschaft erhalten hatte, Senatorenrang zugesprochen wurde. Es gibt zahlreiche und verwickelte Gründe für die erstmals den gallischen Provinzen eingeräumte Bevorzugung: Gallien konnte mit Stolz darauf hinweisen, der älteste Gegner gewesen zu sein, den die Niederlage nicht zu Boden geworfen hatte; der Adel war reich und mächtig geblieben. Es war das schönste und fruchtbarste Land westlich von Italien, sein Schicksal war schon lange mit dem seiner Nachbarn verbunden; sprachlich stand es ihnen zweifellos am nächsten. Schließlich sicherte Gallien die Verbindungen nach Spanien, und es war der notwendige Schutzschild gegen die Barbaren Germaniens, die schon zweimal – durch die Cimbern 108–101 v. Chr. und Ariovist 58 v. Chr. – den Westen bedroht hatten. Rom sorgte daher mit größter Umsicht dafür, Gallien dem Reich einzugliedern. Äußerst sorgfältig achtete es stets auf Galliens materielle Entwicklung und die Aufrechterhaltung seiner Sicherheit und bemühte sich, es durch römische Kultur und römische Traditionen für sich zu gewinnen.

So wurde die römische Präsenz bald mehr akzeptiert als nur geduldet. Man sah das im Jahre 68 bei den Irrsinnstaten Neros, des letzten Kaisers aus dem julisch-claudischen Hause. Das aufgebrachte Gallien übernahm die Führung in der Revolte und löste die erste Herrschaftskrise aus, in der die Prätendenten, von denen zwei Kommandos auf gallischem Boden innehatten, das Imperium spalteten. Beinahe hätte Gallien durch mehrere Aufstände seine Unabhängigkeit zurückgewonnen, aber Erfolg hatte keiner. Die 70 in Reims versammelten Abgesandten der gallischen Stämme entschieden sich dafür, die römische Herrschaft weiter anzuerkennen, nachdem sie alle Seiten des Problems erörtert hatten. Nach der glücklichen Formulierung von Albert Grenier war dies für das römische Gallien »eine Wachstumskrise«. Von da an gehörte der »gallo-römischen« Zivilisation die Zukunft. Sie nimmt einen unvergleichlich glänzenden, fast zwei Jahrhunderte währenden Aufstieg unter drei Kaiserhäusern, aus denen in der Mehrzahl ausgezeichnete Herrscher hervorgehen: die Flavier (69–96), die Antoninen (96–192) und nach einer mehrjährigen Krise die Severer (197–235). In schneller Folge entstehen »römische« Städte in großer Zahl, die Gallier gewöhnen sich an das Stadtleben, an alles, was ihnen eine große Kultur als Erbe des Orients und Griechenlands bietet. Das Landesinnere bleibt frei, aber die Rheingrenze wird sicher geschützt; der Boden ist weiterhin den Einheimischen überlassen außer einigen Gebietsteilen, die von Veteranen bearbeitet werden müssen; die gallischen Bräuche werden geachtet. All dies wird garantiert, damit der römische Friede auf so begünstigtem Boden seine besten Früchte trage. Der Einwandererstrom aus verschiedenen Herkunftsländern, die Entwicklung der öffentlichen Bauten, die Gewinnung der Reichtümer des Landes machen es bald zum Juwel des Reiches.

Was geschieht in der Welt während dieser zwei Jahrhunderte? Ein Militärreich, das sich bei seiner Entstehung auf die Mittelmeerprovinzen stützt, dehnt sich in Europa aus bis hin zur britischen Insel, zu den Quellen von Rhein und Donau und reicht bis zum Donaudelta in Dakien. Quer durch Nordafrika reicht es in Marokko wieder an den

Ozean, in Asien schließt es Armenien, Arabien und Mesopotamien mit ein. Hinter dem Schutz ausgedehnter Befestigungen verbreitet die Pax Romana ihre Wohltaten, vervielfacht die Zahl der Städte und der Staatsbauten, stellt die Technik in den Dienst der Produktion, schafft überall neue Zivilisationszentren und schürt mit dem Atem wechselhafter Politik die schwache Flamme des Christentums. Das Werk wächst gleichmäßig bis zum Beginn des 3. Jahrhunderts und kommt dann zu einem gewissen Stillstand. Die Expansion wird im Osten bald, 227, von den sassanidischen Persern aufgehalten, die die Parther im Iran ablösen; im Westen von den Germanen, die kurz nach 250 die befestigte Rheingrenze aufbrechen und Gallien verwüsten, die Donaugrenze überwinden, Mailand erreichen und damit die unwiderrufliche Räumung Dakiens erzwingen. Von nun an ist Rom in der Defensive. Die Stadt Rom muß sich 275 mit gewaltigen Mauern umgeben und sich damit begnügen, Europa nur bis zum Rhein und zur Donau zu beherrschen. Der Osten wird einem neuen Herrn anvertraut, einem zweiten Kaiser, der in Byzanz residiert.

Gallien profitiert in dieser Zeit, seit dem Beginn der christlichen Ära bis in die Mitte des 3. Jahrhunderts, voll von seiner friedlichen Erschließung. Nimmt man die Unruhen unter dem unfähigen Kaiser Commodus (180–192) aus, die das Land erschütterten, den Kampf um das Reich, der mit der Plünderung Lyons 197 die Severer an die Macht brachte, und die ersten zaghaften Germaneneinfälle, die 234 den Wiederbeginn der drei Jahrhunderte lang verhinderten Barbarenangriffe ankündigten, dann kann man sagen, daß der Aufstieg der gallo-römischen Zivilisation bis 253 anhielt.

Unter den die Entwicklung besonders begünstigenden Ereignissen seien drei genannt. Zwei haben militärischen Charakter und sicherten den Absatz der Wirtschaftsproduktion: erstens die teilweise Eroberung der britischen Inseln, die einst Cäsar versuchte, die Claudius 43 neu einleitete und die, von seinen Nachfolgern fortgesetzt, im 2. Jahrhundert abgesichert und im 3. Jahrhundert bis Schottland vorangetrieben wurde; zweitens die Eroberung des Dekumatenlandes jenseits des Rheins, die im wesentlichen unter Domitian 83 gelang und die Trajan gegen Ende des 1. Jahrhunderts neu organisierte. Das dritte hat eine politische Dimension. 212 gewährte Caracalla allen Freien des Reiches die römischen Bürgerrechte: einer der großen Augenblicke der alten Geschichte. Es war die offizielle Anerkennung eines Tatbestandes, der für Gallien besondere Bedeutung hatte, nämlich des immer häufigeren Zugangs der Provinzbewohner zum römischen Bürgerrecht als Ausdruck des Gefühls ihrer Zugehörigkeit und ihrer Loyalität, aber auch der Vorteile, die sich mit dieser Eigenschaft verbanden.

253 aber ist das erste Alarmzeichen zu registrieren. Der gegen die Barbaren erbaute Damm zerbricht: die Alamannen dringen bis zur Auvergne vor, die Franken bis zu den Pyrenäen. Das westliche Gleichgewicht ist bedroht, und für Gallien beginnt die Zeit der Zerstörungen. Die Erschütterung ist so tiefgreifend, daß die ausschließlich mit der Verteidigung des Rheines beauftragten Truppenführer, durch die Schwierigkeiten im Osten begünstigt, ein römisches Gallierreich proklamieren. Postumus, Victorinus, Lelianus, Tetricus und sein Sohn riskieren die wirtschaftliche Isolierung des Landes und regieren es von 258 bis 273 als Abgefallene, aber nicht als Feinde Roms. Tetricus unterwirft sich Aurelian, der ihm vergibt. Aber gleich folgt eine neue Katastrophe, noch schwerer als die erste: die Barbaren fallen in das schon geschwächte Land ein und wüten noch mörderischer. Etwas länger als zwanzig Jahre hatte man ihnen Widerstand geleistet, aber dann endet die »belle epoque«: das Goldene Zeitalter der gallo-römischen Zivilisation, ihre freie Entfaltung in den großen, ganz neuer Bauweise zugewandten Städten und auf dem friedlichen Land ist endgültig abgeschlossen. Zwar lebt das römische Gallien weiter; es erlebt noch lange Friedenszeiten, von 285 bis 350 beispielsweise, es übernimmt im Westen sogar die Rolle der Vorhut gegenüber der germanischen Gefahr; aber nun ist es ein Land in Waffen, gespickt mit Festungen, in seiner Lebensweise aufs tiefste verändert, von fremden Einflüssen und fremdem Geist durchdrungen, der nach und nach die Keime zu einer anderen, neuen Existenz legt.

Tatsächlich verändert sich das Land, das zu den Vorreitern klassischer Zivilisation gehört, von der Invasion des Jahres 276 bis zum Ende des 4. Jahrhunderts tiefgreifend. Nach und nach sickern Germanen in die Masse der Bevölkerung ein, werden ins Heer aufgenommen, lassen sich auf dem Land nieder, werden im übrigen schnell von der Bevölkerung assimiliert. Die Stadt flüchtet aufs Land, wo sich »römische Lebensweise« auf die großen Güter zurückzieht. Die städtischen Zentren haben mit ihren Vorläufern nur noch ihre Lage gemein. Ein paar schöne Städte sind stehengeblieben, aber im Schutz ihrer Mauern kaiserliche Residenzen geworden, wie Trier oder Arles. Überall sonst beschränkt sich städtische Siedlung auf ihr am leichtesten zu verteidigendes Stadtviertel, und dieses ist ordnungsgemäß befestigt mit den Steinen, die Bauten aus glücklicheren Zeiten entnommen wurden. Kurz, es gibt fast nur noch Befestigungen, Schutzburgen für die Verteidiger und die wichtigsten Verwaltungsorgane. Unter diesen Bedingungen wandeln sich die materiellen Lebensbedingungen selbst in ruhigen Zeiten grundlegend. So auch das geistige Leben; denn das unter Constantin Anfang des 4. Jahrhunderts staatlich anerkannte Christentum verbreitet sich und macht nach seinem späten Auftreten in Gallien jetzt um so schnellere Fortschritte. Die Kirchenorganisation verhilft der lateinischen Sprache zum entscheidenden Durchbruch, und bald darauf gibt die Bekehrung der Barbaren den Bischöfen eine auf bedeutende Erfolge gegründete Macht. Die Glaubens- und Begräbnissitten entwickeln sich, die griechisch-römische Kunst ist im Niedergang, und wenn auch die Sitten der vorhergehenden Epoche im Adel fortleben, so wirken sie doch mehr und mehr zeitfremd.

Das Wort Verfall wäre dafür jedoch nicht ganz richtig: das Land bleibt stark, seine Volkskräfte überleben die schrecklichsten Blutbäder, die keltischen Überlieferungen kehren auf merkwürdige Weise in der Kunst wieder, und germanische Einflüsse bringen seit der Vorgeschichte vergessene Werte und Kräfte neu zur Geltung. Aber durch diese neuen Kräfte ist das harmonische Gleichgewicht, das sich zwischen römischem Einfluß und gallischem Geist in Friedenszeiten eingestellt hatte, gestört. Dennoch haben die bisherigen Leistungen eine einzigartige Dauerhaftigkeit bewiesen. Die Romanisierung wurde in Afrika vom Islam rückgängig gemacht und in Spanien gefährdet, im Orient, in Ägypten und in Griechenland vom Hellenismus überdeckt, sie blieb eingeschränkt in Britannien und war jenseits des Rheins praktisch nicht vorhanden, sie überlebte aber im verlorengegangenen Dakien – »Rumänien« – und behauptete sich in Gallien hinter hundert Festungen, den Schwestern des römischen Kastells. Denn die Franken und die anderen Barbaren wurden schnell zu Lateinern und Christen, und durch ihren ständigen Zustrom gaben sie dem römischen Element einen unwiderstehlichen Auftrieb. Gerade in diesem Land ist dem umsichtig betriebenen Werk Roms nach zwei fruchtbaren Jahrhunderten der schönste Erfolg beschieden gewesen.

Die erste dieser beiden Epochen also, die vom Beginn des 1. Jahrhunderts bis zur Mitte des 3. Jahrhunderts reicht, haben wir wegen ihrer Geschlossenheit und Ausgewogenheit ausgewählt, in ihr findet sich die größte Zahl von Zeugnissen über das tägliche Leben. Leider gibt es nur wenige schriftliche Quellen. Denn für die hier angestellten Forschungen wären die Korrespondenzen oder die im eigentlichen Sinn literarischen Werke – Epen, Tragödien und besonders Komödien, Dichtungen aller Art und Berichte – am wichtigsten, aber für diese Zeit haben wir praktisch keine gallo-römischen Autoren. Wir müssen uns auf die Hinweise griechischer und römischer Schriftsteller beschränken, die sich auf gallo-römische Lebensweise beziehen, und wir können etwa auch ältere oder jüngere Texte heranziehen – Cäsar zum Beispiel oder Ausonius, Sidonius Apollinaris, wenn sie von anderweitig bestätigten Bräuchen während der Pax Romana erzählen. Andererseits besitzen wir aus dieser Zeit Tausende von Inschriften, die sehr häufig das Schweigen der Texte ergänzen. Zudem gibt uns der gallische und gallo-römische Wortschatz manchen wertvollen Hinweis. Als Hilfsmittel sollte man ihn nicht ablehnen, aber er ist mit Vorsicht zu benutzen.

Den größten Beitrag liefern uns die Werke der bildenden Künste: Reliefs, Statuen und Statuetten. Architekturschmuck, Mosaiken, verzierte Keramik, Goldschmiedearbeiten. Die seit dem Beginn des 1. Jahrhunderts zahlreich und im 2. und 3. Jahrhundert verstärkt auftretenden heidnischen Grabmäler bilden eine unvergleichliche Sammlung von Zeugnissen aus dem privaten Lebensbereich. In Gallien wie in Ägypten ist es oft die Wohnung der Toten, die über die Sitten der Lebenden Auskunft gibt. Die Publikation der gallo-römischen Bildwerke, die wir der sorgfältigen Arbeit von Émile Espérandieu und danach von Raymond Lantier verdanken, hat die Nummer 9000 überschritten, sie stellt eine der schönsten Leistungen der französischen Wissenschaft dar. Wir haben sie ebenso ausgiebig benutzt wie die ständig zunehmenden Ergebnisse von Ausgrabungen aus dem ganzen Land, die dank aktiver Förderung durch neue Gesetze unser Wissen über Bauten, Werkzeuge und Lebensweise seit einigen Jahren täglich bereichern.

Hätten wir nicht die Hoffnung gehegt, die neuen Funde und Veröffentlichungen so auswerten zu können, wie sie es verdienen, wäre dieses Buch wohl nicht entstanden. Viel verdankt es älteren Werken, denen wir uns verpflichtet fühlen, wie aus den bibliographischen Hinweisen am Schluß des Buches leicht ersichtlich ist. Gerade in dieser Reihe, zu der ein Werk über den Alltag in Rom wie das von Jérôme Carcopino* gehört, welches bald nach Erscheinen einen klassischen Rang einnahm, war es sinnvoll, einen Band über eine Provinz des römischen Imperiums vorzusehen. Wo immer es möglich war, haben

* Deutsche Ausgabe: Rom. Leben und Kultur in der Kaiserzeit. Stuttgart: Reclam, 1977. (Anm. d. Übers.)

wir uns bemüht, in den einfachen Gewohnheiten des Alltags das Fortleben gallischer Überlieferungen nachzuweisen. Dabei war uns immer bewußt, daß sich in jener fernen und uns doch nahen Zeit die französische Lebensart in einer erstmals dem Historiker wirklich faßbaren Weise ausgebildet hat.

Erstes Kapitel
Land und Leute

1. Das Land – 2. Die Bewohner – 3. Die Gesellschaft – 4. Die Sprache – 5. Die öffentliche Meinung

Auch unter dem römischen Kaiserreich war die Lebensweise auf beiden Seiten der Alpen verschieden, denn unter einem anderen Himmel lebt man anders. »Hosengallien«, »das langhaarige Gallien« – in solchen Bezeichnungen betonten die Römer oft den Gegensatz zwischen dem großen Nachbarland und Norditalien, das sie von den Kelten zurückerobern mußten, um ihm die römische Toga überzuwerfen. Nachdem sie die Alpen überschritten und auf gallischem Boden Fuß gefaßt hatten, erlebte man, wie zwei Kulturen miteinander verschmolzen. Ihre Doppelnatur nennt man heute mit Recht »gallo-römisch«, aber nur der eine Teil ist dem Einfluß Roms zu verdanken, der andere nicht. Dieser entstammt nämlich dem Land selbst und seinen ältesten Bewohnern.

1. Das Land

Dieser Teil des europäischen Kontinents bot schon den Augen der alten Autoren die Vorzüge einer naturgegebenen harmonischen Einheit. Über »die Gallier, denen die Natur einen so guten Schutz verliehen hat«, spricht ein Autor des 1. Jahrhunderts unserer Zeitrechnung: »im Osten die Alpen, im Norden den Rheinfluß, im Süden die Pyrenäen, im Westen den Ozean«[1] – und im Südwesten das Mittelmeer. Das damalige Gallien reichte im Norden und Osten viel weiter als das heutige Frankreich (Belgien, Südholland, Luxemburg, das rechtsrheinische Deutschland und ein Teil der Schweiz gehörten zu seinem Gebiet). Einem Geschichtsschreiber des 4. Jahrhunderts erschien das alte Gallien noch »von natürlichen Schutzwällen umgeben, die man ein Kunstwerk nennen könnte«.[2]

Als geographische Einheit zeichnete sich Gallien für Strabo durch die Ausgeglichenheit seiner Teile aus, durch »diese völlige Harmonie, die das Land im gleichen Maß seinen Flüssen wie seinen beiden Meeren, dem Ozean und dem Mittelmeer, verdankt«.[3] Durch sein Gleichgewicht von Land und Meer ist es einerseits mit dem übrigen europäischen Festland verbunden, andererseits ist etwa die Hälfte seines Umfangs von Wasser umgeben. Dieses günstige Verhältnis unterschied Gallien von den großen Halbinseln im Mittelmeer, Italien, Spanien oder der Peloponnes. Im ausgewogenen Verhältnis zueinander stehen auch Berge und Ebenen. Jene erheben sich am Rande zu zwei hohen Schutzschranken aus jungen Gebirgen, den höchsten Europas – die Alpen und die Pyrenäen; diese lagern sich verstreut um ein altes Bergmassiv, das ein zentrales Wasserreservoir bildet. Kein Teil der Bodenformation ist hier extrem ausgeprägt: es gibt weder ein Flußtal wie in Ägypten oder Mesopotamien, noch ein Flachland wie in Pannonien oder Germanien, noch ein Gebirge wie in Griechenland oder eine Hochfläche wie in Spanien, Nordafrika, Kleinasien oder im Iran. Gleichgewichtig ist endlich die Verteilung des Wassers, was Strabo besonders auffällt: »Das ganze Land wird von Flüssen bewässert«, sagt er bewundernd.[4] Vier Flußnetze führen von drei Gebirgsformationen in zwei verschiedene Meere, sie bildeten in der Tat das schönste System von Flußtälern, das es im zivilisierten Europa damals gab.

Im einzelnen ist das Oberflächenrelief für die Besiedelung nicht weniger günstig. Alle großen Kräfte, die den Boden Europas formten, haben direkt oder indirekt auf dieses Land gleichzeitig oder nacheinander eingewirkt und ein vielfältiges Bodenrelief mit nur schwach ausgeprägten Senken und sanften Abhängen herausgebildet. Diese kleinen Landschaften sind häufig ganz und gar selbständig und haben in der Entwicklung des Landes eine wesentliche Rolle gespielt. Denn in diesen Schmelztiegeln haben sich alte und neue Bewohner zugleich mit ihren Lebensauffassungen und -gewohnheiten vermischt, wobei sie die lokalen und regionalen Eigenarten »konservierten«. Die Maschen dieses Netzes hielten die Neuankömmlinge fest, hier konnte sich Seßhaftigkeit zur Tradition entwickeln. Im Großen wie im Kleinen bot diese Gliederung die Voraussetzungen dafür, daß sich ein intensives Leben in regionalem Maßstab entfalten konnte. Dabei gab häufig ein lebhafter politischer Partikularismus den Ton an. Die Zersplitterung des unabhängigen Gallien in hundert verschiedene Völkerschaften oder die dauerhafte Koexistenz der »römischen« Gallien – beides war weitgehend durch die natürlichen Gegebenheiten bedingt, und dies gilt bis heute. Denn die gallischen Stammesgebiete, die römischen civitates und die Kirchendistrikte des Mittelalters haben sich teilweise erhalten in den Departements von 1789. Viele gallische Stammesnamen blieben mit dem Boden verbunden, weil sie sich schon seit der Römerzeit den wichtigsten Städten aufgeprägt hatten. Reims ist die Stadt der *Remi*, Rennes die der *Redones*, Paris die der *Parisii*, während in der übrigen Alten Welt der Städtename meist den Stammesnamen auslöschte – so etwa Rom den der *Latini*. Diese gallo-römische Erscheinung ist noch nicht ganz geklärt, aber offensichtlich wäre sie nicht ohne die alte, starke Stammesorganisation der Gallier möglich gewesen, die wieder im regionalen Rahmen ihre Stütze hatte. Hierzu schrieb Camille Jullian: »Wenn Frankreich die Namen seiner alten Stämme länger bewahrt hat als das übrige Europa, dann deshalb, weil die natürlichen Regionen hier am besten ausgebildet, in ihrer Größe am günstigsten zugeschnitten sind und die ausgewogenste Form haben.«[5]

Aber die möglichen negativen Seiten eines von der Bodengestalt begünstigten Partikularismus – wie sie beispielsweise in der Geschichte des Alten Griechenland deutlich erkennbar sind – werden hier von den guten Verkehrsmöglichkeiten, insbesondere auf den Flüssen, kompensiert: »Die Gebiete, die sie durchfließen«, sagt Strabo, »sind vorwiegend Ebenen oder Gelände mit einem Gefälle, das den Gewässern einen für die Schiffahrt günstigen Verlauf ermöglicht. Auch liegen die Flußläufe zueinander so günstig, daß man leicht von dem einen Meer in das andere gelangen kann und die Waren nur über kurze Strecken zu Lande weiterzuschaffen braucht [...], meist aber folgt man den Flüssen ebensogut bergwärts wie talwärts [...]. Wenn man dies in Erwägung zieht, so wird man es als einen nicht geringen Beitrag zur Güte der Gegend betrachten: ich meine die Leichtigkeit im gemeinschaftlichen Verkehr mit den Lebensbedürfnissen und die daraus entspringenden gegenseitigen Vorteile.«[6] Die Gestalt der gallischen Landschaft war also wie dazu geschaffen, ihre Prägung durch den Menschen zu erhalten und zu bewahren, dank dieser langsamen »Arbeit an sich selbst« – um hier das Wort von Michelet aufzugreifen –, bei der das kleinste Detail scharf eingraviert wurde. Aber die Landschaftsform stand keineswegs der kommenden politischen und verwaltungsmäßigen Einheit entgegen, die schon früh in der Geschichte durch den Eingriff Roms bewirkt wurde.

Die territoriale Gliederung des römischen Gallien hat zwar teilweise die alten keltischen Einheiten (Aquitania, Celtica von der Garonne bis zur Seine, Belgica im Norden) zerschlagen, aber nicht gewaltsam in die Geographie eingegriffen. Die ganze Mittelmeerregion von den Alpen bis zu den Pyrenäen wurde zu einer Provinz mit dem Rhônetal als Achse bis vor die Tore von Lyon und zum Ufer des Genfer Sees, mit Narbonne als Hauptstadt: dies ist die Narbonensis, die mit ihrer Kette von Küstenhandelsplätzen Italien mit Spanien verbindet. Das Zentralmassiv und sein Umkreis bilden als Herz Galliens den Kern einer Provinz Aquitanien, die sich unmäßig ausdehnt von den Westpyrenäen bis zum Loire-Ufer und sich zum Ozean hin weit öffnet, wie sein Hafen Bordeaux. Die Täler der Loire und der Seine bilden einen breiten Korridor: die Provinz des Lyonnais (Lugdunensis) öffnet sich von ihrer Hauptstadt Lyon aus breit hin zum Atlantik und zum Ärmelkanal und umfaßt die zerklüfteten Küsten von der Loire-Mündung bis zum Ufer der Somme mit der armorikanischen Halbinsel von Unelles (das Cotentin) und der Seinemündung. Der Rest besteht aus einem weiteren Gebietsstreifen, der sich im Schutz der Schlingen und Bögen des Rheinlaufes von den Schweizer Alpen bis zu den Küsten des Ärmelkanals und der Nordsee senkt: es ist die Belgica, die über Trier hinaus bis an den Rhein reicht und im Norden und Süden von den beiden Germanien (Mainz und Köln) flankiert wird. Vier große Handelsstraßen führen durch diese Provinzen: zwei durchqueren Aquitanien von Narbonne nach Bordeaux und von Lyon nach Saintes; zwei führen durch Belgien und Germanien, die eine beginnt im Lyonnais und verläuft von Lyon nach Boulogne, die andere zweigt bei Chalon-sur-Saône ab und begleitet den Rhein bis zur Mündung. Die Grenzen der Provinzen verlaufen etwa parallel zu den drei großen Flüssen Rhein, Seine und Loire, und die Straßen folgen ihnen mit einigem Abstand in gleicher Richtung von der nahe bei Italien liegenden Hauptstadt Lyon aus. Alles ist so angelegt, daß große allmählich breiter werdende Korridore von der Narbonensis auf die West- und Nordküsten zuführen. Legt man einen Bund mit drei oder vier Schlüsseln so auf die Karte, daß der Ring auf die Narbonensis zu liegen kommt, Lyon, die Alpen und die Pyrenäen berührt und zum Mittelmeer reicht: dann sieht man, wie die großen Verkehrsachsen fächerartig vom Rhône-Verkehrskreuz zu den Mündungen von Garonne, Loire, Somme und Rhein führten und dem Mittelmeerraum den Zugang zum Ozean öffneten.

So ausgewogen Galliens Bodenstruktur im ganzen und im einzelnen war, so gut war es auch mit Rohstoffen versorgt in einer Zeit, die jene Brennstoffe nicht kannte, welche Frankreich heute fast ganz oder teilweise fehlen – Kohle und Öl. Die Vielfalt der Produkte verdankte das Land seinem Reichtum an Boden und Bodenschätzen, aber auch einem Klima, das es vorteilhaft vor anderen Teilen der Welt auszeichnete. Dieses Klima wird vor allem durch dreierlei Einflüsse bestimmt und gemildert, die atlantischen, die kontinentalen und die mediterranen, deren jeweilige Extreme sich hier, unter mittleren Breitengraden, ausgleichen. Da man sich gelegentlich auf den Eindruck verließ, den das Klima auf die antiken Autoren machte, gelangte man zu der Annahme, das Klima sei früher feuchter gewesen als heute.[7] Für einen Italiker oder einen Griechen war Gallien ein feucht-kaltes Land mit einem stürmischen Ozean, mit Regen und Schnee, Wäldern, Sümpfen und Eis, das für die Transportkolonnen die Flußläufe passierbar machte. Die Übertreibungen mancher Schriftsteller machen dies deutlich: »Da das Land fast ganz unter dem Nordstern liegt, ist es überaus winterlich und kalt. Zur Winterszeit nämlich fallen an Nebeltagen anstatt des Regens große Schneemassen, und an heiteren Tagen starrt alles von Eis und entsetzlichem Frost, so daß die Flüsse zufrieren und eine natürliche Brücke bilden. Denn nicht nur die wenigen Reisenden gehen dann über das Eis, sondern auch ganze Heere ziehen zu Zehntausenden mit Gepäck und schwerbeladenen Wagen in aller Sicherheit darüber hin.«[8] Diese Beobachtung, fälschlich auf das ganze Land angewandt, gilt in Wirklichkeit nur für seine kältesten Teile. Festzuhalten bleibt: Gallien ist das nördlichste der Mittelmeerländer und insgesamt nicht so warm wie die anderen Teile der Alten Welt, aber weniger kalt als die damals noch »barbarischen« Gebiete Kontinentaleuropas. Das Klima hat erheblichen Einfluß auf das Alltagsleben, und dies begründet zu einem guten Teil die Eigenart der Kultur Galliens im römischen Kaiserreich.

Gallien nahm in der zivilisierten Welt eine Randlage im äußersten Westen an der Küste des Meeres ein, das nach den Theorien der Alten den ganzen unbekannten Teil der Welt bedeckte. Dorthin, in dieses unerforschte Meer, wo die Sonne jeden Abend unterging, verlegte auch mancher Totenglaube die geheimnisvollen Inseln, zu denen die letzte Reise der Seelen der Verstorbenen führte. Aber es gab realere Inseln dicht vor den Küsten Galliens, die Britischen Inseln; dort herrschte eine keltische Kultur, die sich reiner erhalten hatte als auf dem Festland. Die vor Ankunft der Römer schon sehr engen Kontakte blieben bestehen, auch nachdem diese »Britannien« erreicht hatten: wenn man sich an die Beschreibung Strabos und danach Cäsars und Tacitus' hält, glaubten die Geographen, die große Insel läge in ihrer ganzen Breite der gallischen Küste viel näher, und somit hielten sie deren Entfernung von Spanien für geringer.[9] Im Hinblick auf dieses ganz von keltischer Kultur geprägte insulare Hinterland des europäischen Kontinents betrachteten sich die Einwohner Galliens selbst keineswegs als die äußersten Bewohner am westlichen Ende der Welt.

Aber die Lage zum übrigen Europa setzte sie zwei wichtigen Kraftströmen aus, deren Wechselspiel zum Grundprinzip ihrer Geschichte wurde. Die von den Alten gerühmten »natürlichen Schutzwälle« waren weder zusammenhängend noch unüberwindlich. Auf wenigstens zwei Seiten öffneten sich die Zugänge leicht nach zwei grundverschiedenen Außenwelten: die Südostküste am meistbefahrenen Meer der Welt war offen für die Einflüsse der griechischen, römischen und orientalischen Völker; über das Flachland im Nordosten dagegen führte der Weg der europäischen Invasionen sozusagen mitten ins gallische Gebiet, und ihm folgten Kelten und Germanen als Anwohner des Rheines: der Fluß hatte seit langem, schon in vorgeschichtlicher Zeit, eher eine verbindende als eine abgrenzende Rolle gespielt. Mit dem Wort »gallo-römisch« wird nur der wesentliche Aspekt dieser »europäisch-mediterranen« Zweiheit ausgedrückt; das kontinentale Europa der großen Ebenen im Norden und im Zentrum steht dem Gebiet am südlichen Rand gegenüber, das sich sozusagen in Asien und Afrika fortsetzt und den gebirgigen Ring um das »Binnenmeer« bildet. Nebenzugänge ergänzen die beiden Hauptwege: durch die östlichen Öffnungen strömten die mitteleuropäischen Einwanderer nach Burgund ein; über die Pyrenäen und die Alpen sickerten iberische und italische Elemente ein. Dies sind die Völker, deren Zusammentreffen wir wenigstens für die historische Zeit in Frankreich feststellen können, weil »in seinen Tälern die von innerhalb und außerhalb der antiken Welt kommenden Straßen wieder zusammenliefen«, wie Camille Jullian richtig bemerkte.[10]

2. *Die Bewohner*

Da Völkerwanderungen so alt sind wie die Menschheit, kann man sich mit der Vorstellung von einer autochthonen Bevölkerung leicht täuschen. Dennoch bleibt den Menschen, die das Land Jahrtausende vor Ankunft der ersten Kelten besetzten, das Verdienst, das Land umgestaltet und den Kern der Bevölkerung gebildet zu haben: man hat die historische Perspektive korrigiert und gesteht ihnen heute diese wichtige Rolle zu.[1]

Die Besitzergreifung des Bodens durch die Menschen fand im wesentlichen während der Jungsteinzeit statt. Sicherlich von sehr gemischter Herkunft, haben sie sich offenbar zuerst in den großen Tälern niedergelassen, dort den Boden gerodet, Getreide angebaut, erstmals aus einfachen Behausungen eine Art von »Dörfern« gebildet, die aus Gründen der Sicherheit oft auf Pfählen am Seeufer errichtet waren; sie haben manche Werkzeuge in ihrer Grundform geschaffen: Waffen und Werkzeuge aus geschliffenem Stein, deren Formen später in Metall nachgeahmt wurden; Behälter aus Kupfer, Holz und der großen Neuheit: gebranntem Ton; schließlich Textilien. Sie haben die seßhafte Lebensweise und die Mittel dafür entwickelt.

Wenn sich die von der Wissenschaft unterschiedenen »Epochen« ohne allzuviel Ungenauigkeit soweit abgrenzen lassen (denn den Menschen der Jungsteinzeit waren schon einige Metallgegenstände durch den Handel bekannt geworden, und die der Bronzezeit haben geschliffene Steinwerkzeuge noch lange weiterbenutzt), dann sind in die Zeit nach 2000 v. Chr. zwei für die Geschichte der westlichen Völker wichtige Daten zu setzen: die Aufnahme der Metallverarbeitungstechnik und das – zuerst spärliche – Auftreten von Völkern, die verwandte Sprachen sprechen. Sie kamen aus unbekannten Gegenden Nordeuropas und haben sich nach Westen (Kelten und Germanen), nach Süden (Italiker, Illyrer, Thraker und Griechen), nach Osten (Slaven) und Südosten (Armenier, Hethiter, Iranier, Inder) verbreitet: die Völker indoeuropäischer Sprachen. Die ersten Kelten müssen während der Bronzezeit nach Gallien gekommen sein – im zufälligen Verlauf der Wanderungen, die sich im 2. Jahrtausend verstärkten, als im Westen die neue Waffe, das Schwert, aufkam. In der Eisenzeit (genannt Hallstatt- oder La-Tène-Zeit, etwa 1. Jahrtausend) ist eine starke Expansion der Kelten von den Gebieten an der oberen Donau in die westlichen Länder zu beobachten. Im 3. Jahrhundert ist die große Vermischung der steinzeitlichen Urbevölkerung mit den neuen Elementen abgeschlossen: nach Gallien gelangen von den keltischen Volksgruppen nur noch die Belgen über den Rhein und besiedeln Nordgallien und den Süden der Britischen Inseln – etwa von 250 bis 150 v. Chr. Die östlich des Rheins verbliebenen Völker verloren den Kontakt mit der griechisch-römischen Welt: obwohl sie unter starkem keltischen Einfluß standen, blieb ihre zivilisatorische Entwicklung hinter der der Kelten zurück; den Rückstand holten sie weder dem römischen noch dem christlichen Gallien gegenüber auf.

Man kann also sagen, daß das Land während der Eisenzeit seine gallischen Wesenszüge erhielt. Auf vorbereitetem Boden und in schon weitgehend vom Menschen geprägten Landschaften ließen sich die Neuankömmlinge nieder und vermischten sich mit der früheren Bevölkerung in verschiedenen Graden. Jede Welle setzte keltische Gruppen ab, die sich in der Nähe der Einfallstore im Osten, im Norden und im Zentrum anscheinend zahlreicher und dichter ansiedelten. Sie brachten ihre eigene Sprache, ihre gesellschaftliche Ordnung, ihre wichtigsten Gottheiten, ihre Heldenverehrung und ihre Kunst mit. Vielen Stämmen gelang so in unterschiedlichem Maß die Anpassung keltischer an vorgeschichtliche Lebensformen – an alpine und ligurische im Südosten, an pyrenäische und iberische in Aquitanien und an ozeanische im Westen.[2] Aber auch schon in dieser ersten Epoche ihrer Geschichte sind die Verbindungen der keltischen Welt, zu der Gallien gehört, zur Mittelmeerkultur deutlich erkennbar, deren Einfluß sich bald auswirken sollte.

Die Geschichte schuf zwischen diesen beiden Welten nur sehr geringe Berührungspunkte, zwischen Gallien und Rom jedoch zunehmend enger werdende Kontakte. Schon vor ihrer Ankunft in Gallien standen die Kelten Mitteleuropas auf dem Balkan mit den Thrakern und den Griechen Europas und Kleinasiens in Verbindung. Gleichzeitig setzte sich der orientalisierte Hellenismus an der Südküste Galliens fest: gegen 600 schenkten griechische Kolonisten aus Phokäa in Kleinasien dem Land die erste Stadt, sie gründeten Marseille, das bald zahlreiche Küstenniederlassungen zwischen Alpen und Pyrenäen errichtete.[3] Wahrscheinlich wirkten diese kleinen Kolonien auf das Innere des Landes nicht in der Weise ein, wie es ihnen manche Historiker zuschrieben: hinter dem Schutz enger Mauern waren sie der Feindschaft der Eingeborenen ausgesetzt, und sie lebten vor allem von ihren Nah- und Fernverbindungen über See und von dem auf ein kleines Hinterland beschränkten Handel.[4] Dennoch haben sie Südgallien – der Gallia Graeca – den Hellenismus vermittelt: Vasen, Kunstwerke, Münzen, Alphabet, Mittelmeer-Schiffe, Schulen, deren Zentrum lange Zeit Marseille war, orientalische Kulte und später das Christentum. Das alles war diesen Städten zu verdanken, deren Einfluß die römischen Eroberer sanktionierten und auf eigene Rechnung fortsetzten.

Die Bewegung in umgekehrter Richtung trug dagegen nicht wenig dazu bei, die Verschmelzung vorzubereiten, aus der die gallo-römische Zivilisation entstehen sollte. Es ist schwer, den Anteil, den die Gallier an dieser keltischen Expansion hatten, objektiv zu bestimmen. Nach den legendären alten Zeugnissen war er groß, den modernen Historikern dagegen erscheint er eher bescheiden. Nach ihrer Auffassung kamen viele von denen, die in Norditalien und in den griechischen Ländern eindrangen, aus den Nordalpen und aus den keltischen Gebieten am Oberrhein und an der Donau. Auf jeden Fall wurden die

Kelten und unter ihnen die Gallier als furchterregende Feinde Roms (390) und Delphis (279) bekannt; sie haben die Poebene besetzt, die Etrusker vertrieben und in diesem Gebiet eine indoeuropäische Sprache eingeführt, das Keltische. Die erste echte Vermischung von Kelten und Lateinern hatte also jenseits der Alpen bereits stattgefunden, als die Römer gegen Ende des 3. Jahrhunderts dieser Gallia Cisalpina ihre Zivilisation brachten: vor Gallien selbst war also Norditalien schon »gallo-römisch«.

Halten wir hier einen Augenblick inne, bevor der italische Gegenstoß die Alpen überschreitet und sich von 125 bis 118 auf das südliche und danach von 58 bis 52 auf das restliche Gallien ausdehnt. Wer sind diese Gallier, die in ihrem Land leben, bevor sich das erste lateinische Blut mit ihrem vermischt? Geographen und »Ethnographen« beschreiben uns das Land, das Äußere und die Lebensweise der Bewohner.[5] Diese Autoren sind Griechen und Italiker: sie betrachten Gallien als undurchdringliches Land, seine Bewohner als »Barbaren«, sie sehen sie mit den Augen der Mittelmeermenschen und meinen, daß sich die Eingeborenen von ihnen selbst weit mehr unterscheiden, als es der Wirklichkeit entspricht. In jener Zeit entsteht das traditionelle Bild des Galliers: groß, blond, weiße Haut, redselig und prahlerisch, kampflustig, aber schnell entmutigt, kühn, prunksüchtig, der Wirkung des Weins, den er so liebt, nur schlecht gewachsen ... Das mit diesen Zügen ausgestattete Porträt läßt sich leichter erklären, wenn wir annehmen, daß es sich teilweise auf Bewohner der Donauländer bezieht, die weniger zivilisiert waren als ihre schon auf gallischem Boden seßhaften Brüder, die aber mit diesen zusammen geschildert wurden: fern von ihrer Heimat, in fremden Ländern, unter fremdem Klima und aus der Sicht von Chronisten, die ihrer Lebensweise verständnislos gegenüberstanden. In gleicher Weise wurden die exotischen Eigenschaften, die man den Galliern zuschrieb, auch von den hellenistischen Künstlern, besonders den Bildhauern von Pergamon und ihren römischen Schülern, übertrieben dargestellt: struppig, primitiv gekleidet, so wurden fast ohne Unterschied alle »Barbaren« abgebildet, damit sie bei Schlachtenszenen von den griechischen und römischen Kriegern leicht zu unterscheiden waren.

Diese Ethnographen haben den Galliern die merkwürdigsten damals bekannten Eigenschaften angedichtet; die der entferntesten Kelten oder Germanen, der »Hyperboreer«, zu denen Reisende auf dem Seeweg gelangt oder die von den Donauländern aus nach Italien eingefallen waren. Aus natürlicher Neigung zur Übertreibung, die das Bild der

Unbekannten ins Karikaturhafte zog, haben sie mit diesen nordischen Riesen das gesamte Innere Galliens bevölkert, weil es für sie ein undurchdringliches und feindseliges Land war. Tatsächlich lösten sich diese »Schablonen« vor der Wirklichkeit in nichts auf, sobald die Römer in Gallien eindrangen: weder die Geschichtsschreiber der »Provinz«-Eroberung noch Cäsar haben den vorher beschriebenen Volkstypus angetroffen. Die italischen Soldaten fanden jenseits der Alpen Menschen vor, die ihnen sehr ähnlich waren: Was sie überraschte, war die Tatsache, daß sie lange Hosen und ihr volles Haar trugen. Heute ist man sich darüber klar: Der Kern der Bevölkerung ist im Grunde durch jenen »ultra-nordischen« Typus, wie ihn die ältesten Autoren den Kelten zuschrieben, nicht verändert worden. Wenn es unter ihnen doch solche gegeben haben sollte, die sich von den bei den verschiedenen Einwanderungen in Gallien vorgefundenen Bewohnern sehr unterschieden hatten, dann waren sie längst in der Masse aufgegangen. Die allmähliche Verschmelzung der jungsteinzeitlichen Bevölkerung – selbst nur ein Ergebnis noch früherer Einschmelzungsprozesse – mit den keltischen Eroberern hatte sich bereits vor Ankunft der Römer im gallischen Schmelztiegel vollzogen.

Die Kelten haben jedoch in Gallien ihre Sprache eingeführt, ihre druidische Religion, ihre Institutionen und ihre Waffentechnik. Wenn man die kleinen Städte des Südens ausnimmt, wo der mittelmeerische Einfluß besonders stark in der Architektur und in der Skulptur spürbar ist, dann bewahrt Gallien bis zu Cäsar den »europäischen« Charakter, den es zu einem guten Teil dem keltischen Beitrag verdankt. Ihn zu bestimmen hilft uns ein Kunsthistoriker. Er unterscheidet diese »zwei großen Bereiche ästhetischer Vorstellungen, beide nach dem Breitengrad verschieden, beide zwei einander fast fremden Welten entsprechend. Im Mittelmeerraum ein Bereich der plastischen Kunst, des Naturalismus, des Anthropomorphismus. In den Steppen und Wäldern des Nordens, von Sibirien bis zum Rhein, ein Bereich geometrischen Stiles, in dem auch die Tierdarstellung im floralen oder linearen Flechtdekor stilisiert wird.«[6] Nehmen wir als Beispiel die erstaunliche Vielfalt gallischer Münzen: das sind Kunstwerke, in denen keltische Phantasie von einem griechischen Vorbild ausgeht und sich nach eigenen Gesetzen frei entfaltet.[7] Das Licht des Mittelmeerraumes, das klare Konturen zeichnet und tiefe Schatten wirft, erhellt nicht den keltischen Geist; die Nebel Europas, in denen sich Lebewesen und Dinge leicht in ein Phantasiebild verwandeln, dienen kaum der unmittelbaren Beobachtung der Wirklichkeit oder der treuen Wiedergabe konkreter

Formen: Die keltische Kunst »idealisiert« nicht im klassischen Sinn durch Hervorhebung allgemeiner Züge; sie zeigt ebensowenig die »Realität« durch treue Kopie individueller Züge; vielmehr drückt sie in manchmal bis zur Karikatur gehender Übertreibung einen vorherrschenden Zug aus, wie er im Traum auftaucht oder vom Verstand erfaßt wird. Manchmal verformt sie gewollt, verzerrt, um einem Dekorationsschema zu folgen, sie erhebt ein herausgelöstes Teil zum Symbol; sie ist mehr linear als plastisch und produziert Monstren, um eine Idee zu verkörpern. Die Vorstellungskraft arbeitet um so freier, je weniger sich das Auge an erkennbaren Linien orientieren kann: seinen Göttern wie seinesgleichen gibt der Kelte oft eine vom Abstrakten beherrschte Form. Es gelingt aber nun dem Einfluß Griechenlands und Roms, in dieses Grundmuster das Bild eines gallo-römischen Humanismus einzuweben.

Daher erscheinen uns am Vorabend der römischen Eroberung die Gallier weniger »barbarisch«, als ihre Bezwinger es behauptet haben. Die technischen Fortschritte der Eisenzeit hatten allmählich den Bau von Befestigungen ermöglicht. Diese *oppida* lagen auf Höhen, und ihre Mauerringe waren mit Erde und Holz verstärkt, eher Fluchtplätze oder befestigte Werkstätten als dauernd bewohnte Städte nach klassischem Muster. Diese Gallier haben Straßen, Wagen aller Art, seetüchtige Schiffe und Kähne, die sie zu Brücken zusammensetzen. Sie haben Häuser oder eher strohgedeckte Hütten aus Holzgeflecht und Lehm. Ihre Kleidung ist dem Klima des Landes angepaßt. Die Schriftsteller berichten, daß die Krieger sich zum Kampf nackt auszogen: taten sie dies wirklich, wie behauptet wird, aus Übermut? Zweifellos liegt hier irgendein magischer Brauch vor; jedenfalls zeigen uns die Münzen und die Bildwerke von Entremont bekleidete Männer in Hosen, den Oberkörper mit Leder oder Panzerhemd bedeckt.[8] Den Wein kennen sie nicht, aber sie haben doch schon einige Ackerbaumethoden vervollkommnet, und ihre Metzgerei ist berühmt. Sie stellen gute Keramik und guten Schmuck her, ihre Metallwerkzeuge sind ausgezeichnet, und ihre Textilherstellung ist beachtlich. Was ihnen im Vergleich mit den Römern fehlt? Der Mörtel; die Kunst, große Steinblöcke sauber zu bearbeiten; der allgemeine Schriftgebrauch; das Kriegsschiff; der Städtebau nach geregeltem Plan mit großen öffentlichen Bauten. Besonders aber die Vorzüge einer einheitlichen Verwaltung, die Beendigung der Rivalitäten zwischen den einzelnen Stämmen und Städten; also die Sicherheit. Im übrigen sind die Ähnlichkeiten zwischen Gallien und Italien groß: die Familie, die Klientel, die Sklaverei, das Eigentum bilden keine unüberbrückbaren Unterschiede; Keltisch und Latein sind beides indoeuropäische Sprachen, und nahe verwandt; die Religion ist polytheistisch auf beiden Seiten, mit verschiedenen Göttern zwar, die aber bald sehr gut miteinander auskommen.

Inwieweit hat die römische Eroberung die Bevölkerung Galliens verändert? Über dieses Kernproblem herrscht noch längst nicht volle Klarheit. Wir wissen jedoch, daß zur Zeit Cäsars schon zahlreiche Stämme Galliens organisiert waren und den Eindringlingen feindselig gegenüberstanden. Auf einer Karte läßt sich ihre Verteilung festlegen, die sich über das ganze Land erstreckte. Die Bevölkerungszahl dagegen ist schwer zu schätzen: nach den Kontingenten, die die letzten Verteidiger der Unabhängigkeit dem Vercingetorix zu Hilfe schickten, liegt die Annahme der Historiker einmal bei 15, ein andermal bei 20 Millionen oder mehr.[9] Immerhin war Gallien kein schwach besiedeltes Land, dessen unkultivierte Böden zu kolonialer Besiedlung verlockt hätten; übrigens ist auch nicht erkennbar, daß die Römer jemals eine solche Politik betrieben hätten. Im Süden und im Rhônetal haben sie etwa 20 Kolonien gegründet, die mit Veteranen besetzt wurden und die mit etwa 2000 bis 3000 Familienhäuptern je Stadt den Grundstock bildeten; in den beiden Germanien gab es außer einigen Kolonien höchstens acht kasernierte Legionen: in ihren Reihen standen Gallier. Sie wurden jedesmal mit der gleichen Zahl von Neuzugängen aufgefrischt. Dabei handelte es sich aber nicht um rein italische Mannschaften, ganz im Gegenteil: soweit sie nicht am Ort ausgehoben wurden, kam ein Teil der Soldaten am Rhein aus dem Orient, aus Spanien, Illyrien oder Afrika. Im Landesinneren hat es während der ganzen Zeit des Kaiserreiches weder Kolonien noch Garnisonen gegeben.

Wer waren also die Römer, die zu vorübergehendem oder dauerndem Aufenthalt nach Gallien kamen? Die wichtigsten Beamten blieben nur zeitweilig, denn ihre Karriere konnte sie durch das ganze Reich führen; das Personal, Sklaven oder Freie aus dem Kaiserhaus, blieb länger, manchmal bis zum Tod. Zahlreiche Händler und Geschäftsleute gab es: schon vor der Ankunft der Truppen waren sie in das Land gereist; während der Pax Romana wuchs ihre Zahl auf das Vielfache. Wir müssen allerdings berücksichtigen, daß auch sie, die sich oft auf gallischem Boden niederließen, keineswegs immer römischer Abstammung waren; ihre Gräber beweisen, daß sie aus verschiedenen Teilen Italiens kamen, aber auch aus Griechenland, Kleinasien, Ägypten, Afrika, Spanien oder aus Britannien. Nicht weniger gemischt waren die Sklaven, so wie sie der Zufall der Eroberungen in allen Weltecken zusammentrieb, wie auch die Gladiatoren, die in immer wachsender Zahl gefragt waren; dann die Seeleute, die vielleicht ihr Geschick in diesem gastlichen Land festgehalten hatte; die Ärzte, Lehrer, Schriftsteller und Künstler, die oft aus dem europäischen oder dem kleinasiatischen Griechenland herüberkamen. Ebendies ist das römische Wunder, ein Land wie Gallien mit Hilfe einer Elite vorübergehend anwesender Beamter, einer winzigen Minderheit von Italikern und wenigen aus den Provinzen Europas, Afrikas und des Orients stammenden Bewohnern romanisiert zu haben.

Die Zahl der im Süden ansässigen Kolonisten hat man auf etwa 100000 geschätzt, ihre Familien eingerechnet; auf weitere 100000 die Soldaten der Rheinarmee (dabei ist aber die Auffrischung der Einheiten zu berücksichtigen); auf nochmals die gleiche Zahl die eingewanderten Freien oder Sklaven: über sie wissen wir allerdings sehr wenig, denn von ihnen kennen wir nur die Namen aus Inschriften; zudem konnten die lateinischen Namen von Galliern angenommen worden sein, und der Teil der Neuankömmlinge niedrigster Herkunft, der auf Inschriften nie erscheint, läßt sich überhaupt nicht schätzen. Wenn die Fremden zahlenmäßig ausgereicht hätten, die Bevölkerung tiefgreifend zu verändern, hätte sich in der Antike wohl ein Wort zur Bezeichnung dieser Mischbevölkerung gefunden: »gallo-römisch« ist aber eine moderne Wortschöpfung, die ein Zivilisationsergebnis ausdrückt, den Einfluß von Kultur und Technik Roms auf das gallische Volk und nicht – das wäre ein Irrtum – eine demographische Gegebenheit.

Die Menschen, die seit vorgeschichtlicher Zeit Gallien bewohnten, hatten die Kelten bereits assimiliert und ihre Sprache angenommen; sie verfuhren ebenso mit den Italikern, den Provinzbewohnern und deren gemeinsamer Sprache, dem Latein. Nirgends scheinen die lateinische Minderheit und die Masse der Gallier voneinander getrennt gelebt zu haben. Auch hier wirkte der Verschmelzungsprozeß schnell und vollständig, so daß er alle unsere Forschungsansätze scheitern läßt. Wir übernehmen gern das Urteil eines neueren Historikers über die Gallier: »Wenn wir [sie] uns vorstellen wollen [...], dann schauen wir am besten unsere Landsleute ringsum an und betrachten uns selbst im Spiegel.«[10]

3. Die Gesellschaft

Sie ist auf einer gesetzlich abgesicherten Hierarchie dreier Klassen aufgebaut: der Freien, der Freigelassenen und der Sklaven. Die damit offiziell anerkannte Ungleichheit kommt zu der von Natur und zwischenmenschlichen Beziehungen geschaffenen hinzu. Nur teilweise wird sie korrigiert durch die gleichen Gesetze, die wohl die Klassen unterscheiden, aber den Übertritt von der einen in die andere ermöglichen: die Sklaverei jedoch, selbst wenn sie durch Freilassung erleichtert wird, bleibt bestehen; sie ist die Grundlage der antiken Gesellschaft, und in diesem Punkt haben die Gesetze Roms die Einstellung der Gallier nicht verändert. Es scheint sogar, daß sie die gegenüber Italien kaum verschiedenen sozialen Gegensätze genauer faßten und stärker aufrechterhielten.

Ausblick auf die gallische Gesellschaft vor der römischen Eroberung

Es ist möglich, daß die Kelten sehr alte soziale Gliederungen mitgebracht haben, die sich auf die wesentlichen Tätigkeitsbereiche innerhalb der Gesellschaft gründeten und die unter dem Schutz der fünf Gottheiten standen, die Cäsar den Galliern unter römischen Namen zuschreibt.[1]

Kunst und Handwerk haben »Merkur« als Schutzgott, ihren »Erfinder«, der gleichzeitig Beschützer des Handels ist. »Jupiter« ist Herr der »himmlischen Wesen«, der Götter (das Priesteramt blieb wahrscheinlich den Druiden vorbehalten). »Mars regiert den Krieg«, er ist der Herr der unter dem Befehl der Ritter stehenden Krieger. »Apoll vertreibt die Krankheiten«; er ist der Gott der Ärzte und Heilkundigen. »Minerva lehrt die Grundlagen des Handwerks«, sie ist die Göttin der Handwerker, der Arbeiter und aller Erfinder. Diese Verteilung findet sich auch bei den Inselkelten wieder, und sie bestimmt zwar Funktionen, macht aber nicht klar, daß sie gesellschaftlichen Gruppen der geschichtlichen Zeit entsprechen. Man wüßte beispielsweise keine Klasse der Erfinder, der Arbeiter oder der Ärzte zu unterscheiden. Den Vorrang, den man dem Erfinder aller Künste gibt, und die Existenz einer Göttin, die über die Handarbeit wacht, kennzeichnen einen Zivilisationsstand, nämlich den Wert technischer Fertigkeiten für die keltische Welt, und dies wird voll bestätigt von der reichen Zahl gallorömischer Dokumente, die auf ein besonders blühendes Handwerk hinweisen. Cäsar berichtet übrigens, daß es in Gallien zwei »nach ihrer

Zahl und nach ihrer Bedeutung« herausgehobene Klassen gab, die Ritter und die Druiden.[2] Letztere nahmen bei den Kelten eine einzigartige Stellung ein, und als Priester und Theologen, als Philosophen und Sittenlehrer, als Juristen, Schiedsmänner und Richter über Tod und Leben waren sie von Steuern und vom Kriegsdienst befreit. Es ist ein Grundzug der gallischen Gesellschaft, daß das erworbene Wissen das gleiche Ansehen genießt wie kriegerische Taten.[3] Aber es ist anzumerken, daß es unter den fünf genannten Gottheiten keine gibt, die die Landwirtschaft schützt, obwohl das Land ein Agrarland war; daß aber die Schutzgötter der Erde im römischen Pantheon wie auch bei den Inselkelten eine große Rolle spielten. Denn die Landarbeit wurde von den gallischen Kriegern als erniedrigend betrachtet, sie »sahen es als Schande an, zu arbeiten, um sich mit Getreide zu versorgen«.[4] So hoch die technische Erfindung gepriesen wurde, so wenig schätzte man die harte Landarbeit, die zweifellos den untersten Gruppen der Plebejer und den Sklaven vorbehalten blieb.

Für die gesellschaftliche Rangordnung gelten weniger bestimmte und einfachere Unterscheidungsmerkmale. Ganz oben rangieren die Ritter, die Familienoberhäupter und Stammesführer, denen der Boden gehört, und die Druiden mit ihrem bedeutenden Wissen. Diese großen Familien beherrschen die Gesellschaft, wie es auch bei den Inselkelten der Fall ist. Die Masse gehört fast ganz zu ihrer »Klientel«, es ist die in sich wiederum abgestufte Plebs. Am wenigsten unglücklich ist, wer bei einem Adligen als Soldat oder Leibwächter in Diensten steht, die *ambacti* oder *devoti,* die das Leben ihres Herrn teilen, welcher das Recht auf ihre völlige Ergebenheit hat. »Die meisten übrigen« sind mit Schulden und Steuern belastet und begeben sich bei den Großgrundbesitzern in eine Art von Sklaverei: es entkommt also nur eine Minderheit diesem elenden Dasein, dazu gehören zweifellos die Freischaffenden, worunter wohl mangels genauerer Angaben die Kaufleute und die geschicktesten Handwerker oder Arbeiter zu rechnen sind. Es herrscht also schlicht und einfach dieselbe Sklaverei wie in Rom.

Die Gesellschaftsklassen unterscheiden sich im wesentlichen nicht von denen Italiens. Doch das Wissen wird geachtet und nicht die Landarbeit; der Adel bleibt allmächtig, die Ritter sind auch Anführer der Reiterei, und die Klientel, am Rande der Sklaverei, umfaßt den größten Teil des niederen Volks. Auf diesen sozialen Grundlagen, die durch die Unterdrückung der Druiden erschüttert und andererseits durch neue juristische Unterscheidungen unendlich differenziert wurden, ruhte die gallo-römische Gesellschaft.

Die Sklaven

Man nimmt mit Recht an, daß ihre Zahl in der Kaiserzeit zugenommen hat. Sie müssen zum Teil die alte, halb freie und halb versklavte gallische Plebs ersetzt haben. Man kann sie faktisch als eine soziale Klasse ansehen, die es bei den Römern nicht gab; denn die römische Skaverei war in rechtlicher Hinsicht milder. Wurden die Sklaven auch anders behandelt als in Rom und im übrigen Reich? Ihre Situation kann man nur anhand der römischen Gesetze rekonstruieren, ohne wirklich zu wissen, ob diese in Gallien nicht auf besondere Art angewendet wurden.[5]

Der Sklave hat fast gar kein Recht, er hat nur Pflichten. Er muß sein Leben für das Wohl seines Herrn hingeben: wenn dieser zum Beispiel ermordet wurde, kann der Diener, der sich in Rufweite befand und den Mord nicht durch Kampf bis zum letzten Atemzug verhinderte, zum Tode verurteilt werden, auch wenn das Opfer nicht um Hilfe rief. Der Sklave hat dort zu bleiben, wo ihn das Schicksal hingestellt hat: Flucht wird als Diebstahl betrachtet, und der gefaßte Flüchtling wird mit glühendem Eisen gebrandmarkt. Wenn eine Mutter mit ihrem Kind flieht, begeht sie zweifachen Diebstahl. Der Sklave besitzt lediglich das Zeugenaussagerecht gegen seinen Herrn in ganz bestimmten Fällen: z.B. bei Majestätsbeleidigung, Ehebruch, Steuerhinterziehung und Falschmünzerei. Er kann Ersparnisse besitzen, die er sich in Form von Geld oder Gut durch seine Arbeit erworben hat und die ihm als Lösegeld für seine Freilassung dienen können. Mehr »Rechte« hat er nicht.

Die Tötung eines Sklaven wurde ursprünglich nicht als Mord betrachtet, aber seit Beginn des Kaiserreichs wird entschieden: als Mord gilt es, wenn man das Leben eines kranken Dieners verkürzt, um ihn nicht mehr ernähren zu müssen; ihn auf die Straße zu setzen, »auszusetzen«, bedeutet Verlust aller Rechte auf ihn – wenn er wieder gesund wird, ist er frei. Seit Antoninus kann man einen Sklaven ohne einen vom Magistrat anerkannten Grund nicht mehr töten. Wie aber soll man gegen etwaige Morde im Haus vorgehen, wenn die Genossen des Opfers nicht das Recht haben, den Schuldigen zu verklagen? Gegen Ende der Antike berichtet uns ein Mönch, daß die Gallier »es nicht als Verbrechen, sondern als Wahrnehmung ihres Rechtes ansehen, wenn sie ihre Sklaven töten [...]«.[6] Schließlich hat der Sklave auch nicht das Recht, sich das Leben zu nehmen; wenn er es versucht, wird er für »ungehorsam« erklärt; wenn es ihm gelingt, wird ihm das Begräbnis verweigert;

die schwerste Strafe besteht darin, ihn unbeerdigt zu lassen. Für Vergehen wird der Sklave stets strenger bestraft als der Freie: er erhält Prügel, wo der Bürger verbannt wird; er wird gegeißelt, wo der Bürger Stockschläge erhält; grundsätzlich unterliegt er der Folterung, und wenn er zum Tode verurteilt wird, dann durch Kreuzigung an einem gegabelten Pfahl.

Ursprünglich gab es für Mißhandlungen und Strafen, die ein grausamer Herr verhängte, keine Grenzen; verboten waren nur die Kastrierung und die Beschneidung. Aber zur Zeit Senecas greift in Rom eine Institution ein, um diese Exzesse zu zügeln: ein Magistrat wird beauftragt, die Klagen der Sklaven anzuhören. Man weiß nicht, ob diese Neuerung von den Provinzen übernommen wurde, aber die Antoninen erhöhen ihre Wirkung und verbieten die *ergastula,* die unterirdischen Privatgefängnisse, in die die Sklaven ohne weiteres eingesperrt und zu den schwersten »Zwangsarbeiten« verurteilt wurden. Es fehlt übrigens keineswegs an mildernden Maßnahmen, die freilich nur spärliches Licht in dieses allzu tiefe Dunkel bringen. Humane Herren waren nicht selten, die ihre Sklaven als Menschen behandelten und ihnen die Zuneigung entgegenbrachten, die sie selbst erwarteten. Die Beteiligung vieler Sklaven am Totenkult und ihre Organisation in Brüderschaften, die ihnen den Unterhalt sichern sollten, der Erfolg der orientalischen Heilsreligionen unter diesen Benachteiligten, die einfache Tatsache, daß Sklaven oft ein ehrenhaftes Grab erhielten, das mit einem Stein und ihrer Namensinschrift gekennzeichnet wurde – all das beweist wohl, daß man ihnen im Tod wie im Leben eine Seele zuerkannte.

Im übrigen verläuft ihr Leben außerhalb der allgemein geltenden Regeln. Es liegt eine gewisse Ironie darin, daß das Wort *familia* den Haufen bezeichnet, den sie bilden; denn das Recht, eine Familie zu haben, ist ihnen gerade verwehrt. Untereinander kann es für sie keine legale Heirat geben: die Regel ist Promiskuität mit allen ihren Folgen, und ahnungsloser Inzest ist nicht die seltenste. Im höheren Interesse des Eigentümers liegt es, daß sich seine Sklaven möglichst stark vermehren, ohne daß die Gründung von Familien der dienenden Klasse einen wirksamen Zusammenhalt ergibt; alles was die Sklaven erhalten können, ist die Erlaubnis, im »Dienerhaushalt« zu leben, in faktischer Verbindung, ohne jede rechtliche Bedeutung. Das Kind gehört theoretisch dem Herrn, allmählich aber hat man in der Kaiserzeit diese »Sklavenverwandtschaft« anerkannt.[7]

Um so mehr bindet sich der jedes festen familiären Rückhalts beraubte

Sklave an die Familie seines Herrn. Die Günstlinge, Diener, Ammen, Lehrer und Spaßmacher leben im engsten Familienkreis. Wenn der Haushalt bescheiden ist, sind sie alle wirklich Teil der Familie; man hat ein eigenes Wort zur Bezeichnung des im Haus geborenen Sklaven, der tatsächlich auch im Haushalt lebt: *verna.* Wir sehen z.B. einen Vater, der dem Jupiter im Namen seines Sohnes und seines *verna* einen Altar errichtet; einige Grabmäler bezeugen, daß die gegenseitige Bindung zwischen Herrn und Diener über den Tod hinausging: man läßt sich mit seinem *verna* begraben, und auf dem Grabstein etwa des mit 18 Jahren gestorbenen Cintugnatus (d.h. »Erstgeborener«) ließ sein Herr den Verstorbenen porträtieren.[8]

Die Freigelassenen

Die Hoffnung der Sklaven-Klasse richtet sich auf die Freilassung. Cäsar nennt Beispiele davon während seiner Feldzüge.[9] Diese Praxis hat sich später beträchtlich ausgedehnt, wenn man nach der wichtigen Rolle urteilt, die Freigelassene in den gallo-römischen Inschriften spielen. Möglich ist, daß die Bindungen, die Herren und Freigelassene untereinander aufrechterhielten, bei den Galliern die Erinnerung an die »Klientel« früherer Zeiten geweckt haben und daß der neuen, im römischen Wesen tief verwurzelten humanitären Institution in Gallien dieser alte Brauch zugute kam.

Wie erhält man die Freilassung? Meist hängt das vom guten Willen des Herrn ab, der übrigens gehalten ist, nur eine beschränkte Zahl seiner Sklaven freizulassen. Daher bleibt sie eine Gunst, die man sich durch Arbeit verdient, durch einen herausragenden Dienst für den Herrn, durch die Bindung, die Zuneigung, die man ihm erwiesen hat (so kann etwa eine Amme ihre Freiheit dem jungen Mann verdanken, den sie aufgezogen hat), und endlich durch besondere Fähigkeiten: viele Ärzte, Pädagogen und Künstler sind Freigelassene, auch Verwaltungsangestellte. Aber der Freigelassene ist nicht völlig frei, denn er bleibt der Familie verpflichtet, deren Sklave er war, ganz besonders dem Familienoberhaupt, seinem *patronus.* Er schuldet ihm immer Gehorsam und Achtung, ist verpflichtet, ihm im Notfall zu helfen und ihm bestimmte »Dienste« zu leisten, die nach Arbeitstagen bewertet werden: der Patronus erlaubt ihm oft, seine Ansprüche zurückzukaufen, aber er kann sie auch fordern und sie sogar anderen übertragen. Schwere Strafen ahnden jedes Pflichtversäumnis, und stets kann man aus einem undankbaren Freigelassenen wieder einen neuen Sklaven machen.

Die Abhängigkeit des Freigelassenen endet nicht einmal mit seinem Tod: er muß seinem Patronus vermachen, was er besitzt, ganz oder teilweise, je nachdem ob er Kinder hat oder nicht. Und dies ist normal, denn außer der Freiheit verdankt er ihm noch andere Vorteile: zum Beispiel wird er weiterhin von ihm unterhalten (so lebt manchmal ein ganzes Volk von Freigelassenen neben der Familie auf Kosten des Hauses), und der Patronus wird für die Beerdigung sorgen. Oft wird auch der Sklave erst nach dem Tode seines Herrn durch testamentarische Verfügung freigelassen. In allen diesen Fällen nimmt er dessen Namen und Vornamen an und behält den eigenen Namen als Zunamen. Wenn aber sein Herr vor ihm stirbt, wird der Freigelassene am Totenkult beteiligt; oft errichtet er das Grabmal; oft erhält er auch dort seinen Platz bei der Familie, der er weiter angehört.

Es gibt Rangunterschiede wie bei den Freien. In der Kaiserzeit wurden die Formen der Freilassung zwar vervielfacht, um das Verfahren zu erleichtern, aber je weniger gesetzliche Formalitäten dafür erforderlich waren, um so unerreichbarer war dem damaligen Sklaven in Wirklichkeit die Freiheit. Am schlechtesten gestellt sind die, deren Freilassung von einer einfachen Entscheidung abhängt; freier die, deren Freilassung auf dem gleichen Weg geschieht, die aber den Mindestgrad des Latinerrechtes besitzen, nämlich das Handelsrecht, jedoch ohne erben und Zeugnis leisten zu dürfen. Die freigelassenen *peregrini* sind keine Bürger, weil sie während ihrer Sklavenzeit eine schwere Strafe erhalten haben. Eine bestimmte Gruppe über ihnen genießt volles Latinerrecht. Nur wer die Freilassung in voller gesetzlicher Form erhalten hat, bekommt den Namen *libertus* und das Bürgerrecht, bleibt aber Bürger minderen Rechts; denn er darf nicht abstimmen und kein Amt, auch kein kommunales Amt ausüben. Er muß die runde Filzkappe, den *pileus*, tragen, der ihn vom Freien unterscheidet: man sieht ihn auf Grabdenkmälern von Richtern dargestellt, die die Freilassungen auszusprechen hatten.[10] Da die Masse der Freigelassenen von der Laufbahn des Politikers ausgeschlossen ist, betätigen sie sich im Handwerk, in freien Berufen, in der Verwaltung und in der Wirtschaft. Nur die reichsten, die unter den Ritter-Census fallen, dürfen den Goldring wie die Ritter tragen und sind politisch den Freien angeglichen: aber Caracallas Edikt von 212, das allen Untertanen des Reiches das römische Bürgerrecht gibt, gilt nur für Freie von Geburt.

So findet ein Teil der Sklaven Zugang zu einem fast normalen Leben »durch Arbeit, Geschicklichkeit oder Glück«.[11] Die meisten Freigelassenen waren gute, anhängliche Diener gewesen, fleißig, intelligent und manchmal viel mehr als das. Zweifellos haben einige aber auch nur listige Schläue bewiesen, das Vertrauen ihres Herrn zu gewinnen. Im ganzen gesehen sind es dennoch die besten und am wenigsten unterdrückten Sklaven, die dieser ungerechtesten Form menschlicher Existenz wieder entkommen. Sie können sich dann verheiraten, sogar mit einer freien Frau. Zwar lastet ihre Herkunft bis zum Tode auf ihnen, aber sie haben die schöne Gewißheit, daß ihre Nachkommen von der dritten Generation an und vielleicht auch schon früher die volle Freiheit genießen, für die sie ihnen den Weg gebahnt haben.

Die verschiedenen Kategorien der Freien

Alle haben Anteil an einem gemeinsamen Gut: an der absoluten individuellen Freiheit. Die Eroberung Galliens hätte ihnen die Knechtschaft bringen können. Aber dahin führte der Weg nicht: Rom beließ Gallien wie den anderen dem Reich einverleibten Ländern den Namen, die Grenzen, die Stämme, die materielle Existenzgrundlage und die Götter. Politisch werden die Freien im ganzen Land Untertanen des römischen Volkes, für das sie Ausländer bleiben: sie sind *peregrini.* Dennoch wird einer bestimmten Anzahl von ihnen erlaubt, Mitglieder des Herrschervolks zu werden, Bürger Roms, und die Zahl dieser Privilegierten wächst ständig. Das bedeutet, daß eine ganze Reihe von Unterscheidungsmerkmalen eine fein abgestufte Rangordnung einhalten.

Die Masse der Untertanen besitzt mehr oder weniger ausgedehnte Rechte, je nach dem geringeren oder größeren Widerstand, den der Stamm, dem sie angehören, Cäsars Heeren geleistet hat. Der Bewohner einer armorikanischen oder aquitanischen Stadt im Westen oder Südwesten, die bis zur letzten Minute gegen Rom gekämpft hat, bleibt »tributär«, zahlt Grund- und Kopfsteuer und ist am wenigsten sicher vor der Willkür des Provinzstatthalters. Gehört er zu einem Stamm oder einer Stadt, die, wie die Arverner oder Marseille, nach langem und heldenhaftem Widerstand Cäsars Pardon erhielten, dann heißt er »frei« oder »befreit«, genießt eine gewisse finanzielle Immunität und ist gegenüber dem Statthalter unabhängiger. Zählt er zu der Gruppe, die wie die Häduer, die Remer oder die Lingonen nie eigentliche Feinde der römischen Macht waren, dann ist er unter dem Namen *foederatus* »Bruder«, »Freund«, »Verbündeter«, sozusagen Ebenbürtiger des römischen Volkes und nur gehalten, seine »Majestät« zu respektieren. Es versteht sich von selbst, daß diese juristischen Unterscheidungsmerkmale bald ihren Wert verloren und daß dann wirklich

nur die Unterscheidung zwischen *peregrini* und Bürgern, zwischen Untertanen und Angehörigen des Herrschervolkes zählte.
Aber über den *peregrini* und unterhalb der römischen Bürger gibt es als Zwischenstufe die *Latini.* Sie nehmen die Stellung ein, die Rom am Anfang seiner Geschichte den latinischen Bundesgenossen eingeräumt hatte: sie haben das Recht des *commercium* (der Teilnahme am rechtsgeschäftlichen Verkehr) mit den römischen Bürgern, nicht aber das Recht zu heiraten; sie behalten einige ihrer angestammten Gewohnheiten bei und sie sind römischen Gesetzen nur zum Teil unterworfen. Insbesondere stehen ihnen nicht die politischen Rechte des Bürgers von Rom zu. Jedoch haben sie das Privileg, offiziell das römische Bürgerrecht zu erwerben, sobald sie eine Verwaltungsaufgabe in ihrer eigenen Stadt übernehmen. In der Kaiserzeit wird dieses Latinerrecht nach und nach allen großen und kleinen Orten eingeräumt, die nicht römische Kolonie sind, also den meisten Gemeinden. Wer die örtliche Autorität innehatte, trat damit in das römische Bürgerrecht ein: beim gallischen Adel geschah das ziemlich schnell.
Auch auf anderen Wegen erhielt man dieses römische Bürgerrecht, zum Beispiel durch den Dienst im Heer: entweder erhält man die zivilen Rechte beim Eintritt in eine Legion von Amts wegen, oder sie werden gewährt bei Entlassung nach 25 Jahren guter und treuer Dienste in einer Hilfstruppe; oder aber man erlangt sie, indem man sich unter die Kolonen aufnehmen läßt; dies sind alles römische Bürger, die mit der Gründung einer Kolonie beauftragt sind; auch einfach dadurch, daß man mit guten Dienstleistungen die Gunst des Princeps oder eines mächtigen Patronus erwirbt.
Wenn jemand dieses Bürgerrecht erlangt hat, dann geschieht die Aufnahme in das römische Volk in aller Form. Der neue Bürger tritt fiktiv in eine der Gemeinschaften ein, zu denen sich die ältesten Familien Roms entwickelt haben: gewöhnlich wird er von der *gens* des Princeps aufgenommen, dem er seinen Titel verdankt, und er nimmt dessen Namen als Familiennamen an: *Julius* zum Beispiel, wenn er von einem Princeps zum Bürger gemacht wurde, der von Cäsar abstammt. Mit der Zeit lockerte sich diese Regel, und allmählich begnügte man sich damit, seinem Familiennamen die übliche römische Namensform zu geben, und dafür gab es verschiedene Wege. Aber man nimmt nicht nur einen lateinischen Namen an: er wird in eine der fünfunddreißig *tribus* eingetragen, die das Stadtgebiet Roms bilden. Der Einwohner von Lutetia oder von Bordeaux nimmt dadurch pro forma Wohnung in einem Stadtteil Roms, am Tiber, am Anio oder anderswo: viele

Bürger aus der Narbonensis zum Beispiel gehören zusammen mit anderen Provinzbewohnern zur *tribus Voltinia* und fast alle Bürger der Drei Gallien zur *tribus Quirina.*

Als römischer Bürger bekommt man sogleich größere Privilegien: man zahlt keine Kopfsteuer; man kann nicht vom Provinzstatthalter, sondern nur in Rom eines Verbrechens schuldig erklärt werden. Jedoch galten manche dieser Vorteile allmählich nur noch theoretisch: der Bürger zahlt Grundsteuer; tatsächlich ist es für ihn sehr schwierig, zu erreichen, daß seine Sache in Rom verhandelt wird, und die römischen Gremien, denen er angehören könnte, bestehen nur mehr auf dem Papier. Übrigens gibt es zweierlei Grade römischer Bürger: die meisten genießen die zivilen Rechte in vollem Umfang, eine Minderheit besitzt außerdem politische Rechte und damit volles römisches Bürgerrecht. Zur Zeit der Republik bestanden die politischen Rechte hauptsächlich darin, in Rom wählen zu können und für die Mitglieder der römischen Volksversammlungen zu stimmen. Es waren wohl nur wenige Provinzbewohner, die die Reise nach Rom unternahmen, um diese Pflicht zu erfüllen. Unter den Kaisern arbeiteten auch die Komitien nicht mehr; so fehlte der Anlaß hinzureisen. Andererseits mußte man den Bewohnern der Provinzen, die Wert darauf legten, zum souveränen Volk zu gehören, etwas bieten: politische Rechte, also das Recht auf Zugang zu öffentlichen Ämtern, Zugang zum Senat und zu den Posten der Senatorenlaufbahn, das »Recht auf öffentliche Ehren«, das *ius honorum.* Die Elite der römischen Bürger aus der Narbonensis war die erste, der diese Ehren verliehen wurden, ihr folgte die von Lyon, die der Häduer und anderer Stämme der Drei Gallien.[12] Aber die Zahl dieser so vollständig assimilierten Gallier war nicht etwa Legion: eine erste Auswahl wurde getroffen beim Eintritt in die Ritterschaft, und die zweite, die Auswahl der »Senatoren«, war noch viel strenger. Dieses den Weg zur Spitze der Hierarchie – und vielleicht zum Kaiserthron – öffnende Tor hat auf die Menge der Provinz-Römer eine unwiderstehliche Anziehung ausgeübt und manch einen bis ins Zentrum der römischen Macht getragen. So erlaubte es dieses chancenreiche Bürgerrecht, dem Dasein des »Untertans« zu entkommen, an Roms Geschick beteiligt zu sein und Richter, Ritter, höherer Offizier, Senator und Provinzstatthalter zu werden. Mehr noch, es bedeutete Teilhabe am ganzen Ruhm römischer Vergangenheit: die Provinz-Eliten wünschten, unmittelbar dem souveränen Volk anzugehören, das dem Kaiser seine Macht und die Aufgabe, die Welt zu regieren, übertrug.

So ist der Gallier in das Volk Roms eingegliedert, zeitlich durch den Namen seiner neuen Familie und räumlich durch seinen theoretischen neuen Wohnsitz, er darf alle Hoffnungen auf eine »römische« Karriere hegen, wenn er überhaupt zum Heeresdienst taugt und über ein Vermögen von 400000 Sesterzen verfügt. Nun tritt er in den Ritterstand ein, mit der sicheren Aussicht auf eine Position im Heer oder in der Zivilverwaltung, deren Stufenleiter er schrittweise erklimmt. Über diesem Ritteradel steht der Senatorenadel der »clarissimi«, die die Magistrate Roms und die Senatoren, die Statthalter der Provinzen und die großen Würdenträger stellen. Um hier einzutreten, braucht man einen Census von einer Million Sesterzen zur Erhöhung der Verdienste, die die Aufmerksamkeit des Princeps auf sich lenken. Der Senator mit seinem De-jure-Wohnsitz in Rom zahlt nicht die gleichen Steuern wie die übrigen Bürger; er hat seine eigenen Richter in der Hauptstadt der Welt, trägt rote Sandalen und den *latus clavus* (die Toga mit dem breiten Purpurstreifen). Wer in den Senatorenstand aufsteigt, ist für die höchsten Staatsfunktionen geeignet.

Die Beibehaltung all dieser Auszeichnungen beruhte zum Teil auf dem Willen des römischen Volkes, allmählich die besten Elemente aus der Provinzbevölkerung an sich zu ziehen. Diese Tatsache wurde für Afrika bereits festgestellt, und sie gilt in gleicher Weise für Gallien: die Stellung der Einwohner »ist nicht von der Gruppe unabänderlich festgelegt, der sie in einer Gemeinde zugehören, denn jeder kann immer eine persönliche Vergünstigung erhalten, die ihn über seine Mitbürger erhebt ... Die Vielfalt und Beweglichkeit der römischen Verwaltung« sind Ausdruck einer Politik: Rom bietet den Provinzbewohnern »eine von Stufe zu Stufe ansteigende rechtliche und soziale Stellung, die mehr Vorteile und Achtung verschafft, und gibt ihnen einen Anreiz, sich um die Berufung zunächst zum römischen Bürgerrecht und danach um die mit diesem Recht verbundenen privilegierten Stellungen zu bemühen. So gelingt es, in der gesamten Bevölkerung ein Streben nach der römischen Lebensweise anzuregen; durch die Wirkung dieses Anreizes können die verschiedenen Schichten der römischen Beamtenschaft das Reservoir einheimischer Kräfte ausschöpfen, um sich daraus von Generation zu Generation zu erneuern.«[13] Wenn weiter die Aufstiegsbewegung der Freien auf dem Weg über die Freilassung und den Zugang zur vollen Freiheit sozusagen von der Sklavenschicht her, von unten gespeist wird, dann folgt daraus, daß die offizielle Hierarchie der gallo-römischen Gesellschaft, die an sich auf dem Grundsatz der Ungleichheit beruht, teilweise durch den Übertritt von einer Klasse in die andere korrigiert und durch die Politik der Romanisierung fortgesetzt wurde.

Die Anziehungskraft, die das römische Bürgerrecht ausübte, und die Großzügigkeit, mit der es die Kaiser gewährten, wirkten so stark, daß dieses allmählich durch zu weitherzige Anwendung abgewertete Recht eines Tages kein Gunstbeweis mehr war. Im Jahr 212 beschloß Caracalla, das römische Bürgerrecht allen Freigeborenen im Reich zu geben: von nun an haben alle freien Gallier die Zivilrechte des römischen Bürgers, es gibt keinen *peregrinus* und keinen *Latinus* mehr. Heißt dies, daß die Gesellschaft mit einem Schlag nivelliert wird, daß die Ungleichheit nur zwischen Sklaven, Freigelassenen und Bürgern erhalten bleibt? Keineswegs; denn es bleibt beim Unterschied zwischen Senatoren und Rittern, zwischen Rittern und gewöhnlichen Bürgern, zwischen Bürgern der Provinzen und Bürgern Italiens (die Bürger in den Provinzen bleiben nur »Besitzer« und nicht Eigentümer des nationalen Bodens). Diese Unterschiede werden in der späten Kaiserzeit sogar noch deutlicher. Und in einer für unser Empfinden unerträglichen Weise verhängt das Strafrecht weiterhin für ein und dasselbe Vergehen unterschiedliche Strafen, je nachdem ob es auf die eine oder die andere der beiden Arten von Freien angewendet wird (von den Sklaven nicht zu reden): auf Männer von Stand, die *honestiores,* d.h. mit einem Vermögen von mindestens 5000 Sesterzen, und die anderen, die *humiliores,* die Plebs, die bei Verurteilung Bergwerks- oder Straßenbauarbeit erwartet. Solche Unterscheidungen gibt es, wie sie das Recht offenbart, und sie belasten das soziale Zusammenleben schwer: es besteht leider kein Grund, daran zu zweifeln, daß sie in Gallien wie im gesamten Reich angewendet wurden.

Versuchen wir einen Überblick über die großen sozialen Gruppen zu geben, die dieses allzu eng geknüpfte Netz der Rechtsordnungen abdeckt. Die Zahl der Sklaven ist groß; die Diener im Haus, ein gut Teil der Landarbeiter, ein Teil der Arbeiter vor allem in den Gruben, Steinbrüchen und großen Baubetrieben. Darüber bilden die Freigelassenen und eine bestimmte Gruppe von Freien, Arbeitern, Handwerkern, kleinen Händlern und Unternehmern eine Art gemischter neuer Mittelklasse; denn in der alten gallischen Plebs hat es sie kaum gegeben. Aus dieser Masse gehen in immer steigender Zahl und mit immer größerem Einfluß in der Verwaltung die Freigelassenen hervor. Über den gewöhnlichen Bürgern stehen die Ritter von unterschiedlicher Herkunft als Offiziere im römischen Heer oder Leiter der kaiserlichen Ämter. Die aus altem gallischem Adel stammenden Senatoren endlich sind Grundeigentümer, die die wachsende Flut der neuen, aus der Mittelklasse hervorgegangenen Kräfte bedroht. Bis zum 2. Jahrhundert wohnen sie in der Stadt, später lassen sie sich dann schöne *villae* auf ihren Domänen bauen. Sie können die wichtigsten Ämter in Rom ausüben und werden mit den höchsten Funktionen betraut.

Ein bedeutender Faktor im Leben der Gesellschaft ist die Entstehung einer Mittelklasse: Freigelassene kurz vor dem Erreichen der vollen Bürgerfreiheit; Freie, die das römische Bürgerrecht anstreben; Fremde, die von den natürlichen Reichtümern des Landes angezogen werden; allesamt angespornt durch die Aufstiegsmöglichkeiten, welche die neue Ordnung bietet. Sie waren zu einem guten Teil für die wirtschaftliche Blüte verantwortlich. Dazu tragen auch die technischen Traditionen Galliens bei, die wiederum durch die Aufnahme mediterraner Erfahrungen verbessert und vom aktivsten Teil der Bevölkerung sehr schnell aufgegriffen werden.[14]

4. Die Sprache

Die Italiker und die Bewohner der Provinz haben den Gebrauch des Latein in Gallien verbreitet; es vermischte sich mit dem Keltischen und übernahm daraus gewisse Elemente, so wie das Keltische seinerseits die Sprachen vorgeschichtlicher Zeit überlagert hatte. Seit etwa einem halben Jahrhundert haben die Philologen zwar nach und nach diese Geschichte in ihren Hauptlinien freigelegt, aber erst jetzt beginnt man zu erkennen, welch verwickeltes Problem sich damit stellt: Was wurde im römischen Gallien eigentlich gesprochen?

Das Gallische

Wie das Latein und die italischen Dialekte war das Keltische eine indoeuropäische Sprache, aber diese ursprüngliche Verwandtschaft war doch nicht so eng, daß die Römer die Gallier ohne Dolmetscher hätten verstehen können: Cäsar hat sie während der Feldzüge immer gebraucht.

Dennoch waren ein paar Wörter gleich, zum Beispiel *ambi* (um – herum), *ex* und in der Zusammensetzung *tri-* (frz. *trois,* drei-), *medio-* (mittel-), *alto-* (lat. *altus,* hoch). Andere, zahlreichere waren einander sehr ähnlich. König: *rix* im Gallischen, *rex* im Lateinischen (frz. *roi*); Meer: *mor-* / *mare* (frz. *mer*); anders: *allos* / *alius*; Silber: *arganto-* /

argentum (frz. *argent*); göttlich: *devos / divus* (frz. *divin*); Stier: *taruos / taurus* (frz. *taureau*); mit: *com / cum* (frz. *avec*); Mann: *viro / vir*, usw.

Die zehn ersten Ordnungszahlen, von Töpfern in Gallisch bei ihren Abrechnungen auf Tonscherben geschrieben, und zwei andere Zahlen, die auf einer Inschrift überliefert sind, geben eine Vorstellung dieser Ähnlichkeiten und Unterschiede im Vergleich mit dem Lateinischen und dem Griechischen[1]:

	gallisch	lateinisch	griechisch	französisch
1.	*cintuxo(s)*	*primus*	*prôtos*	*premier*
2.	*alos* oder *allos*	*secundus, alter*	*deuteros, allos*	*deuxième*
3.	*trit(os)*	*tertius*	*tritos*	*troisième*
4.	*petuar*	*quartus*	*tetartos*	*quatrième*
5.	*pinpetos*	*quintus*	*pemptos*	*cinquième*
6.	*suexos*	*sextus*	*hektos*	*sixième*
7.	*sextametos*	*septimus*	*hebdomos*	*septième*
8.	*oxtunnito(s)*	*octavus*	*ogdoos*	*huitième*
9.	*namet(os)*	*nonus*	*ennatos*	*neuvième*
10.	*decametos*	*decimus*	*dekatos*	*dixième*
14.	*petrudecametos*	*quartus decimus*	*tetartos kai dekatos*	*quatorzième*
30	*tricont-*	*triginta*	*triakonta*	*trente*

Einige Unterschiede fallen auf, zum Beispiel *petuar* und *quartus*, *pinpetos* und *quintus*. Das kommt daher, daß im Gallischen das *qu* (außer in einem Eigennamen wie *Sequana)* fast völlig verschwunden und durch *p* ersetzt worden ist: alte Wörter wie *quinque* und *quattuor* ergaben *pinpe* und *petor*, und das Pferd, lat. *equus*, heißt gallisch *epos*. Fast jedes *p* in rein gallischen Wörtern entstammt dieser Umwandlung; es ist zwar nicht so, daß es den Buchstaben *p* in dieser Sprache ursprünglich nicht gegeben hätte; aber er war zu *ph* abgeschwächt und völlig verschwunden, auch aus Gattungsnamen und selbst aus manchen Eigennamen, die an sich weniger dem Lautwandel unterliegen; dies gilt übrigens für alle alten keltischen Sprachen.[2] So besteht der Name der Armorikaner, *Aremorici*, aus *mor* (Meer) und aus *are* (an, neben), das wieder einem älteren *pare* entspricht (verwandt mit lat. *prae* und griech. *para*): *(p)are-morici*, »die (Leute) am Meer«. Ein

Beispiel vereinigt beide Erscheinungen: frz. *arpent* (Morgen, Landmaß), das von *(p)are-pennis* kommt; das erste *p* fiel weg, und das zweite *p* ersetzte ein *qu*.
Bis auf einen oder zwei Buchstaben ließ sich das Gallische gut mit dem lateinischen Alphabet schreiben und vielleicht noch besser mit dem griechischen, das die gallischen Heerführer während des Kampfes mit Cäsar gebrauchten. Das Gallische hatte einen Laut *st* oder *ts* (den man durch das griechische *Theta* [th] bezeichnet oder in lateinischer Schrift mit einem durchgestrichenen *d*, durch zwei *d* oder durch *s, ss, ds, sd, st*[3]), weiter eine Buchstabengruppe *cht*, und die Aussprache des *i* näherte sich dem *e:* Cäsar schreibt *Alesia* so, wie er es gehört haben muß, aber die Inschriften aus römischer Zeit überliefern *Alisia*. Über die Syntax ist kaum etwas zu sagen, denn uns ist kein Text erhalten: etwa sechzig Inschriften in griechischem oder lateinischem Alphabet, kurz und oft fragmentarisch, reichen nicht aus, um eine Vorstellung vom gallischen Satzbau zu geben.
Mehrere tausend gallische Wörter sind uns überliefert, aber die meisten sind für uns unverständlich. Vor allem sind es Eigennamen von Orten oder Wasserläufen, von Menschen und Volksstämmen und von Göttern, die uns griechische und lateinische Texte, gallische Münzen und Inschriften aus römischer Zeit übermitteln. Oft bestehen sie aus zusammengesetzten Gattungsnamen, die manchmal einen Sinn erkennen lassen: in *Ver-cingeto-rix* zum Beispiel steckt *ver* = *(s)u(p)er*, *cingeto* = Krieger; *rix* = König: »Super-König der Krieger« oder »König der Super-Krieger«. Einige hundert einzelne Gattungsnamen sind uns ebenfalls aus Texten bekannt, die ihre gallische Herkunft erkennen lassen. Aber wenn das Wort ohne Übersetzung vorkommt, wie soll man dann seine Bedeutung feststellen? Zunächst muß man auf die modernen keltischen Sprachen zurückgehen (Irisch, schottisches Gälisch, Walisisch und Bretonisch); und wenn dies erfolglos ist, mit einem zweiten Schritt, der allerdings geringere Sicherheit bietet, auf die anderen indoeuropäischen Sprachen und auch auf ihre erhaltenen Reste in den romanischen Sprachen, besonders im Französischen. Ferner muß man sich vergewissern, daß das inselkeltische Wort kein späteres Lehnwort aus dem Lateinischen oder Französischen ist.
Was die Sprachforscher nach und nach über die Natur und die Bedeutung eines vermutlich gallischen Wortes gewinnen, ist demnach eine vielfach differenzierte Gewißheit. Absolute Sicherheit hat man nur dann, wenn ein Wort als gallisch bezeichnet und von einem lateinischen Autor übersetzt ist; wenn es in einer keltischen Sprache eine

sinngemäße Entsprechung hat; und wenn es ins Französische übergegangen ist. Ein solcher, im übrigen sehr seltener Fall ist *bulga,* das nach Festus auf gallisch »kleiner Ledersack« bedeutet, im Irischen *bag,* im Walisischen *bolg* (Sack), im Französischen *bogue* (Schale der Kastanie) und *bouge* (dessen ursprünglicher Sinn »Ledersack« ist). Weit häufiger geben die Texte das Wort nicht ausdrücklich als keltisch aus: dann muß eine Entsprechung in den keltischen Sprachen gesucht werden, möglichst auch in anderen indoeuropäischen Sprachen und im Französischen. So etwa bei *betulla,* was bei Plinius »einen gallischen Baum, der auffallend weiß und schlank ist« bezeichnet; das Walisische hat *bedw,* das Bretonische *bezo,* mit der Bedeutung des französischen *boule* und *bouleau* (Birke). Die gleiche Methode eignet sich für Wörter, die von den Zeugnissen offensichtlich auf Gallien bezogen werden: die Namen von Personen und Orten, Münzbezeichnungen oder gallische Inschriften. Da gibt es *Petromantalum,* den Namen einer gallorömischen Station auf einem lateinischen Itinerarium: *petro* ist das gallische Wort für frz. *quatre* (vier); *mantalo* hat im Walisischen *(mathru)* und im Griechischen *(mateô,* treten, walken) seine Entsprechungen und soll »Piste, Fährte, Trampelpfad« bedeuten: *petromantalum* (die vier Wege) entspricht dem lateinischen *quadruvium,* aus dem der französische Ortsname *Carrouges* entstanden ist, ebenso wie das spätlateinische *quadrifurcus* (frz. *les quatre fourches,* Kreuzung) zu *carrefour* wurde.[4] Die Sprachwissenschaftler stellen uns jedes Jahr ein oder zwei neue Wörter vor, die sie in geduldiger vergleichender und analytischer Forschungsarbeit diesem unentdeckten Bereich abgerungen haben.

Sehr viel schwieriger sind die Fälle, in denen man in den keltischen Sprachen überhaupt keine Stütze findet. Es gibt da nur eine positive Vermutung, wenn das Wort im Lateinischen wie im Germanischen unbekannt ist, aber im Französischen eine Spur hinterlassen hat: so *alauda* (Lerche), das bei Cäsar vorkommt, das zu altfranzösisch *aloue* und dann zu *alouette* wurde. Problematisch ist es auch, wenn weder die keltischen Sprachen noch das Französische Auskunft über ein Wort geben, das von einem Text ausdrücklich als gallisch bestätigt wird. Den Fall gibt es bei *ambes,* das ein Glossar mit dem lateinischen *rivi* (Wasserläufe) übersetzt. Solange keine Entsprechung in einer keltischen Sprache gefunden wird, kann man nicht sicher sein, ob ein als gallisch bezeichnetes oder ein offensichtlich im Lateinischen nicht vorkommendes Wort tatsächlich keltisch ist. Denn selbst wenn das Wort in Gallien gebraucht worden ist, kann es zu einer anderen, nichtgallischen Sprache gehören, zum Iberischen oder Aquitanischen im Südwesten, zum Griechischen in der Provençe, zum Ligurischen, zu italischen und alpinen Dialekten an der Mittelmeerküste, zum Germanischen im Norden und Osten und allgemein zu einer »vor-indoeuropäischen« Sprache, beispielsweise zu einer »mediterranen«, die in vorgeschichtlicher Zeit vor dem Auftreten der Kelten gesprochen wurde. Einige dieser ältesten Wörter sind uns in den Fluß- und Bergnamen überliefert, so alt wie die Inbesitznahme durch den Menschen, und unverändert geblieben, weil sie nicht zu dem lebendigen Teil der Sprache gehören: *balma,* frz. *baume* (Grotte, Höhle) wäre eines dieser »Fossilien«, deren Spuren eine linguistische Richtung gegenwärtig verfolgt.

Nun zu den letzten Möglichkeiten der Hypothese. Wenn ein Wort öfter für den gleichen Gegenstand verwendet wird, ist einerseits anzunehmen, daß es ihn bezeichnet: so kann man sicher annehmen, daß der Ortsname *Condate,* den man am Zusammenfluß von Rhône und Saône (Stadtviertel von Lyon), von Tarn und Dourbie (bei Vieux-Millau), von Ille und Vilaine (Rennes), von Seine und Yonne (Montereau), von Loire und Nohain (Cosne), von Charente und Sonnoire (Cognac) usw. findet, »Zusammenfluß« (frz. *confluent*) bedeutet. Ist andererseits der Ursprung eines französischen Wortes völlig unbekannt, so ist man natürlich versucht, ihn im Gallischen zu suchen. Findet sich ein entsprechendes Wort in den übrigen keltischen Sprachen, so wird ein gallisches Wort rekonstruiert, das ihm nach philologischen Regeln am ähnlichsten ist: für frz. *mouton* (Schaf) hat das Walisische *mollt,* das Irische *molt,* das Bretonische *maout,* und manche gallischen Eigennamen enthalten den Bestandteil *molto:* daher hat man das gallische *multon* angenommen. Dieses Verfahren ist aber oft mißbraucht worden. So verführerisch es ist, den Anteil der gallischen Sprache an der Entstehung der französischen zu erweitern, so darf man heute diese Rekonstruktionen nur noch mit größter Vorsicht betreiben. »Keine Sprache verlangt wohl vom Sprachforscher soviel Gefühl für Perspektive und soviel Kombinationsgabe wie das Gallische«, und man muß dieses Gefühl und diese Gabe mit der Zurückhaltung einsetzen, die der Verfasser dieses Satzes, J. Vendryes, stets gewahrt hat: ihm sind auf diesem Gebiet die gesichertsten Arbeitsergebnisse zu verdanken.[5]

Die Übernahme des Latein

Nicht weniger verwickelt sind die Probleme, die die Verbreitung der neuen Sprache stellt. Sie hat nicht eine vollkommen einheitliche gallische Sprache allmählich verdrängt, sondern Dialekte, deren verschiedene Ausprägungen wir nicht mehr kennen: Man sprach nicht das gleiche Keltisch in ganz Gallien, und es ist leicht vorstellbar, daß die Sprachen der Nachbarländer in den Randgebieten seine Reinheit beeinträchtigen mußten.[6] Im übrigen hat sich das Latein je nach der Dichte der römischen Besiedlung in den verschiedenen Landesteilen mehr oder weniger vollständig durchgesetzt; gleichzeitig nahm es mehr oder weniger zahlreiche Anleihen beim Gallischen.

Es verfügte über wirksame Mittel: Die Sprache der Eroberer war die Sprache des Heeres, in dem zahlreiche Gallier dienten. Sie war auch die Sprache der Verwaltung; kein erhaltenes amtliches Dokument ist gallisch abgefaßt, keines ist zweisprachig, nicht einmal die Münzen der »gallischen Kaiser« des 3. Jahrhunderts. Schließlich war Latein die Sprache der Schule, die die Römer eingerichtet haben, um die einheimische Jugend in der lateinischen Kultur zu erziehen. Vor allem war das Latein eine geschriebene Sprache, die in Literatur und Lehrerschaft ihren Rückhalt hatte. Rom hatte andere Provinzen erobert; gegen eine verwandte, jedoch geschriebene und hochentwickelte Sprache wie das Griechische konnte das Lateinische nichts ausrichten; gegenüber einer Sprache aus einer anderen Sprachfamilie, ob geschrieben wie die semitischen Sprachen des Orients oder nur gesprochen wie manche afrikanischen Dialekte, war es ebenfalls machtlos. Im Hinblick auf das Gallische, eine verwandte und überdies nicht geschriebene Sprache, war die schriftliche Form des Latein eine überlegene Waffe. Man darf freilich nicht vergessen, daß das Latein eine allgemeine Umgangssprache war, die von den nicht immer rein römischen Einwanderern verbreitet wurde, ein »Vulgärlatein« mit vielen italischen Bestandteilen und aus allen Provinzen des Reiches stammenden Sprachgewohnheiten. Diese feinen Unterschiede müssen von der noch am Anfang stehenden Forschung in Betracht gezogen werden.

Kann man wenigstens die Geschichte des Latein in Gallien während der ersten drei Jahrhunderte nach seiner Einführung in einigen Teilaspekten rekonstruieren? Der Wortschatz setzt sich in voller Breite durch und verdrängt nach und nach eine große Zahl gallischer Wörter: als Bezeichnung für Eisen zum Beispiel trat das keltische *isarno* seinen Platz an *ferrum* (frz. *fer*) ab. Die lateinische Wortform überträgt sich regelmäßig auf gallische Wörter, die in Gebrauch bleiben: solche, die lateinischen Wörtern gleicher Bedeutung ähneln, übernehmen deren Klang: *rix* wird zu *rex, allos* zu *alius, novios* zu *novus, taruos* zu *taurus;* manche gallischen Wörter, für die das Latein keine Entsprechung bietet, werden übernommen, erhalten aber eine lateinische Form; nur so kennen wir *cucullus,* nicht in seiner keltischen Urform. Überraschend ist dies bei Eigennamen, deren Endungen sich verändern: *-os* wird *-us, -on* wird *-um.* Dieser Vorgang wird direkt faßbar in La Graufesenque (Aveyron), wo gegen Ende des 1. Jahrhunderts die in die Tonwaren eingeritzten Töpfernamen einmal mit gallischer, einmal mit lateinischer Endung vorkommen: man findet *Moretoclatos* neben *Vindulus.*

Gelegentlich gelingt es dem Gallischen, ein paar eigene Wörter in die neue Sprache einzuführen: der Wagen (frz. *char*) war als Transportfahrzeug mit den Kelten über die Alpen gekommen und ersetzte in Oberitalien in der Form *carrus* den lateinischen *currus.* Daraus entstand dann eine Ableitung, aus der allein sich das französische *charger* (beladen) erklären läßt. So hat auch ein keltisches Verb in der Form *cambiare* das alte lateinische *mutare* (ändern, wechseln) aus dem Sprachgebrauch verdrängt (vgl. frz. *changer*). Aber diese Anleihen des Lateinischen beim Keltischen sind sehr selten, und die Gattungsnamen der gallischen Sprache haben die Jahrhunderte nur auf dem Weg über das Latein überlebt: wenn die große Mehrzahl der gallischen Wörter, die sich von den lateinischen stark unterscheiden, nicht ins Französische gekommen ist, so heißt das nicht, daß sie nach der Latinisierung allmählich in Vergessenheit geraten wären, sondern daß das Latein seinen Wortschatz durchsetzte und die keltischen Wortentsprechungen einfach ausschaltete.

Dennoch ging die Eroberung nicht ohne langen Widerstand ab, und es ist sogar zu beobachten, daß in bestimmten Augenblicken der Schwäche der kaiserlichen Regierung das Gallische vorübergehend wieder Boden gewinnen konnte. Wenigstens bis Ende des 1. Jahrhunderts sind die Sgraffiti der Töpfer von La Graufesenque ebensooft in Gallisch wie in Lateinisch abgefaßt. Von den Römern gegründete Städte haben halb lateinische, halb gallische Namen erhalten: *Caesaromagus* (Beauvais) = Platz des Kaisers; *Augustodunum* (Autun) = feste Stadt des Augustus; *Augustonemetum* (Clermont-Ferrand) = Heiligtum des Augustus; *Augustoritum* (Limoges) = Furt des Augustus. Zweifellos sind dies Gründungen aus der frühesten Römerzeit. Diese Mischnamen bezeugen immerhin eine gewisse Toleranz gegenüber einer Sprache, die man nicht systematisch ausrotten wollte. Das Gallische hat auch mit Hilfe der lateinischen Schrift keine literarischen Werke hervorgebracht. Die überwiegende Zahl der wiederaufgefundenen Inschriften ist lateinisch verfaßt, aber immerhin gibt es rund sechzig in Keltisch, darunter einen langen Festkalender in Coligny (Ain) und im 3. Jahrhundert Inschriften auf Webgewichten[7].

Hierzu einige Zeugnisse: Ende des 2. Jahrhunderts erklärt ein Bischof von Lyon, daß man in seiner Umgebung einen barbarischen Dialekt spreche, den er wohl lernen müsse. Im folgenden Jahrhundert läßt sich ein Kaiser von einer Wahrsagerin auf keltisch anrufen, und die Sprache der nach Rom gekommenen gallischen Söldner erschreckt einen Senator durch ihre Grobheit. Die christlichen Schriftsteller der letzten Jahrhunderte des römischen Gallien monieren noch die unkorrekte Sprache der Einheimischen. Sulpicius Severus läßt in einem seiner Dialoge einen Gallier auftreten, der sich wegen seines schlechten Lateins entschuldigt und dem geraten wird – keltisch zu sprechen, und im 4. Jahrhundert berichtet der hl. Hieronymus, daß die Galater in Kleinasien, die er gut kennt, fast genau die gleiche Sprache sprechen, die er in der Gegend von Trier gehört hatte. Zu dieser Zeit spricht der Vater von Ausonius, Arzt in Bordeaux, schlechtes Latein, und es wird bestätigt, daß das Keltische bei den Helvetiern im 6. Jahrhundert noch gesprochen wurde. Aus alldem kann man schließen, daß das Gallische im späten Kaiserreich lebendig geblieben war und daß erst der Sieg der Kirche besonders in den ländlichen Gemeinden den Erfolg des Latein endgültig sicherte.[8]

In welchem Maß auch immer die Bewohner sich der einen oder der anderen Sprache bedienten, es blieb nicht aus, daß beide in ihrer Aussprache entstellt wurden. Gewiß lernten die jungen Gallier in der Schule das beste Latein, und zweifellos hat die Elite der eingewanderten Italiker sich bemüht, ihre Sprache rein zu erhalten. Aber die Masse (Kaufleute, Soldaten, Arbeiter und Sklaven aus allen Provinzen) spricht ein vielfach schon in anderen Gegenden abgewandeltes Vulgärlatein. Ein unreines Latein also, das uns kaum bekannt ist, bemüht sich der Gallier seinerseits zu verstehen und zu sprechen; dabei behält er zuerst die Wörter, die denen seiner eigenen Muttersprache ungefähr ähnlich sind, und ergänzt die übrigen durch seinen vertrauten Wortschatz. Wie die Römer die seltenen keltischen Lehnwörter lateinisch modifizieren, so passen die Gallier die zahlreichen übernommenen lateinischen Wörter oft dem keltischen Sprachduktus an, nicht selten »verballhornen« sie sie. Wenn die Töpfer die lateinischen Namen der für sie neuartigen Gefäße in die Arbeitslisten eintragen, dann mit fürchterlichen Entstellungen: *acetabula* (Essigflasche) wird *acitabli, atramentaria* (Tintenfässer) werden *atramitaria, vinaria* (Weinkrüge) zu *vinareus* usw. Auch die Steininschriften liefern manches Beispiel für diese Veränderungen: *monimenton* und selbst *monimento* für *monumentum* (Grabmal) und viele andere, nicht immer Fehler des Steinmetzen, sondern offenbar von der gallischen Aussprache diktiert; vgl. *femena* für *femina, decemus* für *decimus.* Auch die Syntax scheint in manchen Punkten vom Keltischen beeinflußt worden zu sein, besonders im Gebrauch der häufigsten Präpositionen. Der Gallier spricht also ein »verschandeltes« Latein.[9]

Die Veränderungen und die Sprachanleihen zusammen reichen freilich nicht aus, um ein »Latein Galliens« zu konstatieren, das sich wirklich vom eigentlichen Latein unterscheidet. Man kann auch nicht dem keltischen Einfluß den Unterschied zwischen Französisch und Italienisch zuschreiben: die Entstehung der romanischen Sprachen ist ein unendlich verwickelter Vorgang, der langsam abläuft, und zwar lange nach der römischen Zeit, als das Latein sich vollständig durchgesetzt hatte. Auf das Französische scheint der Einfluß des Gallischen jedenfalls unerheblich gewesen zu sein. Es bleibt aber festzustellen, daß in gallorömischer Zeit Dialekte gesprochen wurden, deren Existenz wir lediglich vermuten und die in verschiedenen Regionen auf das Latein abgefärbt haben: Dieses verbreitet sich unter den Eliten und in den Städten, während das Keltische in der Masse der Bevölkerung lebendig bleibt. Aus Gründen der Zweckmäßigkeit gebrauchte man manchmal eine lateinisch-gallische Mischsprache, wie es zum Beispiel diese Inschrift aus dem 3. Jahrhundert belegt: *nata vimpi curmi da.* Hier sind *nata* (die Tochter) und *da* lateinisch, *vimpi* (schöne?) und *curmi* (Bier) sind gallisch. Solche Art von »Kauderwelsch« werden die Gallier bei manchen Gelegenheiten spontan von sich gegeben haben[10].

5. Die öffentliche Meinung

Was bedeutete diesen Menschen so verschiedener Herkunft ihr Land und das römische Reich, dessen Bestandteil es war?

Die Bilder römischer Macht zeigten den Augen der Öffentlichkeit in den Städten oft den kaiserlichen Adler über der Weltkugel: der Vogel der Götter und des Herrn über die Welt als Symbol der vom Kaiser ausgeübten Macht über alle bewohnten Länder und bekannten Meere. Das war eine doppelte Fiktion. Hinsichtlich der Länder und Meere der Welt war man sich klar: erkundet waren nur Europa bis zu den Ebenen Germaniens und Rußlands, Asien bis nach Indien, die Nordhälfte Afrikas; und von diesen »bewohnten Ländern« wußte man wohl, in Gallien besser als anderswo, daß die am Rhein stehengebliebenen römischen Heere nur einen Teil kontrollierten. Aber man unterschätzte auch die Bedeutung der unbekannten Länder, denn mit den Grenzen des Reiches setzte man die Grenzen der zivilisierten Welt gleich: jenseits davon gab es nur Barbaren oder Wüstenei.

Ganz Gallien, dessen Umriß und natürliche Grenzen sich die Geographen ziemlich genau vorstellen konnten, war durch die Eroberung römisches Land geworden. Während die Gallier privates Grundeigentum kannten, gehörten unter dem Kaiserreich alle Ländereien zuallererst dem römischen Volk. Wie alle Provinzbewohner haben die Gallier, selbst wenn sie das römische Bürgerrecht erwerben, nur ein Recht: Land zu »besitzen«, dessen Eigentümer Rom ist, und daraus Einkünfte zu beziehen, von denen ein Teil zwangsläufig in der Form von Grundsteuer dem römischen Volk zufließt. So haben auch die mächtigsten Einwohner des Landes, gleich ob sie gallischer, italischer oder gemischter Herkunft sind, immer das Gefühl, daß sie auf dem Boden, den sie besitzen, als Herren dem römischen Volk nur nachgeordnet sind. Trotzdem scheint es nicht so zu sein, daß Rom als rechtlicher Eigentümer des gesamten Provinzlandes sich davon tatsächlich große Teile genommen hätte. Nur in einigen begrenzten Fällen enteignete es frühere Eigentümer: die Einziehung der Güter zugunsten des Staates ahndet eine bestimmte Zahl von Vergehen, besonders etwa wenn nach einer Machtkrise der neue Herrscher sich die Güter der Parteigänger seines besiegten Gegners aneignet. Auch in Fällen fehlender Erben oder eines für »unwürdig« erklärten Erben vergrößern sich die Güter der Krone. Auf Grund des den Pionieren, die das Land roden, gewährten Quasi-Eigentumsrechts nimmt sich der Kaiser landwirtschaftliche Domänen, Wälder, Gruben und Steinbrüche zu eigen. Sie fallen dem kaiserlichen Fiskus zu, der sie zu bewirtschaften hat (zur Zeit des Tiberius kennt man als Beispiel in Gallien die kaiserlichen Gruben von Rouergue). Der gleiche Grund, die Landverwertung, begründet in den Augen des Princeps die Ansiedlung von Veteranen als Kolonen auf Ländereien, die er den Einheimischen ersatzlos nimmt: die Koloniegründung ist der offenkundigste Fall rücksichtsloser Beschlagnahme eines Stückes Land. Aber man muß berücksichtigen, daß

es gewöhnlich unter den Kolonen auch eine gewisse Anzahl von Galliern gibt, die man so für ihre Dienste entschädigt.
Ein in Marmor gemeißeltes Dokument klärt uns über das Verfahren bei solcher Parzellierung auf (Abb. 1): der Katasterplan des Landes um Orange, von dem eine neuere Grabung zahlreiche Bruchstücke zutage gebracht hat. Er ist in gleichgroße Rechtecke eingeteilt, in *centuriae* von etwa je 50 Hektar (200 *jugera* oder 400 gallische Morgen von je zwölfeinhalb Ar). Oft gibt es mehrere Parzellen in einem Rechteck:

Abb. 1. Katasterplan von Orange. – Fotoarchiv *Gallia.*

die besten Böden sind den gedienten Soldaten zugewiesen; die weniger guten, welche sie nicht bearbeiten können oder wollen, werden den Einheimischen übergeben; die nach der Aufteilung verbleibenden Reststücke werden der Gemeinde überlassen, die sie Privatleuten verpachtet zu je nach Bodenqualität verschiedenen Pachtsätzen. Die aufgefundenen Bruchstücke erlauben es, das so katastrierte Land im Norden der Stadt auf 700 Quadratkilometer zu schätzen und die Arbeit in die Regierungszeit Vespasians (77) zu datieren. Die römische Kolonie von Orange war für die Veteranen der II. Legion *Gallica* in der zweiten Hälfte des 1. Jahrhunderts vor unserer Zeitrechnung auf Ländereien angelegt worden, die man den Einheimischen abgenommen hatte: auch im Kaiserreich erhielt sie weiter Zuzug von Veteranen, und so muß es auch bei den anderen Kolonien der Narbonensis und Germaniens gewesen sein. Aber das sind sehr wenige Fälle, und insgesamt ist nicht zu beobachten, daß die Bodeneigentümer jemals in größerem Umfang enteignet worden wären[1].

Aber gerade durch diese vollständige Katastrierung Galliens, die unter der Regierung des Augustus begonnen und dann fortgesetzt worden war, gerieten die Einwohner unter die strengste Kontrolle Roms. Über den Census konnte man so die Einkünfte eines jeden ermitteln und die Steuern festsetzen. Es scheint durchaus, daß dies die schwerste Last war, die auf der Bevölkerung lag, und daß sie nur noch schwerer wurde, je länger das spätrömische Kaiserreich bestand: Grundsteuer, die jedermann zahlte, bestimmte Kolonien ausgenommen; Kopfsteuer oder Tribut, wovon nur die römischen Bürger ausgenommen waren (übrigens ein Privileg von zunehmend nur noch theoretischer Bedeutung); indirekte Steuern: davon waren die wichtigsten die Passageabgabe von 2,5 Prozent (der »gallische Vierzigste«) auf jede Ware, die in das Land eingeführt oder die ausgeführt wurde; die Steuer auf die großen Nachlässe römischer Bürger zugunsten von Fremden oder entfernten Verwandten (der »Erbschafts-Zwanzigste«); die Steuer von 5 Prozent auf die Sklavenfreilassung und von 1 Prozent auf den Warenverkauf. Die regelmäßige Erfassung von Grundbesitz und Vermögen, die den direkten Steuern zugrunde lag, mußte lästig fallen: man kann sich denken, daß man sie in manchen Zeiten nur schwer ertrug, besonders im 3. Jahrhundert, als während der Bedrohung des Reiches durch die Barbaren die Belastungen der Bevölkerung immer drückender wurden.[2] Fünfzehn Jahre (eine *indictio*) lagen damals zwischen zwei Vermögenserfassungen, und es ist leicht vorstellbar, welche Verwirrungen und welche Unruhe diese Prozedur im ganzen Land auslösen mochte. Das klingt aus einer Rede, die ein Vertreter der Stadt Autun 312 in Trier hielt und in der er für eine vom Princeps gewährte Steuererleichterung dankte.[3] »Man würde sich von der gallo-römischen Welt ein falsches Bild machen«, schrieb Camille Jullian, »wenn man sie sich als eine immer geregelte und durchwegs gesittete Gesellschaft vorstellte, in der das Leben in friedlicher Ordnung nach den Maßnahmen der Verwaltung verlief. Es gab viel Unvorhersehbares, Ungerechtigkeiten und Gewalttaten in großer Zahl, die ungesühnt blieben, manchmal regelrechte Gewaltstreiche: dazu boten sich die großen Landdomänen geradezu an. Sie lagen weit abseits der Städte und Straßen, durch riesige Wälder geschützt, wo querköpfige Gutsherren auf ihre eigene Weise lebten, ohne sich um die übrige Menschheit zu kümmern, fast immer in Waffen, und es ist gleichgültig, daß dies Jagd- und keine Kriegswaffen waren. Aber ihre gelegentlich verübten Gewalttaten schadeten dem Staat nur insofern, als sie seine Justiz und Polizei beschäftigten. Während der schönen Zeiten des Kaiserreichs hat man bei ihnen nie eine längere Rebellion oder fortwährende Übergriffe auf das Recht erlebt. Der Staat überwachte sie sorgsam, sie und ihre Ländereien.«[4]

Im ganzen betrachtet, scheint die Regierung Roms im spätrömischen Reich nach gallo-römischer Meinung keineswegs unerträglich gewesen zu sein. Gewiß, äußerliche Merkmale römischer Herrschaft stellten sich zur Schau auf Triumphbögen (Taf. 6), auf Stadttoren (Taf. 7), auf Trophäen, die die militärische Macht Roms und sogar einige der über die Gallier erfochtenen Siege demonstrierten. Aber diese letztgenannten Denkmäler stammen aus der frühen Kaiserzeit: das Alpen-Tropäum in La Turbie (Taf. 15), dessen Inschrift die Reihe der von Augustus besiegten Alpenstämme aufzählt;[5] die Tropäen des gleichen Kaisers in Saint-Bertrand-de-Comminges, die die Statue des gefesselten Gallien zeigen zur Erinnerung an die über die Völker des Südwestens errungenen Siege;[6] der Triumphbogen von Orange (Taf. 8), auf dem man während der ganzen Kaiserzeit die Leichen und abgeschnittenen Köpfe besiegter Gallier in Reliefdarstellung sehen konnte; und in der gleichen Stadt stand hoch über der Theaterbühne (Taf. 4) die den Zuschauern zugewandte Statue des Kaisers im Panzer. Nach der Krise von 69 – die zeigte, wie eng Gallien mit dem Schicksal des Reiches verbunden war und wie entschlossen, loyal zu bleiben – waren diese Denkmäler der ersten Epoche tatsächlich nur noch Zeugnisse eines alten Antagonismus, der unter den Wohltaten einer fortgeschrittenen Kultur verschwunden war.

Galliens Loyalität gegenüber Rom braucht nicht mehr nachgewiesen zu werden: das Fehlen jeder ernsthaften Revolte, die Zeugnisse der Redner am Ende des 3. Jahrhunderts, der tiefe Einfluß der römischen Kultur beweisen, daß die Gallier sich der Stellung bewußt waren, die sie im Reich einnahmen, und daß es ihnen offenbar nicht widerstrebte, der römischen Gemeinschaft anzugehören. Das will nicht sagen, daß sie Gallien trotz der Aufteilung in Provinzen nicht doch als Einheit, als ihr eigenes Vaterland, als etwas vom großen römischen Vaterland Verschiedenes empfanden. Es gilt sogar als sicher, daß sich während der Kaiserzeit der erstmals in der Person des Vercingetorix verkörperte

Gedanke der geistigen Einheit des Landes noch bedeutend verstärkte und praktisch verwirklichte. Aber die Gallier haben die aus ihrer nationalen Einheit erwachsene Macht niemals mehr gegen Rom gerichtet: die Krise, die den gesamten Westen in der Mitte des 3. Jahrhunderts erschütterte, macht die Gleichzeitigkeit dieser beiden Gefühle einmal für das gallische und einmal für das römische Land ihrer Väter erklärlich. Kurz nach 250 gelingt es den Germanen, seit drei Jahrhunderten zum ersten Mal wieder den Rhein zu überschreiten, und sie verheeren das Land bis zu den Pyrenäen. Durch die Tatkraft des Kaisers Gallienus wurden sie über den Fluß zurückgeworfen, aber das genügte nicht, um die Bedrohung auszuschalten. Postumus, einer der Führer des Rheinheeres, läßt sich nun zum Kaiser ausrufen, und fünfzehn Jahre lang, von 258 bis 273, sind es »gallische Kaiser«, die die Wacht am Rhein stellen. Aber es geht nicht darum, daß das Gallien des Vercingetorix wieder aufersteht. Vielmehr soll die sinkende Macht Roms neu aufgerichtet, der Westen (Gallien, Britannien, Spanien) gerettet werden, um daraus ein eigenes Reich zu bilden, in dem Gallien die Führung übernehmen und die Pax Romana westlich von Italien erhalten soll: dies ist das Programm des unternommenen Versuchs einer Aktion an der Seite Roms und nicht gegen Rom. Diese Krise beleuchtet ein wesentliches Element der gallo-römischen Psychologie: einerseits zeigt sie uns Menschen, die sich nicht nur ihrer nationalen Einheit, sondern mehr noch ihrer gewachsenen Bedeutung im Westen völlig bewußt sind; andererseits läßt sie ihre enge Bindung an Rom erkennen. Diese Bindung erwächst aus dem sehr starken Gefühl einer gegen die germanische Invasion gerichteten gemeinsamen Aktion. Was man schützen mußte, war jener Zustand des Gleichgewichts, den das römische Reich geschaffen hatte. In ihm entfaltete sich in Frieden und Sicherheit eine von beiden Seiten getragene Kultur.[7]

Wenn solche Gefühle bei diesen Galliern entstehen und reifen konnten, so war das möglich, weil Rom zwar Steuern, Militärdienst und wirtschaftliche Leistung gefordert und sich Teile des Landes angeeignet hatte, aber weder die nationalen Eigenarten unterdrückte noch die Freiheiten einengte, noch auf irgendeinem anderen Gebiet sich intolerant zeigte (von der Ausschaltung des Druidentums abgesehen). Die kleinen und die großen Städte genossen eine echte Autonomie, sie verwalteten sich selbst. Die nach römischen Grundsätzen arbeitenden staatlichen Einrichtungen, die kaiserliche Post, der Fiskus, das Münzwesen dienten ebenso der Einheit wie der Kontrolle, das Heer hatte nur die Grenzen besetzt. Einige hohe römische Beamte regierten die

Provinzen mit ihrem Stab und ihrem Hof und sorgten im ganzen Land für Ordnung und Recht. Ohne »teilen und herrschen« zu wollen, hat Rom stets eine friedliche Verwaltungskontrolle über das Land ausgeübt, die durch ein immer weiter verbessertes Verkehrsnetz erst ermöglicht wurde. Die entscheidenden Gründe für die gallo-römische Loyalität finden sich im Urteil Franz Cumonts, der erklärt, »wie Belgien romanisiert wurde«, und dies mit Recht auf ganz Gallien übertrug: »Nach der Eroberung Galliens – und darin liegt die eigentliche Bedeutung seines Eingreifens – hat Rom seine Lebensgewohnheiten, seine Sprache und seinen Glauben bei den unterworfenen Völkern nicht mit Gewalt eingeführt. Es hat ihnen keine Hierarchie zahlloser Beamter aufgezwungen, keine lästige Administration und keine lückenlose, kleinliche Polizeiaufsicht auferlegt. Rom regierte von oben und von ferne, und die Tyrannei der Zentralmacht, der Staatsdespotismus, die Einmischung der Verwaltung waren während der beiden ersten Jahrhunderte des Kaiserreiches geringer als bei den meisten modernen Staaten […]«[8]

Zweites Kapitel

Lebensraum und Zeitbegriff

1. Die Städte – 2. Wohnstätten – 3. Die Zeitrechnung

Städter und Landleute genießen die Vorteile der plötzlichen Fortschritte in der Baukunst, zu denen römische Technik den Anstoß gegeben hat. Den Städten, den großen Gütern, den einfachsten Straßenkreuzungen gibt die neue Architektur einen Rahmen, dessen einst in den Boden Galliens gezeichnete Spuren trotz aller Rückschläge der Geschichte bis zur Gegenwart erkennbar geblieben sind.

1. Die Städte

Vor Ankunft der Römer gab es schon Städte in Gallien. Dreißig nennt Cäsar in seinem *Bellum Gallicum,* und die Reste mehrerer gallischer Ansiedlungen sind wiederentdeckt worden.
Diese *oppida* waren befestigte Städte, deren Zahl sich im 2. Jahrhundert vor unserer Zeitrechnung vervielfacht hatte; es handelte sich eher um dauerhafte Fluchtplätze als entwickelte Städte, so wie wir sie heute verstehen. Zweifellos gab es im Midi, wo die mediterranen Techniken ihren Einfluß ausübten, in den befestigten Städten wie in den alten griechischen Kolonien an der Küste Steinbauten: in Entremont (bei Aix-en-Provence) werden Wohnungen und Gassen einer kleinen vorrömischen Hauptstadt aus der Zeit vor 123 v. Chr. ausgegraben, und die Reste zahlreicher Bildhauerarbeiten weisen auf Kultbauten hin.[1]
Im Landesinneren jedoch waren die städtischen Siedlungen nur Anhäufungen leichtgebauter Hütten. Die großen Städte mit ihren öffentlichen Bauten, Stadtvierteln und ihren Annehmlichkeiten, mit ihrer aufwendigen oder doch stets soliden und dauerhaften Architektur sind im Innern Galliens erst in römischer Zeit aufgetreten: sie entstanden dann in erstaunlicher Schnelligkeit, denn die Städte mit ihren materiellen Rahmen waren hier wie überall Quelle und prägende Form der römischen Kultur.

Lage, Plan und Bauten

Die Römer haben vollständige Städte gegründet, und wo sie gallische Siedlungen ausbauten, taten sie es mit so gewaltigem Bauaufwand, daß es immer einer Neugründung gleichkam. Sie brachten neue Baustoffe mit: den sorgfältig bearbeiteten Quaderstein, den Mörtel, den industriell hergestellten Mauer- und Dachziegel, den Verputz und die Marmorverkleidungen, das Mosaik und die Wandmalerei. Sie ließen Städte wie Pilze aus dem Boden schießen, die Bauten neuer Art schmückten, Theater und Amphitheater, Zirkus und Stadion, Thermen und Aquädukte. Von Ausnahmen abgesehen (die »Kolonien« oder Militärgründungen in der Narbonensis, im Rhônetal und im Rheinland) waren diese Städte unbefestigt: sie dehnten sich frei aus, aber wohlgeordnet; denn ihre Entwicklung folgte den römischen, ihrerseits aus etruskischer und hellenistischer Tradition hervorgegangenen Regeln, deren Lehre Vitruv in ein System gebracht hat.

Die Stadt sollte an einem gesunden und leicht zu verteidigenden Ort

Abb. 2. Modell von Lugdunum (Lyon). – Nach A. Audin.

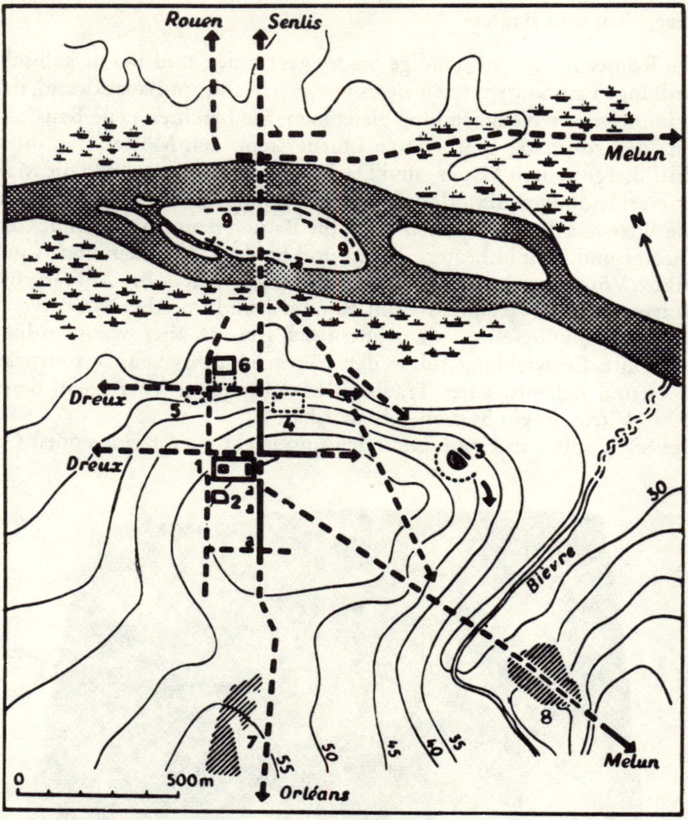

Abb. 3. Plan von Lutetia (Paris). – Nach P.-M. Duval.

1 Forum.
2 Kleine Thermen.
3 Amphitheater.
4 Thermen des Collège de France.
5 Theater.
6 Thermen im Cluny-Museum.
7 Nekropole.
8 Nekropole.
9 Île de la Cité, Befestigungsanlage.

erbaut werden, weder in der schutzlosen, im Winter feuchten und im Sommer der Sonnenhitze ausgesetzten Ebene, noch auf einer isolierten Höhe. Eine sanfte Erhebung, an deren Fuß ein Wasserlauf ein Stück ebenes Gelände schützt, das ist die ideale Lage. Sie war keineswegs selten in Gallien: Fourvière in Lyon (Abb. 2), der Hügel von Saint-Eutrope in Orange, der Hügel von Saint Geneviève in Lutetia (Abb. 3), der Mont-Capron in Beauvais, das zum Arroux abfallende Gelände von Autun (Abb. 4). Liegen mehrere Erhebungen verstreut in einem Tal, so findet man die Lage Roms mit seinen sieben Hügeln entsprechend wieder in Nîmes oder in Vienne. Wenn man eine reine Ebene vorzieht, dann liegt ein wichtiger Grund vor, etwa der entscheidende Vorteil eines Flußübergangs oder eines Seehafens: so in Amiens, Orleans, Narbonne und Fréjus. Aber für Wohlbefinden und Gesundheit war die zuerst genannte Lage besser, und unter Verzicht auf die Position der befestigten Stadt, wie sie die Gallier aus Sicherheitsgründen vorgezogen hatten, haben die Römer nach Möglichkeit immer diese Lage gewählt.

Wo es die Geländeverhältnisse erlauben, verlaufen die Straßen in der gallo-römischen Stadt rechtwinklig zueinander, parallel zu den zwei Hauptrichtungen, zum *cardo* und zum *decumanus,* der zweiten Hauptstraße. Sie sind schräg zu den Haupthimmelsrichtungen ausgerichtet, damit die Straßen nicht dem Zug der vorherrschenden Winde offenstehen. Wenigstens ist dies der Plan in der Theorie, und er gilt auch für das Militärlager: Im Flachland oder auf leicht abfallendem Gelände ist er ausführbar wie in Autun, weniger gut auf hügeligem Gelände. Im übrigen geht man, auch wenn die erste Anlage völlig regelmäßig ist, beim Ausbau neuer Stadtviertel bald davon ab; diese lehnen sich an schräg aus der Stadt hinausführende Straßen und weichen so in ihrer Ortientierung ab. Dieses Straßengitter ist in großen Städten die Regel, in kleineren Orten findet man es nicht immer; und die Regelmäßigkeit geht nie so weit, daß alle Häuserviertel gleich groß wären. In Trier, Autun oder Lutetia war es nachzuweisen: es ist manchmal quadratisch, manchmal rechteckig oder durch eine schräg verlaufende Straße auf ein Dreieck reduziert. Das Häuserviertel *(insula)* hat unterschiedliche Größe (in Autun finden sich oft die Maße von etwa 70 × 70 m). An der Kreuzung der beiden Hauptstraßen liegt das *forum* entweder offen und frei oder von Säulenhallen oder sogar Mauern eingeschlossen, oder vertieft angelegt, wie man es in Arles glaubte feststellen zu können. Trugen die Straßen Namen wie in Rom? Wir kennen nur einige Namen von Läden, die dem Namen für Stadt-

Abb. 4. Plan von Augustodunum (Autun). – Nach P.-M. Duval.

viertel entsprachen wie in Köln, wo die Töpfer *Ad Cantanuas Novas* (Am Neuen Gänsemarkt), *Ad Forum Hordiarium* (am Gerstenmarkt) wohnten.[2]

Das Forum ist Mittelpunkt des öffentlichen politischen und religiösen Lebens und der Sitz der Verwaltung: hier stehen wuchtige Bauten römischer Tradition, der Tempel der kapitolinischen Dreiheit (Jupiter, Minerva und Juno), die Gerichtsbasilika, die Curia, in der die Gemeindeversammlungen stattfinden, und das städtische Schatzhaus. Wenn das Kapitol nicht auf dem Forum selbst steht, dann auf einem Hügel über der Stadt, wie in Orange. In Lutetia gab es sicher zwei öffentliche

Plätze, einen auf der Île de la Cité, wo die Römer den Galliern unmittelbar folgten und sich bald nach ihrer Gewohnheit niederließen; der andere auf der Anhöhe, an der rue Soufflot, hier war das neue, rein römische Forum, das der *cardo,* d.h. die rue Saint-Jacques, begrenzte.[3] Das Forum ist übrigens der einzige Teil, der einen einigermaßen festgelegten, durch die beiden Hauptstraßen fixierten Platz einnimmt. Dennoch war es nicht unbedingt der geometrische Mittelpunkt der Siedlung. Soweit man weiß, gab es in diesen Städten verschiedene Viertel, in denen die Bewohner in Berufsgruppen zusammenlebten. Nach den Höhen und der Peripherie zu breiteten sich gewöhnlich die reichsten Wohnsitze aus, wie man in Autun aus der verschwenderischen Fülle der Mosaiken und dem Umfang der im Nordwestviertel der Stadt gefundenen Spuren schließen kann. In der Nähe des Wassers lebten die Handwerker: Walker, Gerber, Weber, Töpfer. Auf der Höhe standen die Götterbilder und ihre Tempel, manchmal auch näher an der Hauptstraße und auf dem Forum. Die großen öffentlichen Gebäude hatten keine bestimmten Plätze: sie richteten sich nach den Möglichkeiten, die der Ort bot. Die Thermen konnten sich abfallendem Gelände anpassen wie in Lutetia, mit Kaltbädern auf gestampftem Boden und beheizten Sälen über Kellern. Das Theater war stets in der Stadt, meist beim Forum, nach Möglichkeit unter Anlehnung an eine Bodenerhebung: das ist in Orange (Taf. 5) wie in Vienne, in Lyon wie in Lutetia zu sehen, während man woanders auf ebenem Gelände baute mit dem Risiko, alle Treppenanlagen mit übereinander gesetzten Gewölbegängen abstützen zu müssen. Nur ausnahmsweise befand sich das Amphitheater innerhalb, meist jedoch am Rand dicht vor der Stadt oder in einiger Entfernung davon. Dafür gab es verschiedene Gründe: ein so großer Bau hätte im Stadtkern zuviel Platz weggenommen; für seine aufwendige Konstruktion nutzte man gern das Gelände in der Nähe aus, ein kleines Tal oder eine niedrige Anhöhe; mit seiner ringsum geschlossenen Außenmauer konnte es bei einem Aufstand eine ansehnliche Festung für die Stadt bilden; als Stätte des Todes aber bildete es einen Schandfleck auf städtischem Boden, und darum konnte man, wenn das Bauwerk notwendigerweise noch innerhalb der Stadt, jedoch unmittelbar am geheiligten Umgang lag, durch zumindest eines seiner Tore die Leichen der Getöteten direkt aus der Stadt schaffen.[4] Von Zirkusbauten und Stadien sind in Gallien zu wenige Beispiele bekannt geworden, als daß man über sie urteilen könnte. Ihre Länge erforderte ein ausgedehntes flaches Gelände, das sich leicht am Flußufer fand.

Vom Forum abgesehen, entsprachen die öffentlichen Versammlungsplätze wegen des Straßenrasters nicht der Art unserer modernen großen »Plätze«. Hier und da gab es ein paar Brunnen im Halbrund; besonders aber sind Gärten und Vorplätze mit ihren offenen Säulenhallen zu nennen: so hat man es sich für Autun beim »Marmorplatz« vorzustellen; ist es auch im Kleinen, in Vaison (Dionysos-Portikus) zu sehen; ähnliches gilt für Nîmes bei der Fontaine und für Orange beim Theater. Große Architekturanlagen boten dem Publikum Treppen, Terrassen und Säulenhallen. Ein Baukomplex dieser Art bedeckte den Abhang des Mont Pipet in Vienne; in Orange (Taf. 5) bildete ein langer geschlossener Vorplatz mit dem Theater mitten in der Stadt ein Ensemble von seltener Weitläufigkeit, über dem sich das Kapitol erhob. Wenn man sich diese riesigen Bauten und den Umfang der schönsten Wohnsitze vorstellt, muß man zugeben, daß damit dem privaten Wohnbereich viel an Fläche verlorenging.

Selbst die größten Städte hatten im übrigen keineswegs riesige Ausmaße: sechs Kilometer Umfang ist etwa das von Toulouse, Nîmes, Trier oder Avenches her bekannte Maximum; Riesenstädte wie Rom oder Alexandria gibt es in Gallien nicht. Wenige Wohnhäuser hatten mehr als zwei oder drei Stockwerke, und die darin untergebrachte Bevölkerung konnte nie hohe Zahlen erreichen, um so weniger, als die Römer in manchen Fällen zu groß geplant hatten und die zur Bebauung vorgesehene Fläche nicht immer voll ausgenutzt wurde: so war es in Fréjus,[5] dessen Kriegshafen sich bald nicht mehr weiterentwickelte, und wohl auch zum Teil in der Universitätsstadt Autun. Die Schätzungen der Einwohnerzahlen stoßen auf Schwierigkeiten, wenn Quellen fehlen. Früher rechnete man für die gallo-römischen Städte mit Zentausenden von Einwohnern; heute nur noch mit Tausenden. Von einigen Ausnahmen abgesehen, bleiben die letzten Versuche zur Berechnung der Bevölkerung der meisten Städte zur Zeit ihrer größten Ausdehnung unter 15000.

Wasserversorgung

Dieses für die Stadt lebenswichtige Problem wurde auf kühne Weise gelöst. Offenbar war die Wahl des Standortes nie vom Vorhandensein des Trinkwassers abhängig. Im Gegenteil, man holte es dort, wo es zu finden war, auch um den Preis größter Anstrengungen. Die Aquädukte gehören zu den schönsten öffentlichen Bauwerken der Zeit, und ihre Entwicklung, wenn nicht ihr Prinzip, war eine großartige Erfindung der römischen Baukunst. Das Wort erinnert besonders an die Brücken, mit deren Hilfe die Leitung breitere Täler überwand, wie der Pont du Gard (Taf. 11). So eindrucksvoll diese Bauten sind, so bedeuten sie doch in Wirklichkeit wenig neben den endlosen unterirdischen Konstruktionen der Leitung, den Sammel- und Klärbecken, den Kontrollstellen oder »Mannlöchern«, die die Reinigung und Reparatur ermöglichten, den Tunnels, Kaskaden und Dükern. Die eigentliche Schwierigkeit lag in der Notwendigkeit, auf einer oft sehr langen Strecke das Gefälle konstant zu halten: von den drei Aquädukten Lyons hatte einer 60 und der andere 75 Kilometer Länge (um einiges übertraf diesen noch der Kölner Aquädukt), der von Fréjus lief über 40 Kilometer, und der von Arles übertraf die genannten noch erheblich. Eine Länge von 30 Kilometern kam häufig vor.[6]

Die Trassierung verlangte außerordentlich genaues Arbeiten; Einzelheiten darüber erfahren wir durch ausgezeichnete Untersuchungen. Die Leitung verlief unterirdisch (aus Gründen der Sicherheit und um das Wasser in der heißen Jahreszeit frisch zu halten), je nach Lage in den Felsen gehauen oder in einem Graben aufgemauert, oder an der Hangseite teils in der einen, teils in der anderen Weise angelegt. Wo es nötig war, durchstieß man einen Hügel wie in Briord (Ain) auf einer Strecke von über 200 Metern, deren scharfe Knicke sich aus Meßfehlern der beiden Arbeitstrupps erklären lassen, welche von beiden Hangseiten aus gleichzeitig begonnen hatten. Manchmal wird der Kanal doppelt angelegt, um seine Wasserführung bei Reparaturarbeiten nicht zu unterbrechen. Wenn die Überquerung eines sehr breiten Tals zu großen Arbeitsaufwand erfordert hätte, half man sich mit dem Bau eines Dükers, wie er an den Aquädukten von Lyon zu beobachten ist: von einem Becken auf der Höhe aus lief das Wasser durch zehn Blei- oder Tonrohre auf einer niedrigen Brücke über das Tal und stieg den gegenüberliegenden Hang hinauf zu einem Abflußbecken, das etwas niedriger lag als das erste Becken; von hier floß das Wasser in der normalen Leitung weiter. Falls dagegen der Berg zu nah und das Gefälle zu stark war, baute man Kaskaden ein, damit eine zu schnelle Strömung nicht die Leitung zerstörte. Beim Aquädukt von Autun sind vor der Stadt 24 Stufen mit starkem Niveauunterschied angelegt, auf einer Strecke von nur wenigen Kilometern. Und wenn ein größerer Fluß den Weg kreuzte, ging die Leitung unter dem Wasserlauf hindurch, z.B. in Arles unter der Rhône.

Das in die Stadt zu seinem Endpunkt auf möglichst hohes Niveau, etwa auf die Höhe der Stadtmauer herangeführte Wasser verteilte man durch Blei- oder Tonrohre, die bald unter der Erde weiterliefen, und das Druckleitungssystem wiederholte sich dann im Kleinen. Aber dieses kostbare Wasser wurde – wenigstens wenn man wie in Rom vorging – nicht jedem Bürger zugeteilt. Es lief in geregelter Verteilung zu den Brunnen und den öffentlichen Wasserstellen, in die Thermen und zu den Privathäusern, deren Eigentümer den Preis dafür bezahlen konnten. Die Durchmesser der Bleirohre waren genau kalibriert, und der Verwaltungsbeamte Frontinus hat uns eine Abhandlung über die Aquädukte Roms hinterlassen, in der er nicht die Betrügereien aller Art vergißt (geheime »Anzapfungen« der Leitungen, nicht genehmigter Gebrauch zu großer Wasserhähne), die sicher nicht das Privileg der Hauptstadt der Welt waren.[7]

Da Wasser keineswegs knapp war, benutzte man mehr Brunnen als Zisternen. Während diese in Afrika sehr zahlreich sind, findet man sie in Gallien kaum: in Fréjus gibt es große Zisternen, aber hier ist man eben im Midi; kleine gibt es in Gergovia. Sonst findet man eher Wasserreservoire neben den Aquädukten; es sind große Becken, in denen man Wasser speichern konnte, um die Versorgung über das ganze Jahr zu regeln, insbesondere in der heißen Zeit. Brunnen gab es vor allem in den Städten in großer Zahl. Bei Ausgrabungen werden immer mehr entdeckt, manchmal mit dem Eimer aus Tannenholz mit Eisenreifen, Henkel und Kette daran. Sicher besaß nicht jedes Haus einen Brunnen: in Autun, einer der größten Städte, kennt man höchstens rund dreißig. Nur die wohlhabendsten Häuser hatten einen Anschluß an die öffentlichen Leitungen. So mußten die meisten Einwohner ihr Wasser aus den Reservoiren oder Brunnen der Stadt holen: das war fast täglich die Plackerei für die Sklaven, sofern es nicht, was wir aber nicht wissen, Träger gab, die das Wasser ins Haus brachten.[8]

Für die Abwässer war nicht weniger gut gesorgt durch ein System von Kanälen, die sie gewöhnlich einem Bach zuleiteten. Oft ist es schwer, einen Abwasserkanal von einer Frischwasserleitung zu unterscheiden; doch ersterer enthält niemals die Kalkablagerungen, die klares Wasser an den Wandungen hinterläßt, meist ist er mehr breit als hoch und folgt unterirdisch dem Verlauf des Straßennetzes. Zuweilen sind es regelrechte unterirdische Gänge, mannshoch, in denen nur der Boden mit Wasser bedeckt ist; meist aber sind es Kanäle bescheidenerer Abmessungen, die mit Platten oder Korbbogengewölbe abgedeckt sind. Wie beseitigte man die Abwässer der Privathäuser? Man hat keine Abwasseranlage gefunden. Vielleicht hatten einige große Wohngebäude private Abflußleitungen wie die Thermen von Lutetia, deren

Hauptkanal durch ein in das Mauerwerk eingebautes Tonrohr das Schmutzwasser aus dem Kaltbad im Erdgeschoß aufnimmt. Im allgemeinen mußten die Straßenrinnen die Abwässer und Abfälle bis in den Sammler abführen.[9]
Im übrigen sind uns die städtischen Dienstbetriebe, die der Kontrolle der Ädilen unterstanden, wenig bekannt. Nachts gab es zweifellos keine andere Beleuchtung als die durch die Fackelträger der wohlhabenden Bürger. Es fehlten öffentliche Transportmittel in diesen nicht sehr ausgedehnten Städten. Gab es eine Straßenpolizei? Die einzige Einrichtung, über die wir einigermaßen unterrichtet sind, ist die Feuerwehr; er wurde von privaten Vereinigungen gestellt, deren sich der Staat bediente: es handelte sich um Lumpensammler und Bauarbeiter, einmal weil alte Tücher und Decken zum Erstricken des Feuers benutzt wurden, zum andern weil jene das notwendige Gerät hatten, um den Schaden einzudämmen und Hilfe zu leisten – nämlich Axt und Leiter.[10] Brände müssen sehr häufig gewesen sein, so ist in Lyon die Grabinschrift eines als Opfer einer Feuersbrunst gestorbenen Bürgers zu lesen: »Halbnackt war er dem Feuer entkommen; aber er setzt seine eigene Rettung hintan und will irgend etwas dem Feuer entreißen: von einer einstürzenden Wand erschlagen, gibt er den Geist der Natur und den Körper seinem Ursprung zurück.«[11] Über Straßenkehrer wissen wir nichts. Die Abfälle wurden vor die Stadt gebracht, wo sie im Lauf der Zeit kleine Berge bildeten, die man gelegentlich wiederentdeckt hat.

Rolle und Glanz der Städte

Die so angelegte Stadt spielte eine dominierende Rolle: die Organe der Verwaltungen, die örtlichen Volksversammlungen, die Eliten hatten hier ihren Sitz, in ihr entwickelte sich der technische Fortschritt, sie war der Ort für öffentliche Vergnügungen, für Messen und Märkte, und endlich war sie ein religiöser Mittelpunkt. Die Gallier hatten sich schnell der Entwicklung städtischen Lebens angepaßt und diese Lebensweise mit Begeisterung angenommen. Die Stadt ist damals geworden, was sie bis heute geblieben ist: die eigentliche Quelle westlicher Kultur. Dort hatten die öffentlichen Kulte ihre schönsten Bauwerke; die einheimischen Tempel beschränkten sich eher auf die Vorstädte und auf das Land. Dort herrschte der Gebrauch der lateinischen Sprache: Wer irgend etwas durch Rede oder Schrift erreichen wollte, mußte Latein verstehen und sprechen. Wer hier eine Laufbahn in der

Verwaltung oder in einem freien Beruf einschlagen wollte, mußte sich in den Schulen in die griechisch-römische Kultur einführen lassen. Diesem Gesetz der Stadt der Lebenden begegnen wir auch in der Stadt der Toten, die sie eng umschließt. Gleichgültig ob befestigt oder nicht, umzog die Stadt ein geweihter Ring, *pomerium*, innerhalb dessen niemand begraben wurde. So reihten sich die Gräber an den wichtigsten Ausfallstraßen und sorgten für den ständigen Kontakt zwischen Verstorbenen und Sterblichen, der für die Alten nichts Trauriges an sich hatte. Nun findet man auf den Gräbern der städtischen Friedhöfe nur Inschriften in Latein, während es doch eine gewisse Anzahl von Weihe-Inschriften in Gallisch gibt: der Städter war bis ins Jenseits Römer geworden, auch wenn er seinen gallischen Namen beibehielt. So ist es kein Zufall, wenn Dichter und Künstler Gallien die Gestalt einer turmgekrönten Frau gegeben haben, der Fortuna: als Festung und als fruchtbares Land mit hundert Städten.[12]

Die Stadt war schließlich auch ein Schmuck für das Land; sie betonte damit den Gegensatz zu den Ländern der Barbaren, die keine Architektur besitzen. Das äußere Bild dieser Städte können wir uns nur im Geist vorstellen, dabei helfen uns die wenigen noch stehenden Bauten, deren Perfektion, Mächtigkeit und Dimensionen erstaunlich sind, oder die wiedererstandenen Stadtviertel in *Glanum* (Taf. 16 und Abb. 5) oder in Vaison (Taf. 17), deren bescheidenes Ausmaß überrascht.[13] In den Grabungsstellen unterscheidet man an ihrer verschiedenen Stärke Mauern von Privatbauten, die selten über einen Meter dick sind, und von öffentlichen Bauten. Aber diese oft von moderner Besiedlung überbauten Spuren können den Reiz und die Schönheit dieser Städte nicht so gut vermitteln wie die Texte der Spätantike, die melancholisch ihr Fortleben in Ruinen besangen, welche die Barbareneinfälle aufgehäuft hatten. Sidonius Apollinaris beschrieb im 5. Jahrhundert die großartigen Überreste der ältesten römischen Stadt Galliens:

»Gruß dir, Narbonne, und deiner gesunden Luft, du bist als Stadt so reizvoll wie als Land, mit deinen Mauern, deinen Bürgern, deiner Geschäftigkeit, deinen Läden, deinen Toren und Hallen, deinem Forum, deinem Theater, deinen prächtigen Heiligtümern und Tempeln, deiner Münze, deinen Thermen, deinen Triumphbögen, deinen Lagerhäusern und Märkten, deinen Wiesen, deinen Brunnen, deinen Inseln, Salinen und Seen, mit dem Fluß, der dich durchquert, durch deinen Handel, deine Brücke und dein tiefes Meer.[...] Stolz zeigst du inmitten deiner halbzerstörten Befestigungen noch immer auf die ruhmreichen Spuren früherer Kriege, du zeigst die von den Rammstö-

Abb. 5. Blick auf die Ausgrabungen von Glanum. – Fotoarchiv *Gallia.*

ßen des Widders erschütterten Mauern, du bist mit diesen ruhmvollen Ruinen noch reicher als zuvor.«[14]

Zwei Jahrhunderte vorher waren diese Städte schon einmal teilweise zerstört und auf das am leichtesten zu verteidigende, von Mauern geschützte Viertel reduziert worden. Dennoch stand noch soviel davon, daß Ausonius in diesen – vielleicht etwas übertriebenen – Worten seine Geburtsstadt preisen konnte, das jetzt von neuen Mauern eingeengte Bordeaux:

»Das Klima ist hier gemäßigt und mild, das gut von Regen bewässerte Land ist fruchtbar, der Frühling ist lang und die zurückkehrende Sonne nimmt dem Winter seine Kraft, die Flüsse schäumen zu Füßen der weinbewachsenen Hügel wie die Gezeiten des Meeres. Über ihre Quadermauern erheben sich Türme so hoch, daß ihre Spitzen in die Wolken stoßen. Im Inneren bewundert man die planvoll angelegten Straßen, die Anlage der Häuser, die großen Plätze, die sehr wohl ihren Namen verdienen, die Tore, die sich zu den Wegkreuzungen hin öffnen; in der Mitte der Stadt das Bett eines von Quellen gespeisten Flusses, und wenn es Vater Ozean mit seiner schäumenden Flut füllt, scheint das ganze Meer mit seinen Flotten hereinzuströmen. Wie denke ich an die in parischem Marmor gefaßte Quelle? [...] Wie tief ist ihr Wasser, wie stark ihr Strom! Wie schnell stürzt sie durch die zwölf Öffnungen ihres Brunnenrandes, und nie erschöpfen sie die Bürger, die sie für zahllose Zwecke gebrauchen. [...] Heil dir, verborgene Quelle, heilige, wohltätige, unversiegbare, glasklare, meergrüne, tiefe, rauschende, reine, dämmerdunkle Quelle! Heil dir, Genius der Stadt, der du mit einem Schluck Wassers Heilung bringst, *Divona*, wie dich die Kelten nennen, Quelle, die du den Göttern zugerechnet wirst!«[15]

Aber in einem Brief an seinen Freund Paulus beschreibt Ausonius die Straßen der Städte in ganz anderen Worten. »Seit den ersten Tagen nach dem heiligen Osterfest sehne ich mich aufs Land. Denn das Gedränge der Leute, das vulgäre Gezänk auf den Straßenkreuzungen, das Gewühl in den engen Gassen und das Volksgedränge auf den ›Plätzen‹, die ihren Namen nicht mehr verdienen – das bin ich leid. Im Durcheinander der Stimmen hallt es wider: ›Halt! – Los! Zieh! Weiter! Vorsicht!‹ Hier läuft eine dreckige Sau davon, ein räudiger Hund rast wütend daher, und dort quält sich ein ungleiches Ochsengespann mit der Fuhre. Es hilft nicht, ins Haus zu gehen und alles abzuschließen: das Geschrei dringt über das Dach herein. Das und was sonst alles meine ruhigen Lebensgewohnheiten stört, zwingt mich, den Schutz

der Stadt zu verlassen und in der Abgeschiedenheit des Landes die Muße wiederzufinden.«[16]
Diese Unbequemlichkeiten mußten gerade in der spätrömischen Stadt fühlbar werden, wo die großen Denkmäler der Vergangenheit nun mitten in einer Festung weiterbestanden: Gab es in der weiteren, unbefestigten, zum Land hin offenen Stadt der frühen Kaiserzeit weniger Lärm, weniger Gedränge? Der gewöhnliche Geschäftsbetrieb der Blütezeit wird in den Ohren der Dichter auch nicht angenehmer geklungen haben.

2. *Wohnstätten*

Ob das Privathaus in der Stadt oder auf dem Lande steht, ob es Reiche oder Arme bewohnen, immer verrät es den Einfluß zweier Traditionen: die eine ist europäisch und geht über die keltische Zivilisation bis in die Vorgeschichte zurück, die andere ist mediterran und kommt durch Roms Vermittlung aus Griechenland. Das gallische Haus aus vergänglichem und billigem Material ist nicht verschwunden, denn es war den Bedingungen des Landes gut angepaßt. Das italische Haus hat sich mit seinem Komfort, seinem hohen technischen Entwicklungsstand, seinem Schmuck und seiner soliden Dauerhaftigkeit vielfach durchgesetzt: sein Erfolg kündigt das Aufkommen der »festen« Bauweise in Stein an. Man glaubt aber feststellen zu können, daß sie sich oft unter dem Einfluß der einheimischen Lebensweise dem Boden und dem Klima angepaßt hat.

Das gallische Haus und sein Weiterleben

Außer in den *oppida* des Midi war es aus vergänglichen Baustoffen errichtet, aus Holz- oder Lehmwänden. Die Hütte ist oft rund, ein einziger großer Raum ohne innere Gliederung, und darin wohnte eine ganze Familie. Strabo sagt, »die Gallier haben große runde Häuser aus Brettern und Rohrgeflecht, und sie decken sie mit einem dicken Rohrdach.«[1] Die Ausgrabungen haben die Spuren solcher Wohnungen freigelegt, im Elsaß beispielsweise runde, ringsum von einer Randböschung umgebene »Wohngruben«, in die man Holzwände einsetzte, und in der Mitte die Löcher für die Mittelpfosten, die das Strohdach stützten.[2] Aber es gibt auch das mehr oder weniger regelmäßig gebaute rechteckige Haus. In Alesia, auf dem Mont-Beuvray sind mehrere in den Felsen eingelassene Wohnungen dieser Art gefunden worden; man steigt über ein paar Stufen hinunter; das Fundament besteht aus Trockenmauerwerk, und darin waren Lehmwände eingesetzt, die von Rohrgeflecht gestützt wurden, manchmal doppelt, durch einen Zwischenraum getrennt.[3] Unabhängig von ihrer Form sind diese Behausungen teilweise in den Boden versenkt: zur Sicherheit? zur Festigkeit? zum Schutz vor Wind und Wetter? Aus einem von diesen Gründen oder allen zusammen stand das gallische Haus zur Hälfte im Boden, außer vielleicht im Süden des Landes. Es hatte gewiß nur wenige kleine, hochliegende Fenster und niedrige Türen, obwohl Strabo, der von den Häusern der Krieger spricht, die Vorhallen (»Propyläen«) erwähnt, wo sie gern die Schädel ihrer Feinde annagelten.[4] Der Herd war groß, lag in der Mitte oder vor der Wand: ein Autor erwähnt besonders »diese Herde, auf denen ein starkes Feuer brennt, mit Kesseln und Spießen, an denen große Fleischstücke steckten«.[5] So erscheint uns das gallische Haus mit seiner je nach der Zahl und dem Reichtum der Bewohner variablen Größe gut an das Landesklima angepaßt.

Mehrere der zahllosen »Wohngruben«, die im Osten ausgegraben wurden, enthielten Funde aus gallo-römischer Zeit: die Holzhütte ist in Waldländern eben zeitlos. In Alesia haben die römischen Häuser wie die gallischen, über denen sie errichtet sind, einen oder zwei rechteckige, aber in Mauerwerk erstellte Räume. Der in die Erde gegrabene Teil ist zum regelrechten Keller geworden mit einer gelegentlich im Winkel angelegten Treppe.[6] Gallo-römische Grabsteine in Hausform stellen rechteckige Hütten dar mit sehr niedriger Tür, manchmal mit spitzem Strohdach und oft mit leicht gebogenen Dachschrägen; die Göttin *Nantosuelta* trägt in der einen Hand eine kleine runde Hütte mit konischem, überhängendem Dach und Wänden aus Baumstämmen (Abb. 6).[7]

In den Steinhäusern Alesias zeigt sich seit dem 1. Jahrhundert eine neue Verbesserung: der an eine Wand gebaute Herd nimmt die Form einer wie das übrige Haus gemauerten Feuerstelle mit halbkreisförmigem Kaminaufbau an. Das ist einer der typischsten Züge des gallo-römischen Hauses. Während des 2. und 3. Jahrhunderts hat er sich ständig fortentwickelt, denn später findet er sich wieder bei Sidonius Appolinaris, der seine *Villa* in der Auvergne, eine für seine Zeit große luxuriöse Villa italischer Bauweise, beschreibt. Er spricht vom Winter-Eßzimmer, »über welches das oft im gewölbten Kamin entfachte Feuer eine Rußschicht ausgebreitet hat«.[8] An einer kräftigen schwenkbaren

Zahnstange, wie sie zu einer guten Einrichtung gehörte, sieht man den keltischen Kessel über dem Feuer hängen, während die beiden Widder aus Ton den Schutz des Feuers sichern.
Dieses aus der Hütte entwickelte Haus, das in Stein gebaut und mit Ziegeln gedeckt ist und manchmal ein oberes Stockwerk trägt, bleibt weiterhin beliebt, um so mehr als hier leicht die aus den neuen Techni-

Abb. 6. Nantosuelta und Sucellus. Relief aus Sarrebourg. – Nach »La Gaule Romaine«, in: *La Documentation Française,* Januar 1966.

ken stammenden materiellen Verbesserungen angewandt werden können. Es kommt gewiß häufig in den Städten und noch häufiger auf dem Lande vor, wo es als einzelnstehendes Haus oder als »einzelnes Element« auftritt, dessen Vervielfachung die landwirtschaftliche Anlage ergibt. Die Darstellungen geben uns davon ein sehr getreues Bild, zeigen es oft in voller Höhe (Abb. 7). Auf einem in den Niederlanden gefundenen Sarkophag sieht man die junge Tote und um sie herum ihre Möbel, ihre wohlvertrauten Gegenstände und ihr Haus als Relief abgebildet. Dabei handelt es sich um einen viereckigen Bau mit spit-

Abb. 7. Gallo-römisches Haus. Wandgemälde aus Trier. – Foto Alix Barbet.

zem Ziegeldach: an einer Schmalseite der schlichte Eingang, von Pilastern eingerahmt; an der Längsseite ganz oben zwei kleine niedrige dreigeteilte Fenster; darüber in Dachhöhe eine viereckige Öffnung, die den Dachraum belüftet; am Hauptbau ein etwas zurückgesetzter quadratischer Anbau mit spitzem, nach allen Seiten abgewalmten Dach, sein hochliegendes Fenster gleicht den vorher beschriebenen.[9] Das ist alles: ein typisches ländliches Haus mit glatt verputzten Mauern, mit nur wenigen, kleinen Öffnungen, unter einem einzigen Dach mit seinen dem regenreichen Klima gut angepaßten, geneigten Dachflächen. Läßt die hohe Lage der Fenster auf eine Etage im Innern schließen? Im 6. Jahrhundert gab es zwar in Angers Wohnhäuser mit drei Stockwerken,[10] und dies wird keine Neuerung aus merowingischer Zeit sein; aber man kann annehmen, daß das Einhaus gewöhnlich nur eingeschossig war.

Das Stadthaus

Soweit aus den Ausgrabungen bekannt ist, wurde das griechisch-römische Haus von den wohlhabendsten Städtern übernommen; aber es findet sich fast nur in den Städten des Südens. In *Glanum* (Saint-Rémy-de-Provence) besteht diese *domus* wie in Italien aus einem viereckigen Hof unter freiem Himmel, der ein Becken zur Aufnahme des Regenwassers einnimmt und den ein Peristyl oder ein gedeckter Säulengang umgeben. Zu ihm hin öffnen sich die Wohnräume und von der Straßenseite her die Diele, *vestibulum.*[11] Aber noch ist keine Stadt in genügendem Umfang freigelegt worden, da alle zu oft wiederaufgebaut worden sind, als daß man heute noch eine klare Vorstellung von den Wohnhäusern geben könnte, aus denen sie bestanden hat. Außerhalb des Midi findet man gelegentlich unregelmäßig übereinander gebaute Räume, deren genaue Zweckbestimmung meist unmöglich ist; übrigens zeigt die Erfahrung bei modernen Zerstörungen, daß aus den Grundmauern eines bis auf den Erdboden »abgeräumten« Hauses kaum noch die Raumaufteilung festzustellen ist, die uns doch allen vertraut ist.

Einige Tatsachen stehen dennoch fest. Die Wohnhäuser grenzten innerhalb einer von Straßen oder Gassen begrenzten »Insel« oder eines Häuserblocks aneinander. Solche Häusergruppen kennt man, und von den Ausgrabungen in Entremont wissen wir, daß schon vor der römischen Eroberung von 123 v. Chr. sich die Häuser längs der Straßen aneinanderreihten, von einem gemeinsamen Dach überdeckt und viel-

Abb. 8. Rekonstruktion der Fassade einer *insula* in Ostia. – Nach A. Boethius / J. B. Ward Perkins, *Etruscan and Roman Architecture*, Harmondsworth 1977, S. 288, Abb. 111.

leicht flankiert von Außentreppen.[12] In den *insulae* des Midi ist jedes Haus vom italischen Typus (Abb. 8). Im übrigen Gallien sieht man dagegen nur unregelmäßig angeordnete Räume, meist ohne eindeutige Bestimmung, wie in den heutigen Wohnungen. Aber immer wieder überrascht ihre relative Kleinheit (Maße von 1.50 mal 2 oder 3 m sind nicht selten) gegenüber den Häuserblöcken, zu denen sie gehören.
In diesen Blöcken scheinen nur Kellertreppen gemauert zu sein wie die Wände. Daß gemauerte Treppen sehr selten sind, ist in Gallien allgemein festzustellen, wenn man die Vortreppen großer Gebäude oder die öffentlichen Treppenanlagen an Abhängen ausnimmt. Weder in den Befestigungen noch in den Thermen – außer einigen Wendeltreppen,

die in Arles und in Trier gefunden wurden – sind Reste von Stufen wie in Afrika oder Italien festzustellen. Im Holzreichtum liegt die Erklärung dafür. Holztreppen und einfache Leitern sind in den Häusern Roms häufig in Gebrauch; in den meist engen Häusern der gallorömischen Städte waren sie gewiß die Regel.

Die Bedachung war unterschiedlich, folgte aber, nach den bildlichen Darstellungen vollständiger Häuser zu urteilen, dem gleichen Prinzip. Das Dach aus schrägen Balken ist, wie es scheint, im feuchten Klima steiler als in den südlichen Provinzen des Reiches. Es wäre ein Irrtum zu glauben, daß die Römer die fast flachen Dächer oder die Dachterrassen auf ganz Gallien übertragen hätten. Es kommen zwei und vier Dachflächen vor, deren teilweise sehr starke Neigung an die Grabsteine in Hausform erinnert. Das Dach wird nach römischer Art mit flachen Ziegeln *(tegulae)* gedeckt, deren Randleisten durch einen Hohlziegel *(imbrex)* geschützt werden. Es gibt aber auch randlose Flachziegel, deren Reihen sich halb überdecken und deren sichtbarer bleibender Teil unten abgerundet ist. Diese wie Blätter abgerundeten Ziegel waren nicht aus gebranntem Ton (die Ausgrabungen haben davon nichts erbracht), sondern wohl mit Sicherheit aus Holz (in einigen Gegenden werden noch heute solche verwendet); auf den Tempeln waren sie aus Metall. Die Zimmermannskunst war gut entwickelt, schwere Dächer stellten kein Problem dar; in Alesia hat man die Firstbalken eines mit großen Steinplatten gedeckten Daches gefunden. Wahrscheinlich hat man auch mit Schiefer gedeckt, wenigstens in den Gebieten, wo er gewonnen wird; im Westen belegte man Böden und Mauern damit. Endlich fehlte es selbst Privathäusern nicht an Verzierungen: geschnittene Firstziegel, Akroterien an beiden Enden und in der Mitte des Firstes, Schmuckformen, die die Sparren-Enden am unteren Dachrand verdeckten.[13]

Nur ein Teil des Hauses hatte Heizung, sie beschränkte sich auf eines oder mehrere Zimmer des Erdgeschosses. Im großen Aufenthaltsraum befand sich der Herd, der nach seiner Ausführung den Namen Kamin verdient.

Einigen anderen Räumen, besonders dem Baderaum, war eine noch vollkommenere Anlage vorbehalten: die Hypokaustenheizung. Hypokaustenraum bedeutet nicht unbedingt Baderaum: nur kann man in den Thermen dieses System am besten beobachten. Es wurde aber auch in Privathäusern verwendet, zumindest in den Aufenthaltsräumen, und sicherlich ist dies eine der Einrichtungen römischer Baukunst, die den größten Erfolg in diesem Land mit seinen langen Wintern hatten. Ohne Ausnahme sind die Häuser heißer Länder schlecht vor der Kälte eines kurzen Winters geschützt, auch heute noch. In Italien, Afrika und im Orient scheint die Hypokaustenheizung besonders auf private oder öffentliche Bäder beschränkt gewesen zu sein; im Westen dagegen hat sie sich so verbreitet, daß sie selbst in sehr bescheidenen Wohnungen anzutreffen ist.

Das Landhaus

Viele im Ackerboden erhaltene Ruinen hat man entdeckt sowohl in Frankreich wie in Belgien, in der Schweiz und im Rheinland; die archäologische Erforschung der *villae* trifft auf günstigere Bedingungen als die der städtischen Wohnungen, und ihr Umfang wächst. Die Häuser auf dem Lande lagen in Gallien besonders weit verstreut. Das »Dorf«, das uns heute so vertraut ist, scheint es vor dem hohen Mittelalter nicht gegeben zu haben. Dies ist eine vorgeschichtliche, germanische Siedlungsweise, die durch die Entwicklung christlicher Pfarreien im Westen begünstigt wurde. Sicherlich fehlten Häusergruppen auf dem Lande nicht, aber diese Weiler hatten ihren Ursprung in einem allgemeinen Treffpunkt – Rasthaus, lokales Pilgerziel, Thermalbad oder Manufaktur – und nicht in der Bearbeitungsweise des Bodens. Im Gutsbereich um das Wohnhaus des Eigentümers herum lagen die verschiedenen lebensnotwendigen Produktionsstätten beieinander. Es gab die Villen als Wohnsitze der Großgrundbesitzer, die jede eine kleine Welt für sich darstellten, und die über das Gutsterritorium verstreuten Wohnhäuser.

Die Villa hat so im 2. und 3. Jahrhundert eine erstaunliche Entwicklung genommen und bot einen Anblick, der in auffallender Weise das Bild französischer Landsitze (der »manoirs rustiques«) vorwegnimmt. Kernstück ist anfangs oft ein Haus von quadratischem Grundriß nach italischer Bauart mit Peristyl, ein aufs Land versetztes Stadthaus; aber oft ist es auch ein rechteckiger oder quadratischer Bau, der an das gallische Haus erinnert, was an der Villa von Mayen in der Umgebung von Koblenz nachgewiesen werden konnte.[14] Durch Aneinanderfügen einer wachsenden Zahl von Räumen zu beiden Seiten dieses Zentralteiles bildet sich die gallo-römische Villa heraus. Das Leben auf dem Lande, wo genügend Platz ist, stellt bestimmte, immer gleiche Anforderungen. Auch findet sich hier zumindest ein Element immer wieder: der große Hof, entweder in der Mitte des Ganzen oder eher auf der Vorderseite gelegen; im zweiten Fall bildet eine lange, gedeckte Gale-

rie die Fassade, zu der sich die Haupträume öffnen, während die Baderäume gewöhnlich an einer Seite angebaut werden.
Der dem Herrn vorbehaltene Wohnteil erreicht Maße und einen Luxus, der den sozialen Rang des Grundbesitzers ausweist. Die Zahl der Nebengebäude zeigt, daß um ihn her das Personal eines umfangreichen landwirtschaftlichen Betriebes wohnt. Eine der bekanntesten Villen liegt bei Sarrebourg, in Sankt Ulrich (Abb. 9). Obwohl man noch nicht den vollständigen Grundriß kennt, konnten fast 120 Räume festgestellt werden.[15] In Montmaurin (Haute-Garonne) haben die letzten Grabungen schon 150 Zimmer freigelegt: sie sind in immer wachsender Zahl in aufeinanderfolgenden Perioden gebaut worden.[16] Ein erstaunlicher Zug dieser so komplexen Wohnanlagen ist, daß ihr Grundriß nichts von einem Labyrinth an sich hat. Die Gänge sind nicht sehr ausgedehnt; denn die Räume erstrecken sich selten tiefer als in zwei Reihen, sie öffnen sich fast alle auf gemeinsame Höfe oder breite Galerien und sind möglichst wenig voneinander abhängig. Bei Erweiterung wird die Anlage durch einen Hof oder einen Flügel verlängert. Nichts erinnert an diesen westlichen Landsitzen an das Labyrinth orientalischer Paläste. Es sind nach mehreren Seiten hin offene Bauten, für das Leben im Freien geschaffen. Trotz der Vielzahl der Räume bleibt darin etwas wie eine vernünftige Ordnung erkennbar. Bei so kompliziertem Grundriß ist indessen kein Obergeschoß im ganzen Umfang, sondern eines für das Mittelgebäude und seine Hauptflügel anzunehmen.
Diese Landsitze waren mit allem denkbaren Luxus und mit überraschendem Komfort ausgestattet. Auch die Bestandteile der großen Architektur fehlten hier nicht: Säulengänge, Exedren an Höfen und Baderäumen, Marmor und Malereien. In diesem Rahmen, der, soweit uns bekannt, die reifste Entwicklung der Epoche darstellt, läßt sich durchaus eine Vorstellung vom Inneren des gallo-römischen Hauses rekonstruieren.

Die Inneneinrichtung

Viel Licht konnte nicht in diese Wohnungen eindringen, denn nach den Bilddokumenten war die Zahl der Fenster gering, und sie waren sehr klein und manchmal ziemlich hoch angebracht. Der große Unterschied gegenüber den Fenstern im heutigen Haus erklärt sich aus der Schwierigkeit, sie zu verschließen. Gewiß kannte man das Fensterglas: Laktanz bezeugt den Gebrauch gegen Ende des 3. Jahrhunderts, und zerbrochene Scheiben hat man in den Thermen unterhalb ihrer riesigen

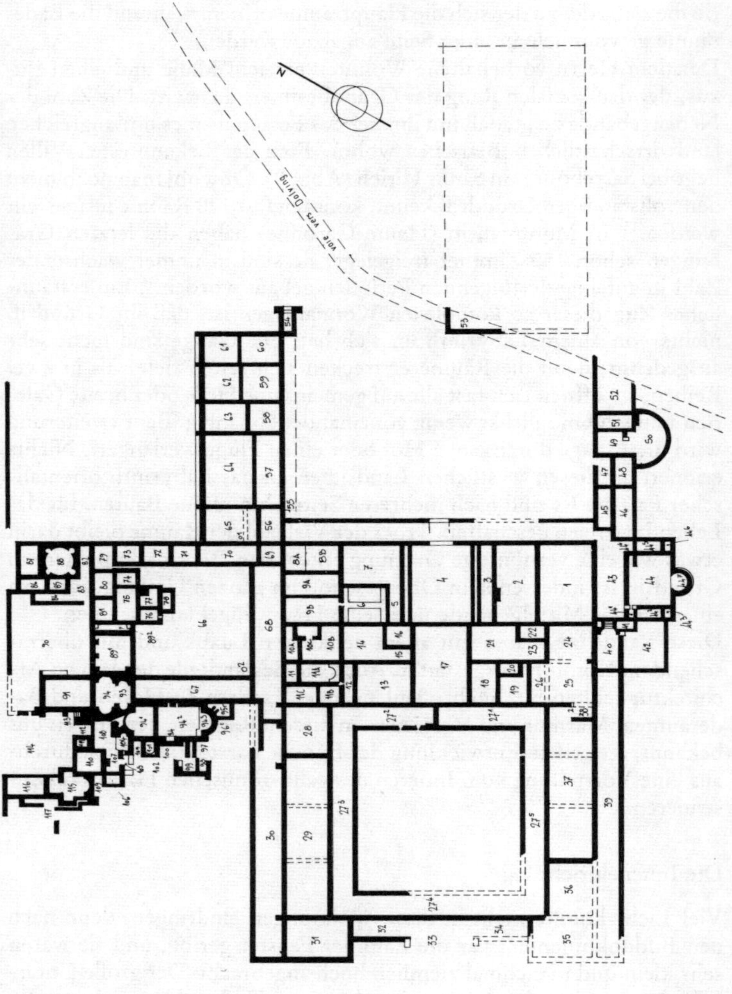

Abb. 9. Plan der Villa von Sankt Ulrich bei Sarrebourg. – Nach M. Lutz.

Fensteröffnungen gefunden. Es handelte sich dabei um dickes, ziemlich undurchsichtiges Glas; dennoch stellte es eine luxuriöse Art des Fensterverschlusses dar und war zumindest den großen Fenstern vorbehalten, die man anders gar nicht hätte schließen können, ohne das Tageslicht ganz auszusperren. Wahrscheinlich waren diese Scheiben fest eingelassen in Fenster, die nicht zu öffnen waren. Von den Fenstern in Eingangshallen oder Bädern vielleicht abgesehen, war aber der Gebrauch von Fensterglas in Privathäusern nicht üblich; wenigstens haben Ausgrabungen dafür keine Beweise erbracht. Man mußte sich mit Fensterbespannungen aus weniger haltbarem Material zufrieden-

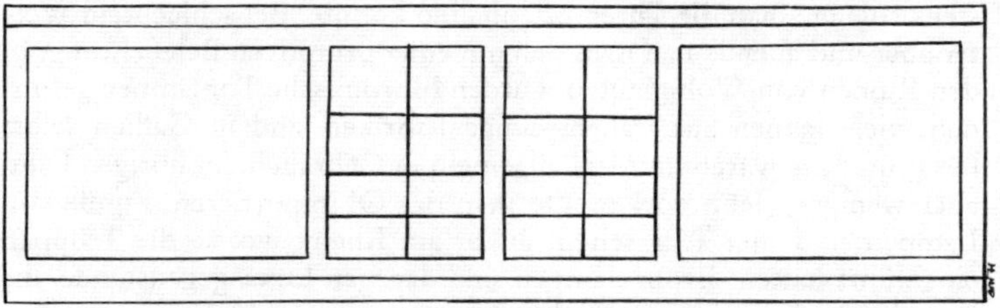

Abb. 10. Fenster mit zwei Fensterläden im Innern des Sarkophags von Simpelveld. – Nach Ch.-M. Ternes, *Die Römer an Rhein und Mosel,* Stuttgart 1975, S. 133, Abb. 20.

geben, Geweben und Häuten, die frei vorgehängt oder über Holzrahmen gespannt waren. Es gibt Bilddarstellungen, die die Existenz von kompakten Fensterläden (Abb. 10) oder Läden mit Kreuzrahmen belegen, sie waren anscheinend oft das einzige Mittel zum Verschließen.[17]

Auch Flügeltüren waren selten, wenigstens im Innern der Wohnung. Reste von Türschwellen, von Türangeln und Lagern der Außentüren hat man in den Ruinen gefunden; die Reliefs zeigen zweiflügelige Türen an öffentlichen Gebäuden oder an Grabmälern: bronzene für die Tempel und holzgeschnitzte mit schweren Füllungen für weniger bedeutende Bauten. Andererseits hat man eine große Anzahl von Schlüsseln sehr verschiedener Modelle gefunden, deren komplizierte Formen eine hoch entwickelte Schlosserkunst verraten: aber sie müssen vor allem für die Haupttüren verwendet worden sein oder in kleinerer

Form für Truhen.[18] Im übrigen beweisen die erhaltenen Vertiefungen in den Türrahmen den verbreiteten Gebrauch von starken Riegeln und Sperrbalken. Jedoch zwischen den einzelnen Räumen stieß man bei Ausgrabungen selten auf Türreste. Auf den Reliefs sind öfter Vorhänge zu sehen, die entweder an den Wänden aufgespannt oder an Stangen aufgehängt sind. Tür- und Fenstervorhänge muß es im bürgerlichen Haus in großer Zahl gegeben haben, sie galten als unerläßlicher Bestandteil der Einrichtung wie die Wandteppiche im Mittelalter und in der Renaissance.[19]

Tagsüber war es also in dem aus der gallischen Hütte hervorgegangenen Haus ziemlich dunkel; die große Villa mit ihren oft zu einem Hof oder Säulengang geöffneten Räumen war dagegen viel lichter, wenigstens solange man die Türen offenhalten konnte. Bei schlechtem Wetter aber und abends half man sich mit einer primitiven Beleuchtung. In den Ruinen von Wohnbauten wurden oft römische Tonlampen gefunden; viele kamen aus Italien, einige Fabriken sind in Gallien selbst bekannt.[20] Sie waren im Midi allgemein in Gebrauch, im übrigen Land aber weniger; denn dort mußte man das Öl importieren. Funde von Lampen sind hier sehr selten, außer am Rhein, wo sie die Truppen eingeführt hatten. Bronzelampen sind dagegen Luxusgegenstände, die man nur in den reichsten Wohnungen verwendete.

Im 4. Jahrhundert erwähnt Ausonius in einem Brief an einen Kaufmann noch andere Beleuchtungsmittel: »Was für ein Leben führst Du an der Küste des Médoc? Handelst du, kaufst du mit minderwertigem Geld ein und verkaufst zu verrückten Preisen, wenn die große Nachfrage da ist, weiße Unschlittklumpen, fette Wachsstücke, Pech aus Narycia [Stadt in Griechenland], geschnittenen Papyrus [Streifen als Kerzendochte] und Fackeln mit übelriechendem Qualm, wie sie die Bauern als Beleuchtung haben?«[21] Die Fackel und die Tranlampe gingen sicher auf gallische Vergangenheit zurück. Talg- und Wachskerze (letztere ist viel teurer) waren in der römischen Welt allgemein in Gebrauch; mit der Tranlampe zusammen war dies wahrscheinlich die verbreitetste Beleuchtungsart. Neben primitiven Kerzenhaltern hat man in Gallien bronzene Kandelaber gefunden, deren Stützen oft Statuetten von großem Kunstwert waren – etwa eine verwundete Amazone. Man verwendet heute in ähnlicher Weise Chinavasen.[22] Tonlampen hatten manchmal die Form von Menschen- und Tierköpfen, oder sie waren mit den verschiedensten mythologischen oder alltäglichen Motiven verziert, beispielsweise mit Jagdszenen und Gladiatorenkämpfen. Die an Ketten aufgehängten Bronzelampen hatten gelegentlich Tierform, zum Beispiel die eines Stieres. Andere mit mehreren Schnauzen waren reich ornamentiert; ein Pariser Fund zeigt Greifen, Delphine und Blattwerk: als echte »Hängelampe« entsprachen sie unseren Lüstern.[23]

Die Herstellungsweise der Böden und Wände war wie die Bautechnik römischen Ursprungs. Der Fußboden bestand immer aus hartem und kaltem Material: er hat sich oft in den Landhäusern erhalten, wo der »Estrich« unbekannt ist. Aus einer Schicht Mörtel, aus Beton mit Kies und Ziegelbruch, aus Marmorplatten, aus hochkant gestellten Ziegeln, die Muster bildeten wie unser Parkett, aus Plattenbelägen von Ton, Stein oder Schiefer in Schachbrettmuster und schließlich aus Mosaik mit großen und kleinen Steinen bestanden die Böden, wenn man sich nicht in sehr bescheidenen Häusern und in Neben- und Arbeitsräumen mit dem gestampften Erdboden begnügte. Alle Arten von Mosaik wurden gefunden, von den gröbsten mit großen und unregelmäßig verlegten Steinen bis zu den feinsten, deren Dekorationsmuster mit der Malerei und der Teppichknüpferei konkurrieren. In den großen Landhäusern und in den Thermen bilden manche Mosaiken riesige mehrfarbige »Teppiche«, die ebensoviel Arbeit, Geschicklichkeit und Tradition erfordert haben müssen wie die schönsten Orientteppiche. Manchmal paßte das Dekor zur Bestimmung des Raumes: Wassermotive (Fische, Seebilder, Meergötter) im Bad, bacchische Szenen (Weinlese oder Gelage) im Speiseraum. Oft bestand dazu kein Bezug: Legenden der klassischen Mythologie, Komödien- oder Tragödien-Szenen, Jagdszenen (Taf. 21), Spiele im Amphitheater (Taf. 23) oder Zirkusrennen, Bilder aus dem Landleben. Öfter aber waren es nur geometrische Formenkombinationen, symmetrisch angeordnete Tiere, Flechtornamente und Girlanden, Vasen und Blumen.[24]

Die Wände waren mit bemaltem Putz, mit Stuck oder mit Platten verkleidet. Wandmosaiken hat man in Gallien nur selten festgestellt. Gelegentlich legte man allerdings in die Malerei Mosaikstreifen ein und verband beide Arten der Wandbehandlung miteinander, indem man kleine Würfel und Muscheln in die Wand- oder Deckenmalereien einlegte. Ganz besonders beliebt war die Wandmalerei. Die in der Schweiz entdeckten Fragmente aus dem 2. und 3. Jahrhundert zeigen symmetrische Wandmalereien mit blühenden Pflanzen und Blumen, unter denen sich Tiere bewegen. Oft findet sich auch auf dem Wandsockel eine geometrische Komposition, die Marmorverkleidung imitiert. Dann wird gegen Ende des 3. Jahrhunderts in einem naturalistischen Stil der Einfluß von Mosaik und Stoff erkennbar; die Pflanzen und die Lebewesen verteilen sich mit einer viel größeren Freiheit über ein hohes schmales Format. Was beabsichtigte man mit den Wanddekorationen? Sie sollten auch im einfachsten Zimmer die Illusion einer reichen Architektur schaffen, im Innern abgeschlossener Räume den Eindruck von Weite erwecken oder Bilder aus dem Leben der Götter zur Schau stellen. Bis heute konnte man in diesen Darstellungen nicht die geringste Spur von einheimischem Einfluß nachweisen; die den Bewohnern vertraute Fauna, die sich schließlich noch ins Rankengeflecht und Blattwerk der Steinornamentik eingeschlichen hatte, sucht man hier vergebens; so wie das Mosaik hat auch die Wandmalerei fremde Schmuckformen in die gallischen Häuser gebracht.[25]

Die Möbel

Neben den Türvorhängen, den Wandbehängen und den bunten Teppichen, deren Herstellung Plinius bei den Galliern bezeugt,[26] enthielt das Haus verschiedenartiges Mobiliar. Außer einigen Bruchstücken von Tischen, Sesseln aus Stein und den Metallornamenten von Holzmöbeln ist nichts erhalten geblieben. Aber mehrfach bezeugen Bilder und Inschriften, daß es eine Möbelherstellung gab, deren Reichtum und Perfektion überrascht.

Zum italischen Mobiliar gehören einige charakteristische Stücke. Der kleine Rundtisch mit drei geschwungenen, in Löwenklauen endenden Beinen mit dem Löwenmaul darüber oder mit geraden Beinen, die durch hohe Kreuzstäbe verbunden sind, ist ein importiertes Modell, dessen man sich besonders beim Totenmahl bedient. Vielleicht hat er eine rituelle Bedeutung; aber er gehört auch zum gewöhnlichen Möbelbestand; denn man sieht ihn im Haus neben anderen Möbeln und üblichen Gegenständen.[27] Zu Luxustischen und vielleicht zu Gartentischen gehörten die steinernen Füße, die unsere Museen mehrfach besitzen. Entweder geben sie Tierformen wieder oder sind mit Reliefs geschmückt. Man weiß nicht, ob sie eher zu den Gebrauchsmöbeln zu rechnen sind oder zu den verschieden geformten Luxussesseln oder Thronen, auf denen die Götter sitzen. Mit ihren rechteckigen oder dreieckigen Rückenlehnen und den geschnitzten Armlehnen sind es Prunksitze, deren Formen oft nach Vorbildern aus der griechisch-römischen Bildhauerkunst kopiert sind (einer wenigstens hat als Armlehne zwei große Spiralen, die von keltischem Einfluß zeugen). Römische Amtssitze sind die »Faltstühle«, welche die gekreuzten Stäbe der Stadtbeamten wiedergeben.[28] Auch die halbkreisförmige Liege im

Abb. 11. Typische Tischszene von einer Grabstele aus Köln. – Nach »La Gaule Romaine«.

Speisesaal ist importiert, aber sie ist so selten dargestellt, daß man sich fragen kann, ob sie in Gallien wirklich beliebt war.[29] Das Ruhebett mit geschnitzten Beinen, mit oder ohne Rückwand, auf dem der Tote beim Mahl dargestellt wird, unterscheidet sich nicht vom römischen Bett. Dagegen ist der quadratische oder rechteckige Tisch mit vier Beinen in etwas einfacherer Konstruktion als der Dreifuß weit verbreitet und dient vielen Zwecken; zur Mahlzeit ist er mit einem Tischtuch, oft mit Fransen, bedeckt, das weit herunterhängt (Abb. 11).[30] Auch das Kanapee scheint ein übliches Möbel gewesen zu sein. Auf den Grabdenkmälern ist es in allen Details dargestellt: meist liegt der Tote darauf halb ausgestreckt und stützt den Ellenbogen auf ein Kissen oder eine Polsterrolle; zwei oder drei Personen können darauf Platz haben, und manchmal sitzt man einfach darauf. Außer den Kissen gibt es oft eine dahinter aufgehängte Draperie. Niedrige geschnitzte Füße tragen den Holzrahmen, und vertiefte Rillen teilen die lange Rückwand in drei

Felder auf. Das Kopfende steigt schräg an wie bei einer Chaiselongue und ist mit einem dicken Stützkissen gepolstert. Schnitzerei verziert die Lehne am gegenüberliegenden Ende.[31] Eine ziemlich dünne Matratze bedeckt den Boden. Wir wissen übrigens, daß die gallischen Polster in der römischen Welt so berühmt waren, daß man nach ihrem Fabrikationszentrum Cahenors (Cahors) das Produkt auf lateinisch *cadurqueus* nannte. Dienten diese Kanapees, Ruhebetten und Tischliegen auch zur Nachtruhe? Über das Schlafbett fehlen uns Unterlagen völlig, und ich möchte annehmen, daß dieses Möbel im Durchschnittshaus selten vorkam: ein Kasten oder ein gemauertes Rechteck mit einer Matratze darauf, eher ein Divan als ein richtiges Bett, muß wohl meist an seiner Stelle benutzt worden sein.

Sitze für den allgemeinen Gebrauch waren in großer Vielfalt vorhanden.[32] Sehr häufig kommt der Hocker vor. Es gibt bäuerliche mit drei Füßen, von denen wir nur den latinisierten Namen *tripeccia* kennen; andere, vierbeinige, mit rundem oder eckigem Sitz und senkrechten Beinen, waren stärker verbreitet; wieder andere sind einfache Schemel mit schräg auseinanderstehenden oder wie bei einem Faltstuhl gekreuzten, aber festen Beinen. Es ist möglich, daß der Hocker, die einfachste Sitzgelegenheit, für die Gallier der Sitz par excellence war. Er ist dem ihnen vertrauten Hocksitz angepaßt; in dieser Stellung haben sie ihre eigenen Götter auch weiterhin dargestellt. Der einzige Komfort, den sie dem bescheidenen, oft sehr niedrigen Sitz zugestanden, war ein gutes Kissenpolster. Eine gallische Inschrift nennt das einer gallischen Gottheit dargebotene Weihgeschenk *canecosedlon*, worin man den gepolsterten Sessel erkannt hat,[33] und damit begegnet man wieder jenem Polsterhandwerk, das bei dem oft rauhen Klima die kühlen Sitzmöbel und Lager etwas wärmer machte. Neben dem Hokker benutzte man die Bank, auf der manchmal ein Teppich lag.[34]

Der individuelle Sitz mit Rückenlehne war in allen seinen Formen bekannt. Zuerst der selten dargestellte Stuhl: seine Beine sind durch Bretter verbunden, die Rautenform haben oder eine Art Truhe bilden, das bemerkenswerte Beispiel eines »Kombinationsmöbels«.[35] Der Sessel ist allgemein in Gebrauch; nicht der, dessen Lehnen und Beine unbespannt sind – dieses Prunkmöbel findet sich besonders im Theater –, sondern einer, der von oben bis unten aus durchgehenden Teilen besteht wie unsere »Klubsessel« und dessen hoher, gebogener Rükkenteil in Armlehnen ausläuft: eine Art von »Bergère«, in die man bis zu den Schultern versinken kann. Ist er aus Holz und mit Stoff oder Leder bezogen? Vor allem mit Weidengeflecht wird er in einmaliger

Wirklichkeitstreue dargestellt (Taf. 22). Sein leichtes, umflochtenes Holzgestell unterscheidet sich nicht von ähnlichen Sitzen, wie man sie heute im Freien verwendet. Dagegen ist dieser Sessel mit runder Lehne das Möbel für die Wohnung, der bequeme Sessel, in dem die Dame bei der Toilette, die Gäste beim Bankett, der Lehrer inmitten seiner Schüler, der Hausherr bei jeder Gelegenheit und manchmal selbst Götter und Göttinnen sitzen. Sehr oft gehört dazu, wie zum Stuhl oder zum Schemel, eine Fußbank, entweder getrennt oder als nach vorn verlängerter Sockel mit breitem Fußbrett. Solche Stühle werden besonders von Lehrern benützt. Endlich gibt es noch das Modell mit runder, niedriger Rückenlehne, ähnlich unserem Bürosessel, wo die Armlehnen nur die Fortsetzung der etwas höheren Rückenlehne bilden. Er scheint vorn zwei Beine zu haben, hinten aber nur ein einzelnes,

Abb. 12.
Toilettentisch vom Sarkophag von Simpelveld. – Zeichnung von Dinh Trong.

schräggestelltes, und es ist auf diese Weise gewiß neben dem Truhenstuhl das originellste Sitzmöbel, das uns überliefert ist.[36]
Ferner sind zu nennen: Holzschränke mit kunstvoll geschnitzten Türen; hohe, schmale, verschließbare Holztruhen für Kleider oder Lebensmittel; niedrige Kästen für schwere Flaschen; ein Möbel, das einem Toilettentisch zum Verwechseln ähnelt; mit Krügen und Schalen (Abb. 12). Andere sind weniger leicht zu bestimmen: oben haben sie abgerundete Nischen mit ein oder zwei Etagen, sie stellen sicherlich Wandschränke dar;[37] einbeinige Konsoltischchen mit Löwenfuß,[38] Truhen und Wandgestelle;[39] Bücherregale und sogar ein Kleiderhalter, eine an der Wand befestigte Stange.[40] Endlich gibt es ein auf Grabdenkmälern sehr oft abgebildetes kleines Tragmöbel: ein zylinderförmiges oder rechteckiges verschließbares Kästchen, in dem man die Schriftrollen, die den Büchern entsprachen, oder Geld verschließt. In der Wohnung nimmt es den Platz der Schublade ein, die unter diesem

praktischen und reichhaltigen Mobiliar fehlt, welches dennoch eine hochentwickelte Schreinerkunst verrät.
Den elegantesten Ruhebetten, den dreibeinigen Tischen oder den Truhen gaben Beschläge und Griffe aus Metall eine kostbare Note. Der Kopf eines Flußgottes von Lezoux, ein schönes Medusenhaupt, der Greif von Mandeure, das Maultier von Brasles, der springende Stier von Autun und der in Alesia gefundene junge sterbende Gallier, mit dem Gesicht zur Erde daliegend – solche Kleinkunstwerke schmückten die Luxusmöbel.[41] Die Kästchen trugen als Schmuck Schnitzereien aus Elfenbein, sie waren sicher importiert; einige hat man gefunden, manchmal samt den Nägeln, mit denen das Elfenbein befestigt war.[42]
Endlich waren von den Dekorationsstücken und Figürchen, die die Möbel mit ihren Phantasieformen bereicherten, einige an der Wand befestigt, oder sie standen auf den Möbeln. An die Wand hängte man große runde Keramikplatten, mit verschiedenen Darstellungen religiöser Themen; gelegentlich erinnerten sie an ein Fest oder eine feierliche Handlung.[43] Auf den Möbeln standen auch Bronzestatuetten, in bescheidenen Wohnungen Tonfigürchen, die man zu Tausenden gefunden hat. Billige Schmuckfigürchen zeigen Götter, Menschen und Tiere, häufig mit karikierenden Zügen.[44] Die schönen (eingeführten oder im Land angefertigten) Metallgefäße waren Kunstwerke, deren Dekorationswert man schätzte.

Der Herd

Hier stellte man die kleinen Geräte des Hauskultes zusammen. Die Feuerböcke stammen aus keltischer Tradition. Meist sind sie aus gebranntem Ton und mit einem Widderkopf geschmückt, der an die Opferung dieses Tieres erinnert. Davon sind zwei Formen bekannt, eine niedrige, bei der der Tierkopf das Ende des waagrechten Balkens ziert; und eine andere, senkrechte Form, als Vorläufer des *landier*, des Kaminbocks. Es gibt sie aus Stein und aus Metall. Aber erst gegen Ende der gallo-römischen Zeit wird der Widder als heidnisches Opfersymbol ersetzt durch den Hund, den Hüter des Herdes, der den Feuerböcken im Mittelalter den Namen *chiennets* gab. Sie waren so sehr Bestandteil des häuslichen Herdes, daß man sie manchmal zusammen mit den üblichen Gebrauchsgegenständen des Toten ins Grab legte; ihre Bedeutung für Haus und Religion erhöht so noch ihren Wert als Grabbeigabe.[45]

Das Kernstück des Hauskultes ist das den Römern besonders heilige Lararium. Oft ist es eine Art von Denkmal in verkleinertem Maßstab, aus Stein, und 20 × 40 cm groß: ein Häuschen, ein Tempelchen oder auch eine *aedicula* mit vier Bogenöffnungen. Manchmal nimmt es die Figur einer schützenden Hausgottheit auf. Die kleinen *aediculae*, die man gefunden hat, sind vielleicht nicht immer Lararien im eigentlichen Sinn; sie bewahren nämlich nicht mehr das Bild des Larengottes und nehmen verschiedene andere Götter auf. Aber sie hatten gewiß mit den häuslichen Kulthandlungen zu tun. Eines von ihnen ist am Giebel mit einem Nagetier – Ratte, Hausmaus oder Feldmaus – geschmückt, das an einer Frucht knabbert. Was auch immer diese Darstellung bedeuten mag, sie erinnert durch den allzu vertrauten Gast von Scheune und Haus an Glaubensvorstellungen, die mit dem Hauswesen zusammenhängen.[46]
Der Grundriß des gallo-römischen Hauses ist meist italisch, gelegentlich auch gallisch, besonders bei den einfachsten Häusern. Komfort und Dekoration wurden eingeführt. Die Möbel sind teilweise keltisch. Wir haben hier die erste Form des auf europäischem Boden entstandenen festen Wohnhauses vor uns.

3. Die Zeiteinteilung

Als Cäsar in Gallien den von ihm neu konzipierten Kalender einführte, zählte man dort die Tage, die Monate, die Jahreszeiten und selbst die Jahre auf eine von der italischen ganz abweichende Weise. Zur Festlegung der Jahreslänge mußte man noch die periodische Einschaltung einer Reihe von Tagen zu Hilfe nehmen. Was die Einteilung der Monate in Tage und des Jahres in Monate anlangt, so scheint sich das gallische System noch lange Zeit gegenüber der römischen Ordnung behauptet zu haben. Die Bedeutung des Mondgestirns ist im Totenglauben erkennbar geblieben. Und ohne daß man sie beantworten könnte, stellt sich die Frage, ob man nicht, zumindest auf dem Lande, bewußt die althergebrachte Ordnung den wohlberechneten Tagen und zahllosen Feiern des neuen Kalenders vorgezogen hat.

Die gallische Zeitvorstellung

Das keltische Jahr richtete sich ursprünglich nach dem Mondlauf wie bei fast allen Völkern: 12 Monate von 29 und 30 Tagen entsprachen

den 12 Mondumläufen von 29½ Tagen, die zusammen ein Jahr von 354 Tagen ergaben. Man paßte dies an das Sonnenjahr an, indem man alle 30 Monate einen Monat von 30 Tagen einfügte, den man alle 30 Jahre einmal ausließ. Dieses Mondjahr war also in Wirklichkeit ein »Mond-Sonnen«-Jahr. Die Namen der zwölf Monate sind uns aus dem in Coligny (Ain) gefundenen Kalender bekannt (Abb. 13), der fünf Jahre umfaßt: *Samon(ios), Dumann(osios?), Riuros, Anagantios, Ogron(ios), Cutios, Giamon(ios), Simivisonna(ios), Equos, Elembiv(ios), Edrinios, Cantlos.*
Welchen Monaten entsprechen diese Namen? Es scheint, daß die Wörter *Samon* und *Giamon* Sommer und Winter bezeichnen und daß das Jahr mit dem Juni begann. Aber es handelt sich hier um ein Kultdokument von vielleicht nur lokaler Bedeutung. Gab es nur zwei Jahreszeiten? Das einzige große, gut gesicherte Fest ist das des Gottes Lug, welches auch in römischer Zeit fortbestand, am 1. August (die Iren feierten später ein anderes großes Jahresfest, das der Toten am 1. November; ob es auch bei den Festlandskelten bestand, ist nicht bekannt). Die Tage zählte man in ihrer Reihenfolge nach dem Neu- oder Vollmond; und der Monat wurde in zweimal »vierzehn Tage« von 14 oder auch 15 Tagen eingeteilt. Der Tag begann nicht in der Mitte oder am Ende der Nacht, sondern an ihrem Anfang wie bei den Griechen: eine Zeitspanne drückte man also durch die Zahl der Nächte aus. Das Wort *atenoux* (oder *noux*), das wohl »die Nacht« bedeutet, bezeichnet den Beginn der zweiten vierzehn Tage des Monats im Kalender, der seine Fest-*(mat)* und Nicht-Festtage *(anmat)* hatte wie der römische Kalender.

Das römische Jahr und die Jahreszeiten

Der Kalender von Coligny stammt aus römischer Zeit. Die gallischen Überlieferungen bleiben weiter lebendig, besonders wohl im religiösen Leben und bei der Landbevölkerung – man weiß, wie sehr die Landbewohner an ihren Jahreszeiten, ihren regelmäßigen Festen und an ihrer Stundenrechnung hängen. In der Stadt übernimmt man den von Cäsar nach den letzten Erkenntnissen der hellenistischen Wissenschaft reformierten Kalender, der (nach der sehr geringfügigen Korrektur Gregors XIII. von 1482) unseren Lebensrhythmus noch immer bestimmt. Das gallo-römische Jahr beginnt also am 1. Januar. Die zwölf Monate tragen Namen, die ihnen die Römer meist vor langer, zum geringen Teil aber erst vor kürzerer Zeit gegeben haben: nach Gottheiten wie *Janus,*

Mars, Maia, Juno (draus entsteht *junius*, Juni); nach Namen von Festen wie ***Februum*** (Reinigungsfeste); nach historischen, zu Göttern erhobenen Persönlichkeiten wie Julius Cäsar (Juli, früher *quintilis*), Augustus (August, früher *sextilis*); nach Zahlen, wie September, Oktober, November und Dezember (und vielleicht *aprilis*, wenn er den »späteren«, den zweiten Monat bezeichnet). Dies alles wird vom Monat März aus gerechnet, dem ersten Monat des alten römischen Jahres. Die Jahre wie die Jahrhunderte wurden ***ab urbe condita***, seit der Gründung Roms, gezählt, die wir auf 753 vor unserer Zeitrechnung

Abb. 13. Monat Dumann(ios?) auf dem Kalender von Coligny. – Foto P.-M. Duval.

festlegen. Ihr Beginn, also was wir heute erstes Jahrhundert nennen, war demnach fast auf drei Jahre genau die Mitte des römischen achten Jahrhunderts.

Soweit er nicht schon bestand, verbreitete sich der Rhythmus der offiziellen vier Jahreszeiten schnell mit der römischen Lebensweise, und er bürgerte sich ein durch die Kunstwerke, besonders durch die Mosaiken, auf denen die personifizierten Jahreszeiten zu sehen sind. Der Frühling ist bald ein Jüngling, der den Hirtenstab hält und mit Blumen

Abb. 14 und Abb. 15. Darstellungen von Herbst und Winter auf einem Mosaik aus Saint-Romain-en-Gal. – Nach »La Gaule Romaine«.

bekränzt ist, bald eine blumengeschmückte Frau; begleitet wird er von einem Stier, dem Tierkreiszeichen des Monats April. Der Sommer ist einmal ein junges Paar, einmal ein ährenbekränzter Jüngling mit der Sichel in der Hand und auf einem Löwen sitzend. Der Herbst hier ein Paar, dort ein junger Mann, der einen Fruchtkorb auf dem Haupt trägt und den Tiger des Bacchus, des Beschützers der Weinlese, reitet (Abb. 14). Der Winter ist gewöhnlich ein Greis, frostig, in einen langen blauen Mantel gehüllt, mit Schilf gekrönt und auf einem Wildschwein sitzend (Abb. 15). Auf den Reliefs werden die Jahreszeiten manchmal wiederum anders dargestellt; so ist der Winter zum Beispiel mit dem Kapuzenmantel wie der gallo-römische Bauer gekleidet und hält mit beiden Händen ein Kaninchen.[1]

Über diese Jahreszeiten verteilten sich die zahlreichen Festtage, die das römische Jahr zu einem guten Teil ausfüllten. Auf 223 Arbeitstage, die »nefasti« hießen, kamen 132 Feiertage oder arbeitsfreie Tage, »fasti« genannt, an denen Volksfeste im Amphitheater, im Zirkus und vor allem im Theater stattfanden, entweder aus Anlaß religiöser Feste, die zum Teil bis auf Roms Ursprünge zurückgingen oder zur Erinnerung an ein wichtiges Ereignis oder zu Ehren eines toten oder lebenden wohltätigen Princeps. Man steht überrascht vor der großen Zahl der religiösen oder staatlichen Feiertage, die sich während des römischen Jahres allmählich gehäuft haben, obwohl man wohl mit Recht annehmen kann, daß einige der immer zahlreicher werdenden staatlichen Feiertage an die Stelle älterer traten, die man nicht mehr beging.

Die Tage

Für die Tage des Monats hatten die Römer verschiedene Zählweisen, von denen nur eine in Gebrauch geblieben ist: die Woche zu sieben Tagen. Auf den amtlichen, in Stein geschriebenen Kalendern der republikanischen Zeit sind jeweils acht Tage mit den ersten Buchstaben des Alphabets von A bis H bezeichnet – und nicht, außer in zwei Fällen, mit sieben.[2] Diese höchst abstrakte Zählweise diente besonders dazu, die Reihe der Markttage festzulegen *(nundinae)*, die alle acht Tage stattfanden. Man zählte gewöhnlich auf eine uns sehr unpraktisch erscheinende Weise, nämlich rückwärts, von bestimmten als Ausgangsdatum noch in der Zeit des alten Mondkalenders festgelegten Tagen aus. Die einen galten als feste Daten, die Kalenden (die ursprünglich den Vollmond als ersten Tag des Monats bezeichneten), die anderen als bewegliche Daten, die Nonen (das erste Mondviertel, am 7. Tag im März, Mai, Juli und Oktober und am 5. Tag in den übrigen Monaten) und die Iden (Vollmond, am 15. Tag in der ersten Gruppe und am 13. in der anderen). So fallen die Kalenden stets auf den Monatsersten; aber der 2. ist der sechste Tag vor den Nonen im März, Mai, Juli und Oktober und der vierte Tag in den anderen Monaten; der 8. ist der achte Tag vor den Iden in der einen und der sechste Tag in der anderen Monatsgruppe; vom 16. bzw. 14. Tag der jeweiligen Gruppe an zählte man die Tage (stets rückwärts) vor den Kalenden des nachfolgenden Monats. Daher ist der 16. März (Monat mit 31 Tagen) der 17. Tag vor den Kalenden des April, aber der 16. April (Monat mit 30 Tagen) ist der 16. Tag vor den Kalenden des Mai. Nur eine fest verwurzelte Überlieferung konnte die Beibehaltung einer so umständlichen Rechnung sichern.

Für die Woche gab es offensichtlich eine bequemere Rechnung: Die Gewohnheit, vom Monatsersten aus zu zählen, wurde in der Kaiserzeit eingeführt und setzte sich bis zum Mittelalter fort. Die Tage trugen die Namen der sieben Planeten, so wie sie damals galten: Tag der Sonne (der zum Tag des Herrn wurde, *Domenica dies,* frz. *dimanche,* Sonntag in christlicher Zeit), des Mondes (frz. *lundi,* Montag), des Mars (frz. *mardi,* Dienstag), des Merkur (frz. *mercredi,* Mittwoch), des Jupiter (*Jovis dies,* frz. *jeudi,* Donnerstag), der Venus (frz. *vendredi,* Freitag) und des Saturn (der zum Sabbat-Tag wurde, *sambati dies,* daher frz. *samedi,* Samstag). Wir haben den Beweis dafür, daß die Woche mit ihren Planetennamen seit dem 2. Jahrhundert in Gallien allgemein in Gebrauch war.[3] Rund dreißig Reliefs stellen die sieben Schutzgötter der Wochentage dar. Es sind entweder steinerne Friese oder Bildsäulen, auf denen sich die Götterbilder von links nach rechts aneinanderreihen; manche sind eine Art »Wochenkalender« in Tempeln oder an öffentlichen Plätzen. Unter jedem Götterbild befindet sich ein in den Stein gehauenes Loch für einen Pflock, ein Zeichen, das man jeden Tag versetzte. Oder es sind dem Jupiter geweihte Säulen, von denen sich dem ersten Tag die anderen nach links oder rechts anschließen.

Meist gehört der erste Tag dem Saturn, unser Samstag, und der letzte der Venus.[4] Heißt dies, daß die Woche in der Praxis einen Anfang oder ein Ende hatte, welche als Ruhetag heilig waren? Diesen Brauch kennt das Heidentum nicht, er wurde durch die jüdische Religion, dann durch das Christentum verbreitet, die dem Herrn in einem Fall den Samstag, im anderen den Sonntag weihen. Eine solche Gewohnheit ist also auch bei den Galliern nicht nachzuweisen. Die Zahl Sieben kam aus semitischer Überlieferung; die Planetennamen aus der griechisch-römischen Mythologie in ihrer lateinischen Form. Dem Saturn wurde der erste Wochentag geweiht, weil dieser Planet am weitesten von der Erde entfernt war. Irgendein keltischer Einfluß läßt sich bisher hierbei nicht erkennen. Dio Cassius erklärt uns, wie die sieben Tage ihre Planetennamen erhalten haben. Jeder der 24 Tagesstunden gibt man einen Planetennamen, aber in der Ordnung, die ihnen die Alten in bezug auf die Erde zuschrieben (Saturn, der fernste, Jupiter, Mars, Sol, Venus, Merkur und Luna, der nächste). Wenn man die Tage nacheinander durchzählt, dann trägt die erste Stunde der sieben aufeinanderfolgenden Tage jeweils einen Planetennamen in der gleichen Ordnung wie die Tage der Woche: ein Tag, der mit der Stunde *Saturns* beginnt, endet mit der des Mars, der nächste Tag beginnt also mit *Sol* und endet mit Merkur, der übernächste Tag beginnt mit *Luna* usw. So konnten auch die Stunden unter den Schutz einer astralen Gottheit gestellt werden.[5]

Die Stunden

Diese 24 Stunden des Tages zählten die Römer offiziell ab Mitternacht und nicht wie Griechen und Kelten ab Sonnenuntergang. Aber in der Praxis zählte man von den an der Sonnenuhr abgelesenen Stunden zwölf zwischen Sonnenauf- und -untergang und ebenso zwölf zwischen Sonnenuntergang und Sonnenaufgang. Sicher hat sich die Masse der Bevölkerung besonders auf dem Land in alter Gewohnheit am Sonnenlauf orientiert, dessen Beobachtung sie gewohnt war. Aber Rom hat überallhin seine Präzisionsinstrumente mitgebracht, deren Gebrauch in den Städten und in mancher Villa üblich wurde.

»Präzision« ist übrigens ein etwas hochgegriffenes Wort; denn die Stunden waren weniger genau, hatten nicht den festen Platz und nicht die gleiche Länge wie die unseren, und eine Stundenunterteilung gab es nicht. Was man in zwölf Tagesstunden teilte, war der Zeitraum, täglich verschieden und je nach Breitengrad schwankend, so wie er eben zwischen Sonnenaufgang und -untergang abläuft. Daher waren die Stunden dehnbar, am Tage kürzer im Winter und länger im Sommer, und umgekehrt in der Nacht, wo man Wasseruhren zur Zeitmessung verwendete. Diese Uhren aber wurden an einem Tag im Monat durch die Beobachtung der Sonnenuhr reguliert, die selbst wieder nur unter der Breite richtige Werte vermittelte, für die sie gebaut worden war. Es ist keine Wasseruhr erhalten geblieben; wir kennen nur ihre Beschreibung durch Vitruv. Aber die Ausgrabungen in Städten und Villen haben oft Sonnenuhren geliefert, die entweder die Form einer Platte *(gnomon)* hatten, auf der man die Zeit an der Länge des Schattens mißt, oder die einer hohlen Halbkugel *(polos)*, in der man sein allmähliches Vorrükken beobachtet.[6]

In Gallien hat man auch regelrechte »Uhren« für den individuellen Gebrauch gefunden. An einer Elfenbeinscheibe von 6,40 cm Durchmesser kann man die Zeit in jedem Monat des Jahres messen. Eine weniger handliche Scheibe aus Bronze (29 cm) ist ein »Menologium« (Monatsbuch), das auf einem in der Nähe Roms verlaufenden Breitengrad hergestellt wurde, es erlaubt die Berechnung der Tageslänge mit Zwölfstundenteilung zu verschiedenen Zeiten des Jahres. Eine andere kleinere (5,65 cm) ist eine »Universal«-Uhr, ein *horologium viatorium*, für Reisende, denn sie trägt auf der Rückseite die Zeitunterschiede für alle Länder der bekannten Welt. Man hielt sie waagrecht und beobachtete den Schatten eines beweglichen Zeigers, den man auf die Bezugspunkte der Tag- und Nachtgleiche und der Sonnenwende einstellte. Eine noch kleinere Uhr (4,40 cm) besteht aus einer Randscheibe, auf der Strahlen die zwölf Monate des Jahres und konzentrische Kreise die zwölf Stunden des Tages bezeichnen. In der Mitte ist eine Nadel beweglich befestigt, die man auf die Monatslinie legte, und wenn man die Uhr senkrecht hielt, sah man den Lichtstrahl, der durch ein Randloch fiel und einen Lichtpunkt auf die Nadel warf. Dieser gab, auf den nächstliegenden Stundenkreis bezogen, annähernd die Tagesstunde an. Diese auf dem Hérapel-Berg bei Forbach gefundene Taschenuhr zeigte die genaue Zeit für die Breite an, für die sie angefertigt war. Sie war auf der Scheibe mit dem Zahl-Zeichen IL gekennzeichnet, nämlich 49 Grad nördlicher Breite (Forbach bei Sarreguemines = 49° 7′). Leicht verbesserte Uhren dieser Art benutzte man bis zum Ende des Mittelalters.[7]

Drittes Kapitel
Leben im Haus und Alltagsarbeit

1. Die Familie – 2. Kleidung und Körperpflege – 3. Die Mahlzeiten

1. Die Familie

Die Familie hatte bei den alten Galliern schon die Form, wie wir sie haben. Der keltische Krieger nahm während seiner langen Wanderzüge die Familie auf Wagen mit; diese in Gallien seßhaft gewordene »natürliche« Familie konnte durch die Lebensweise in der Kaiserzeit nur gestärkt werden, in der die alte römische, ausschließlich agnatische Gruppe nur noch eine Erinnerung ist.

Die Frau

Im alten Gallien stand die Frau sozial unter dem Mann: der Ehemann, sagt Cäsar, hat bei seiner Frau das Recht über Leben und Tod. Aber nach dem Tod ihres Mannes befand sie sich in einer besonders günstigen Lage: außer ihrer Mitgift, die sie zurückerhielt, bekam sie noch einmal den gleichen Betrag und außerdem die »Früchte« dieses gemeinsamen Vermögens, und das Ganze sollte ihr materielle Sicherheit geben.[1] Das römische Recht verleiht der Frau eine noch bessere Stellung, ohne sie dem Familienoberhaupt gleichzustellen: Mitgiftregelung und Ehescheidungsrecht sicherten ihr eine ziemlich weitgehende Unabhängigkeit.[2] Indessen beschränkt das Verbot der Ausübung öffentlicher Ämter die Tätigkeit der Frauen im wesentlichen auf Familie und Religion. Die kaiserlichen Gesetze verschließen ihnen nicht nur den Zugang zum Forum und zu den Staatsämtern, sondern auch zur Verwaltung, in der sich ja doch manche gebildete Frau hätte nützlich machen können. Gericht und Bank sind ihnen ebenfalls verwehrt: wahrscheinlich auch der Schulunterricht. In den freien Berufen, in Handwerk und Handel scheinen sie kaum vertreten gewesen zu sein: die Inschriften nennen uns einige Hebammen oder Ärztinnen, eine Friseuse, eine Kosmetikerin;[3] im 4. Jahrhundert erzählt uns Ausonius, daß eine seiner Verwandten die Medizin »wie die Männer« betrieben hat.[4] Die Grabreliefs zeigen uns außerdem noch zwei oder drei Verkäuferinnen.[5] Manche Frauen konnten eine starke soziale Stellung einnehmen, etwa die einer Geschäftsfrau, wie jene Memmia Sosandris im Senatorenrang, die 226 in Lyon eine Gruppe von Eisengruben besitzt und mit Hilfe eines Verwalters ausbeutet *(massa ferrariarum)*.[6] Aber allein die Frauen von höchstem gesellschaftlichem Rang haben – und das nur ausnahmsweise – eigentliche öffentliche Funktionen ausgeübt: Victoria, »Mutter der Lager«, verstand für einige Zeit während des Gallischen Reiches das Geschick des Westens im Namen des Tetrius, der von ihr restlos abhängig war, zu lenken.

Dagegen spielt die Frau im religiösen Leben eine wichtige Rolle, wobei sie göttlichem Beispiel folgt; denn die Göttinnen nehmen eine bedeutende Stellung in der Verehrung des Volkes ein. Zahlreiche Priesterinnen sind im öffentlichen Kult tätig und tragen die gleichen Namen wie die Priester: man kennt zahlreiche *flaminicae* in der Narbonensis, eine *magistra sacrorum*, *matres sacrorum* und *sacerdotes*. In den Mysterienreligionen spielen sie eine so wichtige Rolle, daß man den Kult der Kybele (der »Mutter« schlechthin) als »eine dauernde Schule des ›Feminismus‹« ansehen konnte;[7] das gleiche könnte man auch von dem sehr volkstümlichen Kult der Muttergöttinnen sagen, in dem sie natürlich auch die erste Rolle spielen.

Ungezählte Grabsteine zeigen uns die Familienmutter neben ihrem Ehemann und ihren Kindern. Er hält sie an der Schulter, am Arm oder an der Hand. Sie trägt den Becher und die Serviette zum Gebrauch für das Totenmahl oder auch ein Kästchen, gefüllt mit dem Schmuck oder dem Familienschatz; eine Schriftrolle oder Schreibplatte als Zeichen ihrer Bildung, ihren Spiegel, den vertrauten Lebensbegleiter der Frau, oder auch einen Fächer, einen Kamm: oft erscheint sie bei der Toilette mit ihren Dienerinnen. Aber man sieht sie auch mit dem Knäuel oder der Spindel oder mit einer Waage, die auch der Händler, ihr Ehemann, hält: sie zeigt sich hier eng verbunden mit seiner Arbeit, mit seinem ganzen Leben. Auf diesen Porträts macht sie keineswegs den strengen Eindruck einer Matrone: sie ist herausgeputzt, kokett, von reizvoller Eleganz, die ihr die kunstvolle oder einfache Frisur und verschiedenartiger Schmuck verleihen. Unter den Bildnissen gibt es nichts Reizenderes als die Büste der Tatinia, der Frau des Anaxagoras, der großäugigen Frau aus Bordeaux, mit ihrem kecken Mund, mit ihrer schweren aus übereinandergelegten Zöpfen aufgesteckten Haarkrone.[8]

Herausragende Tugenden, Züge edler Hingabe, fehlen nicht in der Geschichte der gallischen Frauen. Man führte sie als Vorbilder an: es soll genügen, an Eponina zu erinnern, jene Lingonin aus Langres, Frau eines Rebellen gegen die römischen Gesetze; sie hielt sich neun Jahre lang mit ihm in einer Höhle versteckt, wo sie ihre zwei Kinder zur Welt brachte und aufzog, aber ihre Hingabe und ihr Flehen konnten Kaiser Vespasian nicht erweichen; oder die Frau des Paetus, den Claudius zum Selbstmord verurteilte; sie wollte mit ihrem Gatten sterben, und sie erstach sich als erste und übergab ihm die tödliche Waffe wie ein zärtliches Geschenk mit den Worten: »Paetus, es tut nicht weh ...«[9]

Familienbande

Die Heirat ist durch kaiserliches Gesetz so erleichtert, daß praktisch als einziges der Willen der Eheleute und das Einverständnis der Eltern gefordert werden. Man trennt sich ebenso leicht entweder durch Verstoßen des schuldigen Ehepartners oder durch Scheidung im gegenseitigen Einverständnis »im Guten«, oder wenn einer der Partner einfach den Willen dazu äußert. Dies ist das Recht: über seine Anwendung in Gallien sind wir nicht unterrichtet, jedoch beklagen sich auch die ersten christlichen Schriftsteller keineswegs über die große Zahl der dortigen Scheidungen. Neben der Ehe besteht das Konkubinat, die faktische Ehe; ihre Dauer verleiht ihr einen Wert, der in Grabinschriften bezeugt wird, wo die verstorbene Freundin in den gleichen Ausdrücken gerühmt wird wie die Ehefrau, als »*dulcissime* (sehr lieb), *pientissime* (sehr gottesfürchtig), *piissime* (sehr fromm)«. Diese Gewohnheit schadet dem Zusammenhalt der gesetzlichen Ehe nicht. Soweit man anhand der Grabinschriften und der Gedichte des Ausonius urteilen kann, die er im 4. Jahrhundert für seine Angehörigen geschrieben hat, erscheint sie sogar als besonders gefestigt.[10]

Wenn man den Inschriften glaubt, waren alle Ehefrauen unvergleichlich. Man lobt ihre Zärtlichkeit, ihre Güte, ihren vollkommenen Charakter: die Ehemänner verkünden, daß sie mit ihnen »ohne den geringsten Streit« gelebt haben, »ohne eine einzige Kränkung«, »ohne Grund zur Klage«, »ohne Ärger«, »ohne je eine Beleidigung erlitten oder Ärger gehabt zu haben«, »ohne von ihr ein Leid erfahren zu haben außer ihrem Tod«. Der Ärmste erklärt, daß er »das Andenken seiner frommen und reinen Frau geehrt habe mehr als ihm seine Armut erlaubte«, und ein anderer, daß sie »das Kostbarste auf der Welt war«. Dazu lobt der Ehemann den von seiner Ehefrau im Haushalt entfalteten Fleiß: sie war »geschickt«, »sehr fleißig«, »willig«, »sehr gehorsam«, sie hat »sich um ihren Gatten sehr verdient gemacht«. Ausonius erinnert daran, daß seine Schwester eine fleißige Spinnerin war, daß seine Frau perfekt stickte und für wenig Geld wertvolle Dinge zustande brachte; eine seiner Verwandten, die mit einem Faulpelz verheiratet war, hatte die Leitung des gesamten Hauswesens selbst in die Hand genommen, sogar die Zinsgeschäfte.[11] Kurz, die Epitaphien loben die ehelichen Tugenden der Frauen um die Wette: sowenig ihre Aufrichtigkeit überprüft werden kann, so bestätigen sie doch, daß diese Eigenschaften in der Öffentlichkeit geschätzt wurden. Was die Frau gewöhnlich über ihren verstorbenen Ehegatten sagt, klingt etwas zurückhaltender: die Witwe bezeugt manchmal, daß keine Wolke ihr Eheleben getrübt habe, und beschränkt sich meist darauf, einen Ehemann zu betrauern, der »ihr gegenüber reich an Verdiensten«, »sehr liebevoll«, »sehr zärtlich« war ...

Von der Liebe zu den Kindern und von Kindesliebe legen die Widmungen ein beredtes Zeugnis ab. Allgemein förderte man in den Provinzen des Reiches die kinderreichen Familien: Man mußte fünf Kinder haben, um zu bestimmten Ämtern leichteren Zugang zu erhalten, in Rom nur drei. Einige Inschriften, die kinderreiche Familien erwähnen, genügen nicht, um ein deutliches Bild von der Geburtenzahl zu vermitteln. Wenigstens findet sich in Gallien keine Spur jener Geisteshaltung, die zur gleichen Zeit in Rom den Verfall der Familie beklagt. Oft sind auf den Grabsteinen Kinder mit ihren Eltern dargestellt, die Bilder der Fruchtbarkeitsgöttinnen sind im Volk weit verbreitet, die Sanktuarien der heilenden Götter oder der Muttergottheiten (Abb. 16) sind voller Weihegeschenke von Eltern mit kleinen Kindern, und die Inschriften erzählen oft mit rührenden Worten von der gegenseitigen zärtlichen Liebe, die Eltern und Kinder verbindet.

Die Väter betrauern ihre »sehr lieben, sehr zärtlichen, sehr frommen Kinder«, beklagen es, ihnen das Begräbnis besorgen zu müssen, »das zu erwarten sie selbst das Recht hatten«, loben ihre Unschuld, ihre kindliche Liebe, ihre Tüchtigkeit, ihre Bildung, ihre seltenen Fähigkeiten, das Ansehen eines sehr begabten Sohnes, den Liebreiz, die Frömmigkeit und die Anmut einer jungen Tochter, die Zärtlichkeit dieser Wesen, »so zart und süß wie Parfüm«. Ausonius, der seinen Sohn verlassen mußte, schrieb ihm danach einen Brief, der recht gut zu den Dokumenten aus dieser spätrömischen Zeit paßt: »Schon hat dich das Schiff auf dem kältestarren Rücken der Mosel entführt, mein Sohn; von den Küssen und Umarmungen deines traurigen Vaters hat dich der eifersüchtige Fluß weggerissen. Ich war allein, umsonst umgab mich der Kreis der Freunde: ich war allein! Und schickte dem fliehenden Schiff die sehnsüchtigen Wünsche des Vaters nach. Allein geblieben,

Abb. 16. Muttergottheit, Tonmodel aus Toulon-sur-Allier. – Nach »La Gaule Romaine«.

sah ich dich doch immer noch; ich grollte der Schnelligkeit, mit der das Boot den Fluß hinauffuhr. Was für ein Tag! Nun ist das Jahr zu Ende [...].«[12] Die Mütter finden noch herzzerreißendere Töne: »Oh, unwürdiger Frevel, hier ruht meine schöne Tochter! Das ist schlimmer als Schmerz: man hat mir meine hübsche Tochter geraubt [...]! Oh, glücklicher Vater, du hast solchen Schmerz nicht erlebt! Die Wunde klafft im Herzen ihrer Mutter [...].«[13] Die Grabinschrift für ein kleines Mädchen, die in Mainz gefunden wurde, verkündet einen in der französischen Dichtung berühmten Vers: *Rosa simul florivit et statim periit* (Als Rose erblühte sie und starb zugleich).[14] Solche Zuneigung drückt sich auch aus zwischen Bruder und Schwester, zwischen Schwester und Bruder. Von den Großeltern sagt erst Ausonius, daß die Kleinen *pappos aviasque trementes* (die zittrigen Großväter und Großmütter) manchmal mehr als ihre Eltern lieben.[15]

Die Familie im weiteren Sinne als Produkt der Entwicklung in der späten Kaiserzeit finden wir im 4. Jahrhundert im Werk des Ausonius wieder. Man hat sie so beschrieben: »Ehrbare Väter; keusche, sanfte, ernste und heitere fleißige Mütter; liebevolle Großmütter; freundliche und treue Onkels und Tanten; ehrerbietige, zärtliche, aufmerksame Kinder; liebevolle Neffen; einträchtige Brüder; man denkt an die glückliche Familie, die später die empfindsamen Herzen des 18. Jahrhunderts erweichte. Man fühlt, daß damals die Menschen die leuchtendste Seite ihres Tuns, das Beste ihres Wesens dem Familienleben widmeten ... Dem Reisenden, der vor den Grabsteinen anhält, und der Nachwelt bieten sie nicht das Bild großer Bürger: sie zeigen gute Ehefrauen, gute Väter, gute Söhne und zärtliche Brüder.[16]

Das Kind

Im Leben der Familie nimmt es einen bedeutenden Platz ein, wie man nach den zahlreichen Grabsteinen urteilen kann, die es mit seinen Eltern darstellen. Der Name, den es erhält, ist in mancher Hinsicht aufschlußreich.[17] Man hat auf die gallische Sitte eines einzigen Vornamens nicht verzichtet, zahlreiche Kinder im 1. und auch noch im 2. Jahrhundert tragen nur einen keltischen Namen. Manche erinnern an die großen Führer der Vergangenheit: *Brennos, Celtillus, Diviciacus, Lucterius, Sacrovir, Andecamulos, Atectorix, Segomaros, Attaiorix, Orgetorix, Nertomaros, Eporedorix, Solimarus, Indutiomarus, Congonnetodubnus* ... Manchmal fügte das Kind seinem Namen später noch den seines Vaters hinzu, wie es die Vorfahren taten, entweder im

Genitiv Nemantobogios *Nertomari* (Sohn des Nertomaros) oder mit dem angesetzten Namensteil *-cnos,* der Abkunft bedeutet: Andecamulos *Toutissicnos* (Sohn des Toutissos). Dieser Brauch wich sehr schnell, so wenigstens scheint es, der Mode römischer Namensgebung: ein Vorname, oft der des Vaters oder eines Vorfahren; ein Name, nicht Personen-, sondern Familienname der »gens«, des Geschlechts, der vom Vater auf den Sohn übergeht; ein individueller Zuname – diese drei Namen, die den römischen Bürger bezeichnen, kommen in der Narbonensis oft vor, wo manche Familie für ihre Kinder den für sie neuen Vornamen und Zunamen annimmt. Noch lange aber suchte man für das Kind einen gallischen Namen oder Zunamen, und der Vorname wurde gewöhnlich von den Römern übernommen; denn er entsprach absolut nicht keltischem Brauch. Da weihte eine bedeutende Familie aus Saintes im 1. Jahrhundert den Triumphbogen der Stadt dem Tiberius: der Vater hat nur einen Namen, *Epotsorovidus;* sein Sohn bekommt Namen und Vornamen Cäsars, Caius Julius, aber einen keltischen Zunamen, *Gedemo;* ebenso sein Enkel C. Julius *Otuaneunus;* und erst der Urenkel C. Julius Rufus trägt drei rein lateinische Namen.[18] Die Annahme von drei Namen sollte nicht täuschen; denn sie entspricht nicht immer genau dem strengen römischen Brauch. Außerhalb der Narbonensis erhält das Kind meist nur zwei Namen: einen Eigennamen, der manchmal mehr oder weniger genau dem des Vaters entspricht und so in anderer Form den Familiennamen nach gallischem Brauch wieder aufleben läßt – und einen ganz individuellen Zunamen.

Diese Namen, besonders den zweiten, wählen die Eltern nach verschiedenen Ordnungsvorstellungen. Oft wird der älteste Sohn »Erster« oder »Erstgeborener« genannt, *Primus* auf lateinisch, *Cintus* (oder *Cintugenus* oder *Cintugnatus)* auf gallisch (man findet auch *Primulus, Primillus, Cintusmus, Cintullus, Cintusminus),* »woraus man zunächst schließen kann«, wie Camille Jullian sagt, »daß die Familienoberhäupter es keinesfalls bei einem einzigen Kind belassen wollten«.[19] Aber es scheint nicht so, daß der Älteste einen besonderen Platz in der Familie gehabt hat, denn das Erstgeburtsrecht kommt in den römischen Gesetzen nicht vor. Das zweite Kind ist *Secundus, Secundinus, Secundillus* (frz. *Cadet, Cadiche, Cadichon);* das dritte *Tertius* auf lateinisch, *Tritos* auf gallisch. Man kennt noch die Namen *Quartus, Quintus* usw. bis *Decimus,* aber sie haben offenbar ihren Sinn als Zählung eingebüßt; Oxtaius bedeutet im Gallischen vielleicht den achten Platz. Andere Namen drücken körperliche Eigenschaften des Kindes aus: *Albus, Candidus, Niger, Fortis* (und seine gallische Entsprechung *Camulus*); in Vienne heißen zwei Zwillinge *Canus* und *Niger,* »Weiß« und »Schwarz«, deren mehr als siebzig Jahre währende herzliche Vertrautheit von ihren Mitbürgern mit Ehren und Statuen belohnt wurde.[20] Weiter gibt man den Kindern Zunamen, die sie unter göttlichen Schutz stellen: *Phoebus* oder *Apollinaris, Hermes* oder *Mercurialis, Asclepiades, Attis, Eros, Aphrodisia* und *Veneria, Dionysius* oder *Bacchius, Martius* und *Martinus, Jovinus, Saturninus, Luna* und *Selane* (Selene). Möglich ist, daß manche Namen wie *Martinus* und *Saturninus* nach dem Wochentag oder sogar der Tagesstunde gewählt wurden, in der das Kind geboren wurde; viele religiöse Zunamen aber drücken ganz allgemein die Zugehörigkeit zu einer der orientalischen Heilsreligionen aus, und diese Mode haben ihre Anhänger nach Gallien mitgebracht: die gallischen Gottheiten erscheinen nicht unter diesen Beinamen.

Auch der Geburtsmonat bestimmt manchmal die Beinamen, außer September, Oktober und November: von zwei Brüdern zum Beispiel nennt sich einer *Aprilis* (April) und der andere *Augustus* (August). Ebenso die Tierkreiszeichen: *Taurinus* ist unter dem Zeichen des Stieres geboren, er nennt seinen Sohn, der unter dem Steinbock *(capricornus)* geboren ist, *Caper.* Oft treffen die Eltern die Wahl der Namen für ihre Kinder mit einem gewissen Sinn für mythologische Bildung: ein Vater mit Beinamen *Icarus* nennt seinen Sohn *Daedalus; Senatus* und *Aventina* nennen ihre Kinder *Senatius, Romulus* und *Romanus;* zwei Brüder haben als Beinamen *Ursus* (Bär) und *Lupus* (Wolf), zwei Schwestern *Materna* und *Paterna,* ein Bruder und eine Schwester *Rusticus* und *Campana,* zwei Zwillinge *Didymus* und *Didymio.* Auch tragen die römischen Bürger oft den Namen des Princeps oder des Förderers, der ihnen diesen Rang verschafft hat – daher kommen die *Julius, Claudius* usw. –; es war zu manchen Zeiten Mode, den Kindern den Beinamen des Herrschers zu geben: so kennt man genügend viele *Verus* und *Severus,* daß man sie wohl der Volkstümlichkeit des Lucius Verus und der Severer zuschreiben kann.

Aber es gibt wohl keine ausdrucksvolleren Beinamen als manche Kosenamen, wie sie phantasiereiche Zärtlichkeit oft den Eltern eingibt: *Homullus, Homullinus* (Kleiner Mann, Kleiner); *Pullus* (Hühnchen), *Ursulus* (Bärchen) und *Lupulus* (Wölfchen); *Pupa* (Puppe); *Albilla* (Weißchen); *Filiolus* (Söhnchen); *Carilla* (Liebchen); und *Toutilla, Luciola, Jucundilla* und *Gratinula, Bibulla* und *Titiola; Myrtillus, Anthimilla, Vindemiola; Carantilla* und *Corisilla, Julitta* und *Gabrilla,*

Modestilla, Dynamiola .., diese Liste von Verkleinerungsformen ist fast unerschöpflich, sie sind Zunamen geworden, die man bis zum Tode trug. Der Zärtlichkeit der Eltern antwortet das Kind mit seinem Wortschatz, aus dem uns einige Namen überliefert sind. Aus den lateinischen Texten kennen wir *mamma, amma, acca* (Mama), *amita* (die Tante väterlicherseits), *avia* und *moma* (Großmutter und Großmama); *atta* (Vater und Großvater), in den gallo-römischen Inschriften *tata* (Papa) und *tatula* (Papachen); *pappa* bezeichnet die Milchnahrung, aber *pappus* ist der Großvater.[21]

Abb. 17. Baby in der Obhut der Muttergöttinnen. – Zeichnung von Dinh Trong nach einem Relief von Vertault (Côte d'Or.)

Das Kind verbringt sein Leben im Haus bis zum siebten Jahr, von dem an es zur Schule geht, und auch danach, bis es mit achtzehn Jahren das Mannesalter erreicht. Sehr viele Darstellungen zeigen es in allen Altersstufen seines Heranwachsens. Das Baby ist fest gewickelt und mit Bändern eingeschnürt, die sich kunstvoll kreuzen, der Kopf ist mit einer Mütze oder einer Kapuze bedeckt. Man sieht es so in den Armen seiner Mutter oder auf den Knien der Muttergöttinnen, denen man es anvertraut und die, Windelband in der einen und Schwamm in der anderen Hand, es umsorgen (Abb. 17). In seiner Wiege liegt es auf einem Kissen mit breiten Rändern unter einer Decke; diese wird straff von Bändern festgehalten, die an Ringen befestigt sind; ein Hund schläft eingerollt zu seinen Füßen.[22] Manchmal schmückt ein Ring seine Brust, von dem Bändchen ausgehen; anscheinend ist die *bulla* der Kindheit (Amulettkapsel), die die Römer sehr schätzten, in Gallien nicht weit verbreitet: Darstellungen, auf denen sie das Kind trägt, sind sehr selten.

Das etwas größere und nicht mehr gewickelte Kind sitzt nackt auf einem Kissen, spielt mit einer Blume, einem Spielzeug, einem Blumenkorb.[23] Es hat ein kleines, auf Säulchen stehendes Bett, das von drei Seitenwänden umgeben ist und am Fußende mit einer hochklappbaren Schranke geschlossen wird.[24] Wenn es krank ist, versammeln sich bei ihm seine Eltern, der Arzt und die Amme, die sich immer seiner annimmt, mit der es immer verbunden bleibt. Das Gesetz erlaubt, sie freizulassen, sobald das Kind das Mannesalter erreicht hat; es verschafft ihr einen Platz im Familiengrab, wie jener Bewohner der Narbonensis, der bei Lebzeiten für seinen Vater, seine Frau und für Fabia Rustica, seine Amme, ein gemeinsames Grab vorbereitet hat.[25]

So wächst es heran im Kreis seiner Brüder und Schwestern und der jungen Sklaven seines Alters, die man ihm als Spielgefährten ausgesucht hat. Es hat Spielsachen, die zeitlos sind. Das kleine Mädchen hat seine Puppe aus Elfenbein, aus Ton, aus Holz oder Stoff; der kleine Junge hat seinen Ball. Ein Relief zeigt ein Kind, wie es einen Stab hält und vermutlich einen Reifen.[26] Man spielte auch eine Art von Tricktrack auf einem Tisch mit 24 dreieckigen, abwechselnd roten und schwarzen Feldern, die drei Näpfchen enthielten. Andere Spielbretter haben Vertiefungen wie unser Tischlochbillard, das man auf Darstellungen sieht, wo Damespieler oder Amoretten vor einem Tisch sitzen. Seine Platte enthält Löcher; in diese steckte man Spielsteine, die den Schachfiguren ähneln (Abb. 18); man spielte ferner mit Würfeln und Knöcheln.[27] Andere Spiele sind derber: Eine Inschrift meldet uns traurig den Tod eines kleinen Lyoners von 14 Jahren, Murra; ihn traf beim Spiel am Kopf »ein Nagel, zu heftig geworfen von seinesgleichen, nicht von einem Feind.«[28] In diesem Alter ist das Kind schon seit einigen Jahren wie ein kleiner Erwachsener gekleidet. Über einer Tunika trägt es den Mantel oder jene Pelerine mit Kapuze, die heute fast nur noch von unseren Schulkindern getragen wird, denen der kleine Gallier zum Verwechseln ähnelt; draußen hat er Schuhe an und ein Halstuch mit

Abb. 18. Beim Brettspiel mit 32 Figuren. Relief aus Le Puy. – Nach »La Gaule Romaine«.

Fransen. Das kleine Mädchen trägt die zweifache Tunika und Schuhe wie die Mutter, und ein Armband schmückt die Arme; es hat die Haare entweder in Locken gelegt oder zurückgekämmt und hinten gebunden, oder sie fallen in Fransen in die Stirn.

Jungen und Mädchen haben Haustiere als Spielgenossen. Der Hund ist ihr unzertrennlicher Freund, er spielt mit ihnen, schläft bei ihnen, und es macht großen Spaß, bei einer guten Mahlzeit die Haushunde mit den Resten zu füttern. Jeder hat einen Stock und zieht seinen Hund den anderen vor. Beim Spazierengehen nimmt man ihn an die Leine oder läßt ihn frei laufen. Ein Wurf ist ein Schatz: drei junge Hunde im Korb, das ist die Freude eines kleinen Mädchens.[29] Ein anderes hat Katzen lieber. Jedenfalls gibt es zwei in Bordeaux und Lyon[30] gefundene Reliefs, die einzigen, die im Westen und zum ersten Mal mit Sicherheit die Hauskatze darstellen: Ein Mädchen hält sie in den Armen (Abb. 19); ihr Name, *cattus*, ist höchstwahrscheinlich keltischer

Herkunft: das alte lateinische Wort war *feles* (Wildkatze). Am meisten lieben die Mädchen Vögel aller Arten, bei den Tauben angefangen. Vom vierzehnten oder fünfzehnten Jahr an besucht der lernende Jugendliche die Schule des Rhetors. Bald gehört er zur Gruppe der »Jungen«, in der er seine körperliche Erziehung erhält, etwas wie eine vormilitärische Ausbildung. Er lebt dann weniger im Kreis der Familie und verläßt sie sogar ganz, um eine namhafte Universität zu besuchen. Dort finden wir ihn bei seinen Professoren wieder.

2. *Kleidung und Körperpflege*

Die gallische Kleidung war dem gemäßigten Klima so gut angepaßt, daß die Römer in Norditalien schon früh ihre Hauptbestandteile übernommen haben. Aber sie bringen auch italische Kleidung nach Gallien. So entsteht die gallo-römische Tracht, wobei, wenigstens bei der Masse der Bevölkerung, das Gallische deutlich vorherrscht.

Kleidung und Schmuck

Wichtigster Teil der Volkstracht sind die langen Hosen, sie sind weder bauschig noch eng, aber weit genug, daß sich am Bein Falten bilden, und so eng, daß sie mehr der Kniehose als der langen Hose ähneln. Wir kennen die lateinische Form ihres gallischen Namens, *bracae,* die *bragues* oder *braies* (Gallierhosen); dies Wort ist in Gebrauch gewesen, bis es im Mittelalter von den *chausses* (Gamaschen-Hosen) verdrängt wurde. Sie waren den Römern so merkwürdig vorgekommen, daß sie anfangs Südgallien nach ihnen *braccata* genannt haben. Vielleicht waren sie nicht einmal Erbe der Kelten Galliens, sondern europäische Kleidungsstücke der Reiter und Nomaden in kalten Ländern, wie sie vor allem die Germanen trugen, wobei freilich hier eine etwas weitere Form bevorzugt wurde. Diese Hosen sind das einzige Kleidungsstück des »toten Galliers«, den die kleine Bronze-Applike von Alesia darstellt; sie sind auch schon von den Kriegern her bekannt, die wir auf den gallischen Münzen der *Santones* und *Pictones* sehen; man findet sie ferner als Beutestücke unter den Trophäen auf dem Bogen von Orange abgebildet (Taf. 8). Sie gehören auch zur Tracht der Bauern; man weiht sie den einheimischen Göttern: in hohe Stiefel gesteckt, fallen sie an den Oberschenkeln leicht bauschig – wie etwa bei Russenhosen. Sie sind bei den Römern so beliebt geworden, besonders im Heer, daß der

Name ihres Herstellers *(bracarius faber)* zuletzt alle Arten von Schneidern bezeichnete.[1]

Über die Gallierhosen oder den Lendenschurz, der zur Leibwäsche gehört, wird eine Tunika mit kurzen oder langen Ärmeln von oben über den Kopf gezogen. Unten ist sie mit Fransen oder großen Zacken verziert; oder sie ist mit Wolle oder Pelz gefüttert, die an den Ärmeln oder am Kleidersaum unten herausschauen. Manchmal, besonders bei

Abb. 19.
Mädchen mit Hauskatze und Hahn. – Zeichnung von Dinh Trong nach einem Relief aus Bordeaux.

Städtern, fällt die Tunika glatt, ohne Gürtel; dann wieder, vor allem auf dem Land, wird sie in der Hüfte von einem Gürtel gehalten, der sie bauscht und ihre Länge vermindert: dies ist die Kleidung des Arbeiters. Die Tunika ist gewiß kein speziell gallisches Kleidungsstück; sie war auch die von den Römern beiderlei Geschlechts bevorzugte Kleidung. Bei Frauen und Männern endet sie oft am Hals in einer Art Wulstkragen. Gelegentlich trägt man zwei Tuniken übereinander, die längere darunter. Endlich schützt man sich gegen Kälte mit einem Schal (oder Halstuch), den manche auch über die Schulter oder um den

Hals herum legen. Die römische Toga wird fast nur in der Stadt von den Würdenträgern benützt.[2]
Von der speziellen Berufskleidung abgesehen, gibt es sonst keine weiteren gebräuchlichen Kleidungsstücke; die offene Jacke kannte man nicht. Auf manchen Darstellungen ist eine Art Leibtrikot mit breiten waagerechten Streifen und Langärmeln zu erkennen. Aber über den

Abb. 20.
Sogenanntes »Treverermännchen« mit *cucullus.* Bronzestatuette im Landesmuseum Trier. – Foto C.H. Steckner.

Ursprung des Wortes *camisia* ist man sich nicht sicher, es tritt im 4. Jahrhundert auf als Bezeichnung für das Hemd (frz. *chemise*). Das Wort ist im Lateinischen unbekannt, vielleicht ist es keltisch, vielleicht stammt es aus dem Süden, wahrscheinlicher aber ist germanischer Ursprung. Es handelt sich dabei um eine Art Unterhemd, das z.B. die Stallknechte im Zirkus tragen, und es scheint, daß der engere Halsausschnitt eines Unterkleides unter der Öffnung der Toga zu erkennen ist.[3]

Wenn der Mann das Haus verläßt, kann er für die Stadt, den Krieg oder die Reise unter verschiedenen Arten von Mänteln wählen. Einer ist aus einem großen Stück groben Wollstoffs gemacht, der als Umhang an den Schultern mit einer Fibel befestigt ist: das *sagum* (*saie* oder *sayon*) des gallischen Kriegers. Der andere hat die gleiche Form, besteht aber aus Rentierhaut und ist vielleicht germanischer Herkunft: der *reno.* Man kennt ferner die *gunna,* eine Art Pelzmantel. Die *caracalla,* die sich ein Kaiser mitsamt dem Beinamen von den Kelten lieh, ist ohne Zweifel ein ärmelloses Kleidungsstück; es reichte bis auf die Füße, dazu gehörte wahrscheinlich eine Kapuze wie beim typisch gallischen Mantel, der im Lateinischen *cucullus* heißt (Abb. 20). Dies ist ein Wort illyrischen oder keltischen Ursprungs, das zum französischen *coule* wurde (Mönchskutte oder -kapuze). Den Mittelmeervölkern war der Kapuzenmantel bekannt. Für ihre harten Winter hatten die Griechen eine bestimmte Form, lateinisch *paenula* genannt. Aber die gallische Kapuze muß besonders praktisch gewesen sein, denn sie wurde im ganzen Reich übernommen. Oft wird sie für sich hergestellt, aber oft ist sie Teil von Mänteln mit Ärmeln, langen Mänteln oder Mäntelchen, die vorn teils offen, teils geschlossen sind und so kurz wie etwa unsere Matrosenblusen. Von Kindern wird sie viel benutzt, und man weiht sie den vertrauten Göttern, dem Merkur oder dem Hammergott. Wird sie von einer Figur, die eine Jahreszeit darstellt, getragen, so ist diese damit ausreichend als Winter gekennzeichnet. Sehr oft endet die *paenula* am Hals in einem dicken Wulst und bildet einen Schalkragen: dies ist, wie unzählige Bilder zeigen, das warme und volkstümliche Kleidungsstück des römischen Gallien (Abb. 21). Die einheimischen Götter sind, anders als die griechisch-römischen, im allgemeinen bekleidet und oft ebenso warm angezogen wie die Menschen (vgl. Abb. 76).[4]

Die Frauen tragen meist die manchmal mit Fransen verzierte Tunika. Wie die Männer ziehen sie sogar zwei übereinander, die ebenfalls einen Schalkragen oder Schal haben können. Lose fallend oder in der Taille von einem Gürtel zusammengehalten, mit langen oder kurzen Ärmeln, läßt die Tunika durch die Halsöffnung eine Bluse, Unterwäsche oder sogar eine Art gestreiftes Trikot sehen, dessen enge Ärmel den Unterarm bis zu den Handgelenken umschließen. Darüber liegt ein römischer Überwurf, der an den Schultern nach Art eines Mantels zusammengeheftet wird; oder aber ein langer Schal hüllt den Oberkörper ein. Die weibliche Kleidung ist insgesamt weit weniger gallisch als die männliche: die mediterrane Mode bietet raffinierte Formen, die eine lange ästhetische Tradition gefestigt hat, einen »Stil«, dem es durchaus nicht an Reiz mangelte.[5]

Knöpfe sind auf all diesen Kleidungsstücken sehr selten: nur ein Relief zeigt einen Mantel, der auf den Schultern mit einem Band festgehalten wird, das quer über die Brust läuft und mit sechs großen Knöpfen versehen ist. Es gibt in unseren Museen Knöpfe aus Knochen oder aus Metall, manchmal mit Emaileinlagen; es sind auch lederne Knöpfe auf militärischer Lederkleidung gefunden worden, aber Knopf und Knopfloch sind durchaus nicht allgemein in Gebrauch.[6] Dagegen ist seit Aufkommen des Metalls die Fibel weit verbreitet, entweder als eine Art Brosche oder häufiger als Doppelnadel, deren Prinzip das der Sicherheitsnadel ist: ein Metallbügel ist in der Mitte zu einer Feder gedreht, und ein Ende hakt sich in das andere, spitze, das durch den Stoff gestochen worden ist. In ihrem Formenreichtum als einfache Spange oder Scheibe, Kreuz, Schlüssel, Buckel, als durchbrochene Platte mit Tierbild sind sie oft regelrechte Schmuckstücke wie unsere heutigen Broschen. Manche tragen sogar Inschriften, zum Beispiel »Wenn du mich liebst, liebe ich dich noch mehr«. Sie dienen vor allem dazu, Mäntel und Umhänge auf einer oder auf beiden Schultern zusammenzuhalten, und sie kommen oft auch mit einem über die Brust geführten Kettchen verbunden vor. Sie sind auf der Schulter von Soldaten im Mantel wie auch von Bürgern beiderlei Geschlechts zu sehen. Das andere gängige Zubehör, ebenfalls Schmuckstück, ist die Gürtelschnalle, deren beide Metallteile auf Leder oder Stoff befestigt sind.[7]

Schließlich seien die eigentlichen Schmuckstücke aufgeführt. Verschiedene Halsketten aus Metall, Ketten aus Glaskugeln oder aus anderem Material: zweireihig aus länglichen Perlen und runden Zwischenperlen oder aus verschiedenen Schmuckformen in drei Reihen (zwei aus großen Rundmedaillons, eine aus Rechteckplatten) oder aus Röhrchen mit Halbmondanhänger und Medaillon. Die Männer verschmähten die Halskette nicht. Aber der röhrenförmig glattrunde oder gedrehte *torques* mit zwei Kugeln an den offenen Enden, den die gallischen Krieger trugen, schmückt nur noch den Hals der Götter. Bei den Frauen kommen zum Halsschmuck die Armreifen, die Ohrringe und die Fingerringe. Oft sieht man auf den Grabsteinen das junge Mädchen, den Hals schon mit einer Kette aus langen und runden Perlen geschmückt,

Abb. 21. Ein Bauernehepaar in typisch gallischer Kleidung. Grabstele aus Oberhaslach (Elsaß). – Nach »La Gaule Romaine«.

das aus einem Kästchen eine zweite Halskette zieht; oder die Frau, die in der einen Hand einen Ring hält, in der anderen ihr geöffnetes Schmuckkästchen. Die schönen Armreifen sind aus Metall, glatt rund oder gedreht, manche haben einen Verschluß. Man trägt sie entweder dicht an einem oder beiden Handgelenken, oder hoch am Oberarm. Auf den Reliefs gibt es keine Andeutung der Fußringe, die sich in keltischen Gräbern finden. Ohrringe kommen sehr häufig vor und bestehen manchmal aus langen und schweren Gehängen.
Fingerringe endlich, aus Edelmetall oder aus Glaspaste, sogar aus Kristall, wurden in großer Zahl gefunden. Goldringe tragen Gravierungen: »Ich denke an dich, denk du an mich, und ich liebe dich!« Man schenkte sie sich wahrscheinlich bei einem glücklichen Ereignis, etwa zu einem Jubiläum. Die Reliefdarstellungen zeigen, wie man sie trug: die Frauen haben manchmal drei an der linken Hand, am Zeigefinger, am Ringfinger, am kleinen Finger; dabei sind die beiden ersten nur bis zum zweiten Fingerglied übergestreift; oder ein einzelner Ring am vierten Finger, oder einer an jedem Finger der linken Hand. Die Männer tragen sie am vierten oder fünften Finger der linken Hand. Die Darstellungen sind zu selten, um daraus eine Regel ableiten zu können, und man kann den Goldring der Ritter nicht von den übrigen unterscheiden, aber gewöhnlich scheint man ihn an der linken Hand getragen zu haben. Nur ein einziger Mann trägt seinen Ring am Zeigefinger der rechten Hand.[8]

Seltenheit der Kopfbedeckung

Sie war nicht gebräuchlich. In der Ikonographie gibt es nur die runde Mütze der Freigelassenen *(pileus)*, wie sie manchmal auf Grabsteinen abgebildet ist, und die verschiedenen Helme der Soldaten. Ein Hausierer oder Lastträger trägt einen konisch zulaufenden Hut: aber das ist ein Einzelfall; und die Seineschiffer haben offenbar als Besonderheit eine Art rundes Barett, einen Helm vielleicht. Das Wort *birrus*, das über das Provenzalische zum französischen *béret* (Barett) wurde, scheint nicht lateinisch zu sein, vielleicht eher keltischer Herkunft: es bezeichnet eine Art kurzer Kapuze aus steifem Stoff mit langem Flausch. Tatsächlich ist die gallo-römische Kopfbedeckung die Kapuze, die mit dem mehr oder weniger langen Mantel ein Stück bildet, zugleich Schutz für Kopf und Schultern. Die Frauen trugen nach römischer Weise einen Schleier, manchmal ein Stoffband über der Stirnpartie. Eine alte Frau hat einen Turban umgewickelt; eine junge Frau trägt die Stirn halb verdeckt mit einem Stoffband, das zu beiden Seiten herabfällt wie bei einer bäuerlichen Tracht; die kleine sechsjährige Marullina hat ein enganliegendes Mützchen auf. Etwas dem Petasos der Griechen Ähnliches ist nicht zu entdecken; zwar trägt ihn Merkur noch auf den Bildern, aber der vertraute Gott Silvanus wird mit einer Kapuze gezeigt, genau wie die Sterblichen, die ihn verehren.[9]

Die Schuhe

Ihre erstaunlich verschiedenartigen Formen kann man in drei Gruppen einteilen: Sandalen, hohe Schuhe, Holzschuhe und Pantoffeln. Die Sandale ist die mediterrane Fußbekleidung schlechthin, eine Ledersohle, die mit Riemen am Fuß befestigt wird. Es gibt sie in einfachster Form mit quer die Zehen überspannendem oder zwischen großer und zweiter Zehe durchlaufendem Riemen. Diese Form sieht man vor allem bei Frauen, für die beide Riemenarten miteinander verbunden werden, woraus ein etwas fester sitzender Schuh, manchmal mit Doppelsohle, entsteht. Die Sandalen der Männer haben zusätzlich ein Lederstück, das von beiden Seiten her den Spann des Fußes bedeckt. Bequemer ist die Sandale mit mehreren Riemen, die den Fuß wie ein durchbrochener Schuh umschließt; die Sohle ist dick und mit kräftigen Nägeln beschlagen: darin ist zweifellos ein Soldatenschuh zu erkennen, die *caliga*, um die ein Soldat von Vindonissa (Windisch in der Schweiz) seinen Adressaten bittet: »Schicke uns unsere genagelten Schuhe *(soleas clavatas)*, damit wir abmarschieren können [...].«[10] An verschiedenen Ausgrabungsstätten hat man Schuhe gefunden, die nicht durchbrochen sind, nämlich Halbstiefel oder Schnürstiefel. Besonders in den Soldaten-Halbstiefeln, hohen Schuhen mit dicker Sohle, verlängert mit über der Wade gekreuzten Riemen, glaubt man die *gallica* zu erkennen, eine gallische Fußbekleidung, deren genaue Form unbekannt ist und von der man lange Zeit zu Unrecht das französische Wort *galoche* ableitete. Die *gallica* war leichter als der hohe römische Schuh, der *calceus*. Wie dem auch sei, mal ist es der Schuh, mal der hohe, gelegentlich umgeschlagene Schnürstiefel, der am häufigsten auf Reliefdarstellungen erscheint. Der Luxusschuh aus weichem Leder, mit Palmetten bestickt und ohne sichtbare Nähte, ist über dem Fuß offen und rund ausgeschnitten und über dem Spann mit einem eleganten Knoten geschnürt; oder auch ohne Öffnung und ohne Zierat, ganz geschlossen und glatt. Dann sieht man auch den niedrigen Stiefel (oder den hohen Schuh) mit Nägeln, oder offen und über dem

Spann geschnürt. Der Schaft ist oben meist umgestülpt oder endet in einem Wulst, der mit einem gerollten Stück Stoff verziert sein kann, das vorwiegend die Form eines Löwenfells hat oder zwei herabhängenden Ohren ähnelt. Die breite Stulpe gehört zum hohen Stiefel, der die eleganteste und teuerste aller Fußbekleidungen gewesen sein muß; denn man sieht ihn nur an den Füßen der Götter, mit einer am Schienbein aufsteigenden Spitze: den Prunkstiefel, der nichts speziell Gallisches an sich hat. Aber die hohen Gamaschen, die Oberteil des Fußes und Bein bis zum Knie bedecken und mit Knebeln und Schlaufen zusammengehalten werden, sind vielleicht typisch für das Südwestgebiet.[11]

Sandalen, Schuhe und Stiefel trug man nicht immer auf dem nackten Fuß. Unter den Frauensandalen, die aus Sohle und breitem, schräg verlaufendem Wollband bestehen, sieht man ein Wollsöckchen mit eingerolltem Rand. Man kann sich sogar fragen, ob der Wulst, der regelmäßig Schuhe und Stiefel oben abschließt, nicht einfach der heruntergerollte und über den Schaft gelegte Strumpf ist; denn manchmal erscheint er wie gestreift. In einem besonders gut erhaltenen Grab hat man ein Paar braune Strümpfe aus Wollfilz gefunden. Sie waren aus zwei Teilen an der Hacke zusammengenäht, oben mit Fransen verziert und in weißer Wolle mit den drei Buchstaben PRI gezeichnet. Strümpfe und Fußlappen gehören ebenfalls zum Bekleidungsgewerbe, über das es keine weiteren Dokumente gibt, was wohl auf häusliche Herstellung hinweist.[12]

Pantoffeln, Holzpantinen, Holzschuhe und Hausschuhe kennen wir weniger gut und nur indirekt: am Boden und im Regal abgestellt, auf den Grabsteinen der Schuster und Händler. Ein einziges Paar Holzpantinen, mit Holzsohle und -absatz ist uns erhalten. Holzschuhe kennen wir nur aus einem Bild von ihrer Herstellung (Taf. 19). Ihr Name *calones* ist nur bei späteren Kommentatoren belegt: »hölzerne Schuhe«, sagen sie, aber auch »gallische Soldatenschuhe *[gallicae]*«. Das Wort ist nicht lateinisch, aber man möchte es auch nicht ohne weiteres dem Keltischen oder dem Griechischen zuschreiben, von dem das Lateinische das Wort *calopus* als Bezeichnung für einen Holzschuh übernommen hat (oder nur Schuhe mit Holzsohle wie die *sculponeae*). Auf jeden Fall wurden Holzschuh und Holzsohle im Land hergestellt und benutzt.[13]

Die Lederschuhe haben gemeinsame Eigentümlichkeiten, die sie von den heutigen unterscheiden. Sie haben keinen Absatz: man kann das auf zahlreichen Darstellungen erkennen, wo sie von der Seite zu sehen sind. Sie scheinen sehr elastisch gewesen zu sein: ohne aufgesetzte Teile, ohne sichtbare Nähte oder Verzierungen, die diese Nähte verdecken sollen. Sie sind abgerundet und bequem für den Fuß, ganz selten spitz. Die geschlossensten Formen kündigen schon die im Mittelalter weit verbreiteten »weichen Stiefel« an.

Die Toilette

Bäder gab es in den wohlhabenden Häusern häufig, besonders in den Landvillen; in der Stadt ging man viel in die öffentlichen Thermen, aber das war wohl mehr Entspannung und zugleich Vergnügen als nur ein Reinigungsbad, und zu Hause kostete auf jeden Fall das Dampfbad und das lauwarme Bad weit mehr Zeit, als die Morgentoilette beanspruchen durfte. Davon spricht im 4. Jahrhundert Ausonius: »Sklave, los, auf, gib mir die Schuhe und die Leinentunika. Bring mir alle Kleider, die du zurechtgelegt hast, denn ich gehe aus. Hol mir fließendes Wasser, damit ich mir Hände, Gesicht und Augen wasche ...«[14] »Fließendes Wasser« und wahrscheinlich »Seife«; denn dies ist ein Produkt gallischer Herkunft: wenigstens das Wort *sapo,* aus dem das französische *savon* entstand, ist keltischen oder germanischen Ursprungs, aber man kann nicht sicher sagen, daß es sich um genau das gleiche Material handelt, das wir heute benutzen. Plinius sagt, es sei »ein Produkt aus Talg und Asche, besonders aus Ziegentalg und Buchenasche, erfunden von den Galliern zum Rotfärben der Haare«[15]. Daher kommen diese blonden oder fahlroten gebleichten Haare, die die zeitgenössischen Autoren den Galliern und den Germanen zuschrieben. Wann hat man zuerst hergestellt, was wir Seife nennen? Anscheinend nicht vor dem 4. Jahrhundert. Auf jeden Fall ist Talg neben Öl und Natronlauge einer ihrer drei Bestandteile. Die Römer freilich verwendeten für die Körperpflege vor allem Puder und Salben, keine feste Seife.

Besonders gut sind wir über die Toilette der Frauen unterrichtet. Ein in Holland gefundener Sarkophag zeigt den Toilettentisch eines jungen Mädchens: unten stehen zwei große Kannen, darüber zwei Eimer und oben auf dem Brett Töpfe und Krüge (vgl. Abb. 12).[16] Zahlreiche Toilettengegenstände sind in unseren Museen, besonders Kämme aus Knochen oder aus Bronze, gewöhnlich mit zwei gegenüberliegenden Zahnreihen (sie sind nicht mit den viel größeren Weberkämmen zu verwechseln). Es gibt auch Parfumfläschchen, Cremedosen, Nadeln aller Art und Größe. Von den vielen bei Grabungen gefundenen Toi-

lettenartikeln dienten die meisten den Frauen, besonders der Spiegel. Das war eine kleine runde, leicht gewölbte Metallplatte mit Griff: der Handspiegel, manchmal auf einem Standfuß montiert, aber immer in kleinen Abmessungen, deren Form auf die ägyptische Kultur zurückgeht. Die konvexe Seite ist der Spiegelteil; die konkave Seite trägt oft eine Gravur wie der Griff, auf dem die Begleittiere der Venus erscheinen. Die Bronze ist oft stark zinnhaltig. Aber phönizische, mit Zinn-, Silber- oder Goldfolie hinterlegte Spiegelgläser hat man in Gallien kaum gefunden. Auf dem Grabstein der Julia Maximilla ist ein Metallspiegel dargestellt und darin ein Frauenantlitz, zweifellos das der Julia, so wie er ihr lebendiges Bild einst widerspiegelte.[17]
Bei der Toilette sitzt die Dame in ihrem Rohrsessel, den Spiegel in der Hand und um sich herum drei Frauen; eine (die *onatrix*) frisiert sie, die andere hält in der Hand einen großen runden Gegenstand, der einem Schwamm ähnelt, und die dritte gießt aus einer Kanne Wasser in eine Schale am Boden. Die Herrin selbst hält auf den Knien ihr Schmuckkästchen. Eine Dienerin führt eine große Quaste an ihre Wange. Neben ihr steht manchmal ein großer Kasten – dort ist die *pliatrix* dabei, die Kleider zu falten. Man sieht die Dame noch halbbekleidet auf dem Bett sitzen. In der Hand hält sie ihre *fascia pectoralis,* eine Reihe von Bändern, die den Körper wie ein Mieder umschließen: am Bett stehend, hält eine Dienerin die Tunika bereit, und daneben steht ein Sessel. Diese Szenen sind auf den Grabsteinen dargestellt (vgl. auch Taf. 22), sie erinnern an viele Augenblicke im Familienleben, wie es die Frau im Jenseits wiederfinden wird.[15]

Die Frisur

Meist läßt sich die Dame an ihrem Toilettentisch frisieren, und das war in der Kaiserzeit offenbar eine besonders schwierige Prozedur. Man folgt der Hofmode: in Gallien läßt sich ihr Einfluß ständig nachweisen, und das ergibt eine für die Bestimmung von Plastiken ziemlich zuverlässige Datierungshilfe. Nach den verhältnismäßig einfachen Frisuren vom Beginn des 1. Jahrhunderts kennen wir so die mächtigen der flavischen Periode, die aus einer hohen runden Lockenrolle über der Stirn bestehen (Abb. 22). Im 2. Jahrhundert wird dann der Zopf nach der Mode der antoninischen Zeit um den Kopf geschlungen oder oben als Knoten daraufgesetzt, oder aber das gewellte Haar läßt die Ohren frei und endet mit Knoten oder Haarrolle im Nacken. Im 3. Jahrhundert sind die Ohren vom Haar verdeckt, der Knoten liegt tiefer, der

Zopf ist flacher und oben auf dem Kopf zusammengerollt; allmählich rückt er immer weiter nach vorn, bis er im nächsten Jahrhundert die Stirn erreicht.
Andere Frisuren, wie sie Priesterinnen tragen oder wie sie Göttinnen zustehen, sind nicht weniger aufwendig. Mit der allerseltsamsten, nämlich einem riesigen Turban, sind die Muttergöttinnen des Rheinlandes aufgeputzt. Nicht weniger merkwürdig ist die wohl auf den Kamm aufgesteckte viereckige Haarschleife, mit der eine junge Frau der gleichen Gegend angetan ist. Aber diese kunstvollen Frisuren finden sich auf den zahllosen Grabsteinen dieser Zeit nur in geringer Zahl. Man sieht sie besonders auf Porträtbüsten der großen Damen, die mit der Hofmode gingen. Meist ist die Frisur natürlich: die Haare straff oder leicht gewellt zurückgelegt, oftmals durch einen Scheitel, und zwar durch Mittelscheitel, in zwei Partien geteilt (vgl. Abb. 21) und im Nacken als Knoten oder Rolle zusammengeführt. Die »Melonenhälften«, die man in Rom oft findet, sind selten: das Haar bleibt locker, leicht gewellt. Wenn aber der Kopf bedeckt ist, dann auf römische Art mit dem Schleier. Dienerinnen tragen ihr Haar hochgekämmt und auf dem Scheitel zu einem Knoten gebunden. Es scheint kaum

Abb. 22.
Flavische Frauenfrisur. Domitianische Goldmünze. – Nach Cohen[2] 6.

möglich, in all den Darstellungen von Gallierinnen mit mehr oder weniger glatt gescheiteltem Haar eine einheimische Mode zu erkennen; die verbreitetste Haartracht ist von zeitloser Einfachheit. Am besten ist sie auf einem Grabstein in Paris zu erkennen, auf dem zwei Frauen, Mutter und Tochter, ihr gewelltes Haar locker zurückgelegt und im Nacken eingerollt tragen.[19]
Das Gesicht der Männer zeigt ein einförmigeres Bild. Sie sind rasiert und tragen das Haar seit dem 1. Jahrhundert kurz, besonders im Süden, wo die römische Mode vorherrscht. Seit dem 2. Jahrhundert bringen die Kaiser den Vollbart, den Schnurrbart und längeres, gelocktes Haar in Mode. Das war zweifellos auch weitgehend die gallische Haartracht. Das Rasieren war riskant: mit Metallrasiermesser, Auszupfen

oder Enthaarungsmittel war die Prozedur grausam, und der Barbier war teuer. Man kam jedoch wieder darauf zurück, obwohl es jene wirklich menschenfreundliche Bartmode gab. Auf vielen Grabsteinen sind die Männer bartlos, und auf einigen stehen sie bärtigen Männern niedrigerer Stellung gegenüber. So unterscheiden sich auch Gutsbesitzer und Bauern. Einige Inschriften nennen den Barbier: Wenn er nicht rasierte, so schnitt er doch das Haar und ondulierte es mit dem Brenneisen *(calamistrum)* nach der Tagesmode. In unseren Museen sind Rasiermesser häufig anzutreffen; eines ist in Form eines Spatels auf dem Grabstein eines Barbiers in Narbonne, des *tonsor (h)umanus* abgebildet, zusammen mit einem Instrument, das einer Schere ähnelt (Abb. 23). Und vielleicht ist es die Prozedur selbst, die auf einem

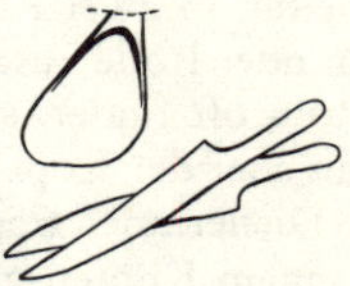

Abb. 23. Rasiermesser in Form eines Spatels. – Zeichnung von Dinh Trong nach dem Relief des »tonsor humanus« in Narbonne.

Relief des Straßburger Museums zu sehen ist: vor einer Tür, im Freien also, sitzt der bärtige Patient, und ein um den Hals herumgelegter Umhang schützt ihn; vor ihm steht ein Mann, hält in der Linken einen Gegenstand und führt die Hand zu seinem Kinn – bei dieser leider beschädigten Darstellung kann es sich wohl nur um den Barbier oder den Zahnbrecher handeln.[20] Aber außer den oft bartlosen Soldaten und den wohlhabenden Bürgern, die die kaiserliche Mode nicht übernahmen, trugen alle, die ihr folgten, und die Masse der Bevölkerung, vor allem auf dem Land, Vollbart und Schnurrbart. Der Schnurrbart allein ist auf Bilddarstellungen nicht nachzuweisen: er hatte im Lateinischen keinen eigenen Namen und gehörte zum Vollbart. Offenbar hat man ihn in Gallien nicht länger gepflegt als anderswo: wenn auf manchen Büsten lange Schnurrbärte dargestellt sind, ist nicht mit Sicherheit zu sagen, ob dies eine Landesmode ist. Die langen Haare, lockig oder glatt, wurden nie gescheitelt. Auch hier gibt es keine nationale Haartracht in römischer Zeit. Nur manche Germanen trugen den Schädel vorn geschoren und das übrige Haar sehr lang, während der ganz kahl geschorene Kopf Zeichen der Sklaverei war.[21] Die schöne Bronzebüste des Caius Julius Pacatianus, eines reichen Bürgers von Vienne, zeigt uns die männliche Mode zu Beginn des 3. Jahrhunderts: sehr kurzer Kinnbart, kleiner Schnurrbart, kurze Haarsträhnen: so steht das Bild dieses römischen Ritters, der in mehreren Provinzen Statthalter war, in seiner ganzen Natürlichkeit vor uns.[22]

3. Die Mahlzeiten

Zahl und Zeitpunkt der Mahlzeiten waren zweifellos die gleichen wie in der Stadt Rom: ein leichtes Frühstück oder *ientaculum* und die Mittagsmahlzeit oder *prandium,* auch diese leicht – oft nur eines von beiden; die Hauptmahlzeit am Abend, die *cena,* die einzige, zu der man sich zu Tisch setzte oder ein richtiges Gedeck auflegte. Aber auf dem Land waren die Essenszeiten wahrscheinlich nicht die gleichen wie in der Stadt: so ist das bis heute.[1]

Das »Totenmahl« ist eines der Lieblingsthemen der Grabbildkunst, eine leibliche Freude, eine echte Entspannung, die man im Jenseits weiter genießt. Man hat zu Recht einen Zusammenhang mit einer ursprünglich gehobeneren Darstellung gesehen: mit dem Bild des Toten, der im Jenseits schmaust; er erscheint heroisiert, gleichsam vergöttlicht, in Begleitung der Musen und anderer Gestalten der Mythologie. Aber diese Szene, die bei Griechen und Römern so beliebt war, hat sich mit der Zeit vermenschlicht. Besonders in Gallien zeigt man den Toten oft heroisiert, aber allein, und ebensooft in einem noch einfacheren Bild, umgeben und umsorgt von den Lebenden, Verwandten, Vertrauten und Dienern, die ihm das Mahl vorlegen und es mit ihm teilen (vgl. Abb. 11). Ihre Anwesenheit erinnert an das Gedächtnismahl, das den Abgeschiedenen gerichtet wurde, welche nach allgemeinem Glauben daran teilnahmen.[2] Dieses Mahl wird auf gedecktem Tisch und von Dienern serviert, was andeutet, daß es sich um das Abendmahl handelt.[3] Nur der Tote liegt, manchmal nach römischer Sitte ausgestreckt, zusammen mit Frau, Schwester oder Bruder, während die Verwandten sitzen und die Diener oder Dienerinnen stehen: die gallo-römische Sitte, entweder auf einem Stuhl oder auch auf einem Ruhebett sitzend zu speisen, widerspricht dem römischen Brauch.[4] Oft sitzt der Tote mit einem Teil der Verwandtschaft, die übrigen stehen wie die Diener, und die Szene umfaßt bis zu sechs oder sieben Personen.

Da sitzen z.B. zwei Männer und eine Frau auf Hockern um einen dreibeinigen kleinen Tisch mit Tischtuch, und die Dienerin steht dabei; Geflügel liegt auf einer länglichen Platte; auf einem Wandbord sind eine große Henkelflasche, ein Topf oder eine Dose und eine Schale mit langem Griff wie eine Kasserolle zu erkennen; im Hintergrund erscheint der Kopf eines Hundes. Der eine Mann lädt die Frau mit einer Geste ein, sich zu bedienen, und der andere hält seinen

Abb. 24. Kinderszene. – Zeichnung von Dinh Trong nach einem Relief aus Arlon, Belgien.

Trinkbecher in der Hand. Im unteren Teil des Grabsteines ist die Ecke der Kinder (Abb. 24): es sind fünf, die um eine Schüssel herum spielen, drei hocken, zwei stehen, das eine hält den Hund, der auf die Schüssel springt, am Halsband und droht mit dem Stock, das andere spielt auf der Doppelflöte und beherrscht die Szene zusammen mit einem kleinen Mädchen, dessen kurzes, straffes Haar in den Halsausschnitt fällt (dies ist eine der reizendsten Darstellungen des Kindesalters, die uns erhalten sind). Aber es gibt noch bessere Motive: ein Mann und zwei Frauen liegen halb aufrecht hinter einem rechteckigen Tisch mit vier dicken Beinen; dieser ist mit einem rechteckigen Tuch gedeckt, das mit

Fransen kunstvoll drapiert ist. Eine dritte Frau sitzt links, hat auf ihren Knien einen schönen Weidenkorb voll Obst und reicht einem der beiden anderen einen Becher hinüber; eine Dienerin steht hinter ihr, eine sechste Person ist im Hintergrund angedeutet. Auf dem Tisch sieht man zwei längliche verzierte Platten mit verschiedenen Obstsorten. Zu erkennen sind Birnen, Weintrauben und vielleicht Nüsse. Dann stehen in den Ecken die Möbel dieses Speiseraums: ein einbeiniges Tischchen mit Löwenfuß trägt drei Gefäße; ein Weidenkorb dient zum Schutz eines großen viereckigen Behälters mit Henkel, in dem ein Schöpflöffel steckt (Abb. 25). Ein Kasten auf Füßen enthält zwei zwei-

Abb. 25. Viereckiger Behälter mit Weidengeflecht. – Zeichnung von Dinh Trong nach einem Relief aus Neumagen.

henkelige Krüge, eine Art von Amphoren, und daraus sehen zwei Schöpflöffel oder zwei Saugpumpen hervor. Dies ist das genaueste Bild, das uns von einer gallo-römischen Mahlzeit überliefert ist. Ferner gibt es noch ein echtes Stilleben zu bewundern, das aus zwei Teilen einer ähnlichen Szenerie besteht: von zwei dreibeinigen Tischen trägt einer zwei Rundbrote, einen Schweinskopf und drei große runde Früchte auf einem Teller, der andere einen unbestimmbaren Gegenstand und eine große Weintraube; unter dem ersten Tisch steht auf dem Boden ein hoher runder Weidenkorb mit Griff, eine Amphore in ihrer Strohhülle und ein großer, hoher runder Weidenkorb.[5]

Uns wird nicht nur das Mahl, sondern auch seine Zubereitung vorgeführt. Auf jeder Seite des Speiseraums, dessen Rückwand mit Stoff bespannt ist, ist eine Art Anrichte für die Vorbereitung aufgebaut. Am Tisch sitzen die Eheleute einander gegenüber, zwei Diener warten ihnen auf. Rechts wird Geschirr gespült: ein Diener reinigt eine Platte auf einem Tisch, der an der Seite eine auffallend große Öffnung hat, vielleicht ein Ofen; ein anderer reicht ihm eine zweite Platte; links gießt ein junger Diener vorsichtig den Inhalt einer Flasche in ein Gefäß, ein anderer, älterer nimmt einen großen Behälter von einem Tischchen; seitlich am Boden stehen eine Amphore und ein Krug. Lebensmittel werden hier dem Besitzer gebracht: im Hof des Anwesens, der sich zwischen Eingangshalle und Haustüre erstreckt, steht der Herr oder sein Verwalter neben der gerafften Portiere, und sechs Bauern bringen ihm der Reihe nach einen Hasen, zwei Fische, vielleicht Aale, einen Hahn, einen Korb mit Obst.[6]

Eine gesicherte Darstellung der gallo-römischen Küche ist nicht bekannt. Auch die Darstellung auf einem Altarsockel in Bonn ist so nicht sicher zu interpretieren: ein bärtiger Mann mit nacktem Oberkörper, einen Schaumlöffel in der Hand, macht sich zu schaffen an einem über brennenden Scheiten am Haken hängenden großen Kessel; ein junger Diener bringt auf dem Rücken ein Spanferkel heran. Es kann sich um irgendeine religiöse Szene handeln, etwa um die Vorbereitung des Mahles nach einem Opfer: daß der keltische Kessel mit seiner Aufhängevorrichtung dabei ist, erscheint jedoch interessant; denn er ist das unentbehrliche Gerät in Speiseräumen und zweifellos auch in gallo-römischen Küchen. Auf einem bemalten Tongefäß ist ein Koch beim Ausweiden eines an den Hinterläufen aufgehängten Hasen zu sehen. Die Ratschläge, die Ausonius im 4. Jahrhundert seinem Koch Sosias gibt, erinnern besonders an den »Küchenchef«, dem seine Beiköche zur Hand gehen: »Sind die Gerichte schon mit den pikanten Gewürzen abgeschmeckt, die du gerne hast? Da man sich irren kann, überzeug dich selbst davon. Schüttle die heißen Kasserollen eigenhändig, tunke die Finger schnell in die heiße Brühe und lecke sie ab mit der Zunge.« *O sancta simplicitas...*[7]

Geschirr und Tafelgerät gibt es reichlich: Kessel, Kasserollen, Pfannen *(paterae)* und einige andere Metallgeräte – Schalen, Kelche und Platten, die unserem »Silbergedeck« entsprechen –, dazu vielbenutzte, meist hölzerne Gegenstände und einige Flaschen oder Kelche aus Glas (Prunkstücke). Hauptsächlich wurde aber Keramik verwendet: Mörser, Siebe, Platten, Kochtöpfe aus gewöhnlichem gebranntem Ton mit oder ohne Deckel sowie Schüsseln, wobei manche Formen den Einfluß von Holzgefäßen verraten, die wir auf diese Weise nur indirekt kennen, deren Gebrauch aber sicher weit verbreitet war. Trinkbecher, Schalen, Teller, Gefäße der Gebrauchskeramik wurden gewöhnlich in der Küche benutzt, aber das Tischgeschirr gut eingerichteter Haushalte hatte bessere Qualität und sah schöner aus, denn es war glänzend und wies die von der italischen Keramik übernommenen Reliefdekors

auf. Die vielen Arten von Platten, Tellern (meist mit hohem Rand), Schalen, Bechern (die die Rolle unserer Trinkgläser erfüllten) ergeben eine Ausstattung von größter Vielfalt.
Die Bildkeramik stand im 1. und 2. Jahrhundert auf ihrem Höhepunkt. Gegen Ende des 2. Jahrhunderts beginnt ihr das Glas Konkurrenz zu machen, das man vor allem in Germanien, und das Metallgeschirr, das man in Belgien in Mengen industriell herstellt, während die einheimischen, gedrechselten Holzgefäße wieder beliebt werden, wie man aus ihren Keramiknachahmungen schließen kann. Die Glasherstellung ist in Gallien besonders gut entwickelt. Die Nachfrage richtet sich vor allem auf Gefäße wie Becher, Schalen, Flaschen, Wasserkrüge sowie auf Luxusgläser mit aufgesetzten Reliefs oder mit spitzen Noppen aus Glas, die wie das Gefäß selbst durch Blasen erzeugt werden. Aber dieses stets gefärbte Glas hat offensichtlich nicht die Rolle gespielt wie beim heutigen Tafelgedeck. Unseren Flaschen, die oft nach Gebrauch zerbrochen werden, und unseren Trinkgläsern entsprachen je nach der Art des Haushalts vor allem Flaschen und Becher aus Keramik, Metall oder Holz. Ein Glasgefäß verdanken wir einer speziellen Erfindung Galliens – das *barrillet* (Fäßchen). Es handelt sich um die verkleinerte Nachbildung eines gallischen Fasses, ein kleines Luxusstück, das sicherlich die besten Weine und Spirituosen enthielt.[8]
Manche Küchen- und Tischgeräte waren aus Metall. Außer dem Kessel mit seinem Kesselhaken gab es Réchauds auf dem Feuerrost, mit Sieb oder Ausguß, und Schaufeln mit langem Stiel, um das Herdfeuer zu schüren. In der Marne hat man eine große Bratpfanne mit Gelenkgriff gefunden, eine andere in Reims; eine Kuchenform in Gestalt eines Löffels mit Deckel stammt aus Alesia; ein Rost aus Compiègne; auch ein Trichter mit Seiher ist bekannt. Die großen Schneidemesser oder Hackbeile und die großen zwei- oder dreizinkigen Gabeln, die im Museum von Saint-Germain zu sehen sind, gehören ihrer Größe nach ebenfalls in die Küche (Abb. 26).[9]
Was gehört zum »Tischgedeck«? Die einzigen Bilder von Mahlzeit oder Bankett, die erhalten sind, stammen von Grabsteinen: sie zeigen eine im Verhältnis zu den Gästen zahlreiche Dienerschaft beider Geschlechter, und das wird der Wirklichkeit entsprochen haben auch in bezug auf die häusliche Dienerschaft. Auf dem Tisch befinden sich mit Speisen gefüllte Schüsseln, aber niemals ein einzelnes Gedeck. Und wenngleich Löffel vorhanden waren, so gab es doch weder kleine Gabeln noch Tischmesser. Man aß vor allem mit den Fingern, man nahm sich von der Platte, und die Bedienung bestand sicher im häufigen

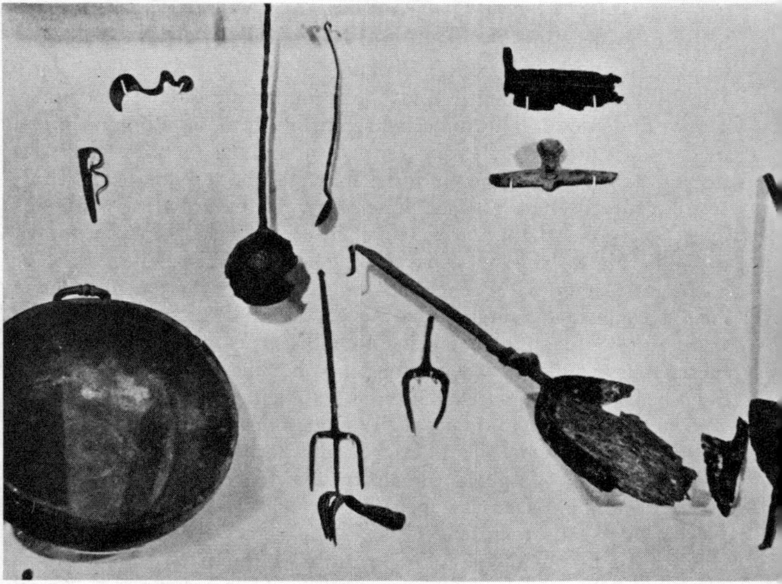

Abb. 26. Herd- und Küchengeräte. Museum Saint-Germain. – Nach »La Gaule Romaine«.

Herumreichen der Schüsseln und Körbe. Um so nützlicher war unter diesen Umständen die Serviette oder *mappa;* diese brachte der geladene Gast immer mit, um sie oft mit leckeren Bissen gefüllt heimzutragen. Sie war ein persönlicher Gegenstand: auf den Grabsteinen genügt sie, wie der Becher, als Hinweis auf das Mahl, an dem der Tote teilgenommen hat.

Die Nahrungsmittel

Besonders reich und vielseitig war die Versorgung mit Nahrungsmitteln aus dem fruchtbaren Boden Galliens, der damals für manche Erzeugnisse berühmt war.
Fleisch muß es in Fülle gegeben haben, das Land war bekannt wegen seiner Herden. Die Inschriften sprechen von Großschlächtern, die in

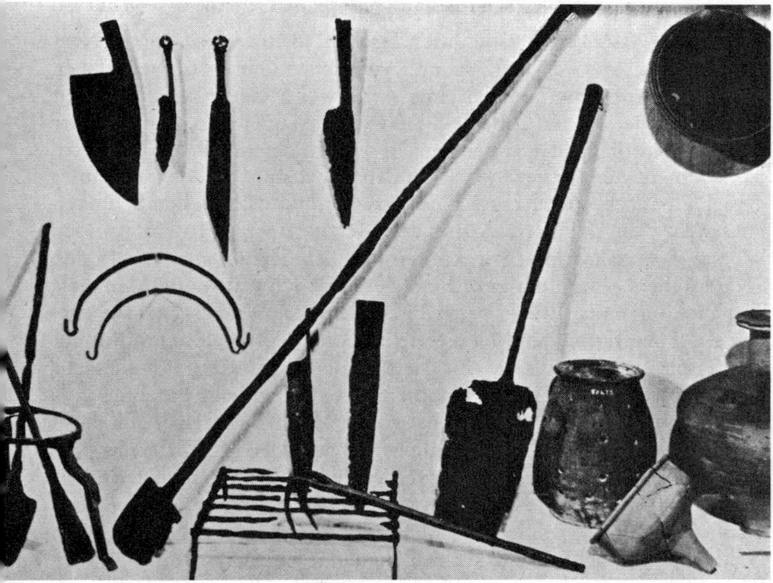

Zünften zusammengeschlossen waren. Ein Relief zeigt zwei Schlächter, die ein breites Messer in der Hand halten, womit sie ein an den Hinterbeinen aufgehängtes Rind zerlegen, und die gleiche Arbeit ist auf bemalten Tongefäßen zu sehen.[10]

Die große gallische Spezialität war die Schweinemetzgerei: in den Wäldern weideten die von den Römern bewunderten Schweineherden. Man weiß nicht, ob der gallische Beiname *Moccus,* den die Lingonen dem Merkur gaben, sich auf das Hausschwein oder das Wildschwein bezieht; beide waren gleich zahlreich im Land vorhanden. Es gab bei den unabhängigen Galliern eine übrigens nicht erklärte Sitte: »Wenn man eine Schinkenkeule auftrug, so bekam der Tapferste das beste Stück; widersprach dem ein anderer, so gab es zwischen den beiden einen Zweikampf auf Leben und Tod.«[11] In römischer Zeit wetteiferten die Schriftsteller mit der Schilderung der Metzgerwaren der Cerdagne, des Comtat, der Pyrenäen, der Franche-Comté, Flanderns und des Elsaß, die in Rom sehr begehrt waren.[12] Durch Isidor von Sevilla,

den Autor des 7. Jahrhunderts, kennen wir das gallische Wort für Speck: *taxea* (frz. *lard*); und durch Inschriften einen *lardarius* in Narbonne, einen anderen in Köln und vielleicht noch einen weiteren in Bordeaux. Auf dem Tor in Reims sind zwei Metzger bei der Arbeit abgebildet: der eine ist dabei, ein Schwein auszunehmen, das auf einer langen Platte liegt, der andere macht sich an einem Tier zu schaffen, das noch auf den Beinen steht.[13] In den Lebensmittelläden sind hinter dem Ladentisch aufgehängte Fleischstücke und dazwischen Schinken zu sehen. Auf der Fleischbank des Metzgers werden dem Kunden Würste, Schweinsköpfe, Speckseiten und Schmalz feilgeboten. In den Speiseräumen prangt der zum Mahl bereitete Schweinskopf. Man setzt sich auch um einen Eberkopf zu Tisch; denn das Wild ergänzt wesentlich das Fleisch von den Metzgereien.[14] Auch Geflügel kommt oft auf den Tisch, und Plinius erzählt, daß flämische Gänse in Italien sehr gefragt waren, wohin sie die Händler auf dem Landweg brachten.[15]
Fische und Meerestiere wurden in großen Mengen verzehrt, und darin traf sich der Geschmack der Gallier mit dem der Italiker. Transport und Konservierung dieser leichtverderblichen Waren scheinen übrigens keine unüberwindbaren Schwierigkeiten bereitet zu haben. Tatsächlich haben die Römer ihre Methode, Fischkästen zu bauen, nach Gallien mitgebracht; daß es sie im Languedoc gegeben hat, ist bekannt. In Fréjus bereitete man eine Salzlauge auf der Basis von Seebarsch *(lupus)*, und Plinius bezeugt den Fang der Seebarbe oder des Seehahns *(mullus surmuletus)*. Ein Wort, das eher aus dem Germanischen als aus dem Keltischen stammt, *sparus* (frz. *sparaillon)*, bezeichnet eine Brassenart. Über die Seefische, die sein Freund Theon fängt, schreibt Ausonius: »Das ganze Haus ist voll von der reichen Strandbeute: aus dem Meer holt man den *corroco* [Steinbutt; ein Wort iberischen Ursprungs?], den gefährlichen *trygon* [Stachelrochen mit giftigem Stachel], die weichen Schollen, die Thunfische mit würzigem Fleisch, die *ligatri [elacates?]*, denen ihr Stachel nur wenig Schutz gibt, und die *corvi* [Fische von dunkler Farbe], die sich nicht länger als sechs Stunden halten«[16]

Besser sind wir noch über die Süßwasserfische durch das Moselgedicht[17] unterrichtet, worin sie der gleiche Dichter in Ausdrücken beschreibt, die auch Cuvier gelten lassen würde: »Der schuppige *capito* [»Dickkopf«] glitzert zwischen dem Gras, das den Sandgrund bedeckt, sein Fleisch ist zart, aber mit Gräten gespickt, und es muß innerhalb von sechs Stunden auf den Tisch kommen.« Von dem Namen dieses warzigen und stacheligen Fisches mit dem »Dickkopf« stammt der französische *chabot* ab; er heißt auch *caboche* und verbirgt sich unter den Steinen (dt. Groppe). »Da ist das Rotauge, der *redo,* der keine gefährlichen Stacheln trägt, und die leichte *umbra,* die sich mit schnellem Schlag dem Blick entzieht.« Es ist dies die Äsche aus der Familie der Salme, jedoch nicht die viel größere See-Äsche, deren Name (frz. *amble, omble*) von *amulus* kommt, einem Wort vielleicht keltischen Ursprungs. Dann die Barbe, die bewegtes, fließendes Wasser liebt: »Dich haben die Strudel der sich hin und her schlängelnden Saar geschüttelt [...], du wirst besser, je älter du bist, du nur hast Aussicht unter allen lebenden Wesen, ein rühmliches Alter zu erreichen.« Und die *mustela:* »Mit welchen Farben hat dich die Natur gemalt! Mit schwarzen Punkten im gelben Kreis ist dein Rücken gezeichnet, glatte blaue Haut überzieht deinen Rücken; bis in die Mitte bist du fleischig und fett, aber dann ist die Haut trocken bis zur Schwanzflosse.« Man erkennt in diesem Fisch die Aalrutte (frz. *lotte*), um so mehr als ihr Name *lota* aus dem mittelalterlichen Latein bekannt ist. Da ist der Barsch, »unsere Tafelzierde, der einzige Flußfisch, der sich mit allen Seefischen messen kann, der es allein leicht mit dem rosigen Seebarsch aufnimmt; dein Geschmack ist nicht fade, und dein festes Fleisch besteht aus Scheiben, zwischen denen die Gräten sitzen.« Und »hier, mit seinem drolligen lateinischen Vornamen, der Bewohner stehender Gewässer, der Todfeind jammernder Frösche, der *lucius,* der in dunklem Kraut und Schlammlöchern im Hinterhalt liegt. Er kommt nie auf den Tisch: er brutzelt mit stinkendem Dampf in den verräucherten Kneipen«. Dies ist wahrscheinlich der Hecht, damals weniger beliebt als heute. »Wer kennt nicht die grüne Schleie, den Trost der armen Leute?« Diese *tinca* kommt nur an dieser Stelle vor: ist der Name vielleicht keltisch? »Die *alburni,* die die Kinder mit Haken fangen« – dies sind die Ukelei, silbrige Fische, die man an der Wasseroberfläche fängt –, »und dies volkstümliche Fischgericht, das auf dem Feuer brutzelt, die *alosae,* die Alsen«. Die *alausa,* mit vermutlich gallischem Namen, ist ein Seefisch, der die Flüsse hinaufschwimmt und heute mehr geschätzt wird. »Auch du, Gründling, mußt unter den Fischschwärmen im Fluß genannt werden, zwei Handbreit lang, ohne den Daumen: du bist fett, glatt und rund mit deinem Bauch voller Rogen, und dein Bart hängt dir am Maul wie bei der Barbe.«

Endlich nennt Ausonius in seiner Dichtung drei Fische, die uns vertraut sind, den *salar,* den *salmo* und den *sario:* »*Salar,* mit dem Rücken voll leuchtendroter Punkte, *salmo* – mit rosigem Fleisch, wenn dein breiter Schwanz im tiefen Wasser um sich schlägt, verraten sich deine unsichtbaren Bewegungen an der Oberfläche des Wassers; mit deiner schuppengepanzerten Brust und deinem schlüpfrigen Kopf reichst du notfalls für ein ganzes Abendgericht, und du hältst dich, ohne zu verderben, lange Zeit; an den Flecken am Kopf bist du zu erkennen, an deinen vollgewölbten Flanken hängt der schwere fettreiche Bauch. – Und du, *sario,* zeigst in deinen beiden Arten Unterschiede und Ähnlichkeiten, du bist noch kein *salmo* und auch kein *salar* mehr *[qui necdum salmo, nec iam salar],* ein vielgestaltiges Wesen, das man in einer Größe fängt, die zwischen beiden die Mitte hält.« Die lateinischen Namen, die (wenigstens bei den beiden ersten) vielleicht an ihre Eigenschaft als »Springer« erinnern, lassen unschwer die Forelle oder den Lachs, den Salm und die Lachsforelle erkennen. Andererseits ist ein Wort keltischen Ursprungs, *trucantus,* eng mit *tructa* verwandt, woraus das französische *truite* (Forelle) entstand. Ein anderes, *tecco,* könnte am Ursprung des französischen *tacon* stehen (volkstümlicher Name für den jungen Lachs); wieder ein anderes, *esox* (Rheinfisch), ist verwandt mit mehreren modernen keltischen Namen des Salms. Schließlich bezeichnet ein vierter, *ancoragus,* einen männlichen Rheinsalm. Wenn man dieser schon langen Liste einige als keltisch geltende Namen anfügt, *ambicus* (»Flußfisch« ?), *celtis, darsus* (Rotauge), *levaricinus, naupreda* (Neunauge), *rufus, rottas, raia* (Rochen), *samauca* und den griechischen Namen eines Saônefisches, *klopias* oder *skolopias,* dann bekommt man eine rechte Vorstellung davon, welche Beachtung man in Gallien diesen Tieren schenkte und welche Rolle sie für die Ernährung spielten.

Schalentiere und Muscheln waren nicht weniger beliebt: man weiß, wie die Römer in sie vernarrt waren. Aber erst aus späten Texten kennen wir die Bedeutung, die in gallo-römischer Zeit die Austernkultur gewonnen hat, die damals eine Verfeinerung erreicht hatte wie erst wieder in unserer Zeit. Im 1. Jahrhundert spricht Strabo schon von den Austern des Étang de Berre (Rhônemündungsgebiet), dann Plinius von denen des Médoc (Bordeaux).[18] Die Ausgrabungen haben Schalen in riesiger Zahl zutage gefördert. Im 4. Jahrhundert unterscheidet Ausonius ihre Arten so genau, daß man den Beginn systematischer Zucht wohl weit vor der Zeit der Invasionen ansetzen muß. »Ich meine«, sagt der Dichter aus Bordeaux, »daß die besten Austernkulturen der Médoc-Küste durch ihre Liebhaber den Namen von Bordeaux an der kaiserlichen Tafel so berühmt gemacht haben wie unser Wein [. . .]. Sie haben ein fettes weißes Fleisch, eine mild-würzig-schmeckende Brühe, deren schwacher Salzgeschmack sich mit dem des Seewassers mischt.

Nach ihnen, aber erst in sehr weitem Abstand, kommen die aus Marseille [...]. Es gibt auch Liebhaber für die Austern der armorikanischen See [Bretagne und Normandie] wie für die, welche der Bewohner der Pictonenküste fischt [in der Vendée].«[19] Unbekannt ist, wie man diese Mollusken frisch hielt, aber man hat überall im Inneren Galliens Schalen gefunden, und nach ihrer Bekanntheit, die die Schriftsteller bestätigen, ist anzunehmen, daß ihr Transport nach Italien ohne Schwierigkeiten vonstatten ging. Mit einem Gedicht dankt Ausonius seinem Freund Theon für dreißig Austern (nach seinem Geschmack ist das recht wenig), die er ihm geschickt hatte: »Diese Austern, die so gut sind wie die von Bajae [dem Hafen von Cumae], die die Flut in den warmen Gewässern des Médoc nährt [...], sind schnell gezählt«, und Ausonius hat sie zum Frühstück gegessen, »Muscheln zusammen mit schlammigen Austern [...], eine köstliche Mahlzeit, die den Großen gefällt und auch für den Haushalt der Armen erschwinglich ist. [...] Sie steckten im Innern der doppelten Schale, die sich in der Hitze des kochenden Wassers über ihrem weißen Fleisch öffnet.«[20] Über die anderen Schalentiere wissen wir weniger. Von ihnen ist lediglich bekannt, daß gegen Ende der Antike, zur Zeit des Sidonius Apollinaris, Langusten und Krabben im Golf von Biskaya im Überfluß vorkamen; sie sind mit Krebsen, Kraken und verschiedenen Muscheltieren auf bemalten Tongefäßen zu sehen.[21]

Fleisch, Wurst, Wild, Fische und Meerestiere – wie hat man sie zubereitet? Wir haben keine Rezepte. Man kann allenfalls den lateinischen Namen eines ländlichen italischen Gerichtes, des *moretum* (aus Gemüse, Knoblauch, Käse und Wein) in einem Wort vermuten, das auf einem Scherben aus der großen Töpferwerkstatt von La Graufesenque eingeritzt ist: *moretoclatos.* Dem Keltischen schreibt man den Namen für Rindskaldaunen oder Fettdarm, *omasum,* zu, und bei den cisalpinen Galliern kannte man das gefüllte Schwein, *tuceta* oder *tucceta.* Im übrigen sind wir auf die Annahme angewiesen, daß die Feinheiten der römischen Schlemmereien in Verbindung mit dem Reichtum und der Vielfalt der Produkte des Landes eine ebenso schmackhafte wie verfeinerte Kochkunst hervorgebracht haben müssen. Gallischer Knoblauch und Zwiebeln sind bekannt; das Öl wurde im Midi erzeugt oder aus Italien und Spanien eingeführt. Sein Gebrauch hat sich nach römischer Gewohnheit stark verbreitet; das erklärt auch, warum wir über die Butter nichts wissen, die wohl bekannt, deren Verwendung in der Küche aber gewiß nicht üblich war. Da man den Zucker nicht kannte, ist auf jeden Fall Honig an seiner Stelle anzunehmen. Salz wurde in der

Franche-Comté und im Jura, in Lothringen, im Südwesten und an den Küsten gewonnen, Anis und Kümmel verwendeten die Gallier seit langem. Nichts weist zuverlässig darauf hin, daß man damals eine stark gewürzte Küche liebte; doch ist hier der keltische Name einer pikanten Sauce, *embrecton* in seiner griechischen Form, latinisiert *imbractum,* zu nennen, der sicher in dem Wort *inbrataria* auf einem in La Graufesenque hergestellten Gefäß steckt. Die Salzlake der Mittelmeerküste, das *garum,* war immerhin eine sehr starke Würze, hergestellt aus den Innereien kleiner, in der Sonne getrockneter, gesalzener Fische oder aus Thunfisch und Makrelen, und gewürzt mit Anchovis, Sardinen, Austern oder Krabben. Sie wurde in Gallien wie in der übrigen römischen Welt hochgeschätzt, wie auch die Thunfischlake, die man in Antipolis (Antibes), und die Barschlake, die aus Forum Julii (Fréjus) bekannt ist.[22]

Es gibt die verschiedensten Gemüse: Plinius nennt den wilden Spargel der Pfalz, den Seefenchel, die Pastinake, die gelbe Rübe oder Kerbelrübe des Rheinlandes und den Meerrettich Germaniens, der die Größe eines kleinen Kindes erreiche (vielleicht meint er die Runkelrübe). Ausonius freut sich, wenn er sieht, »wie sich auf den Blattspitzen der Gemüse und auf den großen Kohlköpfen Tautropfen bilden«.[23]

Obst ist auf den Reliefs oft abgebildet: an erster Stelle der Apfel, dessen gallische Bezeichnung *aballo* oder *avallo* im Namen von Avallon (in Burgund) fortbesteht. *Bulluca* (»Äpfelchen«), die ein späterer Text zitiert, ist vielleicht ein Wort keltischen Ursprungs. Und wenn der französische Name des Apfels, *pomme,* vom lateinischen *pomum* herkommt, das Frucht bedeutet, dann sicher weil er in diesem Obstland par excellence am verbreitetsten war. Man sieht Äpfel auf den Altären oder in den Füllhörnern, die auf diesen Denkmälern oft dargestellt sind; sie werden auf Platten zur Mahlzeit gereicht und in großer Menge in den Auslagen der Händler feilgeboten. Die Birne war weniger verbreitet, wurde aber ebenfalls angepflanzt. Man sieht sie zusammen mit Äpfeln abgebildet. Über die Kirschen sind wir durch Plinius unterrichtet; er führt portugiesische Setzlinge an, die in Belgien gepflanzt werden, sowie schwarze und rote Sorten aus dem Rheingebiet – und die getrockneten und eingemachten Kirschen aus diesen nördlichen Ländern; sie sind auch auf den Mosaiken zu sehen. Plinius erwähnt ferner die Pfirsiche Galliens. Nüsse kommen zusammen mit Mandeln und Feigen auf den Tisch: und man weiß, daß Kaiser Julian im 4. Jahrhundert die Feigenbäume von Paris erwähnt, die im Winter in Stroh verpackt werden. Die alpine Mispel, Frucht der Felsenmispel (frz. *amélanchier* oder *amélangier*), trägt einen Namen, den man auf ein hypothetisches gallisches Wort *aballinca* zurückführt, das vielleicht mit dem Namen des Apfels *aballo* verwandt ist. Nach Ansicht mancher Forscher gab es einen gallischen Namen für die Pflaume, *agrinio,* und einen anderen für die Schlehe (frz. *prunelle*), die, zu *balluca* latinisiert, die französische *beloce* (kleine Wildpflaume) ergab; der Dichter Fortunatus weist im 6. Jahrhundert auf ihre Existenz und ihren latinisierten Namen *prunella* hin. Über die Kastanie haben wir eine eindeutige Nachricht: ihre Schale heißt im Westen heute noch *bogue* mit einem Wort keltischer Herkunft (lat. *bulga*). Ferner hat man Haselnüsse in Gräbern gefunden. Ich glaube aber nicht – was man auch immer dafür anführen mag –, daß die Gallier die Apfelsine gekannt haben; denn es genügt nicht als Beweis, daß Ausonius seinem Freund Theon für seine »goldenen Äpfel« *(aurea mala)* dankt. Das ist eine ironische Antithese zu den mitgeschickten »bleiernen Versen« und sicher auch eine Anspielung auf die Äpfel aus den Gärten der Hesperiden. Die Antike scheint die bittere Orange nicht gekannt zu haben, die wie ihr arabischer Name *narandj* aus Persien stammt; die süße Apfelsine kommt aus China, woher sie die Portugiesen im 16. Jahrhundert importiert haben.[24]

Das Brot diente als Grundlage der Mahlzeiten. Gallien war für Rom nach Ägypten und mit Andalusien *das* Getreideland. Damit ist genügend ausgesagt über den Rang, den es für die Ernährung des Imperiums eingenommen haben muß. Heute schreibt man dem französischen Wort *blé* (Getreide) keinen gallischen Ursprung mehr zu, aber *brais,* eine Art von Spelz oder Dinkel, bestes Mehl (oder geschrotete Gerste zur Bierbrauerei), kommt vom latinisierten gallischen *bracis,* woher auch *brasser* (brauen) stammt. Daraus buk man vier Pfund Brot mehr je Scheffel als aus anderen Mehlsorten. *Arinca* (Dinkel), der ein besonders weiches Brot ergab, ist vielleicht ebenfalls ein gallisches Wort. Das Getreide Galliens war berühmt, denn es war leicht und das daraus gewonnene Mehl hell.[25]

Bäckerei und Konditorei: Es gibt große runde Brote und Kuchen mit einer Einritzung, die es wohl erleichterte, sie in gleiche Stücke zu teilen. Manche Bäcker kennzeichneten ihre Produkte: diese Annahme läßt wenigstens ein steinernes Model zu, das in Sens gefunden wurde; es trägt auf der einen Seite ein Muster, auf der anderen eine Inschrift und hat die Form eines kleinen Mahlsteins. Die Auslage des Bäckers und Konditors zeigt in Reihen nebeneinander runde Brote oder Kuchen und auf den Brettern, zu je zwanzig geordnet, kleine runde Kuchen. Immerhin ist es bemerkenswert, daß Zeugnisse über den Bäckerberuf sehr selten sind. Außer dem Grabstein eines Müllers und Bäckers in Narbonne haben wir nur drei oder vier Inschriften, und man könnte daraus schließen, daß man Brot und Kuchen bis in die späte Kaiserzeit gewöhnlich zu Hause gebacken hat.[26]

Ferner gab es natürlich zahlreiche verschiedenartige Milchprodukte in diesem Land mit seinen guten Weiden. Das alte französische Wort *mègue* (eine Art Molke), das vom gallischen *mesgus* kommt, wie auch das lateinische Wort *crama,* woraus frz. *crème* entstand, könnte keltischen Ursprungs sein. Am meisten wissen wir freilich über die Käsesorten. Plinius nennt eine aus der Berglandschaft Tarentaise (Savoyen); eine andere, die nach Apotheke schmeckte; eine dritte aus der Lozère, wohl eine Art *cantal,* der aber den Mangel hatte, nicht haltbar zu sein. Den Käse von Toulouse hält Martial für ziemlich vulgär.[27]

Was fehlte unter diesen Nahrungsmitteln? Ganz sicher nichts Wichtiges, besonders da zu berücksichtigen ist, daß man neben diesen frischen Lebensmitteln sich mit Vorräten oder »Konserven« eindecken konnte, mit Fleisch- und Wurstwaren, Pökelfischen und auch mit Trockengemüse und -obst aus jeder Jahreszeit.

Die Getränke

Sie sind meist stark, und die Weine werden so behandelt, daß sie einen scharfen und kräftigen Geschmack bekommen. Das gewöhnlichste Getränk ist eine Art Bier aus Getreide, besonders im Norden; oder richtiger gesagt, es gibt mehrere Biersorten, je nach dem Korn, aus dem es gebraut ist: aus Weizen, vor allem aus Gerste. Wörter keltischer Herkunft bezeichnen sie: das *kourmi* aus vergorener Gerste, das *korma* aus vergorenem Käse und Honig, die *cervesia* oder *cervoise* (Met, Gerstentrank) aus Spelz, genannt *bracis.* Aus dem Keltischen stammt vermutlich das im mittelalterlichen Latein gebrauchte Wort *drasca,* von dem wiederum die französische *drèche* herkommt, die Maische, Rückstand der zum Brennen verwendeten Gerste. Vielleicht trank man auch den Gersten-Absud, der auf griechisch *zuthos* hieß, von dessen Gebrauch bei den »Nordvölkern« Europas wie auch in Ägypten die Schriftsteller berichten. Unter diesen Bierarten ist am besten die *cervoise* bekannt, deren Name im ganzen Mittelalter in Gebrauch blieb. Ihre Herstellung war so verbreitet, daß sie wohl eher im privaten Haushalt als gewerblich erfolgte; denn wie die des Brotes fehlt sie bei den Handwerkerdarstellungen auf Grabsteinen, und eine

Brauerei hat man in einer belgischen Villa gefunden. Besonders aus Metz und Trier sind die *cervesarii*, »Bierbrauer oder -händler«, bekannt. *»Hospita, reple lagona[m] cervesa! – Copo, c[on]ditu[m] habes? – Est. – Reple, da!«* (Wirtin, füll meine Flasche mit Bier! – Wirt, hast du Würzwein? – Hab ich. – Dann gib her, schenk ein!) Das liest man auf einer in Paris gefundenen Ringflasche (Abb. 27).[28]

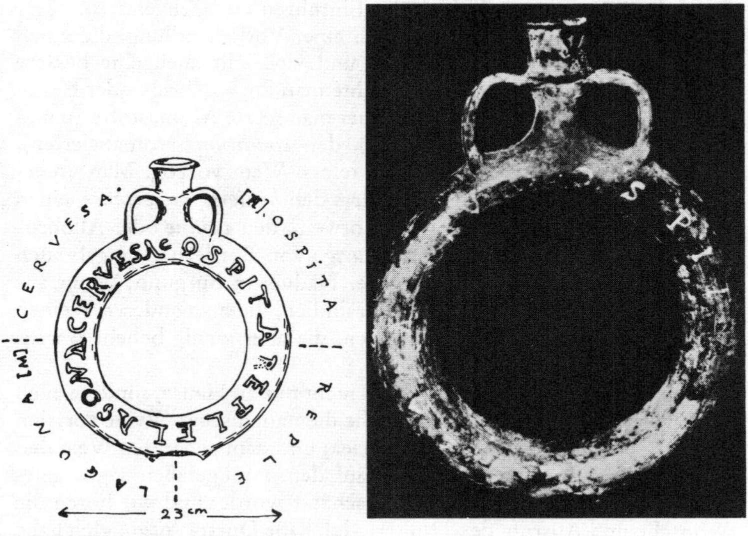

Abb. 27. Ringflasche aus Paris mit der Aufschrift *Hospita, reple lagona[m] cervesa* (Original und Zeichnung). – Nach P.-M. Duval.

Man kann sich darüber wundern, daß es in diesem Apfelland bis zum Ende des Mittelalters kein sicheres Zeugnis für die Herstellung von Cidre (Most) gibt.[29] Aber dafür sind uns die Weine recht gut bekannt, und die alten Autoren schrieben den Galliern eine unmäßige Vorliebe für dieses Getränk zu, das sie zuerst außerhalb ihres Landes in Italien kennengelernt haben. Heute ist nachgewiesen, daß die Römer die Weinkultur in den von ihnen gegen 120 v. Chr. eroberten Süden, den Midi, eingeführt haben. Wie in Gallien, so trank man auch in Spanien oder Italien sehr viel Wein. Das beweisen die Reliefs mit Darstellungen des Weinhandels und der Weinherstellung, die Mosaiken mit Bildern vom Weinbau, die Bezeichnungen auf den Transportamphoren, die Trinkgefäße und einige Grabsteine von Winzern und Weinhändlern. In Autun ist der Grabstein des Gastwirts Vossius Crescens zu besichtigen, der in einer Hand eine Weinhändlerschale hält, in der anderen einen Heber.[30] In dieser Zeit sind die Weinberge entstanden, und trotz vorübergehender Beschränkungen ihrer Entwicklung hat in diesem Land der Weinverbrauch dank der Einfuhren nie nachgelassen.

Manche dieser Weine unterzog man einer Vorbehandlung, die ihnen einen künstlichen Geschmack gab und vielleicht auch eine bessere Haltbarkeit verlieh: Manchmal machte man ihn »klebrig« oder harzte ihn, bald räucherte man ihn; oder aber man setzte Aromastoffe zu und erhielt so den *picatum* (geharzten), den *conditum* (aromatisierten), wenn man nicht den *merum* oder reinen Wein vorzog. Man unterschied viele Weinqualitäten, besonders den *béziers, boeterrense,* einen mit Harz versehenen Weiß- oder Rotwein, den *vienne* oder Allobroger, ebenfalls geharzt, und den *biturige* von Bordeaux. Es gab auch Weine der Helvetier im Vivarais; der Häduer in Burgund; Weine aus Marseille, geräuchert, dick und likörähnlich, die man anderen Weinen beimischte; Weine von den Seealpen, die aber wenig beliebt waren; endlich die Moselweine.[31]

Diesen Weinen des Landes, die man nicht nur zu Hause, sondern auch in den Tavernen trank, zogen manche die italienischen Weine vor, den Falerner oder den Wein von Aeminaea; und dem geharzten Wein den reinen Landwein. Die Inschriften auf den Trinkgefäßen sagen gelegentlich etwas darüber aus, was geschätzt wurde; und wir hören die Wünsche und Ausrufe der Trinker: »Ich habe Durst« *[sitio],* »Ich habe noch Durst!« *[adhuc sitio, jam sitio],* »Schenk ein, Wirt!« und die Antwort der Wirtsfrau: »Ich bringe dir Wein, ich will dir wohl«; und das Ergebnis: »Ich freue mich« *[gaudio];* und die verschiedenen Trinksprüche: »Lebe glücklich«, »Lebe wohl« *[vale],* »Sei glücklich« *[felix sis],* »Werde glücklich damit« *[utere felix]*; und die Begrüßung: »Heil, Wirt« und die spöttischen Sätze: »Je trauriger du bist, desto weniger trinkst du; je glücklicher du bist, desto mehr trinkst du!« und die Prahlereien: »Ich bin der König der Trinker« *[vinco bibentes]*; und die verliebten Rufe: »Ich liebe dich, lieb mich!«, »Lieb mich, mein Leben!«, »Laßt uns lieben!«[32]

Außer den Weinen schätzte man Liköre und gegorene Getränke, wie wir durch Plinius wissen. Bei den *Vocontii* in der Gegend von Vaison stellte man aus Trockentrauben »stark parfümierten und wohlschmekkenden« Kochwein her; anderswo mischte man Aloe zum Wein; in der Gegend von Saintes stellte man einen berühmten Absinth her, und Plinius und Ammianus Marcellinus schreiben übereinstimmend den Bewohnern Galliens die Kunst zu, immer neue Getränkearten zu erfinden, die einen Rausch erzeugen.[33]

Viertes Kapitel
Die Arbeit: Das Handwerk

1. Holzhandwerk – 2. Steinbearbeitung – 3. Metallverarbeitung – 4. Töpferei und Glasherstellung – 5. Weberei und Lederverarbeitung – 6. Zwei Kleinhandwerker: Korbmacher und Harzsammler

Unter ganz anderen Grundbedingungen als heute, ohne Hilfe der Maschine, ohne Kohlengewinnung und die daraus hervorgegangene Großindustrie war die Sklaverei Grundlage der Arbeit. Doch ist die Vielgestaltigkeit und Vollkommenheit der Produkte, die sich bis in unsere Zeit erhalten haben, erstaunlich: die Schönheit mancher Kunstwerke, die Kühnheit und Festigkeit der Bauten, die äußerst sorgfältige Herstellung auch kleinster Gegenstände, die Serienfabrikation von Keramik in riesigen Mengen, mit denen Gallien das römische Reich überschwemmt hat. Bei näherer Betrachtung findet man vor allem ein hochentwickeltes Handwerk, in Zünften zusammengefaßt und mit einem Handwerkszeug ausgerüstet, das zum Teil vorgeschichtlichen Ursprungs ist.

Über die Organisation der Arbeit im einzelnen kann es nur Vermutungen geben. Die zahlreichen und mächtigen Zünfte verteidigten ihre Traditionen, sicherten ihren Mitgliedern das Begräbnis und sorgten für die Ausübung des ihrem göttlichen Patron geweihten Kultes. Aber auf den Bilddarstellungen sind fast nur einzelne Arbeiter zu sehen. Auf dem Grabstein steht der Handwerker allein oder begleitet von Frau und Kindern und Familienangehörigen; wenn er bei der Arbeit gezeigt wird, dann sieht man ihn selten mit einem oder zwei Gehilfen. Man braucht daraus nicht zu schließen, daß es Werkstätten mit zahlreichen Arbeitern oder Werkstattgemeinschaften zwischen Handwerkern des gleichen Berufs nicht gab: aber bestätigt werden sie nirgends. Dagegen kann man sich anhand der Grabsteine einzelner Handwerker und der signierten Arbeiten (besonders bei den Töpfern) diese Klasse freier Handwerker, kleiner Meister, vorstellen, die über ein paar Arbeiter verfügten. Darunter sind sogar solche, die sich *clientes* eines Betriebsinhabers nennen.[1]

Über Arbeitgeberorganisationen sind Zeugnisse selten, als Beispiel seien die von zwei Klempnern genannt.[2] Manche Organisationen lassen an die große Manufaktur denken, unter anderem an die der Glasmacher. Die Arbeit auf den Gütern war etwas Besonderes: der Großgrundbesitzer beschäftigte eine große Zahl verschiedener Arbeiter, in der Regel Sklaven. Die Städte hatten ebenfalls ihre Manufakturen und der Staat seine Militärwerkstätten; aber es scheint, daß er bis in spätrömische Zeit in keiner Weise die industrielle oder landwirtschaftliche Produktion reglementiert hat, den Weinbau ausgenommen.

Manche Grabszenen stellen wahrscheinlich den Buchhalter eines Gutes oder einer großen Werkstatt dar, der seine Arbeiter auszahlt. Er sitzt bequem auf einem Stuhl mit eingelassenem verschließbarem Kasten, hat die Füße auf einem Fußbänkchen und kippt den Inhalt eines Geldsacks auf den Tisch, der selbst wieder die Form einer Truhe hat: vor ihm, bärtig, mit nackten Füßen, den Stock in der Hand, der Arbeiter (sicher ein Bauer), der seine Fragen beantwortet.[3] Welchen Wert stellt diese in Bargeld geleistete Zahlung für den Arbeiter dar? Man kann nur zum Vergleich einige Inschriften aus Italien oder aus anderen Provinzen heranziehen und das »Edikt über das Maximum«, das etwas nach dem von uns behandelten Zeitraum, im Jahre 301, von Diokletian erlassen wurde. Es ist vielleicht im Westen nie angewandt worden und nennt nicht den gängigen Wert für Nahrungsmittel und Arbeit, sondern nur das vom Staat erlaubte Maximum. Der Unterhalt eines Jungen durch den Staat in Norditalien am Ende des 1. Jahrhunderts belief sich auf 16 Sesterzen pro Monat, eines Mädchens auf 12 Sesterzen. Man kann den Preis einiger Nahrungsmittel im 2. Jahrhundert schätzen: ein Ferkel 5 Denare, ein Lamm ca. 14 Sesterzen, ein Liter Essig oder Wein 1 Denar. Am Ende des 3. Jahrhunderts gelten folgende staatlichen Höchstpreise: ein Liter gewöhnlicher Wein 57 Sesterzen; ein Kilo Rindfleisch 110 Sesterzen; ein Paar Schuhe ab 200 Sesterzen; ein Hektoliter Weizen 2280 Sesterzen und der Tagelohn eines Arbeiters ohne Verpflegung 100 Sesterzen auf dem Land, 200 bis 270 Sesterzen in der Stadt. Aber man darf nicht vergessen, daß diese eben genannten Preise im Zusammenhang mit einer Maßnahme zur Senkung der Lebenshaltungskosten fixiert wurden: sie stellen Wertrelationen dar, die in Wirklichkeit vielleicht gar nicht existierten oder nur vorübergehend erreicht wurden; denn die Verordnung wurde bald wieder aufgehoben.[4]

Über Handwerker und andere Berufe zu sprechen ist nicht leicht. Ihre Namen sind oft mehrdeutig: auch im Französischen bezeichnet der *cordonnier* den Schuster und den Schuhfabrikanten, als ein Beispiel. Je nach Gegend sind Techniken und Werkzeuge verschieden. Die in der Grabmalkunst zahlreichen Bilddarstellungen sind teils genau und wirklichkeitsgetreu, teils ungenau und nach Vorlagen angefertigt, die zwar auf griechische Künstler zurückgehen, aber durch späteres Kopieren allmählich entstellt wurden. Dennoch besteht oft ein gewisser Zusammenhang zwischen Bildern, Texten, Inschriften, Arbeitsstücken und Arbeitswerkzeugen, die bei Ausgrabungen gefunden wurden, und so kann man versuchen, wenigstens einige der bekanntesten Berufe zu beschreiben.

1. Holzhandwerk

Auf Grund des Artenreichtums und der Schönheit der Wälder Galliens entstand aus der Holzbearbeitung eines der ältesten und am weitesten entwickelten Gewerbe des Landes: im Gegensatz zur Steinbearbeitung, die ihre Technik in der Hauptsache von den Griechen und Römern bezog, beruhte die Holzbearbeitung auf Traditionen vorgeschichtlicher Zeit.

Man ist sich darüber einig, daß der Wald eine größere Ausdehnung hatte als im heutigen Frankreich und daß die wichtigsten Baumarten, Eiche, Buche, Kiefer, Tanne, Pappel, Eßkastanie, schon vertreten waren; daß die Platane in gallo-römischer Zeit eingeführt worden ist und daß von unseren bekanntesten Bäumen nur die Roßkastanie fehlte, die im 17. Jahrhundert importiert wurde. Wir kennen den gallischen Namen der Eiche, *dervos* (frz. *chêne;* dies kommt von einem vermuteten Wort *cassanos,* das sogar älter wäre als die gallische Sprache auf unserem Boden), der Birke (*betulla*), der Eibe (*eburos*), der Ulme (*lemo-*), der Erle (*verna,* ein Wort, das zuerst den Sumpf bezeichnete, in dem dieser Baum wächst), vielleicht des Ahorns. Frz. *bille* (Klotz, ein aus dem Baumstamm zur Bearbeitung herausgeschnittenes Stück) stammt ebenfalls aus dem Gallischen, ferner frz. *ruche* (Bienenkorb), das ursprünglich die Rinde bezeichnete, aus der man die Bienenkörbe machte. Keltischer Herkunft ist auch frz. *charpente* (Zimmerwerk), das von dem Wagen mit gedecktem und bewohnbarem Aufbau kam, dem *carpentum* (daher der lateinische Name des Wagners, *carpentarius*); gallischer Ursprung wird schließlich für frz. *claie* (Weidengeflecht) vermutet, das im Lateinischen nicht vorkommt.

Das hohe Alter der Holztechnik wird bestätigt durch die bewundernde Beschreibung, die Cäsar von den Schiffen der Veneter gibt, welche aus dem schweren und widerstandsfähigen Holz der Eiche

unter Verwendung von Eisennägeln geschickt zusammengebaut und mit Eisen beschlagen sind; durch das zweifache Zeugnis von Sprachforschung und Ikonographie über die zahlreichen und verschiedenen Wagentypen, die die Gallier benutzten und die die Römer übernommen haben; durch die Überreste von Bauten. Die großen gallischen Hütten hatten zwar gelegentlich Fundamente aus Trockenmauern, aber ihre Lehmwände und Strohdächer bekamen ihren Halt durch Pfosten und Balken aus Holz; und die Schutzwälle der befestigten Städte bestanden aus Erde und Trockenmauerwerk, das mit waagrecht in zwei Richtungen durchgehenden Balkenlagen armiert war.[5]
Einen großen Beitrag leistete die Holztechnik für die Bewaffnung, für die Bogen und Pfeile, die Wurfwaffen, die Schilde, die Kriegsmaschinen; auch für das Ackergerät, denn der Räderpflug, fzr. *charrue*, ist

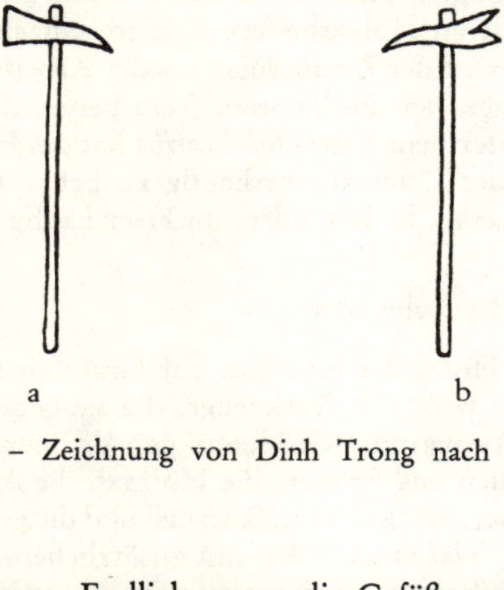

a b

Abb. 28. dolabrae. – Zeichnung von Dinh Trong nach Relief-Funden in Vaison-la-Romaine.

keltischen Ursprungs. Endlich waren die Gefäße zum Gebrauch im Haushalt aus diesem Material hergestellt. Man kann das aus manchen keramischen Gefäßformen schließen, die die eigentümlichen gedrechselten Profile nachahmten. Auf dieser sicheren Grundlage konnte sich die Holzverarbeitung in römischer Zeit weiterentwickeln. Natürlich sind die meisten Gegenstände vergangen, aber die verkohlten oder verfaulten Balken haben in den Bauten ihre Spuren hinterlassen: die große Zahl der Holzbalken hat sehr häufig verheerende Brände verursacht; die bei Ausgrabungen aufgefundenen Nägel, die sie zusammenhielten, weisen darauf hin, so auch die an Särgen in den Gräbern;

hölzerne Gegenstände haben sich oft besser konserviert, wenn sie sehr tief im Boden, in Brunnen oder Schlammfangbecken versenkt lagen.
Die Zünfte sind besonders zahlreich in der Narbonensis, wo sich der römische Einfluß sozial am stärksten auswirkt: »Baumträger« und Zimmerleute, *dendrophori* und *fabri tignarii* (oder einfacher *fabri*, Arbeiter schlechthin). Die *dendrophori* besorgten den Transport der Stämme, die zur Verarbeitung und in den Handel kommen sollten, für die Arbeit des Zimmermanns oder für den Verbrauch als Holzkohle bestimmt waren. Ihr griechischer Name erklärt sich aus der Tatsache, daß man mit ihrer Hilfe die heilige Fichte in den Kultprozessionen der Kybele, der Göttermutter, mitführte. Die *fabri* waren Bauarbeiter, Zimmerleute und Maurer zugleich, auch Schiffbauer. Und da der Umfang der Holzbauten häufigen Feuersbrünsten Nahrung gab, haben die Städte den Mitgliedern dieser beiden Korporationen die Bekämpfung des Feuers übertragen; denn sie wußten Axt und Leiter richtig einzusetzen. Von anderen Holzarbeitern sind im einzelnen bekannt: der *materiarius faber* ist der Zimmermann, jeder Arbeiter, der »Material« im ureigenen Sinn, den Holzstamm, verarbeitet, den die Umgangssprache kurz *mater* nennt; der *dolabrarius* hat das Holz mit der *dolabra* (Abb. 28), der Queraxt, vierkantig zu behauen; der Name des Holzfällers, *lignarius*, ist besonders im Heer häufig anzutreffen.[6]

Holzfäller und Brettschneider

Die Arbeit der Holzfäller erscheint auf Grabsteinen so gut wie gar nicht. Man sieht wohl die Werkzeuge, die sie gebrauchten, in ihren verschiedenen Formen und Größen in den Vitrinen unserer Museen: die Axt zum Fällen und Spalten, die Holzaxt, die Axt mit verstärkter Tülle, Beil, Messer, Winkel, Holzfällerbeil und die große Zugsäge oder Schrotsäge. Die *dolabra*, eine Axt mit zusätzlichem, gebogenem Pikkel, wird auf Gräbern nicht dargestellt, dagegen findet man dort die Axt (Abb. 29a), das Holzfällerbeil (Abb. 29b) und die Sägen (Abb. 29c). An der Mosel hat man zusammen mit anderen Gegenständen und Werkzeugen die zum Transport der Bäume benutzten Ketten mit Haken und einem großen Ring gefunden.[7]
Diese Waldbewohner schuldeten dem Gott Silvanus Verehrung. Wenigstens ein keltischer Mythus kann sich auf ihre Arbeit beziehen: Auf einem Steinblock aus Lutetia ist der Gott Esus mit Bart und kurzem Gewand, als Arbeiter gekleidet, eingemeißelt, er schlägt die Hauptäste eines Baumes mit dem Holzfällerbeil ab, dessen Schaft die richtige

Krümmung hat. Auf dem nächsten Feld ist der Stier mit drei Kranichen dargestellt. Keinen Zweifel gibt es, daß es sich um eine bestimmte Episode der Legende handelt; denn in Trier bearbeitet der gleiche Gott den Fuß eines großen Baumes, dessen Laubwerk den Kopf des Stieres und die drei Kraniche verbirgt: der Gott verfolgt die im Wald versteckten Tiere und will die Bäume, ihre Komplizen, fällen. Es ist merkwürdig, daß ein späterer Kommentator des Dichters Lukan klar sagt, zur Zeit, als man Esus Menschen opferte, habe man sie an einen Baum

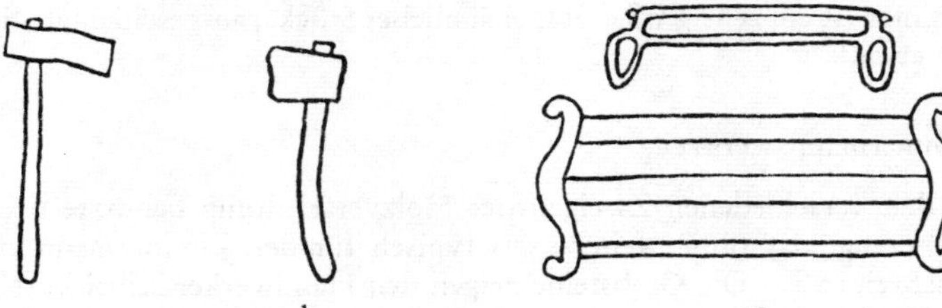

a b c

Abb. 29. a) Axt, b) Holzfällerbeil, c) zwei Sägen. – Zeichnungen von Dinh Trong nach Reliefs in Saint-Ambroix-sur-Arnon (a), Paris (b), Générest und Autun (c).

geknüpft, den man dann zerstückelte. Das ist alles, was wir über Esus wissen, der einer der großen Götter Galliens und gewiß mehr als nur ein Holzfällergott war; aber es ist kaum zu bestreiten, daß dies doch eine wichtige Seite seines Wesens war.[8]

Wenn der Baum gefällt und in große Stücke geschnitten ist, werden daraus Balken und Bretter gemacht. Er muß freilich zuerst einmal von Menschenhand bis zum nächsten Wasserweg transportiert werden, wo er geflößt oder auf Schiffe verladen wird. Da tragen die *dendrophori* (Baumträger) von Bordeaux einen Stamm, der gerade gefällt wurde, wie es der Stumpf neben einem stehengebliebenen Baum anzeigt. In kurzer Kleidung, mit nackten Beinen und Knien, sind sie beiderseits des Baums verteilt und heben ihn mit Seilen etwas vom Boden ab; noch ist der Stamm nicht behauen, denn noch sitzen die Stümpfe der größten Äste daran, die gerade abgeschlagen worden sind.[9]

Nach diesem ersten Transport machen die Brettschneider Balken und Bretter: unter einer Arkade liegt der Balken auf einem Gerüst, das auf vier schrägen Beinen steht, und er scheint außerdem auf den vorspringenden Kapitellen zu ruhen, die die Arkade tragen; senkrecht bewegen die Arbeiter das lange, eiserne Blatt einer Säge, der eine von oben, der andere von unten, und sägen damit den Balken der ganzen Länge nach durch. Vierkantig zugerichtet und aufgeschnitten kommt das Holz in den Großhandel: der Händler hat eine große Waage, eine ihrer beiden Tafeln trägt ein schweres Steingewicht und die andere einen Stapel sorgfältig aufgeschichteter Holzstücke von rechteckigem Querschnitt, eine Lage in der einen, die folgende in entgegengesetzter Richtung; weitere Gewichte, darunter eins mit Ring, liegen zwischen den Tafeln; dahinter ist ein sehr großer Stapel ähnlicher Stücke, aufgeschichtet wie der erste.[10]

Zimmermannswerkzeug

In den verschiedenen Zweigen der Holzverarbeitung benutzte man Werkzeug, das ohne weiteres als typisch für den Zimmermann zu beschreiben ist. Die Grabsteine zeigen den Handwerker selbst in seiner Werkstatt mit einem oder zwei Werkzeugen in der Hand. Manchmal sind aber die Werkzeuge allein dargestellt, und dann wird es schwierig; denn sie kommen nicht nur auf dem Grabstein eines Handwerkers vor, sondern auch auf dem einer Frau, eines Kindes oder eines Mannes, der einen ganz anderen Beruf ausübt. In manchen dieser Fälle ist leicht ein symbolischer Sinn erkennbar, der an die Gleichheit der Menschen vor dem Tod erinnert: das trifft zu für Maßstab, Zirkel, Winkel, Lot, allgemein für Meß- und Nivellierinstrumente. Es wäre allerdings zu gewagt, die Schneidgeräte als Werkzeuge in der Hand des Schicksals zu interpretieren, die den Lebensfaden durchschneiden, z. B. Axt, Meißel, Säge; entsprechend Hammer oder Keule als die Schlagwerkzeuge, mit denen ein Schicksalsschlag versetzt wird. Alle diese Bilder sind dennoch durchaus instruktiv.
Die Werkzeuge oder ihre Metallteile sind bei Ausgrabungen gefunden worden: Schere, einfaches Dachsbeil, Dachsbeil mit Hammerkopf (*ascia,* Abb. 30a), Haumesser, großer Hobel, Zugmesser (Abb. 30b), Drillbohrer oder Löffelbohrer (Abb. 30c), Lochbeitel und Hohlmeißel, Handsäge oder Fuchsschwanz, Zugsäge, Pfriem, Reißzirkel, wovon eines einen keltischen Namen trägt: der Drillbohrer, *taratrum* (frz. *vrille* oder *tarière,* »gallische tariére« nennt sie ein Autor); vielleicht auch der Hohlmeißel, *gubia* oder *gulbia* (frz. *gouge*), den man mit einem kleinen Bogen drehte. Vollständig mit ihrem Handgriff aus

Holz sind auf Bilddarstellungen zu sehen das Dachsbeil mit Hammerkopf, die beiden Typen von Sägen (vgl. Abb. 29c), das Zugmesser und dazu eine Art Brustleier.[11]
Bemerkenswert sind die Reißwinkel (Abb. 30d). Bei einer Art bilden zwei Brettchen einen rechten Winkel: aber bei aufmerksamer Betrachtung der Reliefs ist zu erkennen, daß die beiden Schenkelenden in verschiedenen Karniesprofilen zum Anreißen der Profilformen auslaufen, die aus dem Holz oder aus dem Stein herausgearbeitet werden sollen; erkennbar ist sogar der Metallrand, der an einem Schenkel angebracht ist, mit dem er hochkant auf das Werkstück gesetzt werden

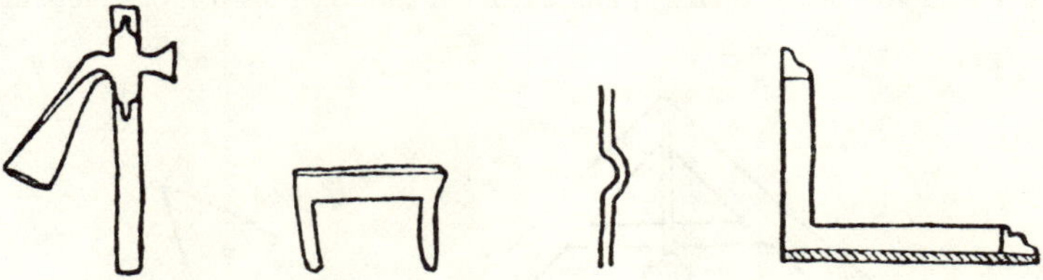

a b c d

Abb. 30. a) *ascia,* b) Zugmesser, c) Drillbohrer, d) Reißwinkel. – Zeichnungen von Dinh Trong nach Reliefs in Trier (a), Luxeuil (b), Bourges (c) und Nîmes (d).

konnte. Dieser Typ des rechten Winkels mit einer zusätzlichen Querstrebe, die ihm die Form eines »A« gibt, und mit einem an der Spitze befestigten kurzen Lotblei, stellt das Nivellierinstrument des Zimmermanns dar, das auch der Maurer verwendet (Abb. 31a). Davon ist eine Ausführung in Bronze bekannt, und es ist sehr häufig auf den Grabsteinen abgebildet. Das gilt auch für ein anderes Modell des Anreißwinkels, häufig aus Metall, und zwar aus einer mehreckigen Platte bestehend, mit der man rechte, spitze und stumpfe Winkel zeichnen kann (Abb. 31b).[12] Schließlich wurden alle Arten von Nägeln und Bolzen bei Ausgrabungen gefunden, auch Nagelklauen, die z.B. das Museum von Saint-Germain aufbewahrt. Sehr viel seltener ist die Schraube, aber sie wurde auch verwendet: ihr Name *vitis* erinnert an die Weinranken. In großem Umfang wurden die Holznägel oder -zapfen gebraucht, von denen ein Hersteller, *clavarius materiarius,* in Narbonne bekannt ist.

Die gewöhnlichen Meßinstrumente aus Metall lassen manchmal die unterschiedlichen örtlichen Maßeinheiten erkennen. Wir haben eine ganze Reihe von Zirkeln, und den schönsten besitzt das Museum in Autun: er ist aus Bronze und trägt die Aufschrift: *Utere felix* (Gebrauch [mich] mit Glück).[13] Es gibt kleine Maßstäbe mit rechteckigem Querschnitt oder flache, mit »Fuß«-Teilung durch Punkte. In Senlis wurde ein Maßstab aus grauem Marmor mit trapezförmigem Querschnitt gefunden, dessen breiteste Seite das Maß der römischen *uncia,* des Zolls (24,65 mm) angibt, die andere das der regional gebrauchten *uncia* (23,45 mm). Neben dem amtlichen römischen »Fuß« (29,57 cm) gab es also regionale Maße wahrscheinlich einheimischen Ursprungs: der Fuß von Senlis maß nur 28,20 cm, ein anderer Fuß von Criquebeuf

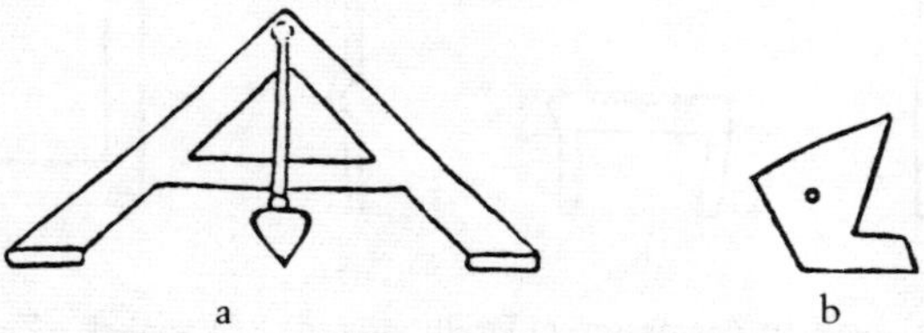

Abb. 31. a) Nivellierinstrument, b) Anreißwinkel. – Zeichnungen von Dinh Trong nach Reliefs in Arles (a) und Windisch (b).

maß 32,40 cm.[14] Einen besonders praktischen Maßstab gibt es, den »zusammenklappbaren Fuß«, vergleichbar mit unserem Zollstock, und zwar in verschiedenen Ausgaben, in zwei oder drei Teilen, je nachdem ob der Fuß in zwei Halb- oder drei Drittel-Fuß unterteilt ist. Alle vier Seiten des Stabes tragen verschiedene Teilungen: 16 Fingerbreiten von 18,50 mm oder 1/16 Fuß mit einem Doppelpunkt nach je 4 Fingerbreiten, der die Handbreite, *palma,* angibt; die in zusammengeklapptem Zustand des Instruments unsichtbare breite Innenseite trägt nur die Einteilung in vier Handbreiten; von den beiden Seitenflächen ist die eine in zwölf *unciae* von 24,65 mm eingeteilt, die andere ergibt zwei Halb-Fuß. Ein Exemplar aus Saint-Rémy-de-Provence, wo die griechischen Einflüsse vorherrschten, trägt nur die Einteilung in 16 Fingerbreiten, die kleinste griechische Maßeinheit.[15] Maßstäbe, die direkt das Maß der Elle mit anderthalb Fuß oder des Schritts *(gradus)* mit zweieinhalb Fuß angeben, sind nicht bekannt. Für die größeren Maße benutzte man den Stab aus Eichenholz von fünf Fuß Länge (1,478 m), er entsprach dem Doppel-Schritt *(passus)*, der ein Tausendstel der Meile (*mille passus*, 5000 Fuß = 1,478 km) beträgt, und den Meßstab von zehn Fuß Länge, der zum Vermessen der Kolonie-Parzellen diente.[16]

Es zeigt sich, daß alle diese antiken Maße offenbar auf menschliche Körpermaße bezogen sind; nur eine Teillänge, der Zwölftel-Fuß, die *uncia*, trägt einen abstrakten Namen, der von *unus*, eins, abgeleitet ist: dies ist die Einheit des Zwölfersystems. Es bleibt noch anzumerken, daß die gewöhnlichen Meßgeräte manchmal mit einer gewissen Ungenauigkeit eingeteilt sind, daß die kleinste Maßeinheit die Fingerbreite (18,50 mm) ist und daß wir keine Namen für eine kleinere Einheit kennen. Sollten die Arbeiter nicht ein brauchbares Mittel gehabt haben, Längen ebenso genau zu messen, wie es unsere Metermaßstäbe mit ihrer Millimetereinteilung erlauben? Man möchte es annehmen, wenn man die Genauigkeit ihrer Gewichtsmessung (bezeugt durch die Münzen) und die vollendete Form mancher Kunstwerke und sogar gewöhnlicher Gebrauchsgegenstände kennt und wenn man feststellt, daß mit dem Maßstab von Senlis in zwei verschiedenen Maßeinheiten gemessen werden kann, die beim »Fuß« nur um 13 mm und bei der *uncia* um 1,20 mm differieren. Man kann lediglich sagen, daß die gewöhnlichen Meßinstrumente den Arbeitern, Zimmerleuten oder Maurern, genaue Messungen unterhalb der »Fingerbreite« nicht erlaubten.

Werkstücke

Fast alle sind vergangen. Und wie viele Bauten aus Holz oder vorwiegend aus Holz sind verschwunden! Die Rheinbrücken, die Theater und Amphitheater, die man wie in Italien oft aus Holz baute, und besonders die riesenhaften Zirkusbauten, deren Anlageplan kaum noch erkennbar ist. Gewiß hat der Stein in römischer Zeit dem Holzbau erfolgreich Konkurrenz gemacht: dieser aber hat seinen Platz trotzdem behauptet, weil er stark auf Überlieferungen beruhte, die in diesem Waldland so alt waren wie das Werkzeug des Menschen überhaupt.

Dennoch sind uns ein paar Holzbauten oder -gegenstände erhalten geblieben. Zunächst sind es Brunnen. Eine Reihe von Entdeckungen, besonders in Thermalbädern, haben gezeigt, daß die Gallier vor Ankunft der Römer schon geschickte Brunnenbauer waren. Mit seinem milden ozeanischen Klima war das Land reich an Grundwasservorräten: für das Land und ebenso für die Stadt war der Brunnen das einfachste Mittel, sich ständig mit Wasser zu versorgen. Es gab da mehrere Arten der Ausführung, auch den Brunnen mit Schöpfbalken. Sie sind rund oder quadratisch, in Holz oder Stein errichtet; manchmal ist nur der Oberteil aus Stein und der Rest vom Brunnenboden bis zum Wasserspiegel aus Holz. Man hat die Anlage von Brunnen untersuchen können. Er bestand aus in den Boden gerammten Pfählen, die Wände aus Eichenholz waren vorgefertigt, aus senkrechten Balken und waagrechten Brettern, sie wurden mit Nägeln zusammengehalten, und ihre Enden waren ineinander gefügt: diese vorfabrizierten Schächte wurden mit dem Fortschreiten der Ausschachtung in den Boden versenkt und schützten die Arbeiter gegen nachrutschende Erde. Manche Brunnenauskleidungen bestehen auch aus senkrechten Brettern, und für die Auffangbecken an der Oberfläche begnügte man sich mit Eichenstämmen oder Stücken davon, die nach einem gallischen Verfahren ausgehöhlt wurden. Dies war in Fontaines-Salées (Yonne) zu beobachten, wo diese Becken mit römischem Beton ausgekleidet waren. Es sind auch Brunnen bekannt, deren Wände anstelle der senkrechten Bretter von ausgehöhlten Stammsegmenten gebildet wurden: diese Technik ist eng verwandt mit dem Faßbau, der schon seit gallischer Zeit eine der »Spezialitäten« des Holzhandwerks war.[17]

Der Name der Tonne, frz. *tonne, tonneau,* ist keltischen Ursprungs: seine in spätrömischer Zeit latinisierte Form, *tonna,* kommt von einem Wort für einen Behälter aus Haut (dann für die Wanne oder das Stückfaß aus Holz), das an die Stelle des lateinischen *cupa* (frz. *cuve,* Kufe) trat und das französische *tonne* ergab. Die Gallier waren große Biertrinker, bevor sie den Wein kennenlernten: mit dem Verbrauch dieses Getränkes muß man die Küferei, frz. *tonnelerie,* zuerst in Zusammenhang bringen. Der Unterweltgott mit dem Hammer, Sucellus, wird oft mit einem Fäßchen zu seinen Füßen dargestellt. Dieser volkstümliche Gott sicherte den Lebenden Überfluß und vor allem ihr Volksgetränk – den Toten wahrscheinlich ihr mystisches Bier. Nach Einführung des Weinbaus wurde das Faß ebenso für den Weintransport verwendet.

Der Küfer erscheint auf Grabbildern und -inschriften fast überall, jedoch selten im Süden Frankreichs, wo die Amphora vorherrschte. In Bordeaux ist er in Arbeitskleidung und hält in der rechten Hand sein Werkzeug, das gekrümmte Dachsbeil oder die Krummaxt, die Linke stützt er auf den runden Boden eines Fasses; in Autun trägt er ein

Abb. 32. Transport eines Fasses. Relief aus Langres. – Nach »La Gaule Romaine«.

Fäßchen auf der Schulter und hält ein Werkzeug in der Hand, das wie ein Bohrer aussieht. In seiner Werkstatt stehen zwei Fässer, und fünf Männer in gallischen Kapuzen sind an der Arbeit; an der Rückwand hängen Werkzeuge an einem Rechen: zu unterscheiden sind zwei Meißel, ein Bohrer und die Krummaxt, also die *ascia* (Dachsbeil mit Hammerkopf), die im Französischen zu *aisse* oder *esse* (daher *aissette, essette*) für das Werkzeug des Zimmermanns (vgl. Abb. 30a), speziell des Küfers, wurde. Es dient dazu, die Dauben abzuplatten und, wenn sie zusammengesetzt sind, ihre Enden an den Faßinnenseiten zuzurichten, bevor der Boden eingesetzt wird.[18]

Es gibt Darstellungen von Fässern in ausreichender Zahl (außer dem vollständig erhaltenen Exemplar im Museum in Mainz), so daß man sich von ihrer großen Ähnlichkeit mit den heutigen überzeugen kann. Das größte Beispiel ist das Faß von Langres (Abb. 32), das die volle Länge eines Lastwagens ausfüllt, den zwei Maultiere ziehen: an beiden Enden wird es von je sieben dicken Reifen zusammengehalten, die, nach ihrer Stärke zu urteilen, aus Holz und nicht aus Metall sind – übrigens scheint damals überhaupt kein Metall dafür verwendet worden zu sein. Ebenfalls sehr groß sind die Fässer, die man als Ladung auf Schiffen sieht. Vierzehn Reifen haben die vier umfangreichen Fässer auf einem Relief von Margerie-sous-Colongelle. Besondere Erwähnung verdient das Faß auf einem Relief in Dijon: darüber stehen zwei Amphoren, jede auf drei dicken Strohringen, und Flaschen; zwischen dem Faß und den Weingefäßen scheint durchaus ein Zusammenhang zu bestehen. Mit der Arbeit des Küfers haben auch die Holzkübel,

Wannen und Bottiche etwas zu tun, wie man sie in Sens bei der Herstellung von Obstsäften verwendet sieht oder auch in Avallon, wo ein unbestimmbarer geflügelter Gott, mit einer langen Schaufel bewaffnet, neben einem aufgebockten Bottich steht.[19]
Schließlich sei noch ein Holzhandwerk von geringerer Bedeutung, der Holzschuhmacher, erwähnt (Taf. 19). In Reims ist er bei der Arbeit zu sehen. Er trägt die Kapuzentunika und sitzt rittlings auf einer Bank, die ihm als Werkbank dient, und bearbeitet einen Holzschuh. Das Arbeitsstück ist umgekehrt auf einem senkrechten Halter am Ende der Bank mit einem zum Boden reichenden Riemen aufgespannt, den der Fuß des Handwerkers straff hält; in einem kleinen Wandbord hängen Werkzeuge, Stecheisen, Hammerköpfe, Ahle. Das ist eins der ganz seltenen Zeugnisse für dieses Handwerk.[20]

2. *Steinbearbeitung*

Im Gegensatz zu den voraufgegangenen verdankt dies Handwerk fast alles der Übernahme mittelmeerischer Techniken; denn die Gallier hatten nichts aufzuweisen, was sich mit Steinbaukunst bezeichnen läßt; sie konnten keinen Mörtel herstellen und begnügten sich mit trockener Erde oder Lehm. Nur im südlichen Frankreich, in den griechischen Zentren oder unter ihrem Einfluß haben sie die Steinbearbeitung gelernt; im übrigen Gallien konnten sie nur grobe Bildhauerarbeiten verrichten und Steine und Blöcke grob behauen. Die Römer hielten nicht viel von den Eigenschaften des Holzes, sie waren gewissermaßen Erben orientalischer Traditionen und brachten die Kenntnis kunstvoller Mauerverbände mit. Und damit nahmen die Techniken der Steinbearbeitung einen unerwarteten Aufschwung.
Vom Steinbruch bis zur Fertigstellung in der Werkstatt waren alle Arbeiter Mitglieder von Zünften. Am verbreitetsten waren die Zusammenschlüsse der Arbeiter im Baugewerbe (mit Einschluß der Zimmerleute) unter dem Namen *fabri tignarii.* Die Bezeichnung *lapicidae* wird oft für die Steinbrecher und Steinhauer gebraucht, die letzteren nannten sich auch *lapidarii* (*fabri* oder *opifices*). Die Maurer, die Stein und Ziegel mit Mörtel verbanden, sind die Konstrukteure im eigentlichen Sinn: *structores;* diesen Namen teilen sie manchmal mit dem Architekten, wenn dieser sich nicht *architectus* nennt oder *mensor* – der die Maße aufnimmt und die Maße vorgibt. Der Arbeiter sodann, der die Mauern mit Stuck und Putz überzieht und dessen Rolle sehr

wichtig ist, trägt den bezeichnenden Namen *tector,* »der (die Mauern) bedeckt«, und *gypsarius,* der »Gipser«. In manchen Gebieten verehrten die Steinbrucharbeiter Galliens wie die Italiens den Herkules *Saxanus,* den »Felsenbrecher«; denn man brauchte den stärksten Gottmenschen als Schirmherrn der großartigsten Leistungen menschlicher Arbeit. Sonst stand dafür Silvanus, der Gott der Bergwälder.[1]

Steinbrecher

Zunächst geht es um die Stein- oder Marmorgewinnung, eine für die Gallier neuartige Arbeit. Es fehlt nicht an Steinbrüchen aus jener Zeit, wo man noch halb aus der Felsmasse gebrochene, nicht weiter verarbeitete Blöcke sieht. In der Nähe von La Turbie ist der Steinbruch erhalten, aus dem das Material für das Alpen-Tropäum gewonnen wurde: die senkrechten Lager sind halb ausgebeutet, und nicht verwendete Säulentrommeln liegen auf dem Boden; die Markierungslinie auf einem runden Block mit den auf ihrem ganzen Umfang angesetzten senkrechten Löchern ist auf einer glatten Oberfläche sichtbar. Auf diese Weise wurden also die großen Blöcke im Steinbruch zugehauen, man gab ihnen die grobe Form schon bei der Gewinnung, die weitere Bearbeitung zu rechteckigen Quadern und das Schleifen folgten gleich darauf; nach dem Transport zum Bauplatz waren dann die Kanten und Ecken zu schleifen und die Oberflächen der versetzten Blöcke zu putzen. Das gilt seit dem Anfang des 3. Jahrhunderts auch für die Sarkophage.[2]
Wir wissen, daß die hellenisierten Gallier von Ensérune die Säule kannten, aber ihr Gebrauch verbreitete sich erst mit der römischen Eroberung, und die Gewinnung eines Marmorblocks, der für einen Säulenmonolithen bestimmt war, bedeutete für die Einheimischen etwas ganz Neues, eine einmalige und ungewöhnliche Leistung. Das bestätigt die Weihe-Inschrift für Silvanus und die heiligen Berge in Saint-Béat in den Pyrenäen, gestiftet von den beiden Steinbrechern Q. Julius Julianus und Publicius Crescentinus, »die als erste diesen Steinbruch ausgebeutet und zwanzig Fuß hohe Säulen abtransportiert haben«. Dort sind die Steinbrüche, die Material für Saint-Bertrand-de-Comminges und Martres-Tolosanes geliefert haben. Diese Marmorsteinmetze haben ihren Kultort, ein ländliches Heiligtum. Auf der Felsenwand sind dort Götterbilder grob eingemeißelt und Nischen ausgehöhlt, die kleine Altäre und die Opfergaben aufnahmen. Zahlreiche Werkzeuge und Steinsplitter bestätigen auf allen Ebenen des Stein-

bruchs, daß der Marmor auf dem Werkplatz gleich nach der Gewinnung bearbeitet wurde. Die meisten Namen der Altarinschriften sind lateinisch, einige pyrenäisch, ein einziger ist keltisch: die neue Technik der Marmorindustrie hat hier zur Romanisierung der Bergtäler beigetragen.[3]
Die Werkstattmeister sind die *officinatores;* der Marmorarbeiter, der den Marmor bearbeitet, ist der *marmorarius.* Alle diese Arbeiter verehren zwei Gottheiten: Silvanus, der als alter, bärtiger Mann, mit Schnurrbart, nach einheimischer Weise gekleidet, dargestellt wird und der in der Hand ein Haumesser hält; als römischer Gott in gallischer Verkleidung behütet er hier die Fels- und Waldeinsamkeit des oberen Garonnetals. Dazu kommt ein bisher unbekannter einheimischer Gott, *Erriapus,* der in der örtlichen Verehrung an erster Stelle steht. Die einzelnen Arbeitsgänge sind auf einem der schönsten Altäre dargestellt, die wiederentdeckt wurden: ein Arbeiter in der Tunika bearbeitet einen Block mit dem Spitzeisen; ein anderer, nach hellenistischer Art als Putto dargestellt, ist dabei, mit dem Klöpfel auf seinen Meißel zu schlagen, den er auf einen großen Block angesetzt hat. So gewann man hier nicht allein den Marmor, sondern man richtete das Werkstück her, bearbeitete die Flächen, skulptierte die Form und meißelte die Inschrift ein. Denn es ist sicher, daß die etwa vierzig aufgefundenen Altäre an Ort und Stelle fertig behauen und mit Inschriften versehen worden sind. Die als Baumaterial vorgesehenen Blöcke wurden vorwiegend auf dem Wasserweg zur Baustelle gebracht; die meisten gallorömischen Steinbrüche liegen in der Nähe eines schiffbaren Wasserlaufes.

Werkzeug des Steinmetzen und des Maurers

Ob im Steinbruch oder auf dem Bauplatz, der Marmor- oder Steinblock geht durch die Hände des Steinmetzen, bevor er zum Maurer gelangt, der die Mauern errichtet. Wir haben schon auf dem Werktisch des Zimmermanns eine Anzahl seiner Arbeits- oder Meßwerkzeuge gesehen; davon sind einige für die Steinbearbeitung geeignet. Im Museum von Saint-Germain ist der Steinbruchschlegel mit zwei Spitzen (Abb. 33a), der Schröter mit Schneide wie bei der Axt auf der einen und mit Spitze auf der anderen Seite (Abb. 33b), der kleine Hammer, stumpf auf der einen und spitz auf der anderen Seite, der zum Zurichten der Hausteine dient; der Zweispitz, das Zahneisen mit drei Zähnen, oder mehr Zähnen (Abb. 33c), ein sehr breiter Zahnmeißel, um die Oberfläche abzuglätten. Die Grabsteine liefern uns das vollständige Bild dieser Werkzeuge mit ihren hölzernen Stielen: da ist der Zweispitz und der Schröter mit Schneiden an beiden Seiten, der Schlegel, der kleine Hammer mit einer Spitze und einem Meißel, der Steinbruchhammer (Abb. 33d), endlich die *ascia* (Dachsbeil mit Hammerkopf), dieses Holzwerkzeug findet sich hier, das auch für Weichgestein benutzt wurde. In einer guten Abbildung ist der mehreckige Anreißwinkel bekannt, der besonders bei den Marmorsteinmetzen gebraucht

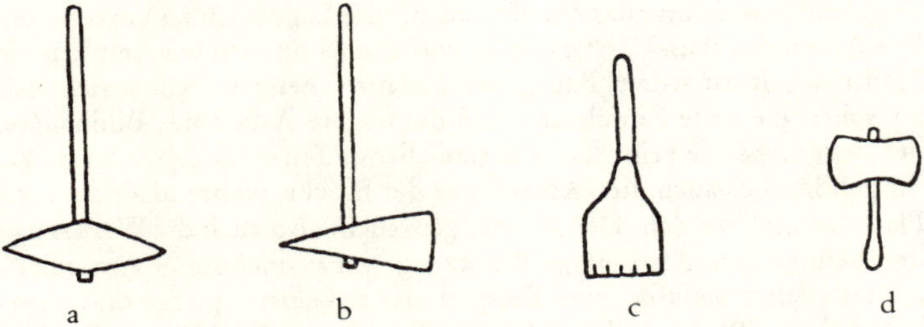

Abb. 33. a) Steinbruchschlegel, b) Schröter, c) Zahneisen, d) Steinbruchhammer. – Zeichnungen von Dinh Trong nach Reliefs in Bourges (a, b), Trier (c) und Mainz (d).

wird. Der Bohrer ist nichts anderes als ein Drehbohrer oder stärkerer Drillbohrer (vgl. Abb. 30c), der mit Hilfe eines Bogens oder mit einer Brustleier gedreht wird und dessen Gebrauch durch Bildhauerarbeiten bestätigt wird.[4]

Im Gegensatz zum Zimmermann, der in seiner Werkstatt arbeitet, ist der Steinmetz vor allem in den Steinbrüchen oder auf den Bauplätzen tätig, wo sich sein Steinmaterial befindet. Der Steinbildhauer *Amabilis* sitzt auf einer Bank, er trägt einen Bart, eine runde Mütze und eine Tunika, die ihm die Arme frei läßt, an den Füßen Schuhe, und diese sind mit einem langen Stück Stoff oder Leder gegen die abspringenden Splitter geschützt; er meißelt das Kapitell eines der beiden Pilaster des Nischenrahmens seiner Grabstele; mit dem erhobenen linken Arm setzt er den Meißel auf die Basis des Kapitells und ist dabei, mit der Rechten weit auszuholen und daraufzuschlagen. Das ist die schöne Darstellung eines Berufes, der in der gallo-römischen Architektur eine große Rolle gespielt hat, in der die Elemente der Dekoration, der Zierformen, der Kapitelle, Friese, Kassetten und Gesimse in einem Reichtum, ja Überfluß auftreten, wie ihn der Geschmack der Kaiserzeit verlangte. Für die Inschriften wurden feine Linien leicht eingeritzt und so die Arbeit der Steinmetzen erleichtert.[5]

Die Bildhauerarbeiten an den Bauten und selbst die Inschriften wurden meist ausgeführt, nachdem der Bau fertiggestellt war. Das bestätigen die nur grob bossierten Kapitelle z. B. an der Porta Nigra in Trier und die, welche aus dem Hafen von Saint-Tropez geborgen wurden.[6] Die Hausteinblöcke erhielten ihre Form und Dekoration, nachdem sie eingebaut waren, und das erlaubte auch, ihre Lage noch zu korrigieren. Die Arbeit des Bau-Meisters im eigentlichen Sinn, den wir, seitdem die Maurerarbeit zu jedem Bau gehört, Maurer nennen, schob sich also zwischen die erste Zurichtung und die feinere Arbeit des Bildhauers, der dem Gebäude seine letzte abschließende Form zu geben hatte. Zu ihr gehört aber auch die »Korrektur« der Blöcke, während sie an ihren Platz versetzt werden. Der Maurer gebraucht also auch die Werkzeuge des Steinmetzen. Aber einige Werkzeuge verwendet nur er ausschließlich: das lange Senkblei zum Beispiel, das aus einem spitzen und ziemlich dicken »Blei« besteht und einem Lineal oder einer Platte, die oben aufgelegt wird und es gestattet, daß das Blei ruhig in Berührung mit der Wand bleibt, und einem langen Faden, den man um ein Stöckchen wickelt. Von den Kellen und verschiedenen Spachteln wurden die Eisenteile bei Ausgrabungen gefunden, und vollständige Abbildungen sind auf einem Grabstein in Trier oder auch in Autun in den Händen zweier Handwerker zu besichtigen. Im übrigen sind es von allen Werkzeugen, die Steinmetz und Zimmermann handhaben, nur die schwersten Werkzeuge des ersten (Schlegel, Dachsbeil, Pickel oder Zweispitz) und die allzu speziellen des anderen (Bohrer, Hobel, Spannsäge), die nicht auch für den Maurer geeignet sind.[7]

Er benutzt auch die *ascia,* deren Darstellung auf Grabsteinen noch Rätsel aufgibt.[8] Hier tritt sie allein auf oder zusammen mit einer Formulierung, die angibt, daß das Grab dem Toten *sub ascia* geweiht wurde, und oft genügt diese Formel allein, ohne daß sie vom Bild des Werkzeugs begleitet ist. *Sub ascia?* Diese beiden Wörter haben schon viel Tinte fließen lassen! Man hat übersetzt »unter Schutz und Zeichen der *ascia*« und gibt diesem Werkzeug eine Schutzfunktion gegen die Verletzung der Grabesruhe; oder auch »[Das Grab ist noch] unter dem Schlag, unter dem Einfluß der *ascia*«, d.h. eben erst errichtet, was einschließt, daß es aus neuem Material gebaut, daß kein Grab eines anderen ganz oder teilweise wiederverwendet worden ist – was allgemein als verwerflich galt. – Es ist ein handliches Gerät mit kurzem Stiel, viel kleiner als die Spitzhacke, dessen Eisen auf der einen Seite aus einem stark gekrümmten Dachsbeil besteht und auf der anderen aus einem kurzen Hammerkopf. Es dient vor allem zum Glätten von Holz, und zusammen mit der Axt ist es eine der ältesten menschlichen Erfindungen, ein wichtiger Bestandteil des vorgeschichtlichen Werkzeugarsenals. Es diente aber auch zum Glätten von Stein, wenigstens von Weichgestein: den Beweis liefern die Spuren eines Flacheisens, die beispielsweise im Tuff der römischen Katakomben zu erkennen sind, und die heidnischen Grabinschriften, die verbieten, das Grab und die Grabschrift zu *deasciare*, das heißt, die Oberfläche nicht zu beschädigen, um die Inschrift zu löschen. In unserer Zeit ist es der Ziegelhammer, der aus der Schneide einer kleinen Spitzhacke und einem spitzen Hammer von gleicher Länge besteht, womit der Maurer die Steine vor oder nach dem Verlegen zurechthaut und durch leichtes Klopfen in die richtige Lage bringt.

Die *ascia* hatte noch eine andere, nebensächliche Verwendung; sie diente dazu, den Reifezustand des vom Stukkateur angemachten Kalkes zu prüfen. »Wenn das Löschen nach bewährter Regel erfolgt ist«, schreibt Vitruv, »soll man eine *ascia* nehmen und so, wie man damit Holz glättet, soll man den Kalk in der Grube schneiden: wenn sich an die *ascia* noch Kalkteilchen anhängen [d. h. die ungenügend gelöschten Kalkklümpchen], dann ist der Kalk noch nicht reif; wenn das Eisen nach dem Herausziehen trocken und sauber ist, dann zeigt dies, daß der Kalk ausgetrocknet ist und noch nach Wasser verlangt; wenn er dagegen fett und gut abgelöscht ist, klebt er am Eisen wie Kleister, und das beweist, daß er fertig ist.«[9] Geht es noch deutlicher? Man hat oft gesagt und sich dabei auf diesen Text bezogen, daß es eine Art der *ascia* gegeben hat, die der Maurer als Kelle gebrauchte, womit er seinen Mörtel mischte: tatsächlich zeigt hier Vitruv dem Stukkateur ein praktisches Mittel, wie er prüfen kann, ob der Kalk, den er schnell verarbeiten muß, schon genügend feucht und noch nicht ausgetrocknet ist. Die Kelle aber ist dazu da, den steifen Mörtel zu mischen, um die Klumpen nach allen Richtungen durchzuarbeiten, um ihn auf den Stein zu streichen und die Fugen zu glätten. Das sind alles Arbeitsgänge, für die das Dachsbeil ungeeignet wäre.

Und dann ist die Aussage der Grabsteine, auf denen eine *ascia* dargestellt ist, noch in einem anderen Punkt eindeutig: ohne Ausnahme findet sich hier stets das Dachsbeil mit Hammer, die vom Maurer übernommene *ascia* des Zimmermanns (vgl. Abb. 30a) – und niemals eine andere Art der *ascia*, die aus Texten bekannt ist: die Hacke des Bauern mit einer oder mehreren Spitzen, der Karst oder die Jätehacke.[10] Was man auf den Grabmälern sieht, ist ein Werkzeug des Maurers oder des Steinmetzen, ein einfaches Handwerkszeug, deutlich unterschieden von der Axt oder dem Hammer, die beide als Kampfwaffe dienen und tödliche Hiebe versetzen können. Warum aber ist dies Werkzeug vor allen anderen ausgewählt worden, um als einziges auf den Grabsteinen zu erscheinen? Warum ist diese *ascia*, deren Ursprung die Sprachwissenschaft nicht erklären kann, in Gallien häufiger als anderswo? Diese Fragen sind noch nicht abschließend beantwortet, sie betreffen auch nicht mehr die Geschichte der Technik, sondern die Religionsgeschichte. Es soll hier die Feststellung genügen, daß die *ascia* in Gallien meist zur Oberflächenbearbeitung an Grabmälern gebraucht wurde, weil man in diesem Land fast immer ziemlich weichen Stein und keinen Marmor verwendete.

Maurer und Stukkateure

Kein Bilddokument zeigt einen Maurer bei der Arbeit. Aber die Reste der Bauten liegen uns vor Augen und sprechen für sich.
Man kann Mauern auf zweierlei Weise errichten, entweder in einem Fundamentgraben oder über dem Boden mit Hilfe von Gerüsten. Bei Bauten mit geringer Mauerstärke oder solchen, die langsam hochgeführt werden, wird von Hand eine Schicht rohbehauener Steine auf ein Mörtelbett gesetzt, die zugleich den Mauerkern und die beiden Ansichtsflächen bildet; jeder Stein wird mit leichten Hammerschlägen gut in die Mörtelschicht eingebettet. Bei großen Bauten mit dicken Mauern werden bis zu einer gewissen Höhe zunächst die beiden Außenschichten gegen die Schalungen aus Brettern errichtet, an die sie sich mit den Außenseiten anlehnen; dann wird in den so gebildeten Zwischenraum nach und nach ein flüssiges Mörtelbad mit Bruchsteinen gegossen. Um diese bis auf den Grund des zu errichtenden Abschnitts zu drücken, verdichtet man das Ganze mit den Schlägen einer Ramme oder eines Stampfers; der Mörtel sucht seinen Weg und dringt zwischen die schon von der Mörtelschicht auseinandergehaltenen Steine, die nach außen gedrückt und mehr oder weniger fest gegen die Schalbretter gepreßt werden. Nach dem Ausschalen müssen noch die Fugen mit dem Fugeisen verstrichen werden, indem in den Mörtel eine tiefe Rille gedrückt wird, damit er fest am Stein haftet. Mit höher werden-

der Mauer legt man bei beiden Verfahren in regelmäßigen Abständen Rundhölzer quer über die Mauer, die an beiden Enden überstehen und leichte Arbeitsbühnen halten, welche das Gerüst bilden; nach der Fertigstellung werden die Bretter entfernt, es wird abgesägt, was übersteht, und die Knüppelreste läßt man in der Mauer, der sie zur Verstärkung dienen, solange das Holz hält: die Rüstlöcher sieht man noch an manchem Bauwerk.[11]

Die Zusammensetzung des römischen Mörtels ist höchst einfach: Kalk und Sand in nur wenig variabler Proportion (zwischen 1:3 und 2:5), und oft mehr oder weniger feingestoßene Ziegel. In Verbindung mit den Bausteinen, die das Wasser aufnehmen, ist die Mischung mit der Zeit so hart geworden, daß dieses Bruchsteinmauerwerk einem Konglomerat gleicht, einem neuen Material. Das ist kein Geheimnis, sondern das Ergebnis zweier aufeinanderfolgender, gut dosierter Mischungen, die mit beispielhafter Sorgfalt ausgeführt wurden: Mörtel aus gehörig durchmischtem, gutem Kalk und Sand und Bruchsteinmauerwerk, unter gleichmäßiger Pressung verdichtet, die keine Lufttasche und keine Lücke in der Mauermasse entstehen läßt. Die handwerkliche Gewissenhaftigkeit und die Traditionen der Maurer machen eigentlich das ganze Geheimnis des römischen Mörtels aus, und die Bauten in Gallien bestätigen, daß beides in diesem Land ebenso fest verankert und ebenso stark war wie in Italien.

Aber die gallo-römische Architektur hat ihren eigenen Charakter, wenigstens gilt dies für die öffentlichen Bauten und ihr dickes Mauerwerk: die Unterbrechung der Mauern mit in der Höhe durchlaufenden horizontalen Ziegelsteinverankerungen (Taf. 18). Dieses technische Verfahren tritt im 1. Jahrhundert allmählich auf, verbreitet sich im 3. und überschwemmt förmlich die Baukunst im 4. Jahrhundert. Anfangs wird an gut ausgewähltem Platz ein Ziegel oder eine Reihe von Ziegeln zur Sicherung und Verbesserung der Konstruktion an empfindlichen Stellen verwendet: an der Basis der Arkaden des Amphitheaters von Fréjus zum Beispiel.[12] Das gab den Natursteinen der Mauer einen besseren Zusammenhalt; denn der Ziegelstein ist länger, reicht tiefer in den Mauerkern hinein und erzeugt mit seiner kleinen horizontalen Fläche mehr Festigkeit als das noch frische Bruchsteinmauerwerk. Dieser Vorteil wurde vergrößert, wenn man die Ziegelsteinschicht über die ganze Mauerstärke ausdehnte: sie verband die beiden äußeren Mauerschalen nicht nur mit der Bruchsteinfüllung, sondern auch miteinander und bildete eine Arbeitsplattform, eine völlig waagrechte und feste Basis für den Aufbau des folgenden Abschnitts.

Statt einer setzte man zwei, drei oder vier Lagen aufeinander, dazwischen Mörtelschichten, so dick wie ein Ziegelstein (im Mittel 3 cm), und dicker als die Mörtelfugen an Quadermauern. So erhielt man eine Verankerung wie eine Armierung, die gegen aufsteigende Feuchtigkeit eine dichte Sperre darstellte und die Ausbreitung von Rissen verhinderte. Diese vorübergehend entstehenden Arbeitsbühnen erlaubten wahrscheinlich auch die Verwendung anderer als der Hängegerüste. Während an manchen Bauten Ziegelsteinschichten und Rüstlöcher für die Gerüsthölzer zusammen zu beobachten sind, gibt es viele andere wie den Thermenbau in Paris, wo die Mauern mit zahlreichen Ziegelverankerungen überhaupt keine Rüstlöcher aufweisen. Jedenfalls lassen die vorhandenen Bauten erkennen, wie die vielfachen Vorteile der Ziegelsteinschichten den gallo-römischen Maurer so weit gebracht haben, daß er ohne sie nicht mehr auskam: mit Beginn des 2. Jahrhunderts werden sie stärker und häufiger, das Verhältnis von einer Verankerung aus drei oder vier Schichten auf sechs Hausteinschichten (etwa 70 cm) wird üblich, dann erhöht es sich im 4. Jahrhundert, in dem die Anzahl der Ziegelsteine die Zahl der Hausteine erreicht oder sogar manchmal übersteigt, und zwar auch deshalb, weil der Ziegelstein den Vorteil hat, als Material überall in einheitlichen Maßen und genauem Format verfügbar und leicht bearbeitbar zu sein. Das waren wichtige Eigenschaften besonders für die Konstruktion von Bögen, und man gewöhnte sich schnell an das Verfahren, behauene Gewölbequadern mit hochkant gesetzten Ziegelsteinen abwechseln zu lassen.

Warum hatte dieses erheblich verstärkte Mauerwerk einen solchen Erfolg in Gallien? Man kann die gallische Tradition der Holzbalkentechnik im Mauerbau anführen; denn die Ziegelsteinverankerungen findet man außerhalb Galliens vor allem in Norditalien und in Illyrien (in Spalato besonders), in Ländern mit alten keltischen Beziehungen. Nach den ersten Erfahrungen mit der Maurertechnik wird man auf die Mauerverstärkung zurückgekommen sein. Sie sicherte gegen die Nachteile des frischen Mörtels, die Gefahren der Rissebildung und diente als wertvolle Verbesserung besonders für den Befestigungsbau. Aber man muß auch vielleicht das feuchte Klima besonders in Rechnung stellen, in dem diese Mischbauweise entstanden ist: den langen Wintern Galliens hat sich die Bauart angepaßt, und sie griff auf Vorsichtsmaßnahmen zurück, die mit den vorhandenen guten Ziegeltonvorkommen leicht auszuführen waren.

Ästhetische Gründe braucht man tatsächlich nicht mehr anzuführen. Lange Zeit wurde behauptet, daß der Wechsel von Ziegel und Naturstein vor allem dekorativ wirken sollte, ebenso wie die Bearbeitung der Quadern auf Mauerflächen in Fischgrät-Rillen, in Rauten, in Schachbrett-, in Zickzack- oder in einfachen Parallel-Rillen. Das ist völlig abwegig; denn nach dem Maurer, der diese Rillen einhieb, kam der Stukkateur, wenn nicht der Maurer selbst die untersten Putzlagen auftrug, die seine Arbeit völlig zudeckten. Der Verputz ist fast überall verschwunden trotz aller aufgewendeten Vorsorge für guten Haftgrund (die tief mit dem Fugeisen nachgezogenen Lagerfugen, die Rillenschläge auf den Hausteinen, auch an die in die Wand getriebenen Holz- oder Metallzapfen). Freilich gibt es immer noch genügend Beispiele von Innen- und Außenmauern an den erhaltenen Bauten, die mit Sicherheit erkennen lassen, daß die Mauern aus Kleinquadern, die wir heute wegen der Regelmäßigkeit ihrer Schichten und der äußerst sorgfältig gemauerten Außenseiten bewundern, durch eine mehrere Zentimeter dicke Putzschicht völlig unsichtbar gemacht wurden. Diese war ebenso dauerhaft wie unser heutiger Putz, und sie war, wenigstens im Inneren der Gebäude, noch mit bemaltem Stuck überzogen. Erst in nachrömischer Zeit, seit dem hohen Mittelalter, hat man, gewiß unter Nachahmung von Bauten, die ihren Putz verloren hatten, dem Ziegel eine dekorative Aufgabe zugewiesen und daraus geometrische Muster gebildet.

Maurer und Stukkateure arbeiteten in einer Kolonne zusammen. Da sitzt der Bauleiter (oder Architekt) seitwärts auf einer Freitreppe unter einer Bogenöffnung und studiert die Baupläne; ein einfaches Baugerüst auf drei Böcken, zu dem man über eine kurze Leiter hinaufsteigt, ist entlang der Mauer aufgestellt; am Boden rührt ein Arbeiter den Mörtel mit einem langen Stock; auf einem dreibeinigen Hocker neben ihm steht ein Kübel. Auf dem Gerüst tragen zwei Mann den Putz auf: der erste kippt den Mörtel in einen Eimer und glättet den Wandputz mit einer Maurerkelle; der zweite hält eine Palette in der einen Hand und bemalt mit der anderen den frischen Putz; neben sich hat er einen Eimer, offenbar für die Pinsel, und einen Schemel. Es gibt kein gallorömisches Bauwerk, an dem nicht eine solche Arbeit ausgeführt wurde.[13]

Mosaikleger

Der Luxus eines Gebäudes wurde am Reichtum und an der Vielfalt seiner Wandverkleidungen aus Marmor oder edlem Gestein und an der Schönheit seiner Mosaiken gemessen: an diesen Wandschmuck nach römischem Geschmack hat sich Gallien schnell gewöhnt. Die Verlegung der Plattenverkleidungen war Aufgabe von Facharbeitern, über die wir nichts wissen; die Mosaikleger sind uns besser bekannt. Das sind Handwerker, aber auch Künstler, die meist an Ort und Stelle arbeiten. Doch es war auch leicht möglich, Platten mit eingesetztem Mosaik zu verschicken, und von Cäsar weiß man, daß er auf seinen Feldzügen Bodenplatten dieser Art zum Auslegen seines Zeltes mitführte.[14] Die Bildthemen wurden nach »Kartons« ausgeführt, welche Anregungen aus der Wandmalerei für Szenen mit Darstellungen von Menschen oder Tieren übernahmen, aber auch von den Orientteppichen mit ihren geometrischen, unendlich variierten Mustern. Die Gallier hatten wohl Gefallen an Wollteppichen und konnten sie herstellen; aber man kennt nicht die Muster dieser einheimischen Teppiche, und bisher hat man auf Mosaiken nur die im ganzen Reich üblichen Dekorationsmotive gefunden.

Unter den seltenen Mosaiklegern *(tesselarii)* mit bekannter Signatur sind in Lillebonne die Namen *Felix,* Bürger aus Pozzuoli, und seines Schülers *Amor* zu nennen: das Mosaik ist eine römische Kunst geblieben, die ihre Technik in Gallien weder verändert noch verbessert hat. Der Mosaikkünstler vergleicht sich gern mit dem Maler, so z.B. der Schöpfer eines Bodens in Saint-Romain (Tarn-et-Garonne), der erklärt, er habe »mit Farben gemalt«. Man verwendete im allgemeinen einheimische Gesteins- und Marmorarten, aus denen man Würfel *(tessellae)* in verschiedenen Farben gewann, manchmal auch farbiges oder vergoldetes Glas, sogar gebrannten Ton oder Muscheln. Befestigt wurden sie auf einem Bett aus mehreren Mörtellagen, die auf dem Ziegel- oder Beton-Untergrund aufgebracht waren. Dieser Mörtel bekam zuweilen Schwundrisse, und es gibt manches Beispiel von meist grob reparierten Böden: einen Fachmann ließ man für diese Reparaturen nicht kommen.[15]

Wenn man einen gallo-römischen Bau aus der Nähe ansieht, weiß man kaum, was mehr zu bewundern ist: die Sorgfalt, die auf die Haltbarkeit des Gußmauerwerks und auf die Regelmäßigkeit der unsichtbar bleibenden Mauerflächen verwandt worden ist, oder die Gewissenhaftigkeit, die die Wandverkleidung mit ihren immer feineren Putzschichten, ihren Wandmalereien, ihren Wandplatten oder ihren Mosaiken verlangte. Die Baukunst aus »festem« Material glich in bezug auf Sorgfalt und Qualität der Kunst des Zimmermanns.

3. Metallverarbeitung

Wie die Techniken der Holzbearbeitung sind die Metallbearbeitungsverfahren sehr alt: die vorhandenen Funde sprechen für die Geschicklichkeit der Gallier in der Herstellung von Waffen, Kesseln und Gefäßen, Feuerböcken, Schmuck, Fibeln und Münzen. Man schreibt ihnen mehrere Erfindungen zu: sie waren die ersten, die Zinn so rein erschmolzen, sagt Plinius, daß man es von Silber nicht unterscheiden konnte; die Bewohner von Alesia konnten damit Rüstungen und Pferdejoche verzinnen: die Spuren ihrer Werkstätten mit Schmelztiegeln und Materialresten sind gefunden worden; mit Hilfe des gleichen Verfahrens verzierte man Wagen mit verzinnten oder versilberten Metallteilen.[1]
Jedoch soll die Bedeutung der »Metallurgie« nicht überschätzt werden; denn ihre Erzeugnisse erreichten nie größere Abmessungen. Abgesehen von den Statuen und den bronzenen Reliefplatten, den langen Zahnstangen, den Toren und einer bestimmten Art von Bleirohren gingen die hergestellten Stücke nie über die Maße eines leicht herzustellenden Gegenstandes hinaus. Aber gerade die hier angeführten Produkte werfen ein helles Licht auf die Fertigkeiten der Handwerker. Man muß stets die Verluste an Metallgegenständen bei Zerstörungen und Plünderungen berücksichtigen, denn diese unterlagen immer als erste dem Zugriff. Metall hat an sich schon Seltenheitswert. Es muß aus der Tiefe gewonnen werden, seine Verarbeitung verlangt die härtesten Anstrengungen und gelingt nur mit Hilfe des Feuers, man stellt daraus die besten Waffen her; oft verbinden sich magische Vorstellungen mit seiner Verarbeitung: der Schmied ist der Handwerker unter den Göttern.

Bergleute und Gießer

Die Ausbeutung der Gruben hat Spuren hinterlassen, die man mit Sicherheit anhand der in den Gängen gefundenen Münzen und Gefäßscherben und sogar anhand von Inschriften in gallo-römische Zeit datieren kann. Am Eingang einer Kupfergrube bei Saarlouis ist, in den Felsen gehauen, zu lesen: »Betrieb des Emilianus, eröffnet an den Nonen des März.« Das Epitaph des Sklaven Zmaragdus, des Betriebsleiters und Buchhalters der Silbergruben von Rouergue und Oberhauptes der Bergmannszunft, verkündet, daß die Lagerstätte hier kaiserliche Domäne ist. Zweierlei Spuren hat der Betrieb hinterlassen:

Gräben bezeugen, daß man zunächst im Tagebau gearbeitet hat; Schächte, die zu Stollen von beträchtlicher Ausdehnung führen, welche rund vierzig Meter hoch übereinanderliegen, bestätigen die Arbeit unter Tage. Asche, Kohlen und Brandspuren lassen erkennen, daß man nicht allein mit Pickel (Zweispitz) und Schlegel arbeitete, sondern daß man das Gestein auch mit Feuer sprengte; in die Wände wurden Treppen geschlagen. Nicht bekannt ist, ob die Bergleute wie in Ägypten nach Diodors Beschreibung »an der Stirn befestigte Lampen« trugen. Es gab aber kleine, in den Wänden angebrachte Nischen für die Lam-

Abb. 34.
Vulcanus. – Zeichnung von A. Marguet nach einer Terra-sigillata-Keramik.

pen, die man ebenso wie einen Behälter für den Transport von Öl gefunden hat.[2]

Am häufigsten waren die Eisengruben: sie gehörten dem Kaiser, dem Rat der Gallier, den Städten und privaten Eigentümern; die Spuren der Erzgewinnung sind bis in die Villen zu verfolgen. Über das Leben der Bergleute, der Sklaven oder Zwangsarbeiter in den kaiserlichen Gruben ist kaum etwas bekannt. In Spanien sind auf einem Relief vier Grubenarbeiter abgebildet, wie sie zur Arbeit gehen, ihr Vorarbeiter folgt ihnen: ihr Oberkörper ist nackt, den Körper haben sie mit Leder geschützt, einer trägt einen Pickel, der andere auf der flachen Hand eine Lampe.[3] Wenn man nach den Arbeitsverhältnissen in den ägyptischen Gruben oder in den pannonischen Steinbrüchen urteilt,[4] dann hatten die Sklaven ihre Familien in der Nähe des Betriebes, und rechnet man dazu die Beamten und die Hilfskräfte, Köhler, Tiegelmacher,

Träger, Gießer und Schmiede, für die Herstellung und Reparatur der Werkzeuge, dann muß man das Bergwerk als Mittelpunkt einer gelegentlich sehr ausgedehnten Siedlung betrachten.
Denn die Erzverarbeitung fand an Ort und Stelle statt, so wie die Steinbearbeitung im Steinbruch. Man kennt die aufeinanderfolgenden Arbeitsgänge: Zermahlen des Gesteins mit Hilfe von Mühlen oder Stampfen; Wäsche, die erlaubt, die Mineralien selbst ohne fremde Beimengungen zu erhalten (man hat im Ariège eine in der Mitte vertiefte Eichenholzplatte gefunden, die dazu dient, mit reichlich Wasser den im Mahlvorgang gewonnenen Mineralstaub zu waschen); anschließend folgen Rösten und Schmelzen entweder in einem in den Boden versenkten Ofen, wo man das Mineral zusammen mit Holzkohle aufschichtet, oder für die wertvollen Metalle in einem auf Feuer gesetzten porösen Lehmtiegel. Plinius kritisiert heftig die in Gallien beim Kupferschmelzen angewandte Methode, daß nämlich die zur Veredelung des Kupfers verwendete Bleimenge zu gering sei und daß das Metall nur ein einziges Mal zwischen rotglühenden Steinen wieder eingeschmolzen werde, was es hart und spröde mache.[5] Die in den Boden gegrabenen Schmelzöfen für Eisen hatten an ihrer Basis eine Öffnung für den Zug, und man nimmt an, daß der Blasebalg bekannt war. Zuletzt hämmerte man die am Boden des Ofens gewonnenen und wieder erhitzten Eisenklumpen auf dem Amboß zu Barren (Rohluppen), die gewöhnlich Rhombenform hatten: das war, wenn man so will, bereits Schmiedearbeit.

Schmiede

Der Schmied *(ferrarius)* brauchte sein schon traditionsreiches Handwerk nur noch zu vervollkommnen. Er steht allerdings nicht an so hervorragender Stelle, wie sie von den Zimmerleuten und den Maurern in den Zünften eingenommen wird: er arbeitet nicht am Bau, sondern bleibt als Handwerker eher für sich, ist mit äußerst harter Arbeit befaßt, in einer Werkstatt, die er nie verläßt und die ein Schmiedefeuer nur schwach erleuchtet. Sein Patron ist Vulcanus (Abb. 34), der mit den klassischen Zügen des bärtigen Gottes dargestellt wird, in kurzer Kleidung, eine dicke Mütze auf dem Kopf, den Hammer in der einen, die Feuerzange in der anderen Hand, stehend, über seinen Amboß gebückt. Er hält gelegentlich ein Zepter, aber lieber wird er mit den vertrauteren Zügen des Arbeiters in der Lederschürze dargestellt, die bis zu den Schultern hinaufreicht, oder sitzend, die Zange auf den

Knien, seinen Amboß vor sich. In seiner Liste der gallischen Götter, denen er römische Namen gibt, nennt Cäsar Vulcanus nicht; aber man hat bemerkt, daß in der irischen Sage, in der ebenfalls fünf Götter genannt werden, der Platz, den Cäsar der Minerva, der »Lehrerin von Kunst und Handwerk«, einräumt, einem Schmiedegott zugefallen ist, *Goibniu;* und in Alesia kommt in einer gallischen Inschrift ein Gott vor, den die lokalen Schmiede *(gobedbi)* verehren: dieser Gott ist *Ucuetis,* mit dem man den Namen eines anderen Schmiedes aus der irischen Sage zusammenbringt, *Ughden.* Den Schmiedegott der Gallier kennen wir sicherlich deshalb so wenig, weil er völlig »verdeckt« war

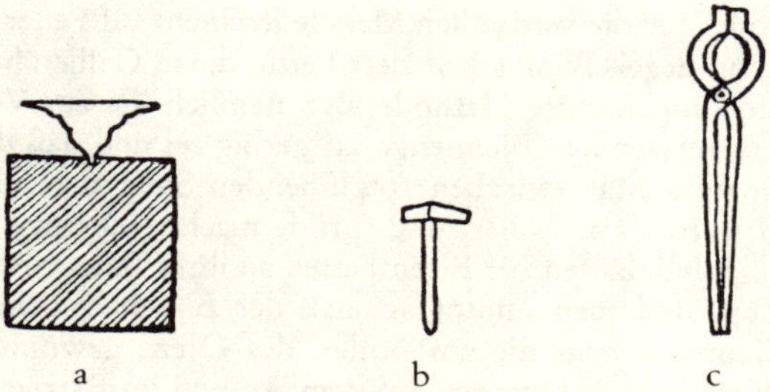

Abb. 35. a) Amboß, b) Hammer, c) Feuerzange. – Zeichnungen von Dinh Trong nach Reliefs / Funden in Saint-Ambroix (a), Les Bolards (b) und Paris (c).

durch den einzigen Gott, den die klassische Mythologie – nicht ohne Spott – mit den Zügen eines Handwerkers dargestellt hat: den mit seinem Gebrechen an den Amboß gefesselten Vulcanus im Inneren des Ätna. Sein Kult scheint vor allem im Norden und Osten gesichert, in den traditionellen Gebieten der Metallgewinnung, wo er weit mehr verbreitet ist als in allen westlichen Provinzen.[6]

Dem Schmied begegnen wir in der Grabskulptur. Seine üblichen Werkzeuge sind der Amboß, meist klein, auf eine Schabotte (Amboßstock) gesetzt (Abb. 35a); der Hammer (35b) und die Feuerzange (35c), die große Zange, deren beide gebogenen Backen in zwei Platten enden, um das zu schmiedende Metallstück zu halten. So zeigt er sich, sein Werkzeug in der Hand, den Amboß neben sich, zusammen mit seiner Frau.[7]

Die Werkzeuge werden auf Grabsteinen selten allein dargestellt,[8] und alles, was auf den Reliefs fehlt, enthalten die Sammlungen: den Nagelamboß, die Feile, den Metallbohrer. Hier sind zwei Schmiede bei der Arbeit: einer schmiedet das Metallstück, das er auf dem Amboß mit einer Zange festhält, der andere steht hinter einem Schirm, wo er wohl einen Blasebalg mit der Hand betätigt, denn zwei Rohre kommen aus dem Schutzschirm hervor und treffen neben dem Amboß zusammen.[9] Es steht tatsächlich fest, daß die Alten den Blasebalg verwendeten; er war aus einzelnen über einen Holzrahmen gespannten Hautbälgen hergestellt, manchmal mit einer Luftöffnung aus gebranntem Ton.[10] Aber kannte man das große Gehäuse (frz. *buffet*) mit einem System von Seilrollen, das die Arbeiter aus der gefährlichen Nähe des Feuers fernhielt? Ein Dokument aus jener Zeit ist bis heute nicht gefunden worden, welches dies bestätigen könnte. Es scheint also, daß die Werkstatteinrichtung der Schmiede ziemlich unvollkommen geblieben ist.

Bronzegießer

Die Arbeit mit Bronze war schwieriger, komplizierter und erforderte die Mitwirkung von Spezialarbeitern – abgesehen von den Künstlern. Die Herstellung der Legierung aus Kupfer und Zinn, das größtenteils aus den britischen Inseln eingeführt wurde, ging bis in das 2. Jahrtausend vor unserer Zeitrechnung zurück. Später stellt man dann aus Bronze zahlreiche Produkte her, Waffen, Kunstgewerbliches (Schmuckstücke, Fibeln, verschiedene Ornamente) oder Kunstgegenstände.
Für kleine oder große Statuen setzt sich die Bronze schnell und mit Erfolg durch, denn sie ist das bevorzugte Material, härter als Kupfer, einfach und schnell zu gießen, leicht, gut geeignet für klare Umrisse, für die Feinheiten bei ungebundenen und gewagten Formen, wie sie weder Marmor noch anderes Steinmaterial zulassen, ideal für Statuetten. Die Gallier wußten schon Bronzeblechplatten anzufertigen und nach alter Tradition daraus mit dem Hammer Masken mit vereinfachten Zügen zu treiben, von starrem Ausdruck, die sie Holzstatuen aufsetzten; dazu fügten sie manchmal einen ganzen Kopf aus zwei Hälften zusammen (die Maske und einen Hinterkopf). Der Einfluß solcher einheimischen plastischen Versuche ist in der Behandlung der Gesichter erkennbar, aber diese Treibtechnik tritt schnell gegenüber der griechisch-römischen Plastik in den Hintergrund.[11]

Über die Arbeit mit Bronze hat sich kein Bilddokument erhalten. Das Verfahren wurde vor allem durch die in großer Zahl gefundenen Kleinbronzen bekannt. Massive Bronzen kommen selten und in kleinen Abmessungen vor; bei ihnen wird die Technik des »verlorenen Gusses« mit Wachs angewandt. Der Künstler bildet das Modell seiner Figur in Wachs; dieses wird mit einer Schicht aus feuerbeständigem Material umgeben, oft mit Sand, und dahinein werden Luftschächte gebohrt; das Ganze wird erhitzt: das Wachs schmilzt im Feuer und fließt durch die Löcher ab, und die feuerfeste Schicht härtet sich im Feuer und wird zur Form. In diese wird das geschmolzene Metall gegossen, und wenn es erkaltet ist, wird die Form zerschlagen. Um eine Hohlbronze mittlerer Größe herzustellen, muß das Modell selbst hohl sein; auch modelliert man es über einem leichten Gerüst aus Holz oder aus Eisenblech. Man geht wie eben geschildert vor, und wenn das Metall an die Stelle des geschmolzenen Wachses getreten ist, zerbricht man mit Haken das innere Gerüst und zieht es soweit möglich durch die Luftkanäle, die an der Fußplatte oder auf dem Kopf angebracht sind, heraus. Für die Statue gießt man die Stücke einzeln, Rumpf, Kopf, Glieder, dazu wird das Modell zerlegt und jedes Teil einzeln hergestellt. Darauf setzt man sie nach verschiedenen Verfahren zusammen durch Schweißen, Nieten usw.; der Künstler ziseliert seine Korrekturen mit dem Stichel, und man erzeugt die Patina. Manchmal ist der Kopf aus zwei Teilen zusammengefügt, aus Gesichtsmaske und Hinterkopf, was es erlaubt, von innen her Augen aus Glaspaste einzusetzen: so überlebt in der Statue des in Bouray gefundenen hockenden Gottes die alte gallische Bronzeblechtechnik.[12] Aber die Statuen in großen Abmessungen sind selten: man kennt nur die Erwähnung einer in Gallien errichteten Kolossalstatue, die die Arverner bei einem fremden Bildhauer in Auftrag gegeben haben, bei Zenodor, um damit den größten Gott der Gallier, Merkur, zu ehren. Die gängige Produktion der gallo-römischen Bronzegießer zeigen unzählige Statuetten, oft sehr sorgfältig, aber noch öfter recht grob gearbeitet. Sie kennzeichnen den Erfolg, den in dieser Provinz ein Kunsthandwerk errungen hat, auf das die einheimischen Handwerker bereits gut vorbereitet waren.[13]

Münzer

Es gab viele kleine metallverarbeitende Handwerke, aber wir haben über sie keine anderen Zeugnisse als ihre Werke: die Kunstschmiedearbeit und die Schlosserei; die Kesselschmiede alter keltischer Tradition und die Verarbeitung von Messing, die sich schon in Flandern entwikkelt hatte; das Goldschmiedehandwerk, das in Gallien mehr Fibeln als irgendwo sonst im Reich erzeugt hat; die Emailarbeit auf Metall, eine Spezialität der Kelten.[14] Laboratoriumsbehandlung und -erfahrung geben diesen Gegenständen ihr altes Aussehen zurück und lassen uns Einblick in den damals erreichten Grad technischer Verfeinerung nehmen.[15]

Die Prägung von Münzen in den staatlichen Münzstätten – Lyon, dann Trier, Arles, Rouen im spätrömischen Reich – hat etwa seit Augustus das keltische Münzwesen abgelöst, welches in der letzten Zeit der Unabhängigkeit weit verbreitet gewesen war: auch hier wurden neue Methoden eingeführt, aber man stellt immer deutlicher fest, daß die Technik schon im wesentlichen bekannt war. Was die Römer mitbrachten, waren besonders die Vereinheitlichung der Münzen und die Erfahrung ihrer Hersteller. Die Vielfalt der primitiven Münzen hatte ihre Ursache darin, daß sie von den verschiedenen Stämmen Galliens geschlagen wurden, wahrscheinlich von den Oberhäuptern der größten Familien; sie waren jedenfalls mehr für Geschäfte zwischen den Stämmen, für Tauschverkehr, Entschädigungen, Lösegelder und für die Besoldung der Truppen bestimmt als für die kleinen Käufe des Alltags, wobei der Tauschhandel noch eine große Rolle spielte. Im künstlerischen Reichtum der Münzbilder entfaltete sich die keltische Begabung entweder in der Nachahmung, in der Verformung, in der Umdeutung, der »Neukomposition« griechischer und römischer Vorbilder, und zwar nach den Regeln einer höchst eigentümlichen Formensprache, oder in nicht weniger eigenwilligen Neuschöpfungen. Die technische Geschicklichkeit ist an der Vielzahl der angewandten Verfahren zu messen. Einmal der Schlag mit dem Hammer mit Hilfe von zwei Münzen, einer festen, als Unterstempel mit Negativschnitt, auf die das Metallplättchen gelegt wird, und einer beweglichen, ebenso geschnittenen, die man obenauflegt und auf die geschlagen wird. Der Nachteil dieses Verfahrens ist der schnellere Verschleiß der geschlagenen Münze, die man öfter auswechseln muß als die festliegende. Dann der Schlag mit dem Stempel, der diesen Nachteil umgeht. Der gröbere Formguß ist dann Bronzemünzen vorbehalten: anstatt zuerst den Schrötling zu gießen, d.h. das Metallplättchen, das anschließend geschlagen wird, gießt man das Stück direkt in einer geschnittenen Form, und zwar Rohlinge und geformte Stücke oft in Reihen, die anschließend mit dem Meißel getrennt werden. Schließlich machte man auch Falschgeld, d.h. gefütterte Stücke aus einem minderwertigen Metall-

kern und einem Überzug aus ganz dünner Gold- oder Silberauflage.[16]
Die technische Geschicklichkeit verrät sich aber auch durch die Meßgenauigkeit: ganze Serien bestehen aus Stück für Stück gefertigten Münzen, deren Gewicht nicht um ein Hundertstel-Gramm differiert; allerdings entdeckt man auch von einer Ausgabe zur anderen »Wertminderungen«, die aber kaum bemerkbar sind. Diese Einheitlichkeit des Maßes setzt schon Waagen von einer großen Genauigkeit voraus. Alle Arbeitsgänge sind dann in gallo-römischer Zeit wiederum anzutreffen (außer dem Guß), jedoch durch eine staatliche Arbeitsorganisation vereinheitlicht und geordnet. Dieses Staatsmonopol aber hat zur Folge, daß der Münzer kein privater Arbeiter ist und daß kein Bild von seiner Tätigkeit und seinem privaten Leben in den Bilddokumenten erhalten ist.[17]

Klempner

Blei wurde in großer Menge vor allem für Rohrleitungen verarbeitet. Wenn ein Aquädukt ein Tal im Düker kreuzte, wurde die gemauerte Wasserleitung ersetzt durch etwa 10 parallel liegende Bleirohre, deren Gesamtdurchflußmenge dem des gemauerten Kanals entsprach. Bei einem Lyoner Aquädukt hatte der Düker von Beaunant eine Länge von 2612 m: seine zehn Rohre ergaben aneinandergelegt demnach eine Länge von 26 km: und ihr Gesamtgewicht ist auf über 2000 Tonnen geschätzt worden.[18] Auch die Leitungsrohre innerhalb der Städte, vor allem in den Thermen, waren oft aus Blei.
Der Beruf des Klempners war also einer der wichtigsten; dennoch bleibt er fast unbekannt. Für die großen öffentlichen Arbeitsvorhaben nahm man oft das Heer in Anspruch: häufig trägt das Rohr den Stempel der Einheit, die es herstellen ließ. Die privaten Handwerker sind nicht faßbar, nur zwei Klempnergenossen sind durch Inschriften bekannt.[19] Die Herstellung erfolgte mit großer Gewissenhaftigkeit und in ebensogroßer Vielfalt: alle Kalibergrößen hat es gegeben, vom »Fünferrohr« (*quinaria* im Durchmesser von 5/4 Zoll oder 2,77 cm) bis zum »125er Rohr« (23 cm) mit den Rohrgrößen von 15,20 (*vicenaria* = 9 cm), 24 cm usw. dazwischen, von denen uns Frontinus für die Stadt Rom eine detaillierte Normentabelle gibt, die die römischen Ingenieure im ganzen Reich verbreiteten.[20]

4. Töpferei und Glasherstellung

Durch die unübersehbare Menge der Fundstücke, durch die in die Tausende gehende Zahl entschlüsselter Signaturen, durch den außerordentlich hohen dokumentarischen Wert der Sgraffiti, die als »Töpferrechnungen« bezeichnet werden, sind unsere Wissenslücken für diesen Bereich relativ gering. Zudem ist die Arbeit des Töpfers eine der bedeutendsten überhaupt.

Die Keramik

Nur die Arbeit des Töpfers erreicht den Stand der Serienfertigung: sie allein wird zum Vorläufer künftiger großindustrieller Produktion. Woher hat sie diese Vorrangstellung? Weil man Ton für alles verwendete, was als Behälter für Transport, Aufbewahrung und Verzehr von Lebensmitteln diente. Aus Metall waren nur die wenigen Gefäße, die ständig aufs Herdfeuer kamen, oder Luxusgeschirr; aus Glas nur Vasen, Fläschchen oder Becher von hohem Wert oder als Grabbeigaben; aus Holz nur Bauerngeschirr, dem im übrigen die gewöhnlichste Hafnerkeramik starke Konkurrenz machte. Ein guter Teil der heute aus Glas hergestellten Gefäße für Flüssigkeiten war damals aus Ton, auch Lampen; aus Ton waren ferner die Behälter für Lebensmittel allgemein. Wenn man sich den ungewöhnlichen Aufwand für »Geschirr« (im weitesten Sinne) in jener Zeit vorstellen will – ihn bezeugt ja jede noch so unbedeutende Ruine eines Wohnhauses –, dann darf man nicht nur an unser heutiges Steingut denken: dies ist wertvoller und weniger leicht zerbrechlich als die antike Keramik, auch nicht so schnell ersetzbar. Dazu muß man unsere Glasflaschen rechnen, die nach Gebrauch meist zerschlagen werden; die Industrieflaschen, Arzneiflaschen und ähnliches; die Konservengläser, dazu die Holz-, Karton- und Papier-Verpackungen, die wir in so großem Umfang verbrauchen. Backstein und Dachziegel spielten schließlich im Bauwesen eine herausragende Rolle, wo sie nicht selten den Naturstein und oft auch das Holz ersetzten. Es genügt nicht, ihre damalige Bedeutung mit der heutigen einfach gleichzusetzen.

Zur gängigsten Keramikproduktion gehörten die riesigen Gefäße für Transport oder Lagerhaltung von Lebensmitteln und Flüssigkeiten. Am größten sind die gewaltigen eirunden Behälter mit flachem Boden und mehrere Zentimeter dicken Wänden, wie man sie, oft in die Erde versenkt, besonders in Lagerräumen, Vorratshäusern oder in den

Kornspeichern großer Siedlungen findet. Neuere Ausgrabungen haben in Marseille mehrere Dutzend ans Licht gebracht. Dort dienten sie aufgereiht als »Warenschuppen« des römischen Hafens. Ein Mann kann darin aufrecht stehen. Diese *dolia* (Dolien) haben die Silos abgelöst, die man in der Zeit der Unabhängigkeit oft sogar in den Fels höhlte, wie das in Ensérune zu beobachten ist.[1] Viel kleiner sind die Amphoren, hohe zweihenklige Gefäße mit langem Hals und spitzem Boden, mit dem sie in die Erde gesteckt wurden. Sie dienten vorwiegend dem Transport und der Lagerung von Flüssigkeiten. Es gibt sie in den verschiedensten Maßen, man konnte die größten nur von der Stelle bewegen, wenn man sie an einer Stange aufhängte, die zwei Männer trugen, wie es auf einem Wandbild in Basel zu sehen ist.[2] Die zylindrische Form der Weinamphore erlaubte es, sie in langen Reihen aneinanderzulehnen, leicht schräg gestellt, etwa im Bauch eines Schiffes oder sogar auf dem Boden. Gegen Bruch schützte man sie mit einer Umwicklung von geflochtenem Stroh wie unsere großen Korbflaschen.[3] Die Ölamphoren waren rund und dickbauchig. Die Verschlußweise ist aus einigen Funden bekannt, besonders durch einen kampanischen Amphorenhals, der mitsamt Propfen aus dem Wasser des Mittelmeers geborgen wurde: ein rundes Korkstück ist tief hineingedrückt und wird außen von einer Tonscheibe gehalten, die mit Gips versiegelt ist.[4] Als Behälter ist die Amphore weit eher »mittelmeerischen« als gallischen Ursprungs, aber ihre Verwendung für Wein und Öl war im Westen weit verbreitet.

Schon bevor die Römer kamen, hatte Gallien eine größere Zahl von Töpfereien hervorgebracht. Immer häufiger findet man, daß sie den Platz einer älteren Werkstatt einnehmen, deren Errichtung vom vorhandenen Ton und reichlich fließendem, klarem Wasser bestimmt worden war.[5] Aber man verstand es nun, der Produktion einen starken Aufschwung zu geben. Große Werkstätten werden gebildet, um nicht nur die gewohnte Nachfrage einer Bevölkerung zu decken, die an einem gehobenen Lebensstil Geschmack fand, sondern auch um andere Provinzen des Reiches zu versorgen, Britannien und die Gebiete an Rhein und Donau vor allem. Die Geschichte der Manufakturen von *Condatomagos* (La Graufesenque im Aveyron), von Lezoux (Allier), im Rhein- und Mosel-Gebiet, die nacheinander Spitzenstellungen einnahmen, ist oft dargestellt worden. Sie haben Zehntausende von Gefäßen, Hunderte von Formen und Dekorationsmotiven, Tausende von Signaturen geliefert. Man hat genauestens Motive und Techniken untersucht, die zunächst die schwarze und die rote italische Ware nachahmten, dann aber oft von wiederauftauchenden keltischen Traditionen beeinflußt wurden.

Wie war diese Industrie gesellschaftlich organisiert? Es steht fest, daß die Töpfer in Italien Sklaven sind: ihr Stand ist neben dem Namen auf den Gefäßen oft angegeben. Aber in Gallien haben wir dafür keinen Beleg. Dagegen bezeugt das Vorhandensein von Wohnungen und kleinen Friedhöfen in der Nähe der Öfen, daß die Töpfer am Arbeitsplatz wohnten. Auch die reichlichen Grabbeigaben bestätigen, daß diese Arbeiter Freie waren. Es ist zu vermuten, daß Gruppen von fünf oder sechs Handwerkern mit dem Meister arbeiteten, der vielleicht selbst wiederum einer übergreifenden Organisation angehörte: diese »Offizinen« sind Handwerkerdörfer, deren Brennöfen sich mit ihren Nebenbauten oft kilometerweit auseinanderziehen.[6] Noch möchte man sich aber auf diese Hypothese nicht festlegen, denn im Gegensatz zu anderen Meistern in ihren kleinen Werkstätten – dem Zimmermann zum Beispiel – erscheint der Töpfer nie oder fast nie auf Grabbildern oder Inschriften.[7]

Aber wir haben seine zahllosen Werke. Sie können uns ein ungefähres Bild von seiner Arbeitsweise geben. Die den Griechen seit langem bekannte technische Erfindung hatte der Westen in der jüngeren Eisenzeit übernommen: die Töpferscheibe, das sich um seine Achse drehende Gerät, mit einem Fuß und vor allem mit einer Holzscheibe, auf welcher der feuchtgehaltene Tonballen unter den Fingern und dem Modellierholz des Töpfers zum Gefäß wird. Ehe der Ton auf die Drehscheibe gedrückt wird, ist er zubereitet worden: er wird geknetet, gereinigt und von Fremdkörpern befreit, mit Wasser geschlämmt und erhält den gewünschten Farbton. Die verzierten Gefäße der Kaiserzeit werden meist in einer Formschüssel gedreht. Sie trägt im Negativdruck das Relief des Modells, das ein Metallgefäß kopiert. Dieses Dekor drückt sich als Relief auf dem Ton ab, der von innen bearbeitet wird. So läßt die gleiche Negativform die Herstellung einer großen Zahl gleicher Stücke zu.[8] Die frei, ohne Form gedrehten Gefäße werden mit der Hand verziert, vor oder nach dem Brennen bemalt, oder das Relief wird mit einem Stempel oder einer kleinen Form aufgesetzt, appliziert. Der sorgfältige Reliefschnitt im Negativ erlaubt hier eine noch genauere Kopie des Metallreliefs.[9] Fuß, Hals und Henkel werden für sich geformt und auf den noch feuchten Ton des Gefäßes geklebt. Gebrannt wird in dem oft als Kanal verlängerten Brennraum des halb in die Erde eingelassenen Ofens. Die Flammen des im Unterbau entfachten Feuers ziehen nach oben. Darüber befindet sich eine wie ein Rost

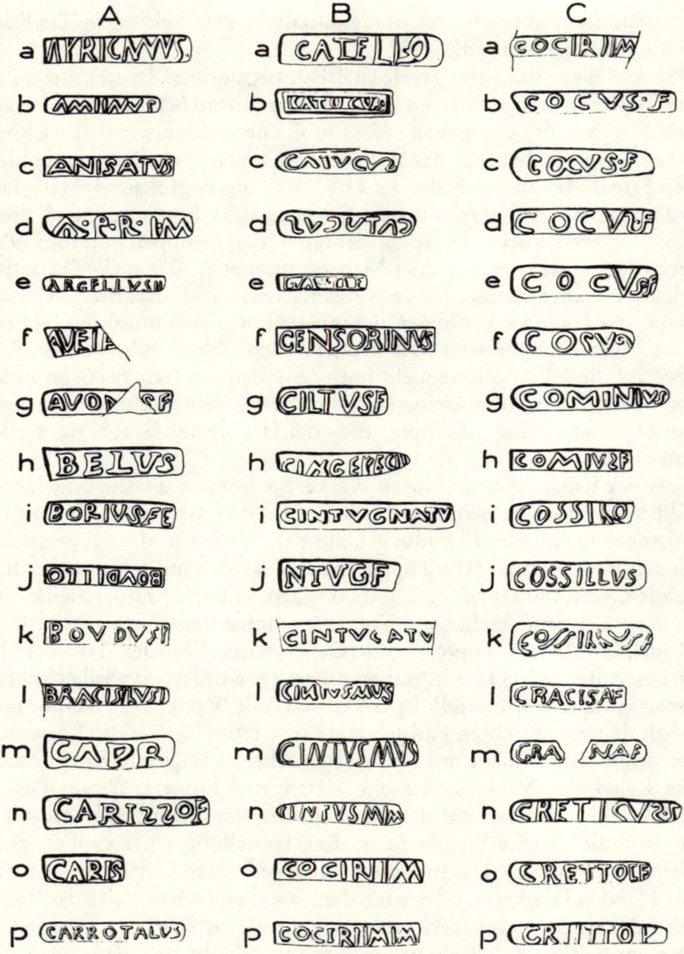

Abb. 36. Signaturen der Töpfer aus La Graufesenque. – Nach Chenet und Gaudron.

durchlöcherte Platte, auf die man die zu brennenden Stücke stellt. Wo nötig, werden sie durch kleine Tonkeile getrennt. Das Ganze ist von der Ofenkuppel überwölbt. Nach dem Brennen werden die Gefäße mit einem Holz- oder Lederstückchen poliert, das alle Unebenheiten glättet, und mit einem glänzenden Überzug »glasiert«.

Die Töpfermarken nennen den Namen des Werkstattmeisters oder des Arbeiters, der das Stück gemacht hat, oder den des Vorarbeiters. Sie wurden mit einem Negativstempel eingedrückt, oft unter dem Gefäßfuß (Abb. 36). Noch wertvoller wegen ihrer Seltenheit sind die Sgraffiti, die sogenannten »Töpferrechnungen«. In La Graufesenque hat man mehrere Dutzend, an anderen Plätzen nur wenige gefunden. Sie sind in Ausschußware eingeritzt und nennen die Namen der Töpfer, der Stücke und die von dem Betreffenden jeweils getöpferte Anzahl (Abb. 37). Es sind Stücklisten, die der Töpfer zur Lohnabrechnung vorlegte. Daraus erfahren wir, daß die Töpfer im Aveyron im 1. und zu Beginn des 2. Jahrhunderts noch häufig keltisch sprechen und ihre ursprünglichen Namen latinisieren. Besser als irgendwo sonst erfaßt man hier lebendige gallo-römische Wirklichkeit. Immer wieder finden sich bestimmte Ausdrücke. Am auffallendsten das gallische Wort *tuthos,* dem als Numerierung eine Ordnungszahl, zehn oder darunter, folgt: sie gibt die laufende Nummer der von den Töpfern gemeinsam abzurechnenden Ofenfüllung an; dann werden aufgeführt die Namen der Töpfer (oft mehrere Genossen), die Gefäßbezeichnungen (an letzter Stelle werden *tisanares,* Gefäße für Tisane, ein Gerstengetränk, genannt), der Durchmesser und die Stückzahl; am Ende steht oft eine Summe, und eine Korrektur oder ein Kontrollvermerk des Meisters oder des Buchhalters. Dank dieser Sgraffiti können wir in gallischen Ordnungszahlen bis zehn zählen. Vor allem geben sie uns eine Vorstellung von den erstaunlichen Mengen, die hier abgerechnet wurden. Die 41 vor 1950 aufgefundenen Sgraffiti geben zusammen 765132 Stück Ware an, der Töpfer Masuetos kommt allein in den Abrechnungen mit 134410 Stück vor. Unter den 1950 gefundenen Sgraffiti gibt ein einziges Fragment eine Gesamtmenge von mehr als 11000 Stück an, und die Stempel nennen die Namen von 320 Töpfern. Viele der rund 50 Gefäßformen verraten Verwandtschaft mit älterer gallischer Keramik. Sie wurden in ganz Gallien abgesetzt und bis nach Schottland, Afrika, Syrien und über Germanien bis in die Donauländer und an die Ostseeküsten exportiert; einen Posten brandneuer, in La Graufesenque hergestellter Ware (90 Gefäße und 30 Lampen) hat man in den Ruinen von Pompeji gefunden: die Kiste war gerade eingetroffen,

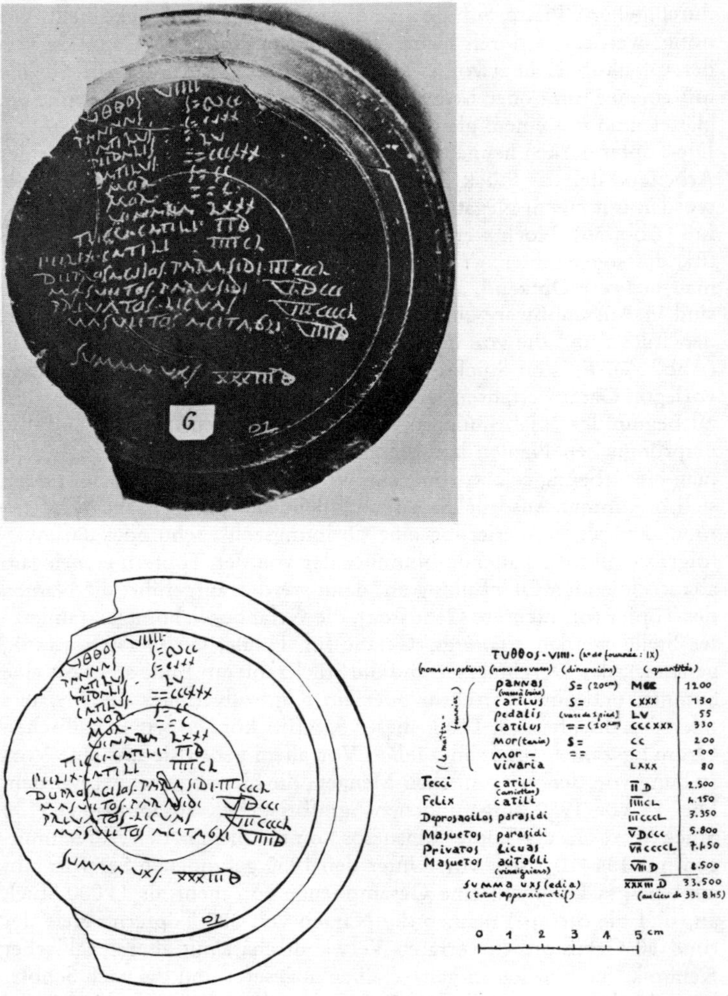

Abb. 37. Töpferrechnung aus La Graufesenque im Original und in Transkription. – Nach P.-M. Duval.

bevor 79 der Vesuvausbruch die Stadt zerstörte. Dabei handelte es sich nur um eine Industrie von regionaler Bedeutung, die dann in der zweiten Hälfte des 1. und Anfang des 2. Jahrhunderts auf den ersten Platz vorrückte. Wieviel Betriebsamkeit müssen die Menschen in dieser Werkstatt entwickelt haben, als sich plötzlich die aussichtsreichsten Absatzchancen boten! Wie viele Wagenzüge müssen nacheinander auf den Wegen zu den Flüssen gerollt sein, auf denen diese Ladungen zu den großen Marktorten oder den Umschlaghäfen gelangten! Wenn auch die Töpfer kaum in den Inschriften genannt werden, so gilt für Geschirrhändler das Gegenteil: es muß unzählige gegeben haben, die gute Geschäfte machten.[10]

Wohl keinen Gegenstand hatten die Gallier öfter in Händen oder vor Augen als diese dekorierten Gefäße. Und was sahen sie? Einen unendlich formenreichen Bildschmuck, ein höchst sorgfältig aufgestellter Katalog von Motiven.[11] Das Leben der klassischen Götter und Helden, an erster Stelle Venus, Vulkan, Mars und Merkur, Prometheus, Perseus und, ganz wichtig, Herkules mit seinen Arbeiten, Viktoria, die ihre Kränze verteilt. Zahlreich sind die Spiel-, Kampf- und Jagdszenen in der Arena, Zirkusrennen, Ringkämpfe, auch Kampfszenen, die Soldaten zu Fuß oder zu Pferd zeigen, und Gefangene in Ketten. Männlicher Zeitvertreib: Jagden auf Hirsch, Hase oder Eber und Fischfang mit der Leine oder dem Netz wechseln ab. Die Toilette der Frau. Das Handwerk und die Landarbeiten: der Metzger zerlegt ein Rind, der Schmied hämmert auf dem Amboß, der Koch weidet den Hasen aus, die Winzer lesen und keltern die Trauben (Abb. 38). Die Tänzerinnen zeigen ihre Anmut. Die Gaukler lassen an der Straßenecke ihre dres-

Abb. 38.
Weinernte und Keltern. – Zeichnung von Dinh Trong.

sierten Tiere sehen, Affen oder gelehrige Hunde (Abb. 39). Die Tierwelt spielt eine große Rolle in diesem Dekor: Hasen und Kaninchen, Stelzvögel, Schlangen, Hähne und Hühner, Gänse und Enten, Schmetterlinge; die Fische und Schalentiere, Krebse und Neunaugen, Krabben, Langusten, Kraken und Muscheln. Viele Bildmotive sind von italischer Keramik übernommen, aber der einheimische Einfluß bleibt spürbar. Auf ihn gehen so sonderbare Motive zurück wie Menschenmasken, Schlangenwesen, bärtige Köpfe mit Riesenohren, Arkaden aus Farnkräutern, Lilienvignetten. Sie bilden zusammen ein »Vokabular«, dessen Ursprung im Formenschatz der keltischen Goldschmiede

Abb. 39. Dressierte Tiere. – Zeichnungen von Dinh Trong nach einer Terra-sigillata-Keramik.

zu suchen ist. Das gilt auch für die seltsame Streckung und Verzerrung der Formen. Wer diese Gefäße gebrauchte, dem zeigten sie mehr als nur das Schmuckmotiv. Was den Quellen keltischer Bildvorstellungen entstammt, bleibt für uns aber meist rätselhaft.
Neben der Herstellung von Gefäßen und Lampen steht die von Kunstwaren zu geringem Preis, volkstümliche Tonfiguren, wie sie Krämer in Städten und auf Märkten oder Hausierer auf dem Lande verkauften;[12] daneben Reliefmedaillons, wie sie als Weihgabe den Tempeln gestiftet oder als Wohnungsschmuck aufgehängt wurden. Als Erinnerungsstück an Familienfeier oder Gedenktag[13] hielten sie die Mitte zwischen Allerweltsnippes aus industrieller Massenproduktion und teurem Zimmerschmuck.

Der Backstein wurde auf die einfachste Weise hergestellt und immer an Ort und Stelle – in einer Privat- oder Militärziegelei. Im einen Fall trägt er den Stempel des Meisters, im anderen den Stempel der Einheit. Die privaten Marken sind zu selten, um uns über diese Produktion Auskunft zu geben. Oft tragen die Ziegelsteine den Handabdruck des Arbeiters oder den Eindruck einer Hundepfote oder aber ein mit einem, zwei oder drei Fingern leichthin eingezeichnetes Kreuz, auch mit dem Kamm gezogene Rillen (auf Heizröhren vor allem), die den Mauermörtel besser haften lassen. Auf der Seitenfläche findet man häufig vor dem Brennen angebrachte Kerben oder römische Ziffern. Meiner Ansicht nach ist dies die Numerierung der zum Brand bereitgestellten Ziegelstapel, denn in jedem Stapel tragen jeweils gleich viele Steine die gleiche Nummer. Sie haben an einer oder an zwei gegenüberliegenden Ecken einen aufgesetzten Tonkegel mit dem Abdruck der drei Finger, die ihn aufgesetzt haben; dieser hielt die Ziegel während des Trocknens und des Brennens auseinander. Auch sicherte er einen besseren Halt im Mauerverband.[14]

Töpfer und Ziegelbrenner sind mit ihren Werkstätten untrennbar Bestandteil jeder menschlichen Siedlung, gehören mehr als andere zum Alltagsrahmen. Die Vorbeigehenden – Reisende, Kinder – bleiben stehen und sehen zu, wie unter geschickten Händen tausendundein zerbrechliches Stück entsteht, zu ihrem Nutzen oder zu ihrer Freude.

Die Glasherstellung

Unter den Gefäßen für den Gebrauch der Lebenden und der Toten verdrängt Glas zunehmend den Ton. In Glas werden Gebrauchsartikel verlangt wie die winzigen Parfumfläschchen (Abb. 40), die sich aus Ton schwer herstellen lassen, aber auch wertvolle Flakons und ausgesprochene Luxusgefäße, Meisterstücke einer sich jetzt voll entwickelnden Kunstindustrie.

Massives Glas, dessen Herstellung der Orient seit der frühesten Antike kannte, war den Galliern nicht fremd: aus verschiedenfarbigen Perlen machten sie Halsketten und Armbänder. Das geblasene Glas, ursprünglich vor allem an der phönizischen Küste erzeugt, kam durch die Römer nach Gallien. Wahrscheinlich blieb es das Monopol orientalischer Handwerker und hatte anfangs wenig Bedeutung. Aber sein Gebrauch verbreitete sich in der Kaiserzeit, und man stellte Kunstwerke aus verziertem Glas her, in der Masse gefärbt, mit Schliffornament oder aufgesetztem Reliefdekor in bewundernswerter Feinheit und

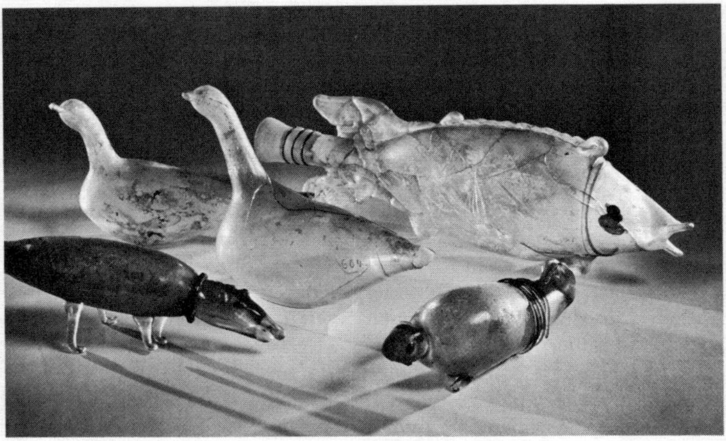

Abb. 40. Parfümfläschchen in Tierformen aus Köln. – Foto Michael Jeiter.

Gewagtheit. An die 140 Formen hat man gezählt, die von denen der Keramik abweichen und sich gelegentlich an metallenen Gefäßformen orientieren. Der geläufigste Typ ist die hohe quadratische Flasche mit rundem Hals und flachem, breitem Henkel, häufig ist auch der Trinkbecher. Das neue Material ließ der Phantasie jede Freiheit: Flaschen in Form von Menschen- oder Tierköpfen, Falkons in Form von Affen oder Muscheln usw., meist in der Hohlform geblasene Meisterstücke aus Glas. Geschliffene und vergoldete Platten oder Schalen aus Glas wurden im Rheinland hergestellt: die eine stellt eine Stadt mit ihren Straßen und Häusern, eine andere den großen Zirkus von Trier dar. Die dickwandigen, bauchigen Aschenurnen haben wunderschöne Formen. Man muß im Museum von Saint-Germain all die Flaschen in ihrer im Lauf der Zeit entstandenen irisierenden Farbigkeit sehen, mit aufgesetztem oder eingeschliffenem Dekor, diese Nuppenbecher und Rippenbecher, diese Flaschen mit zwei übereinanderliegenden, durch eine enge Röhre verbundenen Teilen, um zu verstehen, daß zu jener Zeit nur das Glas wirklich mit Erfolg dem Metall den Rang streitig machen konnte – wenn nicht in der Feinheit des Dekors, so doch wenigstens dank der freien Formgebung und der schillernden Farben.[15]

Eine dieser Glasformen ist gallisch: das Fäßchen, das dem Holzfaß in starker Verkleinerung nachgebildet ist. Man trifft es vorwiegend in Gräbern an. Gab es einen Totenbrauch, der Bezug hat zu dem Bierfaß des Hammergottes Sucellus und damit zum Dispater der Unterwelt? Es ist noch zu früh, dies eindeutig zu klären. Dieses elegant geformte kleine Gefäß war aufrecht zu stellen und hatte die Öffnung an einem der beiden Böden. Es scheint die Spezialität von »Frontinus« gewesen zu sein, dessen signierte Stücke vom Rheinland bis zur Normandie gefunden wurden, wo es guten Sand für die Glasherstellung gibt. Dieser Meister hatte außer seinem Stammhaus rund zehn weitere Werkstätten, die die Signatur führten; er hat das Zentrum und den Norden Galliens mit seinen feinen und originellen Erzeugnissen beliefert.[16]

5. Weberei und Lederverarbeitung

Im Gegensatz zu den bisher behandelten Berufen ist von den Produkten aus diesem Bereich kaum etwas bekannt. Man hat Gewebe und Leder nur in wenigen Resten gefunden, die Gelegenheit zu technischen Beobachtungen boten. Ein Bild von der Bedeutung dieser Industrie kann man sich anhand der Inschriften, der Textstellen und der Skulpturen machen – sie war erheblich. Was wir über die Kleidung wissen, belegt das zur Genüge, und das Urteil der Römer über gallische Gewebe bestätigt es: sie schätzten ihre Qualität und ihre Bequemlichkeit. »Das fruchtbare Gallien kleidet mich«, sagte Martial,[1] und das Wort *sagarius* für Hersteller oder Verkäufer gallischer Mäntel *(sagum)* wurde im ganzen Römerreich zur Bezeichnung für Händler mit Geweben und Unterkleidern.

Spinnereien, Weber, Walker und Schneider

Das Spinnen besorgten die Frauen meist zu Hause. Wie man weiß, war das Spinnrad noch unbekannt, es tritt erst gegen Ende des Mittelalters auf. Die alten Parzen, die menschliche Schicksale spinnen, beschreibt Catull so: »Zu ihren Füßen standen aus Weiden geflochtene Körbchen, welche die schimmernde Wolle in weichen Knäueln bewahren [...] Die Hände vollzogen den Brauch ihres ewigen Tagwerks: hielt die Linke den Rocken, mit weicher Wolle umgeben, zog die Rechte den Faden rasch aus und formte mit spitzen Fingern den Zwirn, um dann mit dem schrägen, schnellenden Daumen um den gedrechselten

Wirtel die Spindel sich drehen zu lassen. Ständig glätteten sie das Gesponnene mit ihren Zähnen, die wegzupften, was an dem feinen Faden herausstand, und die Fasern hingen an ihren trockenen Lippen«[2] (Übersetzung Otto Weinreich).

In Straßburg gibt ein Sarkophag das passende Bild zu dieser Schilderung: man sieht zwei Parzen einander gegenüber, die eine sitzt auf einem hohen runden Hocker und hält in der Linken vor sich den Rocken, und die Rechte zieht die Wolle; zu ihren Füßen ist ein kleiner Kasten, der rohe Wolle enthält. Die andere sitzt nach gallo-römischer Weise in einem hohen Sessel mit gebogener Lehne. Sie spinnt nicht: sie hält in der linken erhobenen Hand ein Knäuel, das ihre Schwester gewickelt hat, und die andere haspelt diesen Schicksalsfaden ab.[3] In den Wohnhausruinen hat man hölzerne Spindeln und vor allem Wirtel gefunden, kleine flache Rundscheiben aus Knochen oder Ton mit einem Mittelloch für das untere Ende der Spindel, die sie senkrecht und in Drehung hielten.

Gewebt wurde meist daheim, aber es ist anzunehmen, daß es auch Werkstätten gab, die die Kleiderfabrikanten belieferten. Wenige Spuren haben sie in der Skulptur, gar keine in den Inschriften hinterlassen, wo der *textor* nie erwähnt wird. Der Webstuhl ist uns nur aus anderen Gegenden des Reichs bekannt. Er arbeitet gewöhnlich senkrecht (hochschäftig), und die wenigen uns erhaltenen Teile sind Gewichte aus Knochen, Stein oder Metall zum Spannen der Kettfäden und die großen Knochen- oder Metallkämme.

Nach dem Weben geht das Tuch durch die Hände des Walkers, des Zurichters (Appretierers) und des Färbers. Die Arbeit des Walkers ist nur schwer in der Wohnung auszuführen; man braucht Bottiche, besondere, oft übelriechende Laugen, viel Wasser, erfahrene Arbeiter. Auch mußte man sich außer in den großen Domänen an Handwerker wenden. In Évreux gab es eine Genossenschaft der *fullones,* der Walker, mit ihrem »Bad«, und eine andere ist aus Köln bekannt. »Was der Müller fürs Korn, das war der Walker fürs Tuch«, sagt Camille Jullian.[4] Mit nacktem Oberkörper steht der Arbeiter in einem großen rechteckigen Bottich, der ihm bis an die Waden reicht; er stützt sich mit beiden Händen auf die hohen Zuberwände an beiden Seiten und walkt mit den Füßen das Tuch in einer dafür vorbereiteten Flotte, die aus alkalischer Lauge und geschlämmtem Ton besteht; hinter ihm liegt ein Stück vor oder nach dem Walken auf einem Trockentisch oder auf einer an der Wand befestigten Presse; denn das Walken hat den doppelten Zweck, das Gewebe zu entfetten und ihm dann durch Pressen und Verdichten der Fäden Festigkeit zu geben.[5] Braune Stoffe waren zwar sehr verbreitet, aber die Autoren bezeugen die Vorliebe der Gallier für lebhafte Farben, besonders für rote und für buntgescheckte Stoffe. Walker, die das Tuch waschen, oder Färber gibt es in Flandern: hier rühren drei Arbeiter, dort ein einzelner, mit langen Stöcken die Flotte in einer Wanne um, in der das Stoffstück liegt. Die Kardierer oder Bürster und die Tuchscherer, die dem Tuch die Appretur gaben, gehörten sicher auch zur Genossenschaft der Walker. Das Tuch wird mit einer mit Stacheln besetzten Bürste gekratzt, dann mit einer sehr großen Schere aus parallelen Schermessern mit abgerundeten Enden geschoren, deren breite gegenüberstehende Schneiden sich fast überdecken. Die Arbeit des Tuchscherers schließt die Arbeit des Walkers ab. Stehend hält er in beiden Händen die lange Schere, die er auf dem über ein Holzgestell senkrecht herabhängenden Stoff entlangführt; dieses kann er heben und senken mit Hilfe beweglicher Rahmen, die mit Bolzen festgestellt werden.[6]

Der Schneider gebraucht Scheren der gleichen Art, aber kürzere. Er ist mit seinem Gehilfen dabei, ein Stück Tuch auf dem Tisch zu zerschneiden: sie halten es straff gespannt, der eine zeigt mit dem Finger auf die Stelle, wohin er schneiden soll, andere Kupons sind in flachen Ballen an der Wand im Hintergrund aufgestapelt; die fertigen Kapuzen sind an der Wand aufgehängt und lassen keinen Zweifel daran, daß er sowohl Fabrikant als auch Händler ist. Die Verkaufsszenen aber sind noch viel lebendiger und gehören zu den klassischen Themen der Grabmalkunst in Gallien wie in Norditalien. Der Kleiderhändler steht hinter dem Ladentisch und hält seine Schreibtafeln in der Hand; vor der Wand hängt seine Ware auf einer Leiste mit Kleiderhaken, es ist ein Kapuzenmantel. Ein wichtiger Kunde, ein Offizier zweifellos, sitzt im Laden auf einem bequemen Stuhl mit Sitzkissen: er ist bärtig, mit einer Hand nimmt er sein Schwert zwischen die Beine, mit der anderen befühlt er ein Tuch, das ihm der Verkäufer vorlegt, der seine Qualität anzupreisen scheint, während ein anderer der Szene zuschaut; weitere Tuchballen liegen auf den Regalen an der Wand. In einer großen Werkstatt sind sieben Mann dabei, Tuchkupons durchzumessen: einer hält ein ganz abgewickeltes Stück, das ein anderer mißt, ein dritter trägt eins auf den Schultern, ein vierter notiert die Maße. Und hier sind wir in einem großen Geschäft, das mit schweren Vorhängen ausgestattet ist. Der Kaufmann steht hinter seinem Tisch, vor dem sich vier Personen drängen, Kunden oder Verkäufer, die ein paar Kunden beobachten. Diese sind beim Kauf eines Stücks Stoff oder eines Kleidungsstückes, das ihnen vorgelegt wird: die Frau ist elegant gekleidet, sie bewundert die Ware; der Mann stützt sich mit beiden Händen auf den Ladentisch; sicher richtet er sich darauf ein, die Rechnung zu bezahlen.[7]

Das Leder und seine Verarbeitung

In einem Land mit reicher Tierzucht, in dem der aus Eichenrinde gewonnene Gerbstoff leicht zu beschaffen ist, spielt das Leder eine wichtige Rolle bei der Kleidung, bei der Bewaffnung und als Bestandteil vieler Geräte für Mensch und Tier. Mützen und Helme, Schuhe, Gamaschen und Beinschutz, Handwerkerschürzen, Panzer und Schilde, Gürtel und Schwertschneiden, Sättel und Zaumzeug, Geldbeutel und Handtaschen, Schläuche usw., alle Arten von Gegenständen waren aus Leder zu machen, dessen Zurichtung ein hochentwikkeltes Gewerbe entstehen ließ und dessen Verarbeitung viele kleine Handwerksberufe ernährte. Man denke daran, daß die Gallier, als sie noch das Meer beherrschten, auf ihren seetüchtigen Schiffen zu Cäsars Verwunderung anstelle der Segel gegerbtes und genähtes Leder hißten. In Saintes haben die Sattler und Geschirrmacher *(lorarii)* ihren Platz im Amphitheater, und ihre Erzeugnisse exportierten sie nach Italien; Plinius berichtet z.B. von dem Schiffbruch einer gallischen Lederfracht bei Ostia. Die Verwendung von Leder und Pelzen war im übrigen bei den europäischen Steppenvölkern verbreitet, und es ist möglich, daß sich die Überlieferung davon bei den Kelten in besonderem Maße gehalten hat.[8]

Wir besitzen sehr wenige Zeugnisse über die Lederherstellung. Lange Zeit hat man für das französische Wort *tanner* (gerben) keltischen Ursprung angenommen, aber das hat man heute aufgegeben. Enthaaren, Gerben, Zurichten haben in den Inschriften keinerlei Spuren hinterlassen und auch in den bildlichen Darstellungen nur sehr wenige. Ein Grabstein zeigt auf der einen Seite ein ausgestrecktes Tierfell, auf der anderen ein Halbmondmesser (Abb. 41a), eine Ahle (Abb. 41b) und eine Glättschiene: das sind die Werkzeuge des Gerbers und des Sattlers oder Schuhmachers. Unter allen Lederhandwerkern kennen wir die Schuster am besten. Ihre Werkzeuge sind auf Grabsteinen zu sehen: die *ascia* (die zur Herstellung von Holzsohlen dienen kann), der Leisten (Abb. 41c), ein kleiner Hammer, eine Feile (Abb. 41d) – oder auch der Handwerker selbst ist abgebildet, der in einer Hand einen Leisten, in der anderen ein Schustermesser hält oder auch eine

Klinge, krumm wie ein Haumesser, und eine Ahle. Und eines der seltensten Dokumente über das antike Handwerkszeug ist der Grabstein des Schusters Sabinianus, Sohn des Minuo aus Autun, der einen kleinen Hammer in der Hand hält, während auf dem Sockel eine große Lochzange dargestellt ist, ein Werkzeug, von dem kein Exemplar erhalten ist – dies hier ist die einzige antike Darstellung (Abb. 41 e).[9]
Die Sattlerei ist auf Soldatengrabsteinen häufig dargestellt. Gewiß ist der Sattel nicht immer aus Leder: sehr oft ist es sogar ein einfacher »Teppich«, wie seine Fransen verraten. Aber manchmal ist das Leder am Fehlen jeder Falte, an den Sattelknöpfen, selbst am Fell erkennbar.

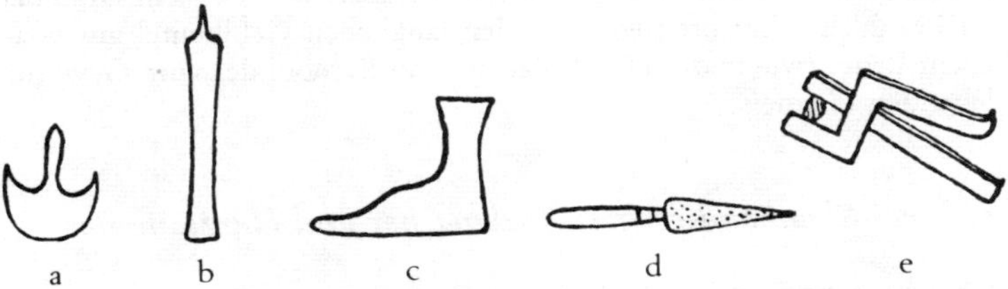

Abb. 41. a) Halbmondmesser, b) Ahle, c) Leisten, d) Feile, e) Lochzange. – Zeichnungen von Dinh Trong nach Reliefs in Nîmes (a, b), Trier (c, d) und Autun (e).

Da sind gelegentlich mit Rauten verzierte Ledersättel, die unter anderen Beutestücken auf dem Triumphbogen von Orange zu sehen sind; ein anderer ist klein, besteht aus einem rechteckigen Stück Fell mit der Haarseite nach außen, das ein Gurt festhält, dargestellt auf einem schönen Pferd in Sens, das ein Pferdeknecht führt.[10] Auf zahlreichen Grabsteinen der Soldaten des Rheinheeres kann man ausgiebig die Panzer mit ihren Phaleren und ihren Gehängen betrachten, den Lederkoller mit seinen Lederstreifen, die den Unterleib schützen, oder den Schurz mit Metall-Zierscheiben, ebenso schöne Gürtel mit Zackenrand, doppelt oder auch mit Gehängen. Auf dem Bogen von Carpentras ist das Tierfell zu sehen, das einem gefangenen Barbaren als Bekleidung dient, vielleicht der *reno* der Germanen. Der Mantel aus Seehundsfell, den Solemnis, eine wichtige Persönlichkeit des Gebiets von Caen, als Geschenk empfängt, war eine der wertvollsten Lederbekleidungen. Offensichtlich stammte er aus Nordwesteuropa, vielleicht von den briti-

schen Inseln. Das Heer war schon zu allen Zeiten Hauptabnehmer der Sattlerei; übrigens hatte es wahrscheinlich seine eigenen Werkstätten. Es ist freilich nur ein Epitaph eines Geschirrmachers, eines *capistrarius* bekannt (der Kopfgeschirr und Halfter macht). Die auf Steinbildwerken dargestellten Helme waren gewiß meistens aus Leder; und die Helme aus Metall hatten innen teilweise Lederfütterung.[11]
Wir haben die Mütze und die Schürze gesehen, die Vulcanus oder der Schmied tragen. Ein anderer bekannter Gegenstand, mit dem man sich oft auf seinem Grabstein darstellen läßt, ist die flache, rechteckige Handtasche mit Lederriemen. Sie wechselt ab mit dem Kästchen oder der Kassette, um darzulegen, daß der Verstorbene in seinem Leben fleißig gearbeitet und wenigstens soviel erspart hat, um sein Grabmal zu bezahlen. Und oft sieht man den länglichen Geldbeutel aus weichem Leder (wie in der Hand Merkurs) als Symbol des vom Gewerbe lebenden Handels.

6. Zwei Kleinhandwerker: Korbmacher und Harzsammler

Über manches weniger bedeutende Gewerbe kann man nur Mutmaßungen anstellen und in Analogie sprechen, da jedes konkrete oder literarische Dokument fehlt: z.B. über die Seilerei, die Papierherstellung, die Pfropfenherstellung (man benutzte offenbar vorwiegend Pfropfen aus Ton). Über die Verarbeitung von Bein und Horn informieren uns nur die Funde, die Nadeln, Kämme, Spielsteine, Scharniere usw. Gar nichts wissen wir von den Werkzeugen und der Technik. Zur Herstellung von Seilen gibt es nur einen Grabstein aus Reims: Der Seiler steht aufrecht und hält eine Kordel; sie ist an einem gegabelten Ständer befestigt, der auf einem hohen Untersatz steht. Auf anderen Reliefs sind allerdings auch dicke Seile zu sehen, mit denen man kunstvoll die schwersten Ballen verschnürte.[1] Aus den Bildzeugnissen erfahren wir schließlich etwas über die Korbmacher.

Der Korbmacher

Er liefert in einem Land, in dem es an feuchten Gebieten und Sümpfen nicht mangelt, eine Menge verschiedener Produkte, deren vorherrschende Eigenschaften das leichte Gewicht, also Beweglichkeit und ein niedriger Preis sind. Natürlich ist heute nichts mehr davon erhalten, aber eine große Anzahl ist auf Bildreliefs dargestellt und wird in

Schriftquellen beschrieben. Es gab Behälter: große und kleine Körbe; Möbel: Sessel und Truhen; Fahrzeuge: Korbwagen und Boote; landwirtschaftliche Geräte: Kornschwingen und Kiepen; und was trotz Fehlens jeder Belege anzunehmen ist: Bodenmatten und Wandmatten, vielleicht Vorhänge, Wiegen, Strohhüte und Sandalen, ebenfalls Erzeugnisse einer Kunst, die in Gallien sehr verbreitet war, besonders im Möbelbau. Die Weidenruten wurden sicher meist im Haus verarbeitet, vor allem auf dem Land in den Domänen. Mit dem Flechten von Körben beschäftigten sich die Frauen während der Wintertage, wie man es auf dem Mosaik von Saint-Romain-en-Gal sieht; oder es war die Arbeit eines einfachen Handwerkers; denn der Beruf des Korbmachers *(viminarius)* tritt in den Inschriften nur einmal auf, ein anderes Mal vielleicht noch auf einem Grabmal.[2]

Der hohe Korbsessel mit runder Lehne, dieses bevorzugte gallo-römische Möbelstück, wird mit meisterhafter Kunstfertigkeit auf Holzgestellen geflochten (Taf. 22), bekannt ist zudem der Sessel aus geflochtenen Rindenstreifen.[3] Ferner stellte man einfachere Sitze aus Rohr her. Ein Sarkophag zeigt eine Tischszene, bei der zwei Frauen auf runden Hockern aus sorgfältig umflochtenen Gestellen neben schönen Körben sitzen.[4] Unter den Truhen sei die in einem Speiseraum aufgestellte

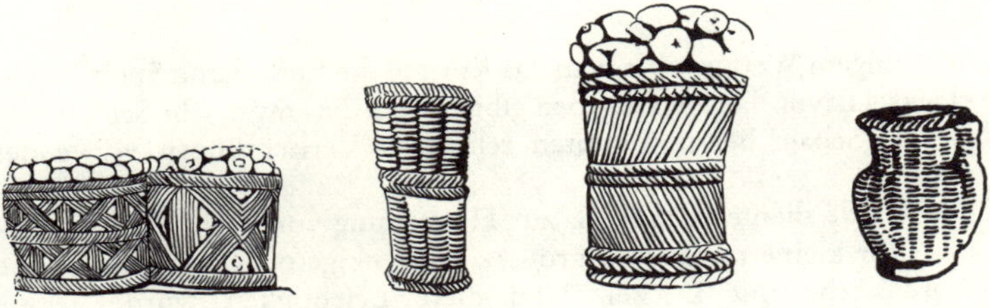

Abb. 42. Verschiedene Arten von Körben. – Zeichnungen von Dinh Trong nach Reliefs aus Neumagen, Köln, Trier.

genannt, die einen Behälter schützt, aus dem man Getränke schöpft (vgl. Abb. 25); schön geflochten sind auch die Hüllen für die großen Krüge und die gewaltigen Ballonflaschen. Die Körbe bezeugen vor allem die Geschicklichkeit in einer Art von Kunstflechterei: runde Platten mit flachen Rändern, mit Früchten beladen, auf den Knien der Göttinnen, oder von Dienerinnen getragen; Körbe mit und ohne Henkel, stets voller Früchte, die die Abgeschiedenen tragen, Symbole einer Fruchtbarkeit, die im Jenseits nicht endet; schöne walzenförmige Körbe endlich aus über Kreuz geflochtenem, breitem, flachem Rohr. Die Sorgfalt, mit der der Bildhauer diese empfindlichen, kunstvoll gearbeiteten Gegenstände darstellt, scheint die Treue unmittelbarer Beobachtung zu beweisen (Abb. 42).[5]

Hier nun die Arbeitsgeräte. Der große Traubenkorb erscheint in Darstellungen der Weinernte, wie sie bei religiösen Skulpturen mit bacchantischen Szenen und in der Grabmalkunst häufig sind, dort gilt er manchmal als Symbol des Herbstes, öfter aber der froh bestandenen Feldarbeit. Ein anderes landwirtschaftliches Gerät, das aus Weiden geflochten wird, ist die Kornschwinge, die große flache Schwinge mit erhöhten Rändern an drei Seiten und an der vierten Seite offen, mit oder ohne die beiden Griffe (Abb. 43), manchmal mit Leder bezogen:

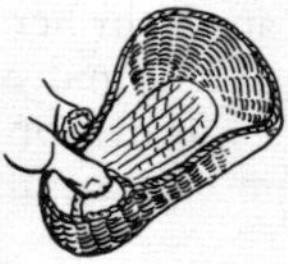

Abb. 43.
Kornschwinge. – Zeichnung von Dinh Trong nach einem Relief aus Mainz.

bei ruhigem Wetter wirft man das Korn in die Luft, damit Spelzen und Häcksel davonfliegen. Daneben gibt es noch die »mystische Schwinge«, die als Schale bei bestimmten religiösen Verrichtungen verwendet wird.[6]

Die Weide diente auch noch zur Herstellung von leichten Wagenkästen: für kleine runde und größere rechteckige oder längliche, große Warenkörbe mit Deckel. Und diese Leichtigkeit wurde gerade benötigt für bestimmte Schiffe auf dem »Britischen Meer« (wovon Plinius spricht). Sie bestehen aus einem Schiffsrumpf aus Korbgeflecht, der mit aneinandergenähten Häuten bezogen war: es ist dies die erste Erwähnung der *coracles* im Westen. Dabei handelt es sich um regelrechte runde Körbe, eine der frühesten Schiffsformen, und diese Art findet man noch heute auf den Flüssen und Seen von Wales.[7] Das Weidenkanu, in dem der Lingone in seinen Sumpfgewässern jagte und das er im Testament auf seinem Scheiterhaufen beim Begräbnis mit zu verbrennen verlangt, ist wahrscheinlich ein Kahn aus fest zusammengebundenen Schilfbündeln.[8]

Ein lokales Gewerbe: Harzgewinnung

Archäologische Funde werfen von Zeit zu Zeit einiges Licht auf bis dahin unbekannte Techniken: so auf die Harzgewinnung.
Harz dient mehreren Zwecken, entweder zur Herstellung von Fackeln oder zum Kalfatern von Schiffen, zur Weinbereitung oder als Zusatz zu Heilmitteln oder Farben. Seit 1929 konnte man in den Causses von Aquitanien an etwa 30 Stellen die von den Rutenen bei der Destillation aus Kiefernholz angewandte Arbeitsweise untersuchen.[9] Die Fundlagen verrieten sich durch Kiefern-Holzkohleschichten von manchmal einem Meter Stärke. Man hat sehr bald mit großer Genauigkeit einen Prozeß rekonstruiert, den Plinius beschreibt: In Europa wird das flüssige Pech aus der Kiefer mit Hilfe des Feuers für den Schiffbau und für zahlreiche andere Zwecke gewonnen. Das Holz wird zerkleinert und mit einem außen auf allen Seiten um die Öfen herum entfachten Feuer zum »Kochen« gebracht. Die erste Extraktion fließt wie Wasser durch Kanäle ab.[10] In Gallien verwendete man große, in den Felsen oder in den Sand versenkte Gefäße von bis zu einem Meter Höhe anstelle gemauerter Öfen. Auf das eingegrabene Gefäß setzte man über der Erde ein zweites als Deckel; ein Holzgitter trennte beide voneinander: in das obere wurden die Kieferscheite gestapelt, das Ganze schloß man mit einer Dichtung aus Lehm, und man entfachte das Feuer rings um das obere Gefäß. Die Gase drangen durch ein Loch in den Boden dieser Urne, das destillierte Pech sammelte sich unten, und das aus dem Dampfniederschlag gebildete Wasser floß durch das Loch der unteren Urne in den Boden. Die aufgefundenen Gefäße trugen noch die Schicht des pflanzlichen Teers, des »Pechs«. Die bei diesem Vorgang gewonnene Holzkohle verbrauchte man am Ort oder in der Umgebung als Brennmaterial.
Das war ein kleines Wandergewerbe. In der Umgebung der Öfen hat man nur Dachziegel und Nägel gefunden, Reste von Holzhütten, Brunnen und Zisternen und ein gut ausgestattetes Grab. Die Pechbrenner mußten von Kiefernwald zu Kiefernwald ziehen, sobald die jeweiligen örtlichen Bestände erschöpft waren.

Das Arbeitsfeld des gallo-römischen Handwerks reichte sicherlich weiter, als es unser flüchtiger Überblick beschreiben kann. Zwei Tatsachen unterstreichen seine einzigartige Rolle. Erstens sind die Handwerksszenen in der Grabmalkunst Galliens häufiger und vielfältiger als im übrigen Reich: das ist nicht nur der Erfolg einer Kunstform, was schon bezeichnend wäre, sondern es besteht auch ein tiefer Zusammenhang zwischen einer großen Anzahl von Facharbeitern und der Grabmalkunst, eine Übereinstimmung, die man nur wieder so in Ägypten antreffen kann, wo der von der Arbeit eines fleißigen Volkes unterhaltene Wohlstand durch Jahrtausende die Vorliebe für Genreszenen gefördert hat. Diese Themen haben sich von Alexandria aus in der griechischen und römischen Kunst verbreitet: in Gallien trafen sie auf das günstigste »Klima« für ihre Entwicklung.

Zweitens haben drei Hauptgottheiten der handwerklichen Fertigkeiten in Gallien auffallende Ehren genossen. Der große Gott der Gallier, Merkur, ist nicht allein Beschützer des Handels und des Verkehrs wie im übrigen Reich, sondern Erfinder des Gewerbes oder, um Cäsars eigene Worte zu benutzen, »Erfinder aller Künste« (der Beiname des großen Gottes Lug der Iren, *Samildanach*, drückt die gleiche Eigenschaft aus). Das Bild dieses Gottes, des Gewerbes und des Handels, könnte man in zwei im Elsaß gefundenen Reliefdarstellungen sehen, wo er im einen Fall die Feuerzange des Vulkan und im andren einen Hammer hält.[11] Es scheint, daß die Gallier als erste dem Gott diese Rolle zugewiesen haben: bei den Griechen schrieb man Hermes nur einzelne Erfindungen zu, die Leier Apolls und die Maße und Gewichte; in Gallien ist er Erfinder aller Techniken. Neben ihm begleitet Minerva die Ausführung dieser Erfindungen: sie lehrt die Praxis der Kunst und des Handwerks, wacht über die geistigen und handwerklichen Leistungen des Menschen. Endlich ist Vulkan der Vater der Technik im speziellen Sinn, der von den Galliern hochgeschätzten Metalltechnik: er hatte ihren einheimischen Schmiedegott ersetzt.

Vier Reliefs stellen unter Ausschluß aller übrigen Götter diese drei Schutzgötter von Kunst und Handwerk dar, und sie drücken so auf überzeugende Weise die Entwicklung und Macht des gallo-römischen Handwerks aus.[12]

Fünftes Kapitel

Die Arbeit: Landwirtschaft und Handel

1. Die Bauern – 2. Die Händler

1. Die Bauern

Die Landarbeit beruht mehr als andere Arbeiten auf den Erfahrungen der Jungsteinzeit und der Bronze- und Eisenzeit, der Periode, in der die Böden gerodet und unter Kultur genommen wurden. Auch hier bestehen die gallischen Techniken, die sich bewährt haben, weiter in römischer Zeit: unter einem dem Getreidewachstum förderlichen Klima, auf einem für den Anbau im großen günstigen Boden wurden sie immer weiter verbessert und teilweise sogar von der römischen Landwirtschaft übernommen. Man hat öfter darauf hingewiesen, daß unter rund 70 Wörtern, die die französische Sprache dem Gallischen verdankt, sich über ein Dutzend auf den Boden und seine Kultivierung beziehen: *lande* (Heide) und *bruyère* (Heidekraut), *breuil* (Dickicht), *marne* (Mergel), *glaise* (Lehm), *bourbe* (Schlamm), *raie* (Furche), *javelle* (Schwaden), *bief* (Graben), *ouche* (guter Ackerboden), *charrue* (Pflug) und vielleicht *soc* (Pflugschar); Pflanzen: *berle* (Brunnenkresse), die *beloce* (Schlehe); das Verb *glaner* (Ähren lesen), und *chemin* (Weg), *arpent* (Morgen), *lieue* (Leuge, Meile). Die auf Luftbildfotografie spezialisierten Archäologen in England suchen die Form antiker Felder zu unterscheiden, die in der Jungsteinzeit anders aussehen als in keltischer Zeit: aus Frankreich liegt dazu noch kein eindeutiges Ergebnis vor.

Oft und gern wird auf öffentlichen Denkmälern die Fruchtbarkeit des Landes symbolisiert: Blumen- und Fruchtgirlanden und Szenen aus dem Landleben preisen diese freudenspendende Erde, besonders auf den Triumphbögen füllen diese Darstellungen die Bögen oder Wölbungen, die die Masse des Bauwerks tragen, so wie die Erde trägt, was Menschen erbauen. Zu sehen ist unter dem Mars-Tor in Reims eine Reihe von Kassetten, in denen die Arbeiten in den verschiedenen Monaten des Jahres dargestellt sind. Eine Frau im Kreis von vier Amoretten steht in der Mitte, sie reichen ihr Blumen und Früchte. Um sie herum gehen die Ackerarbeiten vor sich: ein Bauer zieht mit seinem Pflug die Furche, und ein Reiter jagt einen Hirsch über das Land; ein

Ochsengespann; ein Bauer eggt, daneben stehen Pferd und Wagen; drei Schnitter ernten, einer davon schärft seine Sichel; dann das Pressen von Oliven oder Traubenmark: vier Männer machen sich um eine Presse zu schaffen; endlich die Tierzucht: ein Hengst und eine Stute, und die Schlächterei, wo man ein Schwein absticht, während ein anderes noch sein Schicksal erwartet.[1]

Solche Bilder aus der Landarbeit sind in der Kunst häufig, die darin wetteifert, die Freigebigkeit der Natur zu feiern. Sie zieren besonders ein Mosaik aus Saint-Romain-en-Gal, das einen Bauernkalender darstellt. Die neunzehn Bilder, die noch erkennbar sind, zeigen die Winterszenen vollständig: zwei Bauern sitzen beim Herdfeuer; ein Mann trägt Weiden zu einer Frau, die einen Korb flicht; zwei andere säen Pferdebohnen; ein Mann und ein Kind opfern den Hausgöttern; die Mühle dreht ein Esel, den eine Frau antreibt; ein Mann schiebt Brote in den Ofen; zwei andere im warmen Kapuzenmantel bringen auf einer Trage Mist zum Weinberg. Vom Frühling ist nur die Ankunft des ersten Storches erhalten, den zwei Bauern begrüßen, und das Pfropfen der Obstbäume. Vom Sommer das Opfer für Ceres vor der Ernte, die Schnitter und ein Bauernfest. Die Herbstbilder sind wieder vollständig: da ist die Weinernte; die Lese der Trauben von Reben, die sich an Bäumen und Weinspalier hinaufranken; Trauben werden beim Klang der Flöte gestampft; Traubenmark mit einer Hebelpresse ausgepreßt; die Amphoren mit Harz abgedichtet; schließlich werden die Äpfel gepflückt, der Boden bei den Bäumen umgegraben, das Land bestellt und gesät.[2]

Die Lebensweise auf dem Land

Je nach Region ist sie verschieden. Die Häuser liegen verstreut oder zusammen, das Eigentum und die Wirtschaft sind klein oder groß, aber der Mittelpunkt ändert sich kaum: die *villa*, die Wohnung des Eigentümers, um sie herum stehen die landwirtschaftlichen Bauten und die kleinen Werkstätten der Handwerker, die für den Betrieb nötig sind. Dieser übernimmt oft die Rolle des Dorfes von heute, und er ist um so wichtiger, als er häufig als Hort der Romanisierung wirkt. Es gibt genug Weiler und Flecken, die im allgemeinen von ihrer Lage an der Straße leben, als Station für die Reisenden, als Treffpunkt (Märkte, Pilgerorte, Schauspiele) für die Bauern der benachbarten Domänen: aber sie sind meist von einer Domäne abhängig, anders als heute, wo die Domäne von einer Landgemeinde abhängt. Wie beeinflußte diese Situation das Leben der Einwohner? Größere Isolierung in den von der Villa am weitesten entfernten Teilen der Domäne, wo auf dem flachen Land die Dörfer fehlten; ein engeres Zusammenleben im Umkreis der Villa, wo sich alles vorfindet, was für uns heute zu einem Marktflecken gehört; sie ist ein Dorf für sich, ganz und gar der Macht des Verwalters unterworfen. Während der Pax Romana, als die Stadt ihre mächtige Anziehungskraft ausübt mit allen Neuheiten, die sie bietet, bewirtschaften viele Großgrundbesitzer die Landgüter nicht selbst; erst in spätrömischer Zeit unter dem Druck der Invasionen werden die auf den Umfang ihrer Befestigungen geschrumpften Städte verlassen und die großen Domänen von ihren Herren wieder in die Hand genommen.[3]

In der Domäne wurden viele eigene Erzeugnisse verarbeitet: man macht zum Beispiel Mehl, wie aus der großen Zahl von Mühlsteinen zu schließen ist, die sich in den Ruinen von Villen fanden. Gemahlen wird mit der tragbaren Mühle, die von Menschenhand zu drehen ist, oder mit der sehr viel größeren, die von einem Vierbeiner betrieben wird. Der erste Typ ist in unseren Museen in großer Zahl vorhanden: es ist die zweiteilige Drehmühle, die bis in die frühe Eisenzeit zurückgeht. Der feststehende Teil ist der Bodenstein *(meta)*, auf dem sich der bewegliche Läufer *(catillus)* um seine Achse dreht. Das Ganze ist klein, oft aus Lava, Basalt oder Sandstein; der Bodenstein ist weniger gewölbt und der Läufer weniger ausgehöhlt als bei den italischen Mühlen. Die sanduhrförmige große Mühle ist auf dem Grabmal des Careius zu sehen, dem Freigelassenen des Marcus, des Müllers in Narbonne.[4] Sie ist doppelt so groß wie das Tier, das sie dreht (ein Maultier mit Scheuklappen), es ist der von Italien her bekannte Typ, wie man ihn auf dem römischen Grabmal des Bäckers Eurysaces sieht. Über die Wassermühle sind keine Dokumente bekannt, die sie für Gallien vor dem 4. Jahrhundert belegen, in dem Ausonius darüber von der Mosel berichtet.[5] Es ist darauf hinzuweisen, daß ihr Prinzip in Kleinasien bekannt war und daß das französische Wort *bief* (Wassergraben) auf das gallische *bedo* hinweist: aber dieser Ableitungskanal dient nicht nur dazu, Wasser auf das Mühlrad zu leiten, sondern man bewässert damit auch die Wiesen. Die Windmühle gab es nicht. Bekanntlich ist sie erst während der Kreuzzüge aus Asien eingeführt worden.

Das Gerät

Der Ackerbau spielt in dieser Landwirtschaft die erste Rolle. Die Reliefs führen uns einige Szenen aus der Feldarbeit vor: man sieht den Mann, seinen Stock in der Hand, wie er hinter zwei Zugochsen den räderlosen Pflug führt, der aus drei Teilen besteht, dem Pflugbalken, von dem die Deichsel ausgeht, dem Sterz, auf den man drückt, und dem Scharbaum mit der Pflugschar aus Metall. Aber der Räderpflug hat in der bildenden Kunst keine Spur hinterlassen: man weiß tatsächlich nicht mit Sicherheit, ob er außerhalb Rätiens in Gebrauch war, wo ihn die Helvetier in römischer Zeit als erste verwendeten. Für die trockenen Böden des Südens ist er keinesfalls geeignet (ihnen ist der radlose Pflug besser angepaßt), eher für die schweren, lehmigen Böden des Nordens, die auf großen, langen Feldstücken bearbeitet wurden. Eines der Doppeljoche für ein Ochsengespann, mit zwei von Kugeln verzierten spitzen Aufsätzen, sieht man für sich allein auf einem

Abb. 44. Doppeljoch. – Zeichnung von Dinh Trong nach einem Relief aus Senon.

Grabstein über dem bärtigen Kopf eines Bauern abgebildet; auf der Mitte sitzt ein rechteckiger Klotz und ein spitz zulaufender Aufsatz, an dem man die Deichsel oder die Kette des Pfluges befestigte (Abb. 44). Auf einem Relief in Langres kommen zwei ausgespannte Maulesel von der Arbeit: eine herabhängende Geschirrkette wird vom Bauern gehalten, der hinter ihnen geht; aber es gibt kein Zeugnis, aus dem man sicher ersehen kann, daß Pferde für die Feldarbeit in dieser Zeit verwendet wurden.[6]

Plinius gibt an, daß die Treverer die Gewohnheit hatten, im März zu säen nach den Frösten, und er beschreibt die »Mähmaschine« (Abb. 45), die die Gallier erfunden hatten: »ein breiter Kasten mit Zähnen, der auf zwei Rädern durch das Erntegetreide von einem Ochsen vor sich hergeschoben wird; die von den Zähnen abgerissenen Ähren fallen nacheinander in den Kasten.« Dies ist eine Maschine für schwere Böden, deren Einmaligkeit von schon sehr weit entwickelten

Arbeitsmethoden zeugt.[7] Dessenungeachtet gebrauchte man die Sichel (Abb. 46a), oft ist sie gezähnt, und die große Sense; man rühmte sogar die keltische Sense, die mit beiden Händen bewegt wurde und größer war als die italische. Zwei Schnitter haben sie in den Händen auf dem Tor von Reims: der eine ist dabei, die seine zu schärfen, und vielleicht dienten diesem Zweck die Steine, *passernices* genannt, von deren Gebrauch jenseits der Alpen Plinius berichtet. Aber es ist fraglich, ob die Sense schon für den Weizen benutzt wurde, oder ob ihr Gebrauch sich auf Gras, Hafer und Schilfrohr beschränkte.[8] Danach wurde das Getreide gedroschen, im Süden im Sommer und draußen auf dem ge-

Abb. 45. »Mähmaschine«. – Zeichnung von Dinh Trong nach einem Relief aus Buzenol.

stampften Boden der Tenne; im Norden im Winter und mangels Sonne und wegen des regnerischen Klimas in der Scheune. Man drosch mit der Stange oder mit dem Dreschflegel, der ein Gelenk hatte. Davon gibt es freilich keine bildliche Wiedergabe, auch nicht vom Zerstampfen unter den Tritten der Saumtiere oder unter der von ihnen gezogenen Walze. Den Abschluß bildete das Schwingen des Korns bei ruhigem Wetter im Freien.

Gemüsebauern und Gärtner, die Gemüse, Obst und Blumen anbauen, verwenden das gleiche Werkzeug. Sie haben Dornenhecken abzuschneiden, Wurzeln auszureißen, den Boden aufzulockern, Bäume und Büsche zu beschneiden. Die Hippe (Abb. 46b) ist das symbolische Werkzeug des Gottes, den sie verehren, Silvanus. Es war schon in vorgeschichtlicher Zeit bekannt, wie auch die Hacke (Abb. 46c), von der alle Arten (Gartenhacken, zweispitzige oder mehrspitzige Jätehakken) in unseren Museen vorhanden sind; dazu gehört die *ascia,* nicht mehr die des Zimmermanns oder des Maurers, sondern des Feldarbeiters, dessen Werkzeug hier als Hacke dient und durch eine oder mehrere Spitzen ergänzt wird, wie bei der Jätehacke (Kombihacke). Aus Metall oder aus Holz mit zwei Metallbeschlägen besteht der Spaten (Abb. 46d), nur aus Holz das Pflanzholz (Abb. 46e). Der Gärtner benutzt auch ein Holzgerät mit leicht gekrümmtem Griff und einem querstehenden Holz, wovon mehrere Stücke aus gallischer Zeit gefun-

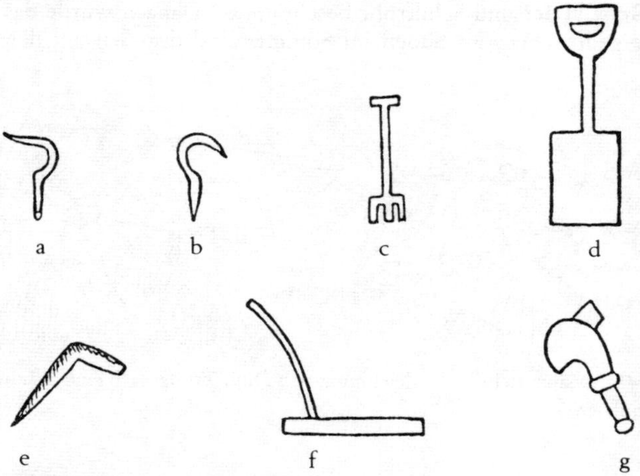

Abb. 46. a) Sichel, b) Hippe, c) Jätehacke, d) Spaten, e) Pflanzholz, f) Werkzeug, nicht benannt, g) Winzermesser. – Zeichnungen von Dinh Trong nach Reliefs aus Nîmes (a, e, g), Sens (b, c), Metz (d), Trier (f).

den wurden (Abb. 46f.) Die Schubkarre (frz. *brouette)* mit einem Rad, so wie wir sie seit dem Mittelalter kennen, fehlt: das französische Wort dafür, das von *birota* kommt, beweist, daß dieses leichte Fahrzeug ursprünglich zwei Räder hatte; auch davon gibt es aus der Antike kein Bild. Nehmen wir zuletzt dazu noch das Werkzeug des Erdarbeiters: die Schaufel und alle Arten von Hacken mit einer Spitze und einer Schneide entweder wie beim Beil oder wie beim Dachsbeil; dieses wichtige Gerät ist für militärischen Gebrauch vollständiger entwickelt als für den zivilen Bereich. Hier ist es indessen schon so geformt, wie es noch heute ist.[9]

Der Weinbau

Der Anbau des Weins, den die Römer mit seinem ganzen bacchantischen Gefolge in Gallien einführten, hat seit dem 1. Jahrhundert v. Chr. im Midi Fuß gefaßt. Die Weinberge überzogen das übrige Land nach der Eroberung durch Cäsar, nicht nur das Rheintal, sondern auch das Gebiet um Paris, wo Kaiser Julian die Existenz im 4. Jahrhundert bezeugt: Béziers, Bordeaux, Trier und auch Paris waren Zentralorte des Weinbaus. Diese Produktion begann bald den Getreideanbau, den Rom brauchte, zu beeinträchtigen und den Export der italischen Weinsorten so sehr zu bedrohen, daß Domitian die Vergrößerung von Weinbauflächen am Ende des 1. Jahrhunderts unterband und ihre teilweise Zerstörung anordnete. Aber ihre Entwicklung wurde von diesen Einschränkungen nur gebremst: Ende des 3. Jahrhunderts widerrief Probus die Maßnahme, und die Produktion ging von neuem weiter.[10]

Die Karte der Weinbaugebiete war nicht genau die gleiche wie heute. Man erzeugte Wein schon im Languedoc, im Rhônetal bis Vienne, in Burgund, im Bordelais, in der Limagne (Puy de Dome); weiter bei Marseille und Paris, die ihre Bedeutung verloren haben. Wir haben keinen Beweis dafür, daß man Wein in der Champagne angebaut hat, und kein Dokument blieb über die Loire, den Jura und das Rheintal erhalten; aber im 4. Jahrhundert rühmt Ausonius das Bukett der Moselweine, und er vergleicht dieses Land mit seinem geliebten Bordelais: »Von den Höhen über dem Tal bis zum Flußufer reihen sich die Weingärten aneinander; [...] das grüne Wasser des Flusses spiegelt die schattigen Hänge, die Wellen scheinen voller Laub, der Fluß mit Reben bepflanzt [...] die Hügel schwimmen auf dem bewegten Wasser, das Spiegelbild der Weinranke schwankt, und die Weinernte schwillt in der kristallenen Flut, in der der getäuschte Schiffer die grünen Reben zählt.«[11]

Diese Kultur, die anziehendste unter allen, hat unzählige Spuren in der bildenden Kunst hinterlassen. Auf den Tongefäßen sieht man, wie die Winzer die Leiter hinaufsteigen, mit einer Traube in der Hand; oder wie sie die Trauben in niedrigen oder hohen Bottichen treten (vgl. Abb. 38); oder wie sie die Trauben aus vollen Körben in diese Tröge schütten. Die von Amoretten eingebrachte Weinernte ist ein häufiges Dekor auf Sarkophagen. Das Winzermesser (Abb. 46 g) ist zusammen mit der Hacke oft auf Reliefs dargestellt. Der Traubensaft wurde durch Treten ausgequetscht, die Kelterpresse war zwar bekannt, diente aber vorwiegend für härtere Früchte, Oliven und Traubenmark. Die Olivenernte, die auf einem Sarkophag in Arles hübsch geschildert ist, brachte wie die Weinernte fröhliche Arbeitstage. Da sieht man Amoretten die Leiter mit nur einem Holm und Querstangen besteigen, sie reichen sich kleine Körbchen zu, um sie in größere Körbe zu leeren, und pressen die Früchte an Ort und Stelle in einer Presse; diese besteht aus einem Mahlstein, der sich in einer Mulde senkrecht um seine an einem Pfosten befestigte Achse dreht. Die Pulpe wurde dann in flachen, geschlossenen Säcken unter der Preßscheibe ausgepreßt. Man senkte sie mit einem Hebelarm, der mit einer Haspel oder einem Gewinde verbunden war, mit einem riesigen Stein als Gegengewicht. Aber in kleinen Betrieben preßte man die Oliven weiterhin mit dem Stampfer in einem Mörser.[12]

Die Tierzucht

Sie hat sehr viel weniger Spuren hinterlassen als der Ackerbau, obwohl sie gut gedieh. In den ländlichen Heiligtümern bringt man oft Weihegeschenke in Form eines Paares Ochsen dar. Die Texte rühmen die Schweinezucht. Die Beliebtheit, deren sich der Kult der Pferdegöttin Epona (Abb. 47) erfreute, stellt die Bedeutung der Pferde ganz in den

Abb. 47.
Epona. – Zeichnung von A. Marguet nach einer Votivstele aus Mainz-Kastel.

Vordergrund: die Stute und ihr Fohlen, schon von gallischen Münzen her bekannt, auf denen immer das Pferd dargestellt wurde, begleiten die Göttin auf vielen Reliefs.[13]

Aber von allen Zweigen der Züchtung ist es gerade die unscheinbarste, die den Künstlern am häufigsten Anregung gibt: die von Hirten be-

I

2

3

4

5

8

9

10

11

13

14

15

16

17

19

20

21

22

23

24

sorgte Zucht von Schafen und Ziegen. Das Hirtenleben, aus der Kunst der Mittelmeerländer nicht fortzudenken, ist auch den gallo-römischen Bildhauern vertraut. Sie räumen ihm eine Bedeutung ein, die es in der Wirklichkeit sicher nicht gehabt hat. Manche Darstellungen sind ganz konventionell: da ist der Hirt mit der Flöte, mit seinen Tieren, manchmal mit seiner Hütte, in einer Baum- und Felslandschaft; es ist eine der seltenen Szenen im Freien, auf der die Landschaft in seit hellenistischer Zeit erstarrten Formen erscheint: sie lebt in der christlichen Kunst fort in der nicht weniger konventionellen Geschichte vom Guten Hirten. Ernster wirkt der Grabstein des Hirten Jucundus, eines Freigelassenen des Terentius, mit seinem zum Teil gereimten Grabspruch: »Der du dies liest, Reisender, der du vorübergehst, wer du auch seist, halte an. Sieh meinen unverschuldeten Tod, höre meine vergebliche Klage: ich habe nur dreißig Jahre leben dürfen; ein Sklave hat mir das Leben genommen, danach hat er sich in den Fluß gestürzt.« Unter zwei großen Bäumen ist der unglückliche Hirte zu sehen, mit seinem Stab in der Hand, und seine Herde ist durch fünf Schafe dargestellt, die er, von seinem Hund unterstützt, vor sich her treibt. Dieser Freigelassene hat ein schönes Grabmal, er war offenbar der Oberhirte eines großen Gutes.[14]

Auf dem Markt

Die Produkte aus Ackerbau und Tierzucht werden oft an Ort und Stelle auf dem Hof selbst verkauft. Einen auf Tafeln schriftlich festgehaltenen Verkaufsvertrag des 1. Jahrhunderts hat man in Friesland gefunden. Er führt alle Formalitäten auf, die zum Kauf eines lebenden Ochsen gehörten. Der Käufer ist ein römischer Bürger, mit Sicherheit ein Armeelieferant:

*Ich, Gargolius Secundus, habe einen Ochsen mit allen gesetzlichen Sicherheiten von Stellus Becosus, Sohn des Reperius, vom Hof des Lopeteius für 115**** [Sesterzen oder Denare]. *Zeugen waren: Cesdius, Centurio der 5. Legion, und Mutus Admetus, Centurio der 1. Legion. Jede Reklamation* [meinerseits], *jede zivilrechtliche Haftung* [von seiten des Landwirts wegen Fahrlässigkeit bei der Haltung bis zur Lieferung] *sind ausgeschlossen. Die Veteranen Lilus und Duerretus* [»Bürgen« des Landwirts] *haben zugesichert, daß das gekaufte Tier am 9. September unter dem Konsulat von C. Funfius und Cn. Minicius geliefert wird.*

Unterzeichnet haben: *T. Cesdius, Sohn des Cesdius von der 5. Legion*

[Zeuge], *Marcus Junnius, Sohn des Marcus; Tiberius Atevus Erepus, Sohn des Numerius von der 5. Legion; Gaius Aius, Sohn des Tiberius; Secundus* [der Käufer]. – *Unterschrift des Verkäufers.*[15]

In diesem Fall kauft also die Armee direkt beim Erzeuger und zahlt einen Preis im voraus, der sicherlich entsprechend niedrig ist, legt nach dem vorauszusehenden Bedarf das Lieferdatum fest, verzichtet auf spätere Reklamationen, die mit der einheimischen Bevölkerung Ärger geben könnten, und sichert sich mit allen Garantien für das festgelegte Datum ab: zwei Offiziere sind Zeugen für den Käufer, der Verkäufer hat zwei Veteranen als Bürgen, und zwei Offiziere und zwei andere Persönlichkeiten mit römischen Namen zeichnen den Vertrag gegen.

Auf dem Felde wird dagegen oft für den lokalen Marktabsatz produziert. Sehen wir uns den Grabstein dieses Landwirtes aus Nordfrankreich an, auf dem die Reliefbilder seine verschiedenen Arbeiten zeigen. Er wird in voller Größe neben seiner Frau dargestellt, mit einer Sichel in der Hand. Dann schildern vier Bilder seine Tätigkeiten. Die Bearbeitung des Ackers, auf dem zwei Bauern das Feld umgraben, der eine mit dem Spaten, der andere mit der Hacke. Der Verkauf des Frühgemüses auf dem Hof: der Mann wühlt in einem Korb, den er einem Käufer anbietet. Der Transport zum Markt in einem zweirädrigen Korbwagen mit einem Pferd als Vorspann. Der Markt selbst: der Bauer und sein Knecht haben ihren Tisch mit den Feldfrüchten aufgestellt, darunter sind drei Körbe zu sehen; darüber hängen vier dicke Knollenbündel; ein Käufer zeigt mit der Hand, was er kaufen möchte.[16] Auf einem größeren Markt, in Bordeaux, sieht man, wie die Bauern aus verschiedenen Richtungen herankommen: der eine, die Peitsche in der Hand, führt zwei Ochsen unter dem Joch; der andere seinen Karren mit zwei Pferden davor. Die Händler sind auf ihren Plätzen: der eine steht hinter seinem Tisch, auf dem man zwei große bauchige Gefäße mit Deckel erkennt und einen Mörser mit seinem Stampfer; daneben wiegt ein Gehilfe auf einer großen römischen Waage die Waren mit zwei dazugestellten schweren Gewichten mit Griffen: es ist irgendein Händler, der Getreide oder Obst, vielleicht auch Oliven verkauft.[17]

Hier ist noch ein größerer Stand: auf einem Tisch werden vier dicke Säcke mit umgerolltem Rand feilgeboten, darin sind Trockengemüse oder Getreide; dahinter stehen drei Händler, der eine mit gekreuzten Armen, der andere spricht mit einer Kundin, die am Ende des Tisches steht, und ein dritter tut das gleiche auf der anderen Seite. Neben ihnen hat sich ein Händler etwas einfacher unter einer *aedicula* eingerichtet, er sitzt hinter seinem Tisch auf einem Hocker und feilscht mit einem Käufer; der gleiche Laden befindet sich auf der anderen Seite des großen Ladentisches.[18] An anderer Stelle wird der Verkauf von Brennmaterial oder von Getränken im Freien, auf dem Markt gezeigt: in Paris der Verkauf von Öl oder Getränken; in Arlon schenkt man mit der Kelle Suppe aus, sie steht im Kessel auf einem Rechaud, und der Bauer, auf seinen Stock gestützt, trinkt ein Glas aus, das er aus einem großen Bottich gefüllt hat.[19]

So sehen die Märkte aus, sei es im kleinsten Dorf oder in der Stadt, dahin bringen die Bewohner des Landes ihre Erzeugnisse, dort verkaufen sie selbst, machen die nötigen Einkäufe für ihren Lebensunterhalt fernab auf dem Lande, und sie kehren ein, um sich etwas zu stärken. Danach fahren sie zu ihrer Domäne zurück und haben den Wagen ebenso vollgeladen wie bei der Herfahrt.

2. *Die Händler*

In der Gesellschaft nehmen sie einen wichtigen Platz ein, denn sie sind die Hauptstütze eines sehr aktiven Wirtschaftslebens. Unter ihnen befinden sich eine ganze Anzahl von Ausländern, Italiker, Griechen oder Orientalen, die den Heeren vorausgezogen sind, um ihnen den Weg zu den Reichtümern zu zeigen; später sind sie diesen gefolgt, um das eroberte Gebiet auszubeuten: aber die wirtschaftliche Entwicklung hat dem Handel stets den unternehmungsfreudigsten Teil der Bevölkerung zugeführt.

Die Genossenschaften der *negotiatores* oder *mercatores* sind in großer Zahl besonders für bestimmte wichtige Handelsartikel bezeugt: Nahrungsmittel (Wein-, Getreide-, Gemüse-, Fleisch-, Öl-, Pökelfleisch- und Backwaren-Händler), Kleidung (Händler mit Mänteln und Tuniken), Baumaterial (Hausteine, Steine mit Skulpturen oder Inschriften), Keramik, Silber. Über manche Einzelheiten gibt die Grabsteinkunst zwar Auskunft, jedoch unvollständig. So ist eine auf Grabmälern ziemlich häufig dargestellte Szene die der Bezahlung: ein Mann sitzt an einem Zahltisch und hantiert mit Münzen vor einer oder mehreren Personen (Abb. 48). Da nichts darauf hinweist, ob er das Geld erhält, zählt oder auszahlt, ist es sehr schwer zu entscheiden, um wen es sich handelt, um einen Händler, einen Steuereinnehmer oder um einen Verwalter, der die Pacht kassiert. Und wenn er Geld annimmt, das ihm andere bringen, stellt sich dieselbe Frage wieder. Manche Verkaufsszenen oder Grabdarstellungen von Kaufleuten, auf die eine Waage oder ein Zahltisch hinweist, sind auch nicht klarer: ein Händler hinter dem Ladentisch hält in der Rechten eine Waage oder begrüßt in seinem Laden den mit dem Einkaufskorb eintretenden Käufer. Leider kann man in manchen Szenen nicht herausfinden, um welche Artikel es bei dem Handel geht, aber es ist klar, daß sich das Wirtschaftsleben des Landes so am unmittelbarsten ausdrückt.[1]

Maß, Geld und Preis

Die Symbole des Handels auf bildlichen Darstellungen sind das vor allen anderen notwendige Meßgerät und das anerkannteste Zahlungsmittel: die Waage und das Geld.

Die Waage mit zwei Schalen *(libra)* ist in der ganzen Antike bekannt: sie ist in verschiedenen Größen auf Reliefs zu sehen, und mehrere Exemplare wurden gefunden. Die größte hat der Holzhändler; die anderen sind kleiner und in der Hand zu halten. Ein anderer Typus *(statera)* besteht aus einem Waagebalken mit ungleich langen Armen, einer einzigen Schale, die am kürzeren Arm hängt, und einem beweglichen Gewicht, das auf dem mit einer Skala versehenen langen Arm verschoben werden kann: das ist die sogenannte »römische Waage«. Es gibt sehr große, manchmal sind sie größer als der Mann, der auf der einen Schale einen Ballen wiegt. Meist aber sind sie von mittlerer Größe. Einige wurden in Gallien gefunden, aber die interessanteste römische Waage kommt aus Italien, sie ist im Medaillenkabinett der Nationalbibliothek in Paris zu sehen: der Waagearm trägt auf drei Seiten drei verschiedene Skalen und drei Haken an verschiedenen Stellen, was den Gewichtsbereich der Waage zu variieren erlaubte; damit konnte man Gegenstände von 1 bis 3 Pfund wiegen, dann von 4 bis 10, und weiter von 10, 20 und 30 Pfund.[2] Die gefundenen Gewichte sind oft kleine Kunstwerke aus Bronze, Büsten eines trunkenen Silens, des Apoll oder des rosenbekränzten Amor;[3] für große Waagen sind es schwere Stein- oder Metallgewichte in Pyramidenform mit oben angebrachtem Ring. Die Gewichte der zweischaligen Waagen sind meist auf zwei gegenüberliegenden Seiten abgeplattete Marmor- oder Steinkugeln, mit den entsprechenden Zahlenangaben; es gab auch Metallbecher (Einsatzgewichte), die ineinander paßten, jeder trug seine Gewichtsangabe, der größte entsprach einem Pfund. Als kleine Gewichte nahm man Plättchen mit verschiedenen Durchmessern, wie sie auf dem

Abb. 48. Geldgeschäftsszene auf einem Relief aus Trier. – Nach »La Gaule Romaine«.

Grabstein eines Ädilen in Nîmes zu sehen sind, der eine kleine Waage mit zwei Schalen zeigt; denn die Magistrate hatten ein Inspektionsrecht für Maße und Gewichte.[4]

Man benutzte römische Gewichtsmaße, die *libra* (das Pfund) zu 327,450 Gramm und ihre Zwölfereinteilung in der Reihenfolge: *deunx* oder $^{11}/_{12}$, *dextans* oder $^{10}/_{12}$, *dodrans, bes, septunx, semis* oder halbe *libra; quincunx, triens, quadrans, sextans* und endlich die *uncia,* $^{1}/_{12}$ des Pfundgewichts wie des Fußes als Längenmaß und des *as* als Geldeinheit. Für Gewichte unter einer uncia (27,280 g) gab es die *semiuncia,* davon die Hälfte, den *sicilicus* (6,822 g), die *sextula,* das Sechstel (4,548 g), zuletzt das *scrupulum,* das kleinste Gewicht, $^{1}/_{16}$ der *uncia* und $^{1}/_{288}$ der *libra* (1,137 g). Wie bei den Längenmaßen erkennt man, daß die gängigen Einheiten keine unendlich kleinen Unterteilungen zuließen: dennoch bestätigen die Goldschmiedearbeiten und besonders die Münzprägung den Gebrauch von sehr feinen Meßinstrumenten und für den Bereich unterhalb des *scrupulums,* wie es die Untersuchung der fortlaufenden Geldentwertung der Reichswährung bewiesen hat. Schon die alten Gallier hatten Münzen, die weniger als 1 g bis zu 0,57 g wogen! Über das Fortleben gallischer Gewichtsmaße und den Ge-

brauch von lokalen Maßeinheiten sind wir weniger gut unterrichtet als über die Längenmaße: jedoch wurde in Alesia ein Steingewicht gefunden, das zwei Zahlen trug, *LXX*, das seinen schätzungsweise 18 kg in römischen *librae* entspricht, und *LV*, was das gleiche Gewicht in einheimischen Pfunden ausdrücken konnte, die etwa 260 g wogen.[5]
Der Gebrauch des Geldes bürgerte sich unter dem Einfluß der Römer allgemein ein, die auf diesem Gebiet einheitliche amtliche Prägungen wie auch mehrere Münzeinheiten für kleine Zahlungen einführten. Alles weist darauf hin, daß man sich damals des Geldes zum täglichen Einkauf bediente. Nicht bekannt ist, in welchem Umfang und für welche Arten von Waren der Tauschhandel, besonders auf dem Lande, noch fortbestand. War der Naturalientausch nicht viel stärker verbreitet, als die Zeugnisse es erkennen lassen? Gewiß legen die kaiserlichen Verordnungen in spätrömischer Zeit die amtlichen Steuersätze und die amtlich vorgeschriebenen Preise für Lebensmittel und Waren in Geldwert fest: aber sind das nicht nur theoretische Richtsätze, und nahm man in der Praxis überall Geld für kleinere Zahlungen? Alles, was man zu dieser das tägliche Leben eng berührenden Frage sagen kann, ist, daß es genügend Geldeinheiten gab, die jedes Geschäft erlaubten, daß man Geldverstecke selbst in einsamen und ärmlichen Wohnungen gefunden hat und daß man, in Ermangelung eines modernen Zahlungssystems, gezwungen war, in klingender Münze Zahlung zu leisten – bis zu den umfangreichsten Beträgen: Man kann sich nur schwer vorstellen, welche Berge von Münzen, welche Mengen von Geldrollen ein großes Vermögen damals bedeuten mußte, auch wenn man tragbare zylindrische Geldtruhen mit Fächereinteilung hatte, die z. B. die Truppenschatzmeister zum Transport des Soldes benutzten. Die Geld-»Tresore« enthalten oft eine so große Menge von Geldstücken, daß man sie nach Gewicht schätzt: ein solcher Fund in Évreux, gegen 276 vergraben, enthält mit seinen 425 kg über 100000 Münzen, und nicht selten sind Schatzfunde von 10, 15 und 20 kg. Wenn andererseits Gallien zuerst in Lyon, dann in Trier seine kaiserliche Münzstätte hatte, so scheint sie nicht während der ganzen Kaiserzeit ununterbrochen gearbeitet zu haben; und es gab Provinzen, Spanien beispielsweise, wo seit Beginn des 1. Jahrhunderts keine Münzen mehr geschlagen worden sind. Daraus ist zu schließen, daß das Geld vor allem der Truppenbesoldung diente, für tägliche Zahlungen nur in begrenztem Umfang verwendet wurde und demnach großen Kaufwert hatte, während der Tauschhandel besonders auf dem Land einen breiten Raum im Wirtschaftsleben einnahm.

Die Gliederung des Geldsystems hatte im großen und ganzen bis in spätrömische Zeit Bestand. Die Goldmünzen sind: der Golddenar *(aureus)*, der Halbdenar *(quinarius)*; die Silbermünzen: der Silberdenar mit dem Wert von 16 *as*, der Halbdenar *(semis)* und eine Münze mit höherem Wert als der Denar, der von Caracalla eingeführte *antoninianus;* die Bronzemünzen: das *as* und darüber: *libella* ($^{1}/_{10}$ Denar), *dupondius* (2 *as*), *tripondius* oder *tressis* (3 *as*), *quadrussis* von gleichem Wert wie der »Sesterz« (4 *as*), *decussis* (10 *as*); und darunter: *decunx* ($^{10}/_{12}$ *as*), *singula* oder *sem(ili)bella* ($^{1}/_{20}$ Denar), *semis* ($^{6}/_{12}$ oder halbes *as*), *terruncius* ($^{1}/_{40}$ Denar), *triens* ($^{4}/_{12}$ *as*), *quadrans* ($^{3}/_{12}$), *sextans* ($^{2}/_{12}$), die *uncia* ($^{1}/_{12}$) und die *semiuncia* als kleinste Einheit. Zuletzt wurde in der Mitte des 3. Jahrhunderts der Silberdenar durch eine versilberte Bronzemünze ersetzt, durch den »gemeinen Denar« oder *follis*. Infolge ständiger Geldverschlechterung haben die Geldwerte der verschiedenen Münzen aus verschiedenem Metall im Lauf der Zeit geschwankt, besonders der Münzen, die Gewichtseinheiten vorstellen sollten: so hat das in republikanischer Zeit ursprünglich eine *libra* oder 12 *unciae* (Gewichtsmaß) wiegende *as* in der Kaiserzeit nur noch $^{1}/_{12}$ *uncia*, und die Geld-*uncia* selbst wog nur $^{1}/_{12}$ dieser Zwölftel-*uncia*. Der Silberdenar mit dem Wert von 4 *as* zu republikanischer Zeit gilt zur Kaiserzeit 16 *as*.

Wir haben einige Sätze für Löhne und Lebensmittel des gängigen Verbrauchs angegeben. Hier fügen wir weitere, höhere Preise an. Die Sklaven: im Jahre 139 kostete in Dakien ein Kind von 6 Jahren 205 Denare; eine Kreterin, im Jahre 160, 420 Denare. Ein Liter Wein von guter Qualität, der »klebrige« von Vienne, kostete 9,60 Denare und die Amphore mit 26 Litern 250 Denare. Zu Beginn des 4. Jahrhunderts sind unter den im Edikt von Diokletian genehmigten Höchstpreisen angeführt: gute Schuhe 4,22 Denare, das Kilogramm weißer Seide 857 Denare; purpurfarbige Seide über 12 500 Denare – das sind die höchsten in diesem Edikt genannten Preise, sie galten für das ganze Reich und besonders für die Ostprovinzen.[6]

Gütertransport

Für kleinere Straßentransporte verwendeten die Händler Wagen: das antike Wagengeschirr war dem modernen unterlegen, denn die höchstzulässige Ladung für Heeresfahrzeuge durfte 500 kg nicht überschreiten.[7] Man lud den Mauleseln riesige Ballen auf, wie es auf verschiedenen Denkmälern zu sehen ist: und man stelle sich auf den Straßen diese

Karawanen vor, die langsam über Berg und Tal der nächsten Straßenstation zustreben. Die Ballen waren mit Planen abgedeckt und sorgsam verschnürt. Aber schon zum Überschreiten von Wasserläufen brauchte man Boote: Brücken waren selten und die Furten nicht zu jeder Jahreszeit passierbar. So benutzte man weitgehend, besonders für die schweren Waren, den Wassertransport, der langsam, aber billiger war.

Auf diesen großen Flüssen Galliens, die in anderen Provinzen entsprangen, waren die Transporte gut organisiert. Ergänzt durch Kanäle und »Tragestrecken« über Land, schufen sie die Verbindungen über das ganze Land zwischen den Meeren im Süden, im Westen und im Osten. In diesem waldreichen Land war der Schiffbau ebensogut entwickelt wie der Wagenbau: die Gallier hatten lange Erfahrungen in der Seeschiffahrt auf dem Ozean, aus der sie mehr Kenntnisse gewannen als aus der Schiffahrt im Mittelmeer. Auf den Flachgewässern von Flüssen und Küstenseen führten die *utricularii* ihre von Schläuchen getragenen Flöße – eine der ältesten Formen der Schiffahrt in der Menschheitsgeschichte. Überall wurden in größerer Zahl Inschriften gefunden, die von ihren Korporationen sprechen und bezeugen, daß man die kleinsten Gewässer ausgenützt hat. Die *ratiarii* (*ratis* bezeichnete anfangs ein Floß, dann einen Kahn mit Flachboden, eine Art Fährboot) waren früher auch Flößer. Diese Zunft übernahm den Transport von Holz auf dem Wasser, das Übersetzen von Personen und Fahrzeugen zwischen den Ufern der breitesten Flüsse und zweifellos auch den Zwischentransport über Land. Unter den eigentlichen Schiffern gab es zwei Kategorien: die Seeleute *(navicularii)*, die als Hochseeschiffer auch die großen Flüsse hinauffuhren, denn ihre Zünfte kennt man nicht nur von Narbonne, sondern auch von Lyon her, und die Flußschiffer auf Flüssen und Seen *(nautae)*.[8]

Diese waren die tüchtigsten Transporteure. Bekannt sind ihre Zünfte auf der Loire, der Rhône und der Saône, der Seine, dem Rhein, der Mosel, auf der Ardèche, der Aar, der Alb und dem Genfer See. Nicht so gesichert ist ihre Anwesenheit auf den sehr kleinen Wasserläufen, der Ouvèze zum Beispiel, die an Vaison vorbeifließt. Aber auf Grund von Reliefs, die Flußkähne und Wagengespanne nebeneinander zeigen, kann man annehmen, daß die *nautae* auch den Landtransport zwischen zwei Flußläufen übernahmen, und das erklärt indirekt das Fehlen jeder Spur einer privaten Organisation für Straßentransporte. In Lutetia haben die *nautae »parisiaci«*, d.h. des Gebietes der *Parisii* (Täler der Seine und ihrer Nebenflüsse ober- und unterhalb von Paris)

»dem Jupiter, unter der Regierung des Tiberius« ein Denkmal gewidmet: darauf sind dargestellt drei bärtige Männer und drei bartlose junge Leute, alle mit langem Schild und Lanze bewaffnet, die eine Art dicker runder Mütze oder Helm tragen. Wozu diese Ausrüstung? Wahrscheinlich, so hat man angenommen, weil sie selbst die Sicherung ihrer Transporte zu übernehmen hatten, vielleicht sind sie auch bei einer Prozession während einer öffentlichen Feierlichkeit dargestellt. Und es ist kein Zufall, daß in dieser Schifferstadt die mittlere Halle der öffentlichen Thermen (Cluny-Museum) mit Konsolen in Form großer Schiffe geschmückt ist, die zweifellos an die Tätigkeit der wichtigsten Zunft des Landes erinnern; denn ähnliche Konsolen gibt es sonst nirgends.[9]

Abb. 49. Treidelszene. – Zeichnung von L. Dahm nach dem Igeler Grabmal der Secundinii in TZ 31, 1968. Beilage zum Beitrag E. Zahn. Die neue Rekonstruktionszeichnung der Igeler Säule.

Zu dieser Tätigkeit gehörte das Treideln (Abb. 49). Das Schiff ist schwer beladen, und die zwei Treidler in kurzem Rock ziehen es auf dem Fluß, halten mit einer Hand das Seil, das schwer auf der Schulter liegt, mit der anderen einen dicken Knüppel; der kurze Mast, an dem das Seil befestigt ist, steht vorn auf dem Schiff und wird manchmal gekrönt von einem Knopf, der die Form einer Flamme hat. Ob auch Zugtiere zum Treideln verwendet wurden, wissen wir nicht.[10]
Was wurde per Schiff transportiert? Baumaterialien, vor allem die

schwersten Baumstämme, Steinblöcke, Säulen und Kapitelle aus Marmor, die in Gallien angefertigt oder eingeführt wurden. Dann Lebensmittel: Getreide, Öl, Wein. Die bildlichen Darstellungen sagen nicht viel aus über die Art der Ladungen, außer über die letztgenannten. Auf einem Handelssegler sieht man am Mastfuß deutlich einen rechteckigen Gegenstand, der einen Steinblock darstellen kann; auf einem Schiff sind zwei riesige runde Ballen zu erkennen oder etwas, das wie ein Getreidehaufen aussieht.[11] Aber nichts wird so deutlich abgebildet wie die mit Fässern beladenen Schiffe und die Amphorenbündel, die die Träger über einen Laufsteg an Bord eines Segelschiffes bringen. Von Mosaiken ebenso wie von Meeresgrund-Funden weiß man, daß Flüssigkeiten in vielen tausend Amphoren transportiert wurden, die die Ladung eines Handelsschiffes bildeten. Es ist vermutlich Getreide, was auf dem Mosaik der Korporationen in Ostia zu sehen ist, wie es mit einer Art von Aufzug auf einen Segler aus Narbonne geladen wird.[12] Dann gibt es noch eine Verschiffung von Waren nicht zu bestimmender Art: zwei Männer heben und rollen einen runden Gegenstand, der fast wie ein Faß aussieht; indessen löschen Schauerleute die Ladung; zwei kommen den Laufsteg herunter, und drei andere sind schon an Land und tragen umfangreiche Lasten, Schläuche oder Säcke; einer ist unter seiner Last gestürzt und versucht, sie hochzuheben.[13] Alle diese Dokumente verdeutlichen die Wichtigkeit des Wasserwegs für den Gütertransport. Besonders gut unterrichtet sind wir über den Transport von Öl, Wein und Gewürzen in Amphoren des Mittelmeertyps (rund für Öl, zylindrisch für Wein), die jedoch oft in Gallien hergestellt wurden und deren Aufschriften Herkunft und Inhalt nennen, während uns die zahlreich in der Saône in Lyon gefundenen Bleiplomben über die Warenballen und über die Händler im römischen Reich informieren, die sie exportierten.[14]

Die Läden

Den Zugang zu dieser Welt der Händler öffnen uns die Grabskulpturen. Einigen sind wir schon begegnet, die sowohl Handwerker wie Händler sind: der Töpfer verkauft seine Töpfe, der Holzschuhmacher seine Holzschuhe, der Schneider seine Kleider. Überwiegend Kaufleute sind die Händler mit Manufakturwaren. Die Auslage eines solchen »Basars« sieht so aus: vor einem Vorhang hängen zwei Paar Sandalen, darunter stehen auf zwei Regalen zunächst hohe Flaschen in der rechteckigen Form der Glasflaschen, weiter rechteckige Dosen

(Abb. 50). Und hier der »Syrer« in seinem Parfümladen: seine Haare sind frisiert, sein semitisches Profil läßt keinen Zweifel an seiner Herkunft, ebensowenig wie die drei Reihen von Gegenständen, die er auf sein Regal gestellt hat, oben Glasflaschen mit ganz engem Hals und kleine Henkelgefäße, darunter hohe rechteckige Dosen und ganz unten breitere Kästen. Der Händler hinter seinem Ladentisch weist mit der Hand zum Regal hinauf; an der Wand hängen drei kleine Hämmer und eine kleine Schale. Die Läden hatten gewiß ihre Ladenschilder; sie sind nur selten erhalten geblieben, außer einem in Stein gemeißelten,

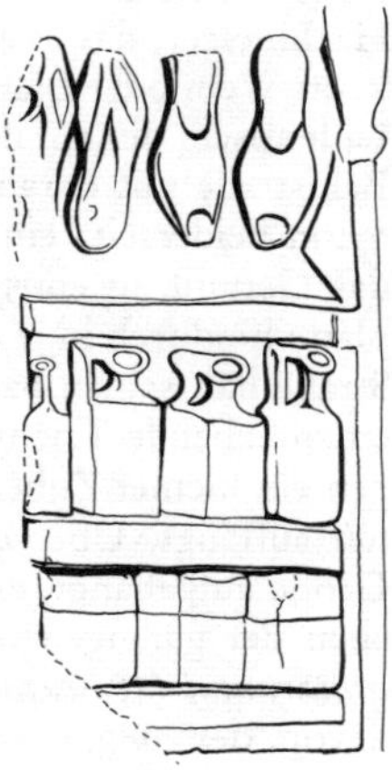

Abb. 50.
Geschäftsauslage. – Zeichnung von Dinh Trong nach einem Relief aus Langres, Haute-Marne.

das eine Marktfrau zeigt. Ihr Oberkörper erscheint über Blumenkränzen für Gastmähler und fröhliche Gesellschaften mit dieser Inschrift: »Ich verkaufe meine Kränze nur an Verliebte!« *(Non vendo nisi amantibus coronas)*.[15]

Am zahlreichsten und vielfältigsten sind die Lebensmittelhändler vertreten. Die Händler mit Trockengemüse: hinter den beiden dicken, runden Säcken mit umgerolltem Rand auf seinem Tisch hält hier einer einen großen Behälter in der Hand und will einen Kunden im Kapuzenmantel bedienen, der schon ein rundes Paket trägt. Der Konditor sitzt hinter seinem Ladentisch, auf dem runde Kuchen aufgereiht sind; auf sechs Brettern sieht man weitere, ganz kleine, die zu je 20 zusammengestellt oder mit Girlanden aus Süßigkeiten zu Ketten aufgereiht sind; der Kunde hält stehend eine von diesen Leckereien in der Hand, die er auf dem nächsten Brett ausgesucht hat. Da ist der Ölhändler, der auf seinem Grabstein eine schöne Amphore darstellen läßt, deren Aufschrift Gewicht und Inhalt angibt.[16] In Dijon sieht man auf einem Relief zwei Buden in einer Ladenstraße: nebeneinander der Fleischer und der Getränkehändler. Die Ladentische sind recht hoch, damit sich der auf der Straße stehende Kunde nicht selber bedienen kann. Auf dem ersten hält ein hockendes Kind mit beiden Händen einen runden Gegenstand; über ihm sind Lebensmittel an der Decke aufgehängt, drei Bündel Würste, drei Schweinsköpfe, sechs schöne Speckseiten; unter dem Ladentisch der Kübel mit Schmalz und an der Seite ein Hackmesser, das in einem hohen Hackklotz steckt. Der Nachbar verkauft Wein oder Bier (siehe Umschlagbild). Er hat einen sehr schönen Ladentisch, der auf drei feinen, mannshohen Rundbögen aufliegt. Eine Balustrade mit daran aufgehängten kleinen Töpfen rahmt den Kaufmann beiderseits ein: dieser hat in jeder Hand einen Krug und gießt das Getränk in einen der drei großen Trichter, die durch die Tischplatte hindurch in je einen Bogen herausragen; und der Kunde auf der Straße hält seinen bauchigen Krug mit beiden Händen hoch unter die entsprechende Trichteröffnung, während am Boden unter jedem Bogen ein kleiner Zuber steht, der die aus den Trichtern fallenden Tropfen auffängt. Über dem Händler sind sechs Töpfe in abnehmender Größe aufgehängt, es sind „Maße“, ohne daß man sagen könnte, welchen der gängigen Maßeinheiten sie entsprechen, die *amphora* oder *quadrantal (48 sextarii* zu je 0,547 l = 26,26 l), die *urna,* die Hälfte davon, der *congius* von sechs *sextarii* (3,283 l), die kleinen Gefäße zum Abmessen kleiner Mengen mit den Unterteilungen des *sextarius* in *hemina* ($^1/_2$), *quartarius* ($^1/_4$), *acetabulum* ($^1/_8$), *cyathus* ($^1/_{12}$). Die etwas trockene Arbeit des Reliefs zeigt eine schön ausgewogene Bildkomposition; es gibt wenige so lebendige und gelungene Genreszenen in der gesamten Bildhauerkunst, ja auch der Malerei der Antike.[17]

Ebenfalls in Dijon finden wir in einem solchen Lebensmittelladen nebeneinander Lebensmittel und Getränke: zwei Händler beschäftigen sich hinter einer hohen Ladentheke, die mit Wandfüllungen und Zierleisten reich dekoriert ist, sie gießen das Getränk in einen der drei durch den Tisch hängenden Trichter, und der Kunde, der auf der Straße steht, hält sein Gefäß darunter; unter einem anderen Trichter ist die Öffnung eines Schlauches zu sehen, den zweifellos jemand hinhält, der aber unsichtbar bleibt; hinten an der Wand bemerkt man Becher und Krüge in verschiedenen Formen auf einer Auslage, und von der Decke hängen Fleischstücke, darunter ein Schinken; davor steht der zweite Verkäufer, der in ein lebhaftes Gespräch vertieft ist. Der Laden ist größer als der vorige: rechts von der Theke ist ein durchbrochenes Balustradengitter, das die Kasse des Händlers schützen soll; und dahinter befindet sich ein Regal aus Fächern, die bis zur Straße hinabreichen und für die Käufer erreichbar sind; ein dritter Verkäufer lehnt am Tisch und bewacht die Waren, unter denen man eine aufgestapelte Reihe runder Gegenstände (Kuchen), auch andere, rechteckige und vielleicht ein kleines Faß erkennen kann.[18] Diese gutgehenden Läden *(canabae)* des reichen Burgund, in denen man gallische Fleischwaren kaufen konnte, Bier und den besten Landwein, welch Betrieb mag hier geherrscht haben! Sie wurden im Untergeschoß der Häuser in den belebtesten Straßen eröffnet; ihre Bilder schmücken die Gräber der Eigentümer, die zu den wohlhabendsten Galliens gehören: im Medaillon sehen wir das Porträt dieses Kaufmanns in Dijon, das in einem mit vier Eckrosetten reich verzierten Rahmen den Laden verschönert, dem er seinen Reichtum verdankt.

Der Verkauf von Getränken, besonders von Wein, war eines der lohnendsten Geschäfte im Groß- und Einzelhandel. Auf ihn muß man die meisten Darstellungen von Fässern, Amphoren und Gefäßen beziehen, die sich auf den Grabsteinen finden, für sich allein oder auf einem Schanktisch, auf einem Schiff oder auf einem Wagen. Selten ist mit Sicherheit zu sagen, ob es sich beispielsweise um Wein handelt, wenn auf dem Tisch ein halbgefüllter Schlauch und dahinter sechs Fässer auf einem Regal aufgereiht zu sehen sind. Doch in Lyon ist es möglich, wo auf dem Grabstein eines Händlers aus Trier, der sich in der Stadt niedergelassen hatte, drei Gefäße, davon zwei mit Henkel, zu erkennen sind, wozu der Nachruf die Erklärung gibt: es ist ein Kaufmann, der mit Wein und Tongeschirr handelt, *negotiator vinarius et artis cretariae.* In Dijon läßt das Nebeneinander von Fässern und Amphoren an den gleichen Handelszweig denken. Auf einer Statuette in Vichy weist eine auf ein Faß gestellte Amphore auch ausdrücklich auf diesen hin.[19] Auch sonst wurden in diesem Gebiet überall Zeugnisse entdeckt, die die Annahme zulassen, daß es sich um Weintransporte in Fässern handelt: zum Beispiel auf dem Weg durch die Täler von Rhône, Saône und Rhein.

Großhändler

Diese ließen sich Grabmäler erbauen, mit Bildhauerarbeiten überzogen, die wahren Bilderbüchern gleichen und die wichtigsten Seiten ihres Privatlebens schildern. Manche Grabdenkmäler haben Pfeilerform und wurden als Bruchstücke im wirtschaftlich regen Trevererland (Igeler Säule) gefunden, andere konnten in Burgund wieder zusammengesetzt werden.[20]
Der Weinhändler ist neben seiner Frau in voller Größe abgebildet; beide sind nach römischer Mode gekleidet. Ein Bild zeigt das Toten-

Abb. 51. Sklaven beim Verschnüren eines Tuchballens. – Zeichnung von L. Dahm nach einem Relief auf der Nordseite des Igeler Grabmals der Secundinii.

mahl, an dem die Dienerinnen teilnehmen; ein anderes die Szenen aus dem Handel, den der Verstorbene betrieb. Ein Mann sitzt neben zwei mit Stroh verpackten Amphoren; mit einer Ladung von ebenso verpackten Korbflaschen wird ein Schiff getreidelt; ein schönes Weinfaß auf dem Wagen; auf einem Pilaster lassen zwei Satyrn, wovon der eine gerade trinkt, an den Zug des Bacchus denken. Auf einem anderen Mausoleum am gleichen Ort ist eine Anzahl von Flußschiffen zu erkennen, vollbeladen mit Fässern, die um riesige strohumwickelte Krüge herumgesetzt sind. Und nicht weit davon schildert der prächtige Grabmalpfeiler eines Tuchgroßhändlers das Abmessen der Stoffe im Lager und das Verschnüren (Abb. 51) sowie eine Szene mit zwölf Personen in einem Raum, an dessen Wand die auf einem Regal gestapelten Stoffcoupons zu sehen sind. Ein weiteres Bild vermittelt die Tätigkeit der Buchhalter, die das Geld einnehmen. Der Tote ist stehend mit seiner Familie dargestellt, dann am Tisch sitzend beim Totenmahl, das reichlich aufgetragen wird und zu dem die Bauern dieses Händlers, der auch ein großer Grundbesitzer sein muß, die Lebensmittel heranbringen. Andere Skulpturen des gleichen Grabmals stellen den Gütertransport dar: auf einem Wagen mit Gespann ist ein großer Stoffballen sorgfältig festgebunden (Abb. 52), während auf einem an-

Abb. 52. Lastwagen mit Stoffballen. – Zeichnung von L. Dahm nach einem Relief auf der Westseite des Igeler Grabmals der Secundinii.

deren Wagen wahrscheinlich der Herr selbst reist, ein häufiges Thema der Grabikonographie; dann ist noch das Treideln von zwei mit Ballen vollbeladenen Schiffen zu sehen und ein Maultiertreiber, der sein schwerbeladenes Tier über einen Hügel treibt.

Als Ergänzung zu den Szenen aus dem Arbeitsleben tritt ein ganzes Arsenal von mythologischen Themen hinzu, die sich auf den Totenglauben beziehen: Herkules im Garten der Hesperiden, die Vergöttlichung des Helden (Abb. 53) und die Entführung des Hylas, Symbole des Seelenfluges; die Winde, die die Seele an ihren letzten Aufenthaltsort tragen, die Sonne und der Mond und dann noch Achilles, der in der

Styx gebadet wird, Mars und Rhea Silvia. Auf der Spitze der Pinienzapfen als Symbol der Ewigkeit, vielleicht die Jahreszeiten als Lebensalter, endlich der Adler des Jupiter, der Ganymed zum Himmel entführt, als höchstes Bild der Seele, die himmlische Räume erreicht. Aus dieser Anhäufung verschiedener Motive sprechen nicht, wie oft gesagt worden ist, der überhebliche Stolz eines Mächtigen dieser Welt, sondern einfach die Mühen, die er während eines langen Lebens aufgebracht hat, welches dem Handel gewidmet war, und sie verkünden den verdienten Lohn im Nachleben; alles ausgedrückt in den verschiedenen Symbolen, die den Jenseitsglauben der Zeit verkörpern.[21]

Hausierer und Jahrmarktshändler

Die ganz kleinen Händler haben keine so auffälligen Beweise ihrer Existenz hinterlassen. Hausierer, Wanderhändler, Wiederverkäufer, Marktschreier – ihr Leben müssen wir uns vorstellen, wie es abseits jener Händler verlief, die ein eigenes Haus hatten.

Doch da gibt es in Langres eine kleine Statuette, die einen Hausierer unterwegs darstellt: bärtig, mit spitzem Hut, in eine kurze, mit dem Gürtel um die Hüfte hochgebundene Tunika und einen wallenden Mantel gekleidet, geht er seinen Weg, seinen Kasten auf der Schulter, eine lange Schachtel unter dem Arm. Seine Gevatterin, die fahrende Händlerin, erwartet ihn in Soulosse bei Épinal. Eine Truhe auf Rädern enthält ihre Waren, und längliche Gegenstände (vielleicht Werkzeuge) hängen vom Dach dieser fahrenden Auslagen herab; pittoresk wirkt auch der Apfelverkäufer, der in den Straßen von Narbonne mit seinem um den Hals gehängten Obstkorb ausruft: *Mala, mulieres, mulieres meae* (»Äpfel, meine Damen, meine guten Damen!«).[22]

Für diese kleine Welt, über die man gern noch mehr wüßte, waren die besten Zeiten im Jahr die Feste, die entweder in den Großstädten oder besonders bei ländlichen Heiligtümern ihren Zulauf aus dem Volk erhielten, von Pilgern, Kranken, Leuten vom Land, denen oft jede Unterhaltung fehlte, und Geschäftsleuten und Bürgern, die solche Feste aufsuchten. An verschiedenen Stellen Galliens sind solche ländlichen Sanktuarien mit Sicherheit nachgewiesen worden; dort stehen, meist um den Tempel eines heilkräftigen Gottes, ein Theater oder Amphitheater mit Bühne, öffentliche Bäder und Gasthäuser. Man findet da, natürlich in anderen Größenverhältnissen, die gleichen regelmäßigen Zusammenkünfte wie bei den Heiligtümern Griechenlands, und sie nehmen auf ihre Weise die Pilgerorte des Mittelalters vorweg.

Sie haben aber ausgesprochen ländlichen Charakter, es sind Straßenkreuzungen, an denen keine Städte entstanden sind, sondern nur Versammlungsorte und zeitlich begrenzte Märkte.[23] Meist war es eine alte einheimische Gottheit, in einem gallischen Tempel verehrt, um die sich dieses »Jahrmarktsvolk« versammelte, das Camille Jullian angeregt hat, eine seiner glänzendsten Seiten zu schreiben:
»Spielfreuden und Sinnenfreuden, lockender Gewinn, das Bedürfnis, etwas zu kaufen, Akte der Frömmigkeit und Lobhudelei für die Kaiser, volkstümliche Kuriositäten, Fortführung gewohnter Bräuche, das Bedürfnis, sich zu treffen, miteinander zu reden, in der Menge zu sein, alle die menschlichen Gefühle wirkten gemeinsam, drängten die Massen auf den Dorffestlichkeiten, auf den Straßen der Städte und auf den

Abb. 53. Apotheose des Herkules. – Zeichnung von L. Dahm nach einem Relief auf der Nordseite des Igeler Grabmals der Secundinii.

Jahrmärkten zusammen [...] Auch wenn wir uns heute umsehen, Ähnliches werden wir nicht entdecken. In dieser Menge gibt es eine Unzahl von Händlern und Käufern, Andächtigen und Priestern, sie hat viel direktere und bestimmtere Leidenschaften und Bedürfnisse, als daß man sie mit den meisten unserer Nationalfeiertage, Messen und Ausstellungen vergleichen könnte; sie genießen die Freuden viel freier, ohne Hintergedanken an Gewinn oder Frömmigkeit. Jene Volksmassen eines römischen Festes werden allein durch die großen Jahrmärkte des Mittelalters verständlich mit ihren ausgelassenen und malerischen Messen, wo so viel Geschäfte gemacht und so viele Vergnügungen geboten wurden, mit ihrem Volk von Budenbesitzern, Wechslern, Pilgern, Mönchen und Gauklern.« Diese Gaukler *(circulatores)* finden wir auf den Keramiken wieder, wo sie auf dem Platz hocken mit ihrem Affen, einem Topf, Reifen und der Leiter, auf die ein gelehriger Hund geschickt hinaufklettert (vgl. Abb. 39).[24]

Sechstes Kapitel
Die Arbeit: Geistige Berufe und Militär

1. Die Lehrer – 2. Die Advokaten – 3. Die öffentlichen Ämter – 4. Militärische Laufbahn und Militärdienst – 5. Die Ärzte – 6. Schriftsteller und Künstler

Diese Berufe werden unter Bedingungen ausgeübt, die wir weniger gut kennen als die der Gewerbe.
Denn die Textquellen fehlen hier: Lehrbücher der Lehrer, Plädoyers der Rechtsanwälte, Urteile der Richter, selbst Werke der Schriftsteller sind nicht erhalten, und die Arbeiten der Künstler sagen nichts aus über ihre Urheber. Zu manchen Punkten kann man Texte heranziehen, die wenigstens für die Provinzen im Westen gelten. Aber gegenüber den mächtigen Handwerkerkorporationen treten manche freien Berufe oft nur isoliert auf, sie hängen an ihrer traditionellen Unabhängigkeit, ohne weiteren Halt zu haben als die Unterstützung ihrer Schutzherren: das gilt besonders für Schriftsteller und Künstler. Zum guten Teil werden die großen Bauaufgaben dem Heer übertragen, das eigene Architekten und Ingenieure hatte. Gewiß sind auch die Ärzte hier und da zu Kollegien der praktischen Ärzte zusammengeschlossen. Aber nur die Berufe, die mehr oder weniger eng mit öffentlichen Aufgaben zu tun hatten, waren wirklich organisiert, tatsächlich vom Staat getragen und erhielten von ihm eine hierarchische Ordnung: Priester, Politiker, Verwaltungsbeamte und Offiziere hatten ihren Anteil daran, so wie sie an der gleichen Ausbildung teilnahmen, die sie auf der Schule und oft am Gericht erhielten.

1. Die Lehrer

Nach dem Untergang der Druiden übernimmt die Lateinschule die kulturelle Erziehung: tatsächlich fehlt jede Spur eines öffentlichen Gallisch-Unterrichts. Zur Schule gehen heißt Latein und Griechisch lernen, das den Zugang zu den »klassischen« Meisterwerken öffnet. Damit fällt eine Hauptarbeit den Lehrern zu: die Provinzbewohner zu romanisieren, ihnen das Latein beizubringen, die Sprache reinzuhalten, ihnen die Mittel an die Hand zu geben, Zugang zu öffentlichen

Ämtern zu finden und zur Entwicklung der kaiserlichen Verwaltung und Kultur beizutragen.
Fast alles ist hier neu: es ist das Unterrichtswesen Roms nach dem Vorbild Griechenlands. Im unabhängigen Gallien stand das Wissen in großem Ansehen; es war Privileg der Druiden, die es in langen Studienjahren erwarben (manchmal waren es zwanzig Jahre): Astronomie, Kosmologie, »die Natur der Dinge«. Ihre Wissenschaft ebenso wie ihre religiöse Aufgabe verschaffte ihnen eine hervorragende soziale Stellung; sie unterrichteten nur Söhne des Adels, aber man hat mit Recht bemerkt, daß die Wertschätzung geistiger Dinge ein ursprünglicher Zug der gallischen Gesellschaft war. Als die Druiden nach dem Willen der Römer ausgeschaltet waren, ging ihre Rolle als Erzieher auf die Lehrer der Universitäten über, die auch ihr Prestige geerbt zu haben scheinen. In dem Maß, wie sich der politische Nutzen der Schule erwies, die bald schon zum Schutz der lateinischen Kultur vor der wachsenden Bedrohung durch die Barbarei ihren Beitrag leisten sollte, festigte sich die Stellung der Lehrer; sie haben ihren Platz in den lokalen Gremien; diejenigen, die der Princeps zur Erziehung seiner Kinder heranholt, erhalten manchmal Zugang zum Posten eines Provinzgouverneurs und zum Konsulat. Am Ende des 3. Jahrhunderts ist ein Magister der Universität Autun, Eumenius, vier Jahre lang Privatsekretär des Constantius Chlorus; zwei seiner Kollegen sind Beamte im Kaiserpalast, ein anderer Senatsmitglied. Ihnen verdankt man die Lobreden auf die Kaiser ihrer Zeit, denn ihnen wurde die Ehre zuteil, damit beauftragt zu werden und sie dem Princeps selbst oder seinem Stellvertreter vorzutragen; diese Reden dienten in den Schulen als Muster.

Pädagogen und Lehrer: die Grundschule

Arm und namenlos sind die ersten Lehrer des Kindes. Zu Hause bei den großen Familien ist der Lehrer gewöhnlich ein Sklave oder ein Freigelassener, der selbst im Haus erzogen worden war: dies ist der »Pädagoge«, er »führt das Kind« zur Schule, wenn man es dorthin schickt. In den Inschriften erscheint er nicht: kein Zweifel, daß jede begüterte Familie ihren eigenen hatte. Man sieht ihn auf einem Relief, wo er seinem Schüler das Schreiben beibringt.[1]
Ob zu Hause oder in der Schule, dieser »Grundschulunterricht« besteht nur darin, die Kinder von sieben bis zehn oder zwölf Jahren schreiben, lesen und rechnen zu lehren. Die Schule, *ludus litterarius,*

ist einfach eingerichtet. Durch die Inschriftenkunde wissen wir von einigen Kindern, die in einem Alter starben, als sie zur Schule gingen: in Lyon ein Mädchen von sieben und ein Junge von zehn Jahren; eine junge Lyonerin gleichen Alters ist in Rom gestorben, *in studiis.* Grabsteine zeigen uns den Schüler, der in der Hand Tafeln hält oder eine Rolle und einen Ranzen, der schlechte Schüler bekam die Peitsche.[2] Bis zur Mitte des 3. Jahrhunderts erfolgt der Schreibunterricht nacheinander auf Holztafeln, die mit Wachs überzogen sind, worauf mit einem Stift geschrieben wird, und auf der Papyrusrolle mit Tinte und Schreibrohr. Man lernt die Großbuchstaben schreiben, ohne Zeichensetzung und ohne Worttrennung.

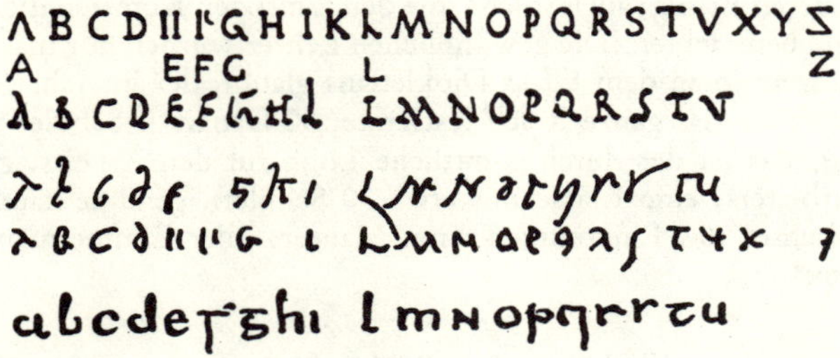

Abb. 54. Alphabet in gallo-römischer Zeit. Von oben nach unten: Die offiziellen Majuskeln der Inschriften; die Majuskeln der Handschriften; zwei Beispiele antiker Kursive; erste Minuskel – Ansätze im 3. Jh., geläufig im 4. Jh.

Das Alphabet (Abb. 54) von 23 Buchstaben ist vollständig wiedergegeben auf gallo-römischen Gefäßen, die als Vorlage dienen konnten, mit dem A ohne Querstrich, dem E aus zwei senkrechten Strichen (sehr häufig in Gallien), dem F aus einem Strich und einem umgekehrten Apostroph sowie dem Z, dem unseren entgegengerichtet. Auf den Inschriften hingegen treten diese Buchstaben so auf, wie sie bis heute unverändert geblieben sind. Man lernte in der Schule gewiß die Schrift, die für die offiziellen Dokumente, für die in Stein gemeißelten Inschriften und für die Bücher verlangt wurde. Aber die gewöhnliche Schrift, wie sie für einfache Niederschrift, für den Briefwechsel, für Sgraffiti verwendet wurde, war wie unsere Handschrift eine »Kursive«, die sich von der *»capitalis«* herleitete: nicht verbunden, nach rechts geneigt, wobei die geraden Striche das Übergewicht haben über

die Rundungen. Erst gegen Mitte des 3. Jahrhunderts bewirkt ein Wechsel im Material die Entstehung einer neuen Schriftart für das Kopieren von Büchern: an die Stelle der Papyrusrolle *(volumen)* tritt jetzt das Buch aus Pergament *(codex);* während man das *volumen* wegen seiner Länge auf den Knien oder auf einem Tisch senkrecht vor sich halten mußte, kann der *codex* bequem gelegt werden wie unsere heutigen Papierblätter. Aus der »capitalis« geht nun eine neue Schrift hervor, die Minuskel, die selbst wieder für den laufenden Gebrauch eine von der alten abweichende Kursive hervorbrachte.[3]
In den Schulen konnte man auch Stenographie lernen, was später eine gesuchte Anstellung in der Verwaltung oder im Dienst eines Gebildeten sicherte. Schullehrer, die sie unterrichten konnten, hatten sicher besonderen Erfolg; auch solche, die den künftigen Kopisten die Kalligraphie beibrachten. Die gewöhnlichen Lehrer wurden nur mäßig bezahlt, wenn man dem Edikt Diokletians glaubt, der im Jahr 301 die Gehälter für das ganze Reich festsetzte: 50 Denare je Schüler und *je Monat,* das ist der durchschnittliche Lohn für den Arbeitstag eines Facharbeiters; eine Klasse mit etwa 30 Schülern genügte kaum, um dem Lehrer das Einkommen eines Maurers oder Zimmermanns zu sichern.[4]

»Grammatiker«: die höhere Schulbildung

Mit elf oder zwölf Jahren wird das Schulkind zum »Grammatiker« *(grammaticus)* geschickt, der es gegen das vierfache Entgelt des Schullehrers in vier oder fünf Jahren lehrt, korrekt Latein zu sprechen, indem er Texte der klassischen Dichter erläutert. Ein Grabmal in Limoges zeigt uns den Bituriger Blaesionus, Grammatiker und Erzieher, *magister morum, Musarum semper amator:* er hält in der Hand eine Rolle, und seine Initialen sind auf seine Schreibtafeln geschrieben.[5] Auf diesen höheren Schulunterricht beziehen sich die Bildzeugnisse, wenn sie einen bärtigen *magister* zeigen, der auf einem erhöhten Sessel sitzt, um ihn herum junge Leute, die der Kindheit schon entwachsen sind, mit einer Rolle in der Hand oder auseinandergerollt auf den Knien: einmal sitzen sie auf Stühlen zu beiden Seiten des Lehrers, und ein dritter steht, seine Tafeln in der Hand haltend; ein andermal sitzen mehrere in Sitzreihen in einem Klassenraum, dem kleine Fenster mit Doppelkreuzen Licht geben, der Lehrer steht; manchmal hält dieser in der Hand einen langen Stock.[6]
Einige Lehrer sind Griechen (aus Trier ist einer bekannt):[7] sie geben

tatsächlich einen Unterricht, in dem die griechische Literatur ebensoviel Raum einnimmt wie ihre lateinische Tochter. Man lernt Grammatik und ihre Begriffe, man erläutert die Dichter, die man laut liest und auswendig lernt, allein die Lektüre setzt schon notwendig eine sachkundige Vorbereitung voraus, weil die Zeichensetzung in den Texten gewöhnlich fehlt. Zuerst muß man die Wörter trennen, die Betonung angeben, die Silbenzahl, die Pausen. Die Erläuterung galt nicht nur der Grammatik; man erklärte die geographischen, historischen und mythologischen Ausdrücke, und die zur Analyse der literarischen Texte aufgewandte Gelehrsamkeit überwog durchaus die eigentliche wissenschaftliche Bildung.

Man hat genug über die Nachteile dieser übertriebenen Methode gesagt. Dennoch bewirkte diese höhere Schule eine erste Auswahl in der Gesellschaft. Auf vielen Gräbern sieht man den Toten und auch oft die Tote mit der Rolle, den Schreibtafeln, dem Schreibrohr oder dem Schreibstift in der Hand. Manchmal mögen diese Gegenstände die Insignien einer beruflichen Tätigkeit sein: Schriftsteller oder Schreiber oder Angestellter einer Verwaltung. Aber am häufigsten ist es nur ein Zeichen von Bildung: der Verstorbene bezeugt so, daß er Unterricht erhalten, daß er sich um Literaturkenntnis bemüht hat, und wenn er ein Geschäft oder eine Werkstatt geleitet hat, daß er dies mit der Kompetenz eines gebildeten Mannes zu tun wußte und daß er hofft, die Geistesfreuden im Jenseits wiederzufinden.

Rhetoren: die Hochschulbildung

Immerhin führt der Unterricht des Grammatikers zum Studium beim Rhetor. Er lehrt die Kunst der Beredsamkeit, die die Wege in die öffentliche Verwaltung und zum Advokaten öffnet. Der Rhetoriklehrer wird am besten bezahlt. Man beobachtet manchmal, daß er die höchsten Staatsämter erreicht. Für ihn hat Rom in Gallien Schulen errichtet, die unseren Universitäten entsprechen. Man lernt hier neben der juristischen Rhetorik und der Jurisprudenz die Kunst des Vortragsredners und die Kunst der feierlichen Rede.

Durch das Erbe der griechischen Tradition war Marseille im 1. Jahrhundert eine sehr lebendige Universitätsstadt, und das verdankte sie berühmten Rednern, Volcacius Moschus aus Pergamon, und Pacatus. Autun war eine große Universitätsstadt, die in jeder Hinsicht zum Ersatz aufgebaut wurde für Bibracte, die alte Hauptstadt der Häduer (der ältesten Bundesgenossen Roms in Gallien), und alles weist darauf hin, daß diese Gründung selbst Symbol der gallo-römischen Vereinigung sein sollte: als Hauptstadt einer alten im tiefsten Kern gallischen Provinz erhält die neue Stadt keine römischen Veteranen; sie bleibt frei, und ihr Name *(Augustodunum)* verbindet den seines Gründers mit dem gallischen Wort *dunum,* das die befestigte Stadt bezeichnet. Sie hat tatsächlich eine Mauer, obwohl sie keine Militärkolonie ist. Das ist ein den Häduern gegebener Vertrauensbeweis. Sie erhielt bald großartige Bauten: das größte Theater und das größte Amphitheater Galliens, prachtvolle Tempel nach griechisch-römischem Plan innerhalb der Stadt und nach einheimischer Tradition außerhalb. Die Mausoleen, die sie umgeben, bestätigen die Macht ihrer Familien; die Inschriften sprechen für das Überleben keltischer Traditionen.[8]

Rom gründete hier Schulen, in denen sich die Söhne der gallischen Aristokratie in die lateinische und griechische Wissenschaft einweihen lassen und sich auf die öffentliche Laufbahn vorbereiten. Das ist sicher die Hauptaufgabe dieser schönen neuen Stadt, die nicht auf einem besonders fruchtbaren Boden steht, auch keine herausragende strategische Lage besitzt und nur von einer großen Straße berührt wird. Aber ihre Schulen nehmen einen wichtigen Platz ein. Sie tragen den Namen, der für uns nicht ganz klar ist, »meniennische Schulen«: Anspielung auf einen Gründer *Moenius,* den wir nicht kennen? Oder eher auf die Stufen und Portiken *(moeniana),* die dazugehörten? Diese mit Sicherheit noch unter der Regierung des Augustus gegründeten Schulen stehen bereits in Blüte zur Zeit seines Nachfolgers Tiberius. Sie sind in der schönsten Lage der Stadt errichtet bei den Tempeln des Apollo und der Minerva, und der berühmteste Lehrer von Autun, Eumenius, beschreibt am Ende des 3. Jahrhunderts die zur Unterrichtung der Studenten und auch für jedermann unter den Kolonnaden angebrachten Weltkarten:

»Hier unter diesen Säulenhallen kann unsere Jugend sehen und jeden Tag betrachten alle die Länder und Meere, alle die Städte, die durch die Güte unseres Princeps wieder aufgebaut worden sind, die Völker, die durch ihre Tapferkeit besiegt worden sind, die Nationen, die der Schrecken gelähmt hat, den sie ihnen einflößen. Denn dort hat man zur Unterrichtung der Jugend und um sie mit den Augen die Kenntnisse klarer aufnehmen zu lassen, die das Ohr schwer erfaßt, die Lage aller Länder dargestellt mit ihren Namen, ihrer Ausdehnung, den Entfernungen, die sie voneinander trennen, wie auch alle Flüsse der Welt mit ihren Quellen und ihrer Mündung, die Stellen, wo eingezogene Küstenlinien Buchten bilden, und die, wo der Ozean das Land umklammert oder mit seinen reißenden Fluten hineindrängt [...] Der Vergleich der Gebiete auf dieser Karte soll ihnen die großartigen Heldentaten unserer tapferen Herrscher aufzeigen [...] Denn heute haben wir Freude daran, die Weltkarte zu betrachten, da wir darauf kein einziges fremdes Land mehr sehen!«[9]

Seit der Plünderung der Stadt im Jahre 269 zerstört, setzte diese Universität über dreißig Jahre lang ihre Arbeit unter den schwierigsten Bedingungen fort: 293 waren die Studenten zahlreich hierher zurückgekehrt, um dem Kaiser bei seiner Durchreise einen begeisterten Empfang zu bereiten. Damit scheint Eumenius anzudeuten, daß der Unterricht in dieser schlimmen Zeit teilweise in Privathäusern gegeben wurde. Als Sekretär des Constantius Chlorus bewirkte er die Wiedererrichtung der Schulen, und er selbst trug dazu mit der größten Freigebigkeit bei.

Was wurde gelehrt? Tatsächlich kennen wir nur die Ergebnisse: die öffentlichen Reden vom Ende des 3. Jahrhunderts, die den Fortbestand der klassischen Wissenschaft in Gallien wie die gallo-römische Loyalität bezeugen. Vor allem lernt man die Redekunst, die Rhetorik, deren Regeln von den Griechen stammen; die Übungen und die Vortragsthemen haben sich während der ganzen römischen Antike nicht verändert. »Es sind«, schreibt ein moderner Historiker des antiken Bildungswesens, »immer Themen der gleichen Art [...], die gleiche Ader irrealer Phantasie, der gleiche Geschmack am Paradoxen und Unwahrscheinlichen. Immer sind es nur Tyrannen und Piraten, Pest und Irrsinn, Entführungen, Vergewaltigungen, Stiefmütter und enterbte Söhne, anstößige Szenen und raffinierte Gewissensfragen und Gesetzesfiktionen.«[10] Mit dem »Deklamieren« von Themen, in denen das Paradoxe der Unwahrscheinlichkeit in der Maske einer zweifelhaften Gelehrsamkeit das Feld streitig macht, hat die Elite der Gallier wie die der anderen Provinzbewohner gelernt, ihrem Land und Rom durch Übernahme der lateinischen Sprache und des römischen Rechts zu dienen ...

2. *Die Advokaten*

Die Universitätsstudien sollten zuerst den Studenten mit der Kunst vertraut machen, die für jede öffentliche Laufbahn unumgänglich ist: mit der Kunst zu reden, die der Advokat so notwendig braucht wie der Politiker, der Verwaltungsbeamte und der Lehrer. Im Besitz der Re-

geln der Beredsamkeit war der Staatsmann für alle diese Tätigkeiten gerüstet, und er übte sie nacheinander oder gleichzeitig aus.
Freude an der Rede hatten die Gallier schon immer gehabt: sie galten bei Griechen und Römern als gute Redner, ja als unverbesserliche Schwätzer, und zu Beginn unseres Zeitalters hat Strabo erzählt, die Unterbrechungen in ihren Versammlungen seien so häufig gewesen, daß der Gerichtsdiener nach drei Verwarnungen den Delinquenten außer Gefecht setzte, indem er mit einem Schwertstreich ein Stück von seinem Mantel abschnitt.[1] In Cäsars *Commentarii* sind die gallischen Führer, voran Vercingetorix, ausgezeichnete Redner. Die Beredsamkeit der Gallier war vielseitig, brachte verschiedene und gegensätzliche Mittel ins Spiel: »In Gesprächen«, sagt Diodor von Sizilien, »machen sie nicht viele Worte, vielmehr drücken sie sich rätselhaft aus und deuten vieles nur bildlich und mit halben Worten an; dagegen sprechen sie viel und überschwenglich, um sich selbst zu erheben und andere herabzusetzen. Sie drohen gern und drücken sich hochfahrend und gespreizt aus ...«[2] Für die Männer, die einen solchen Geschmack daran fanden, Reden zu halten, muß das Erlernen der lateinischen Rhetorik ein Genuß gewesen sein: sie glänzten sehr bald damit, und in ihrem Land wie in Rom, wo mehrere in der Redekunst ihrer Zeit Überragendes leisteten, kennen wir gallische Advokaten aus den ersten beiden Jahrhunderten unserer Zeitrechnung.

Die gallo-römische Redekunst

Eine eher lebendige als gelehrte, eher begeisterte als literarische, eine eher knappe als rhetorisch ausgeschmückte Kunst ist die moderne Art, die Tacitus in seinem *Dialogus de oratoribus* von einem Gallier verteidigen läßt.[3] Dieser Marcus Aper prozessierte unter der Regierung des Claudius, den er vielleicht im Jahre 43 durch sein Heimatland bis nach Britannien begleitet hat. Er feiert in gewählten Ausdrücken die Schönheit seines Berufs:
»Denn wenn alle unsere Pläne und Handlungen auf ihren Nutzen für das Leben auszurichten sind, was ist da sicherer, als die Kunst auszuüben, mit der man ständig gewappnet Schutz den Freunden, Hilfe den Fremden, Rettung den Gefährdeten, den Neidern aber und Feinden Furcht und Schrecken von sich aus bringen kann, während man selbst unbesorgt und gleichsam von einer Art beständiger Macht und Gewalt geschützt ist [...] Was ist denn reizvoller für einen selbständigen, edlen und für rechte Freuden geschaffenen Geist, als sein Haus immer voll

und besucht zu sehen von einem Auflauf der angesehensten Menschen? Und zu wissen, daß das nicht dem Vermögen, nicht der Kinderlosigkeit, nicht der Leitung irgendeines Amtes, sondern einem selbst gilt? Daß ebendarum sogar noch kinderlose, reiche und mächtige Männer meist zu einem jungen und armen Mann kommen, um ihm ihre eigenen Nöte oder die ihrer Freunde anzuvertrauen?«

Er beschreibt auch die stillen Freuden des Redners, denn »jene verborgenen und nur dem Redner selbst bekannten sind bedeutender. Wenn er eine ausgefeilte und wohlüberlegte Rede vorträgt, liegt eine gewisse Bedeutung und Beständigkeit ebenso im Vortrag selbst wie in der Freude; oder wenn er eine neue und frische Besorgnis nicht ohne eine gewisse innere Erregung vorbringt, gewährleistet gerade die Spannung den Erfolg und verleiht dem Vergnügen seinen Reiz. Doch die Freude bei einem unvorbereiteten Wagnis und selbst bei einer Verwegenheit ist wohl unübertroffen; denn auch für den Geist gilt dasselbe wie für den Acker: mag auch anderes lange gesät und bearbeitet werden, willkommener ist, was ohne unser Zutun emporsprießt.«

Er beschreibt die neuen Bedingungen, denen die Redekunst zu seiner Zeit entsprechen soll, die Erkenntnis, »daß mit den Zeitverhältnissen und dem verschiedenen Geschmack auch Form und Art der Rede geändert werden müssen. Leicht nahm das Volk früherer Zeiten, war es doch unerfahren und ungebildet, die Längen äußerst schwerfälliger Reden hin und lobte das geradezu, wenn jemand einen ganzen Tag mit seinen Reden hinbrachte. Freilich aber stand eine langatmige Vorbereitung der Einleitungen, eine weit hergeholte Abfolge der Erzählung, ein Prunken mit vielfachen Untergliederungen, unzählige Stufen der Beweisführung [...] in Ansehen. Schien aber jemand nur einmal an der Philosophie gerochen zu haben und streute er aus ihr irgendeinen Gemeinplatz in seine Rede ein, so hob man ihn rühmend in den Himmel. Kein Wunder, denn das war neu und unbekannt, die wenigsten auch von den Rednern selber kannten die Regeln der Rhetoren und die Lehrsätze der Philosophen. Jetzt dagegen – beim Herkules –, ist das alles wohlbekannt, da kaum jemand in der Runde dabeisteht, der nicht, wenn schon nicht ausgebildet in den Grundbegriffen der Wissenschaften, so doch sicher davon gehört hat, und es sind daher neue, erlesene Wege der Beredsamkeit zu beschreiten, auf denen der Redner dem übersättigten Geschmack entgehen kann, jedenfalls bei solchen Richtern, die mit Macht und Amtsgewalt, nicht nach Recht und Gesetz, Gericht halten, die das Zeitmaß nicht entgegennehmen, sondern es festsetzen und es nicht dem Ermessen des Redners zu überlassen brauchen, bis es ihm über die Rechtslage selbst zu sprechen beliebt, sondern ihm oft von sich aus einen Hinweis geben, ihn bei einer Abschweifung zur Ordnung rufen und ihm versichern, sie seien in Eile. [...] Wer wird fünf Reden gegen Verres lang ausharren? [...] In unserer Zeit kommt der Richter dem Redner zuvor, und wenn er nicht von der Abfolge der Beweisführung, von der Farbigkeit der Sätze oder vom Glanz und Schliff der Beschreibung aufmerksam gemacht und gebannt ist, wendet er sich vom Redner ab. Auch die Menge der Dabeistehenden und der herbeiströmende, unstete Zuhörer ist schon daran gewöhnt, Anmut und Schönheit der Rede zu fordern; [...] die jungen Leute, die am Anfang ihrer Bildung stehen, die ihres eigenen Fortschritts wegen den Rednern eifrig folgen, wollen nicht nur zuhören, sondern auch etwas Anschauliches und Denkwürdiges mit nach Hause bringen; und sie berichten es sich gegenseitig und schreiben es oft in ihre Kolonien und Provinzen, wenn irgendeine Pointe in einem scharfsinnigen und knappen Satz aufblitzte oder eine Stelle in einem ausgesucht poetischen Schliff erstrahlte. [...]«

Die neue Rhetorik muß also kurz und bündig, nüchtern und formvollendet sein und literarisches Niveau haben, ohne zu weit zu gehen; sie soll vor allem Ergebnis eigener Bemühungen sein und »die gedankliche Kraft elegant und frisch ausdrücken«; der Redner soll je nach Anlaß Überfluß mit Freiheit wechseln lassen. »Manches aber möge in weiter Ferne bleiben, als schon unmodern und anrüchig. Kein Wort sei gleichsam vom Rost befallen, keine Gedanken mögen in einem schlaffen und wirkungslosen Aufbau nach Art der Annalen abgefaßt werden; er meide eine widerwärtige und abgeschmackte Possenreißerei, bringe Abwechslung in den Aufbau und schließe nicht immer mit Klauseln von ein und derselben Art.« Kurz, ein straffer und treffender Stil, eine klare und deutliche Begründung, eine moderne, aus dem Leben gegriffene Wortwahl, vor allem Leben, Kraft und Feuer: »Eine Rede ist aber wie der menschliche Körper dann erst schön, wenn an ihr nicht die Adern hervorquellen und man die Knochen zählen kann, sondern wenn ein ausgeglichenes und gesundes Blut die Glieder füllt, die Muskeln zum Schwellen bringt, die Sehnen selbst eine Röte überzieht und Schönheit sie reizvoll macht. [...] es ist zu wenig, nicht krank zu sein: Kraft, Fröhlichkeit und Frische will ich. Nahe der Krankheit ist ein Mensch, an dem man lediglich seine Gesundheit lobt.« Dieses Feuer war zu jener Zeit genau das Hauptmerkmal des Julius Africanus, wahrscheinlich Sohn eines Galliers aus der Saintonge: man verglich ihn in Rom oft mit Domitius Afer aus Nîmes, dem unermüdlichen und berühmtesten Redner Galliens, dem berühmtesten auch in Rom, wo seine hervorragende und klare Kunst die Versammlungen und die Tribunale von Tiberius bis Nero beherrschte.

In Gallien selbst kennen wir noch einige Advokaten, darunter die bekanntesten. Ursulus, unter Nero die Zierde des Gerichtes von Toulouse; Cossus, ein Helveter, der mit seiner rechtschaffenen und pathetischen Redekunst im Jahr 69 die Banden des Vitellius von seiner Stadt fernhalten konnte; Gabinianus, unter Vespasian, »ein Strom von Beredsamkeit«; Florus unter Domitian, den man »Fürst der Redner« nannte; Rufus in Vienne unter den Antoninen.[4] Inschriften sind selten: sie erwähnen manchmal einen *advocatus* (von *advocare* = herbeirufen, wenn man in Schwierigkeiten ist), z.B. in der Saintonge, wo auf einem Fluchtäfelchen Advokaten mit ihren den Verwünschungen ihrer Gegner ausgesetzten Klienten genannt werden; einmal ein *causidicus*, ein andermal ein *patronus*, besonders in Nîmes: aber hier handelt es sich um den Leiter eines Anwaltsbüros, der ausgezeichnet Testamente und Verträge abfaßte und der in Rom großes Ansehen genoß.[5]

Ausübung des Berufs

Über das Leben des Advokaten wissen wir nichts. Der Beruf ist völlig frei; in der späten Kaiserzeit wird er in eine Korporation aufgenommen, deren Mitgliederzahl beschränkt ist. Der Advokat trägt die Toga, die als privates Kleidungsstück mehr und mehr an Bedeutung verliert und daher seine amtliche Robe wird. Seit Nero entsprechen seine Honorare der Schwere des Falles. In der Kaiserzeit gibt es keine absolute Freiheit des Wortes mehr; es ist verboten, die kaiserliche Autorität zu kritisieren: Votienus Montanus aus Narbonne, der in Rom eine kühne Sprache führte, wagte es, Tiberius seine Meinung zu sagen; dieser verbannte ihn auf die Balearen, wo er starb. Die Länge des Plädoyers ist durch die *clepsydra*, die Wasseruhr, auf ein Maximum von zwei Stunden beschränkt.

Vor wem üben die Rechtsanwälte ihr Amt aus? Im Zivil- und Strafrecht bei Fällen und Delikten von geringerer Bedeutung vor den städtischen Richtern, jedoch bei wichtigeren Fällen vor dem Provinzgouverneur; bei Kriminalfällen nur vor diesem, der den Kaiser vertritt. Steuerfälle werden dem für die Finanzverwaltung zuständigen Beisitzer des Statthalters, dem Procurator, vorgetragen, der oft auch in die Kompetenzen seines Kollegen für Zivil- und Kriminalfälle eingreift. Sie sprechen Recht in den Provinzhauptstädten und regelmäßig in den übrigen

Städten: und dies, daran gibt es keinen Zweifel, war der Höhepunkt juristischer Tätigkeit. Auf einem Stein im Forum von Arles hat ein unglücklicher Kläger seiner Unzufriedenheit Luft gemacht: »Atleas' Urteil, Narren-Urteil.«[6]

3. Die öffentlichen Ämter

Der Rechtsanwalt beschränkt sich in seiner Tätigkeit nicht auf das Gericht: seine Wortgewandtheit, seine Rechtskenntnis eröffnen ihm eine Laufbahn in Politik und Verwaltung, auf die die rhetorische Ausbildung auch gezielt vorbereitet. Hier trifft er also einige seiner früheren Schulkollegen wieder.

Die lokalen und nationalen Ämter

Nach Verlassen der Schule muß der junge Gallier, dessen Familie noch nicht das römische Bürgerrecht besitzt, der auch in keiner Stadt römischen Rechts lebt und der sich in der Staatsverwaltung betätigen will, zunächst seine ersten Lorbeeren in der lokalen Verwaltung und der Politik verdienen. Hat sein Geburtsort das römische Recht, dann erhält er die Rechte als Bürger, sobald er für geeignet befunden wird, ein Amt zu bekleiden: als Quästor verwaltet er den städtischen Haushalt; als Ädil werden ihm vor allem Polizei und Arbeiten der öffentlichen Hand übertragen; als *duovir* endlich (oder *quattuorvir*), also als städtischer Richter, ist er eine der zwei oder vier wichtigsten Persönlichkeiten der Gemeinde und der Stadt. Aus diesen Beamten rekuriert sich nämlich der Senat oder die Kurie, die ihre Mitglieder selbst wählen, neue Magistratsbeamte ernennen und ihnen in der Verwaltung der Stadt beistehen. Diese »Decurionen« haben vor allem finanzielle Verantwortung, die unbequeme Aufgabe, die Steuerskala aufzustellen, die Steuern zu verteilen und, wenn die Einnahmen nicht ausreichen, sie zu ergänzen: So werden sie immer aus den reichsten Familien gewählt; und diese Ehre wiegt im spätrömischen Reich so schwer, daß die kaiserliche Macht daraus eine Art von Pflicht macht.
Aber die Lokalpolitik hält noch andere Möglichkeiten bereit: jeder, der ein öffentliches Amt versieht, kann religiöse Funktionen ausüben. Das ist ein charakteristischer Zug des antiken Lebens, diese Laizität der Priester in der öffentlichen Religionsausübung. Jede Stadt hat ihren Pontifex und ihren Augur, der unter den Decurionen gewählt wird

und an der Spitze des religiösen Lebens steht, und ihren *flamen* oder *sacerdos* des Kaiserkultes, der ihr höchster Magistratsbeamter ist; darunter stehen die *flamines* der gewöhnlichen Heiligtümer. So haben auf lokaler Ebene Politik, Verwaltung und Religion die gleichen Beamten. Es ist nur natürlich, daß ihr Einfluß proportional dem der Stadt entspricht und daß sich in den Provinzhauptstädten den Juristen schnell die ehrgeizigsten Möglichkeiten bieten.

Die Provinz öffnet tatsächlich noch glänzendere Aufgaben. Jede Stadt der Narbonensis schickt einen der unter ihren repräsentativen Bürgern gewählten Delegierten zum Provinzialrat, der jährlich in Narbonne tagt; jede Stadt der Drei Gallien entsendet ihren Vertreter in den großen Rat in Lyon; eine entsprechende Institution gab es zweifellos auch für die beiden Germanien in Köln. Auch dort ist Religion mit Politik eng verflochten: diese nationalen Abgeordneten sind eine Art Priester, und der wichtigste unter ihnen, der kaiserliche *flamen* im Rat, zelebriert den Kult Roms und des Augustus auf dem Bundesaltar. Das ist die ehrenvollste Funktion, auf die ein Gallier in seinem eigenen Land Anspruch erheben konnte. In der Politik dagegen beschränkt sich die Rolle dieser Priester-Räte auf die Kontrolle der Statthalter der Provinz und darauf, sie beim Kaiser verklagen zu können. Lukrativer, aber auch gefährlicher ist das Amt des Provinzstatthalters oder des Procurators; aber es kommt recht selten vor, daß es ein Gallier in Gallien selbst ausübt. Meist schickt man ihn in die anderen Provinzen; und um zu dieser römischen Laufbahn Zugang zu haben, muß er vorher in die Reihe der Ritter und danach unter die römischen Senatoren aufgenommen worden sein, wobei sein Vermögen seine Verdienste verdoppelt oder ersetzt.

Nicht jeder bewarb sich um diese Ehren. Das Beispiel einer schönen nationalen Karriere hat Titus Sennius Sollemnis geliefert, eine wichtige Persönlichkeit aus *Aragenuae,* der Stadt der *Viducasses* (Vieux in der Normandie). Hier trifft man auf diesen dreifachen Aspekt, den wir zu umreißen versucht haben, den politisch-administrativen, den religiösen und den militärischen, auch auf ein großes Vermögen, ausgezeichnete Verbindungen und einen gewissen politischen Einfluß; ohne daß Sollemnis, um diese zu erlangen, Zugang zum Ritterstand gehabt hätte. Eine berühmte Inschrift, »Marmor von Thorigny« genannt, führt uns seine Laufbahn vor.[1] Es ist eine ehrende Widmung, datiert vom 16. Dezember 238. Ihr sind zwei Briefe beigefügt, die die Verdienste des Geehrten bestätigen, der eine vom Präfekten des römischen Prätoriums an den Provinzstatthalter, der andere vom Statthalter der Bre-

tagne an Sollemnis selbst. In seiner kleinen Stadt hat er die ganze Reihe der Ehrenämter durchlaufen: er war viermal *duovir,* Augur, und seine Qualitäten verhalfen ihm im Jahre 219 zur Wahl als höchster Abgesandter der Gallia Comata (des »langhaarigen Gallien«) im Rat zu Lyon, und er war am Bundesaltar Oberpriester der Roma und des Augustus. Bei der Erfüllung dieser besonders ehrenvollen Aufgaben erwarb er sich die Dankbarkeit seiner Mitbürger von *Aragenuae* und der Drei Gallien durch alle Arten von Schenkungen: er ließ Bäder bauen und gab im Amphitheater vier Tage lang Spiele, an denen täglich acht Gladiatorenpaare um ihr Leben kämpften. Man konnte berechnen, daß diese Spiele ihn über 330000 Sesterzen gekostet haben.
Er wird geschätzt vom Statthalter der Lugdunensis, den er als Leutnant zum Heer begleitet, als dieser Statthalter der Bretagne wird. Von ihm erhält er diesen Brief: »Obwohl du mehr Geschenke verdientest, bitte ich dich, von mir diese Kleinigkeit anzunehmen [...], eine Chlamys aus Canisium, eine Dalmatika aus Laodicäa, eine goldene Fibel mit Edelsteinen, zwei Mäntel, bretonische Kleidung und ein Seehundsfell. Das Patent des *tribunus semestris* werde ich dir bei der ersten Vakanz schicken; in Erwartung dessen nimm den Sold für dieses Amt, das sind 25000 Sesterzen in Gold.« Diesen Rang des Semestertribunen, der den Eintritt in den römischen Ritterstand einschloß, hat er nie erlangt. Er bringt noch einige Zeit im Heer in Afrika zu, in Lambesi. Aber er hatte in Lyon auch den Statthalter gekannt, der Nachfolger seines Freundes war und 223 Präfekt des Prätoriums wird. Er besucht ihn in Rom und kehrt zurück mit dieser Empfehlung an seinen Nachfolger in Gallien: »Als ich die Aufgaben des Magistrats mit fünf Liktorenbündeln in der Provinz Lyon ausübte, habe ich die guten Gesinnungen der meisten Delegierten kennengelernt, darunter war Sollemnis aus der Stadt *Viducasses,* der Oberpriester, der meine Zuneigung gewonnen hat durch die Ernsthaftigkeit seiner Grundsätze und seine Redlichkeit [...] Im Vertrauen auf die Achtung, die ich vor ihm habe, ist er nach Rom gekommen, mich zu besuchen, und beim Abschied drückt er den Wunsch aus, ich möchte ihn Dir empfehlen: Du wirst stets richtig handeln, wenn Du auf seine Wünsche wohlwollend eingehst.«
Nach der Rückkehr in sein Land kam ihm die Protektion, die er sich hohen Orts zu verdienen gewußt hatte, für seine persönliche Situation sehr zustatten: als Verwalter der gallischen Eisenerzgruben (unter denen er wahrscheinlich auch die seiner heimatlichen Region ausbeutete), die dem Rat der Gallier unterstanden, erlebte er noch, daß man ihm in

dieser Eigenschaft durch Dekret dieses Rates eine Statue in seiner eigenen Stadt errichtete. Es war das erste Mal, daß ein Träger dieses Vertrauenspostens auf solche Weise von den versammelten Delegierten geehrt wurde. Dennoch hat dieser angesehene Gallier nur eine lokale und provinzielle Laufbahn hinter sich gebracht; wirklich einflußreiche Posten im Heer hat er nicht eingenommen; denn er war kein Ritter, und eine »römische« Laufbahn hätte ihm nicht offengestanden. Die außergewöhnlichen Ehrungen, die er in seiner Stadt erhalten hat, sind ihm im gallo-römischen Milieu zuteil geworden. Man hat mit Recht vermutet, daß er sie seiner Stellung als Großindustrieller in Gallien und den persönlichen Unterstützungen verdankt, die er in Rom erhielt, und davon wieder hofften die Delegierten Galliens im Rat in Lyon durch seine Vermittlung zu profitieren.[2]

Die »römische« Laufbahn

Magistratspriester in seiner Geburtsstadt zu sein und die Zivilrechte des römischen Bürgers zu besitzen, als Leutnant an einer Übung im Heer teilzunehmen, von seinen Mitbürgern diesen einmaligen Vertrauensbeweis zu erhalten und zu den nationalen Ratsversammlungen entsandt zu werden, das ist eine Sache; eine andere ist es, direkt dem römischen Staat zu dienen, in den Ritterstand erhoben zu werden, um Verantwortung im Heer zu übernehmen und seinen Weg in der kaiserlichen Verwaltung zu machen, dann den Senatorenrang zu beanspruchen mit der Möglichkeit, einen Magistratsposten in der Stadt Rom zu übernehmen oder die Zivil- oder Militärverwaltung einer Provinz übertragen zu erhalten: das heißt eine »römische« Laufbahn beschreiten, was aber eine wohlüberlegte Entscheidung und bestimmte Möglichkeiten voraussetzt.

Wenn die Wahl schon getroffen und ein Aufsteiger zu Erfolg gekommen ist, wenn man Sohn eines Ritters oder besser noch, eines römischen Senators ist, dann sind die ersten Stufen schnell erstiegen: eine Dienstzeit im Heer als Offizier genügt, und man tritt direkt in die Verwaltung ein. Wenn man von Geburt oder beispielsweise durch die Ausübung städtischer Ämter die Zivilrechte des römischen Bürgers besitzt, muß man zuerst den Goldring des Ritters durch seine Verdienste oder durch die stets verlangte Sicherheit eines Vermögens von 400 000 Sesterzen erwerben. Im Heer und in der Zivilverwaltung erhält man von da an ständig steigende Gehälter, die den drei Klassen der *viri egregii, perfectissimi* und *eminentissimi* entsprechen. Wer sich bei diesem Aufstieg ausgezeichnet hat und eine Million Sesterzen besitzt, kann erreichen, daß der Kaiser ihn in den Senatorenadel aufnimmt. Versehen mit den politischen Rechten des römischen Bürgers, kann er nun die großen Aufgaben für den Staat übernehmen, die römischen Magistratsämter, die ersten Hofämter, die Zivilverwaltung einer alten, dem Senat unterstehenden Provinz und genausogut die höchsten religiösen Ämter. Einheit und Ausdehnung des Reiches bewirken, daß die hohen Beamten Roms in ihrer Laufbahn durch die Welt kommen. Und hier stehen wir dicht vor dem Gipfel, den ein Gallier erklimmen kann, wenn er in den Dienst Roms getreten ist: er kann Konsul sein, was im Kaiserreich nur noch ein Ehrenamt ist; er kann – aber das sind Ausnahmeschicksale – den kaiserlichen Purpur anlegen.

Die römischen Beamtenkarrieren sind Sache einer Minderheit. Einige dieser Karrieren, durchlaufen von Galliern, die ihre städtischen Funktionen glänzend erfüllt hatten und dann Ritter wurden, kennen wir gut. In einer kleinen Gemeinde der Pyrenäen, in Saint-Bertrand-de-Comminges *(Lugdunum Convenarum)*, haben mehrere Funde die Aufmerksamkeit auf Caius Julius Serenus gelenkt, der Anfang des 2. Jahrhunderts zur Zeit Trajans lebte. Als römischer Bürger gehörte er theoretisch zur *tribu Voltinia.* In dieser kleinen Stadt ist er Stadtrichter, *quattuorvir*, mit der Aufgabe, sich um die Gemeindebelange zu kümmern, und erreicht bald als Priester Roms und des Augustus das höchste Amt im Ort. Danach eröffnet sich ihm der Aufstieg im Heer: als römischem Ritter wird ihm das Kommando einer Ala aus orientalischen Reitern, der Siebten Phrygischen, anvertraut. Er ist vielleicht noch weiter aufgestiegen; zwar kennen wir das Ende seiner Laufbahn nicht, aber die in seiner Geburtsstadt wiederentdeckten Widmungsinschriften beweisen, daß er aus mehreren Anlässen eine Statue und Ehrungen erhalten hat.[3] – Und hier ist eine weitere Persönlichkeit des 1. Jahrhunderts, Quintus Trebellius Rufus aus Toulouse. Er bringt in seiner Stadt die ganze Laufbahn der städtischen Ämter hinter sich, dann wird er von seiner Gemeinde in den Rat der Narbonensis delegiert, wo er die höchste Funktion als *flamen* des Kaiserkultes ausübt. Als römischer Ritter ist er dann in Rom und versieht ein Priesteramt, das dem Ritterstand vorbehalten ist. Und dank seiner engen Verbindungen, die er in Griechenland unterhielt, ist er auch Bürger von Athen, wo er das für die Verwaltung wichtige Amt des Archonten bekleidet. Wäre seine gesamte Karriere bekannt, so fände man ihn gewiß am Ende in irgendeiner wichtigen militärischen Funktion in Heer oder Verwaltung.[4]

Die öffentlichen Ehrenämter

Jede öffentliche Laufbahn bietet Anlaß zu bleibenden Ehrungen, am häufigsten ist die Errichtung einer Statue zu Lebzeiten. Man hat gesagt, daß das Standbild in der Antike unserem heutigen gemalten Porträt entspreche;[5] das mag sein. Aber die der Antike eigentümliche Sitte besteht darin, einem Lebenden sein Bildnis als öffentliche Ehrung am schönsten Platz der Stadt aufzustellen. Schirmherrschaft über eine Schule, Wohltaten für die Stadt, Ausübung einer Magistratur oder eines städtischen Priesteramtes oder, noch besser, höhere Aufgaben für die Provinz oder für Rom: jede Beteiligung an öffentlichen religiösen, zivilen oder militärischen Aufgaben kann auf diese Weise belohnt werden.
Es ist ferner üblich, daß man sich selbst ein Denkmal errichten läßt, vorausgesetzt, daß man wegen herausragender Verdienste dazu aufgefordert wird. Nach der vom Rat der Narbonensis getroffenen Regelung ist dies zum Beispiel die Anerkennung, die man seinem Oberpriester gewährt. Wenn er seinen Auftrag erfüllt hat, wird ihm erlaubt, auf seine Kosten eine Statue in Auftrag zu geben, deren Widmungsinschrift seinen und seines Vaters Namen, seine Herkunft und das Jahr seines Amtes nennt.[6] Dieser Art von Ehrung scheint uns heute, nach Jahrhunderten christlicher Zivilisation, die Bescheidenheit zu fehlen. Sie enthüllt einen antiken Individualismus, der auf der stolzen Gewißheit beruhte, daß die Erde und der Mensch Mittelpunkt des Universums seien. Aber es drückt auch die Kraft eines hochentwickelten Bürgersinns aus.

4. Militärische Laufbahn und Militärdienst

Man zögert etwas, und hier mehr als sonst, die Heereslaufbahn dem Bereich des täglichen Lebens zuzurechnen; denn genaugenommen betrifft das Leben beim Militär im Frieden der frühen Kaiserzeit nur die Rheinfront Galliens, während das Land selbst frei war von jeder bewaffneten Besatzung. Gewiß ist das in den Lagern des Rheingebiets eine eigene Welt, die dort ständig unter Waffen lebt; eine Welt, in der die Gallier einen wichtigen Platz einnehmen; denn sie stellen zu einem guten Teil die mit der Verteidigung des Stroms beauftragten Einheiten. Aber sie stehen neben Soldaten, die aus allen Provinzen gekommen sind, und ihr Leben ist das der römischen Heere, welches in allen

Lagern Europas ziemlich gleich verläuft. Eine Fülle archäologischer Zeugnisse, die aus sehr sorgfältig ausgeführten Grabungen stammen, erlaubt es, das Dasein des Soldaten in einem Lager des einen oder anderen Germanien zu beschreiben. Es wäre ein eigener Band nötig, um allein das Leben der Gallier während ihres – übrigens oft sehr langen – Aufenthalts in der Rheinarmee zu schildern.[1]

Das Heer und die Gallier

Seit Beginn des 2. Jahrhunderts hebt Rom die Einheiten zur Verteidigung jeder Provinz im Lande selbst aus. Diese Methode hatte den dreifachen Vorteil, Verlegungen zu sparen, den Provinzbewohner zur Verteidigung seines eigenen Bodens heranzuziehen und homogene Truppen zu schaffen, ein wirksames Mittel zur Romanisierung. »Das Heer war lateinisch«, schreibt Franz Cumont. »Das Latein war hier die Befehls- und Verwaltungssprache. Jeder Soldat mußte sie beherrschen oder lernen, wenn er sie nicht kannte. Einem Soldaten, dessen Zeugenaussage ein Richter auf griechisch verlangte, verbot Tiberius, anders als lateinisch zu antworten; die Anekdote ist bezeichnend.«[2] Außerhalb des Rheinlands folgten die Gallier den römischen Adlern durch die ganze Welt, von der Themse bis zum Nil und Euphrat. Im Landesinnern ist es, wenn nicht gerade die kaiserliche Macht in einer Krise steht, nur der Durchmarsch der Truppen durch Gallien nach Germanien oder Britannien, den die Einwohner erleben. Dieser Durchzug wird an den Straßen aufmerksam durch kleine Posten geschützt, die für Regelmäßigkeit und Sicherheit der Verbindungen sorgen sollen. Aber die Anwesenheit des Heeres macht sich auch überall sonst bemerkbar durch die Fouragelieferungen, die Requirierungen, die Zehnteneintreibung und die Versorgung der regionalen Vorratslager.

Die Gallier sind zum Militärdienst verpflichtet wie alle Einwohner des Reiches und werden grundsätzlich durch Aushebung eingezogen. Alle römischen Bürger müssen, theoretisch wenigstens, ihren Dienst in den Legionen ableisten; die Nicht-Bürger in den Hilfstruppen mit einer bestimmten Zahl pro Stamm: so wurden wiederholt die offiziellen Aushebungen in Gallien durchgeführt. Aber meistens genügten die freiwilligen Verpflichtungen durchaus. Übrigens ist dies eine weitverbreitete Erscheinung im ganzen Reich, und wenn hier die angestammte Neigung der Gallier zum Waffenhandwerk mitwirkt, so gibt es auch noch einen allgemeineren Grund: die durch den Militärstatus gebotenen Vorteile. Das römische Heer der Kaiserzeit ist ein Berufsheer, und der Beruf bringt etwas ein.

Die Dienstzeit ist lang: 20 Jahre in den Legionen, 25 in den Hilfstruppen, 27 oder 28 Jahre in der Flotte. Aber wenn der Provinzbewohner unter die Legionäre aufgenommen wird, dann wird er mit dem bedeutendsten Vorteil ausgezeichnet: dem römischen Bürgerrecht; in der Flotte seit Hadrian mit dem Latinerrecht; wenn er als Auxiliarsoldat dient, verleiht man ihm bei der Entlassung automatisch die Zivilrechte des römischen Bürgers. Während dieser Dienstzeit, die ihn vom Mannesalter ins reife Alter führt, genießt er einen wesentlichen Vorteil, den Sold (20 000 bis 40 000 Sesterzen im Jahr für einen Centurio), und dazu kommen unentgeltliche Deputate. Er empfängt gegebenenfalls seinen Anteil an der Kriegsbeute; auch seinen Anteil am *donativum,* an einer Extra-Gratifikation, die der Kaiser seinen Truppen unter besonders günstigen Umständen gewährt. Wenn er sich nicht für eine Weiterverpflichtung entscheidet (was ihm zusätzliche Vorteile einbringt), dann erhält er nach Abschluß der Dienstzeit eine Prämie, entweder in Geld (bestimmte steuerliche Vergünstigungen kommen hinzu) oder in Form einer Bodenparzelle, die man ihm in einer Kolonie zuweist. So werden gediente Soldaten in der alten Kolonie Lyon angesiedelt, andere in Orange, wo der kaiserliche Fiskus verfügbaren Boden an sie verteilt.[3]

Jedenfalls ist er nun nicht nur römischer Bürger, sondern ein Veteran, und das ist, moralisch gesehen, mehr: für ihn spricht sein Ruf der Tapferkeit, er hat Zugang zu militärischen Dienststellen und kann in die Verwaltungslaufbahn eintreten. »Alle diese ehemaligen Soldaten«, schreibt Camille Jullian, »zeigten sich in ihren Geburtsorten oder ihren Wahlkolonien stolz auf die erhaltenen Titel, auf die angesammelten Ersparnisse, auf die Ehrenzeichen an ihrer Brust. Sie versammelten sich in Kollegien, die Abbild und Erinnerung an ihr altes Lager waren, und sie bildeten so innerhalb der gallischen Städte eine eigene Gesellschaftsgruppe, eine Art Volksaristokratie.«[4] Nach ihrem Tod bewahrte ein Grabstein ihr Porträt. Großartige Beispiele davon sind im Rheinland zu sehen. Dargestellt sind sie in voller Größe, in ihrer schönsten Uniform, ihre Waffen in der Hand; manchmal weist nur ihr Pferd auf die Waffengattung und die Laufbahn hin, sie selbst sind mit den Zügen des unsterblichen Tischgenossen abgebildet, der am göttlichen Mahl teilnimmt. Aber nie werden die Umstände des Todes wiedergegeben, wenn sie auch noch so heldenhaft waren. Es gibt auch keine feststehende Wendung, die darauf hinweist, daß der Soldat auf dem Feld der

Ehre gefallen ist; denn das römische Heer ist durch und durch Berufsheer. Das Schweigen der Epitaphien ist beredter als die lärmenden Siegesmeldungen, mit denen der Stein des kleinsten Gladiators prahlt.

Das Lagerleben

Für jeden Gallier hat das Soldatenleben sehr verschiedene Seiten. Ohne Zweifel beruht seine Haltung auf dem Gefühl, nicht nur den heimatlichen Boden, sondern auch das Werk Roms gegen die Germanengefahr zu verteidigen. Seine Belastung aber lag nicht nur in der langen Trennung von der im Land zurückgebliebenen Familie, in den unangenehmen Seiten des Dienstes, der Härte der Disziplin, sondern es gab da beispielsweise auch das Heiratsverbot. Man erleichterte es immerhin durch die Duldung des faktischen Zusammenlebens, das im 3. Jahrhundert sogar legalisiert wurde, und der Veteran teilte dann mit seiner Gefährtin das teuer erworbene römische Bürgerrecht. Zur militärischen Übung kommen für alle Männer Arbeiten hinzu, die heute nur von Pionieren geleistet werden: die Befestigung von Lagern und Grenzen, der Bau und die Ausbesserung strategischer Straßen und sogar der Bau von Wasserleitungen mit ihren Brückenbauten, von Kanälen und Kaianlagen, sogar von Gebäuden wie Bädern und Tempeln, oder auch die Ausbeutung von Gruben und Steinbrüchen. Diese Arbeiten ersparten den Truppen in Friedenszeiten Untätigkeit, Abstumpfung und Disziplinlosigkeit und haben weitgehend zur Erschließung des Landes beigetragen; da nämlich die Sicherung des Rheins bis zur Mitte des 3. Jahrhunderts vor allem in einer defensiven Haltung bestand, konnte die lange Friedenszeit gar nicht besser genutzt werden.
Zum Ausgleich bot das Soldatenleben genügend Abwechslungen: außer sportlichen Wettkämpfen und den Treffen der Kollegien war es nicht selten, daß auch ein noch so kleines Lager in Germanien über eine »Arena« verfügte, die für Spiele angelegt war, ein winziges Amphitheater, das zu Aufzügen, Paraden, Schauübungen und ebenso zu Gladiatorenkämpfen dienen konnte wie auch für Tierjagden oder Schaustellungen.[5] Übrigens oblag der Fang dieser Tiere, die für andere Amphitheater bestimmt waren, oft dem Heer, das unter anderem auch seine Bärenjäger hatte. Bekannt ist einer dieser *ursarii* in Xanten, ein anderer in Köln mit dem Dienstgrad des Centurio, der sich rühmt, 50 Bären in 6 Monaten gefangen zu haben; und in der gleichen Stadt haben die Soldaten ein Reservat *(vivarium)* für die gefangenen Tiere

angelegt. Es ist keine Frage, daß die Jäger des Rheinheeres auch den Auftrag hatten, Elche zu jagen; dieses bevorzugte Wild wurde bei mehreren Gelegenheiten in den kaiserlichen Triumphzügen mitgeführt.[6]

Das Leben im Lager verband so den harten täglichen Dienst mit derben Zerstreuungen, verweigerte aber dem Soldaten nicht die Freuden des Familienlebens und verschaffte ihm auch manchmal Zugang zu den Annehmlichkeiten, die die Stadt bietet: »Mit seinen vielseitigen Vergnügungen [...]«, sagt Jullian, »war ein Garnisonsort viel abwechslungsreicher als ein Bergdorf: diese Jugend lebte lieber in Mainz dicht bei den Sueben als in Briançon in den Alpen.«[7] Daher wurde ein gut gelegenes Lager bald zu einem Anziehungspunkt für die Bevölkerung der Umgebung, es wurde zur Siedlung und bald zur Stadt. Am Anfang wurde den Händlern etwas Land zugewiesen. Sie wohnten zuerst in den aus Holz aufgeschlagenen Buden *(cabanae)*, fingen aber bald an, dauerhaft in Stein zu bauen. Nachdem die Veteranen dann mit Parzellen in Ackerland versorgt waren, trugen sie zum Anwachsen des ersten Siedlungskerns bei: die Stadt war geboren und entwickelte sich rasch. Eine ganze Reihe von Städten militärischen Ursprungs längs des Rheins kam so zu denen des Hinterlands hinzu. Dies ist die Geschichte von Straßburg, *Argentorate*, dessen Entwicklung man aufgrund bedeutender Ausgrabungen in allen Phasen zurückverfolgen kann.[8]

Beförderung und Vorteile des Militärdienstes

Jeder freie Mann, gleich welcher sozialen Herkunft, findet im Heer ein Mittel, voranzukommen oder seine Lage mehr oder weniger zu verbessern: Geist und Macht Roms brachten so die Provinzbewohner auf kürzestem Weg zur Berührung mit seiner Zivilisation.

Der *Peregrinus* kann während seiner Dienstzeit die Grade des Unteroffiziers und Leutnants, auch des Centurio in der Infanterie und sogar des Kohortenführers erreichen, wenn er die erste Centurie befehligt, und des Decurio in der Reiterei. Bei seiner Entlassung oder, wenn er zum Dienst in einer Legion für würdig befunden wird, auch früher, ist er sicher, die Zivilrechte des römischen Bürgers zu erwerben. Wenn er dem gallischen Adel angehört, wird ihm bald die Übernahme eines Kommandos genehmigt. Der Gallier, der das römische Bürgerrecht bereits besitzt – also nach dem Erlaß Caracallas (212) jeder Freie in Gallien –, ist grundsätzlich zum Dienst verpflichtet, den er in einer Legion versieht. Dort kann er seine ganze Dienstzeit ableisten und bis zum Leutnant aufsteigen. Als Offiziere kann es aber auch Tribunen geben, die keine Berufsoffiziere sind; denn für die Besetzung der oberen Ränge gilt im Heer der Grundsatz, daß der Zivilist vor dem Militär Vorrang genießt: diese Offiziere sind junge Bürger aus dem Senatorenrang oder dem Ritterstand (oder auch eben ernannte Ritter), die ihre politische Laufbahn mit einer Übung im Heer beginnen, etwa als Legionsoffizier oder als Offizier im Auxiliarkorps antreten. Eine ganze Folge von Dienstgraden ist so den Rittern vorbehalten, die sie doch nur für eine relativ kurze Zeit innehaben; und da die römischen Bürger an der Heereslaufbahn immer weniger Gefallen finden, geht man Anfang des 3. Jahrhunderts dazu über, den neuen Rittern auch Posten über dem Leutnantsrang zu übertragen, beispielsweise den eines Centurio. Der höchste Dienstgrad, Legat einer Legion, ist einer Persönlichkeit im Senatorenrang vorbehalten.

So ist das römische Heer für die, die das römische Bürgerrecht erwerben wollen, zugleich auch die große Schule, in der sie allmählich ausgebildet werden, bis man sie für würdig hält, in die römische Familie aufgenommen zu werden; eine Karriere, die unter den besten Bedingungen denen offensteht, die bereits Bürger sind und ins Heer eintreten wollen; eine notwendige Übungszeit für die Aristokratensöhne als Vorbereitung für ihre Zukunft im öffentlichen Dienst; das Mittel zur Eröffnung der Karriere in der römischen Verwaltung für jeden, der durch ererbtes oder erworbenes Vermögen und durch seine Verdienste in den Ritterstand gelangte. Für die einen wie für die anderen und durch die täglichen Beziehungen, die es zwischen ihnen herstellt, ist dies der Schmelztiegel, in dem als Verbindung reines gallo-römisches Metall entsteht.

5. Die Ärzte

In der Medizin hatte Rom das griechische Erbe übernommen, und es sind bis zur Kaiserzeit vor allem Griechen, die sie in Italien ausgeübt hatten. Cäsar hatte ihre Verdienste anerkannt und ihnen ebenso wie den Lehrern das römische Bürgerrecht verliehen. Obwohl eine lateinische Medizin entstanden war und obwohl diplomierten Ärzten *(medici a republica)*, Ärzten des Kaisers, der Gladiatorenschulen, des Zirkus und des Heeres im Lauf der Zeit offizielle Positionen geboten wurden, blieb die Anzahl der Griechen in Rom und in den Provinzen beträchtlich.

Die Schule von Marseille war zu Beginn unserer Zeitrechnung berühmt. In der alten griechischen Kolonie zeichnete sich Krinas durch die Aufstellung einer Diätregel aus, sein Kollege Charmis durch die Verordnung kalter Bäder zu jeder Jahreszeit; der eine war Wohltäter der Stadt, deren Wälle er wiederherstellen ließ; der andere hatte unter seinen Patienten die höchsten Persönlichkeiten der Hauptstadt, die sein Ruf anzog.[1] Woanders sind aber einige Ärzte gallischer Herkunft bekannt, zum Beispiel der Vater des Dichters Ausonius, der seine Kunst im 4. Jahrhundert in Bordeaux ausübte und den sein Sohn folgende Worte sprechen läßt: »Ich heiße Ausonius; ich hatte keinen geringen Ruf in der medizinischen Kunst, und für den, der meine Zeit kannte, war ich der beste. Ich hänge an zwei benachbarten Städten, an der Stadt der Vasaten (Bazas), wo ich geboren bin, und an Burdigala (Bordeaux), meinem Wohnort: ich hatte einen Sitz in beiden Senaten [...] aber ich war als Ehrenmitglied von allen Aufgaben befreit. Ich war weder reich noch bedürftig, ich war sparsam und nicht geizig; meinen Tisch, meinen Lebenszuschnitt, meine Gewohnheiten habe ich nie geändert. *Latein sprach ich nicht fließend, aber in der griechischen Sprache habe ich einen ausreichenden Wortschatz gefunden, um mich gewandt auszudrücken.* Wer mich darum bat, dem gab ich meine ärztliche Hilfe umsonst, und zwischen meinem Beruf und meiner Hilfsbereitschaft sah ich keinen Unterschied. Ich habe versucht, meinem guten Ruf bei ehrsamen Leuten gerecht zu werden, aber in meinem eigenen Urteil genügte ich mir nie. Die von mir aus verschiedenen Gründen geschuldete Hilfe habe ich vielen zuteil werden lassen, wie es Verdienst, Person und Gelegenheit mit sich brachten [...] Ohne Ämter und Würden zu suchen oder sie zu verachten, bin ich zum Präfekten des großen Illyricum ernannt worden [...] Ich habe 90 Jahre gelebt, ohne Stock, mit gesundem Körper im Besitz aller meiner Fähigkeiten.«[2]

Die Sprache des Hippokrates ist die medizinische Sprache schlechthin geblieben, aber der Beruf hat auch viele Gallier angezogen. Wie haben sie sich darauf vorbereitet? Über die medizinische Ausbildung zur Kaiserzeit sind wir nur schlecht unterrichtet. Ein ärztliches »Gymnasium« in Metz scheint zu bestätigen, daß diese Stadt ein wichtiges Zentrum war; ein anderes in Avenches (Schweiz) vereinigt Ärzte und Professoren. Andere Inschriften beziehen sich auf die Ärztin, die Geburtshelferin, *medica, obstetrix*.[3]

Der Beruf ist zur Zeit des Augustus in staatlich anerkannten Korporationen organisiert. Sie befolgten die hohen moralischen Forderungen, deren wichtigste Artikel in den Eiden des Hippokrates formuliert worden sind und die die Römer stets aufrechterhalten haben, wobei ihre Menschlichkeit manchmal in eindringlichen Worten Ausdruck findet, wie zum Beispiel durch Scribonius Largus, den Arzt des Kaisers Claudius, an dessen Seite er im Jahr 43 durch Gallien reist, um nach Britannien zu fahren.[4]

Wie sahen damals die ärztlichen Praxen, die Krankenhäuser aus? Wir kennen nur eine Einrichtung dieser Art, das Militärkrankenhaus *(valetudinarium)* von *Vindonissa* (Windisch in der Schweiz): dieser große, vierflügelige Gebäudekomplex umfaßt etwa hundert Räume, einen Mittelbau, ein großes Eingangsgebäude, und zahlreiche Räume haben einen kleinen Vorbau.[5] Wie die öffentliche Krankenfürsorge für die Zivilbevölkerung organisiert war, wissen wir nicht.

Die römische Medizin

Sie ist eine Mischung von oftmals genauen Kenntnissen, mittelmäßigen jedoch in der menschlichen Anatomie und fast wertlosen in der Physiologie, von Heilmitteln, in denen noch Magie mitwirkt, von schon vervollkommneten mechanischen Hilfen und von gewagten Operationen, unter denen die Schädeltrepanation, die bis in die Vorgeschichte zurückgeht, nicht die geringste ist.

Die Schriften des Celsus, des römischen Enzyklopädisten des 1. Jahrhunderts, und des hochbedeutenden Arztes Galenos im 2. Jahrhundert lassen den Weg ermessen, der seit Hippokrates zurückgelegt wurde. Wenn die Wissenschaft der Anatomie schwach entwickelt blieb, dann deshalb, weil Operationen am lebenden Menschen sehr selten vorkamen: die Verwundungen im Amphitheater, die Verrenkungen und Knochenbrüche der Athleten waren die einzigen Gelegenheiten zur Anschauung; denn man suchte beim Sezieren der Leichen noch nicht das Geheimnis der Eingriffe am lebenden Körper zu ergründen, die man sich ohne Anästhesie und Asepsis auch nicht vorstellen konnte. Übrigens war das Sezieren nicht überall und auch nicht immer erlaubt: man bestritt sogar seinen Nutzen und nahm an, daß die nach dem Tod untersuchten Organe von den lebenden Organen sehr verschieden seien. Daher rührten vor allem Irrtümer über das Herz, von dem man meinte, daß die rechte Seite mit der linken in Verbindung stehe; über die Zeugungsorgane, deren rechte Seite, wie man mutmaßte, männliche, deren linke weibliche Nachkommen ins Leben rief ... Der Unterschied zwischen Venen und Arterien war einer der großen Streitpunkte der antiken Medizin. Man hatte lange geglaubt, daß die Arterien nur Luft enthielten; Galen gab zu, daß sie Blut enthalten konnten, aber er kannte nicht den geschlossenen Blutkreislauf. Dennoch gab es in der Kaiserzeit anerkennenswerte Fortschritte. Man unterscheidet schließlich die Nerven der Gefäße und der Bindegewebe; man weiß, daß manche Nerven vom Gehirn ausgehen, die anderen vom Rückenmark; Galen hatte Gelegenheit, zum erstenmal an einem Kind, das unter einem tiefen Loch im Brustbein litt, den Schlag des Herzens und den Herzbeutel zu beobachten, stellte den Zusammenhang des Pulses der Arterien mit den Systolen fest und entwickelte die Technik der Abbindung der Arterien. Er hatte selbst geniale Einfälle und verglich die Wirkung der Nerven mit einem Lichtstrahl, der die Luft oder das Wasser durchdringt, und den Ton mit einer Welle, die sich in die Ferne fortpflanzt.

Die unendlich lange Liste der Krankheiten und Leiden, die Celsus beschreibt, gibt eine traurige Vorstellung vom Stand des Gesundheitswesens jener Zeit, die nicht einmal die Existenz der Mikroben und den Begriff der Ansteckung kannte – außer im Fall der Leprakranken, deren Isolierung schon das hebräische Gesetz vorschrieb. Die Epidemien wüteten unter solchen Bedingungen fürchterlich, so jene Pest, die im Jahre 166 ganz Gallien bis zum Rhein verheerte.[6] Man empfahl folgende Vorsichtsmaßnahmen, »wenn man sich noch gut fühlt, aber nicht vor der Pest sicher ist«: zuerst soll man »reisen, zu Schiff verreisen; oder wenn man verhindert ist, sich in der Sänfte tragen lassen; in der frischen Luft spazierengehen; bevor die große Hitze einfällt, sich vorsichtigerweise salben lassen, Ermüdung, Verdauungsbeschwerden, Kälte, Hitze und den Liebesgenuß vermeiden [...] Man soll nicht früh aufstehen, nicht mit nackten Füßen laufen [...] sich nicht erbrechen [...] kein Abführmittel nehmen [...] Nur einmal täglich und wenig essen; was das Trinken angeht, so soll man abwechselnd an einem Tag nur Wasser, am nächsten nur Wein zu sich nehmen. Wer diese Regeln beachtet, »soll sonst an seiner Lebensweise so wenig als möglich ändern«. Glücklich war der, der durch Beachtung dieser Vorschriften – die im übrigen sehr gut waren – sich »vor der Seuche sicher glauben konnte«.[7] Unter diesen Bedingungen erstaunt es nicht, daß die Lebensdauer im Durchschnitt ziemlich kurz war. Das ergibt sich zumindest aus den Grabinschriften, die uns erhalten sind. In Bordeaux zum Beispiel hat Jullian ein Mittel von 36 Jahren errechnet, ohne die Kindersterblichkeit zu berücksichtigen; in Lyon lag der Mittelwert um die Dreißig; und er erscheint bei Frauen niedriger als bei den Männern.

Die viel besser abgesicherten Statistiken, die in Frankreich zu Beginn des 19. Jahrhunderts aufgestellt wurden, geben für diese noch nicht allzuweit zurückliegende Zeit ein Mittel von 31 Jahren an![8]

Unter den am besten (bis zu ihren Zusammenhängen mit den Knochenschädigungen) beschriebenen Krankheiten war die Schwindsucht. Zu ihrer Bekämpfung riet man reine Luft und gutes Klima an. Die Sumpffieber waren gut bekannt, nicht aber ihre wahre Ursache noch ihre Behandlung. Man hatte die Ohnmacht beschrieben, den Schlaganfall, den Wundstarrkrampf, die Diphtherie, die Dysenterie, die Pest und die Cholera. Galen gebrauchte als erster den Namen »Krebs« (*cancer*) für die grausamste der Krankheiten. Die Nervenerkrankungen wurden nicht vernachlässigt, die sehr häufige Epilepsie besonders eingehend untersucht; man wußte, daß sie ihren Sitz im Gehirn hatte, aber man behandelte sie manchmal auf seltsame Weise, zum Beispiel so, wie es Scribonius Largus zur Zeit des Tiberius vorschrieb: mit einem Gemisch von Honig, gestoßenem Elfenbein, Schildkrötenblut und Blut von Ringeltauben ...

Oft waren dagegen die Beobachtungsmethoden vernünftig. Man wandte das von Hippokrates erfundene direkte Abhorchen der Lunge an, der schrieb: »Wenn man das Ohr an die Brust hält, kann man ein Geräusch hören, das dem Sieden des kochenden Essigs ähnelt«, eine nicht weniger genaue Beobachtung als die eines Geräusches wie »frisches Leder«, woran man eine Rippenfellentzündung erkannte. Den Puls konnte man mit großer Genauigkeit beobachten, seitdem Herophilos in hellenistischer Zeit die Bestimmungsmethoden für Töne der Musik auf die Untersuchung der Pulsschläge angewandt hatte, und es genügt hier, die Reihe von Kennzeichnungen anzuführen, mit denen Galen je zwei der verschiedenen Aspekte charakterisierte, um den damaligen Stand wissenschaftlicher Untersuchungsmethoden zu sehen (unter Hinzufügung der termini technici von Kühn): er nennt den Puls lang (oder kurz), breit (oder eng), hoch, klein, fein, schnell, selten, heftig, hart, voll, gleichmäßig, regelmäßig und auch *dicrotus* (doppelt), *decurtatus* (verkürzt), *undosus* (flatternd), *vermiculans* (wie ein Wurm), *formicans* (kribbelnd), *vibratus* (vibrierend), *convulsivus* (zuckend), *capricans* (hüpfend wie eine Ziege) ..., und ich übergehe das übrige.[9] »Ein erfahrener Arzt«, schreibt Celsus, »soll nicht gleich, wenn er zum Patienten kommt, nach seinem Arm greifen, sondern sich neben ihn setzen, sich mit freundlichem Gesicht nach seinem Zustand erkundigen und, wenn er irgendeinen Grund zur Furcht hat, ihn durch ein vertrauenswürdiges Wort beruhigen und verständliche Erklärungen geben; dann kann er seine Hand nähern, [um den Puls zu fühlen]. Der Anblick des Arztes kann den Puls beschleunigen, wie auch tausend Zufälle ihn leicht stören können.«[10]

Die Behandlungen waren wirksam. Der Aderlaß wurde in großem Umfang angewandt, meist am Arm. Eine entsprechende Erleichterung erhielt man in anderen Fällen durch Schröpfköpfe *(cucurbitulae)*: »Sie sind aus Bronze«, sagt Celsus, »oder aus Horn [...]. Man wirft brennende Scharpie in den Schröpfkopf aus Bronze, setzt ihn dann auf und drückt, bis er haftet. Den Schröpfkopf aus Horn setzt man ohne Vorbereitung auf den Körper an; sobald man aus dem mit einem kleinen Loch versehenen Ende die Luft mit dem Munde abgesaugt hat, haftet er ebensogut. [...] Man ersetzt fehlende Schröpfköpfe durch eine kleine Schale oder eine kleine Vase mit enger Öffnung.«[11]

Unter den Behandlungsmethoden nimmt das Erbrechenlassen einen bevorzugten Platz ein. Es wird sogar völlig Gesunden empfohlen: »Man soll es nicht zu Hilfe nehmen«, sagt Celsus, »um mehr Appetit zu bekommen: sondern nach meinen Erfahrungen glaube ich, daß es manchmal nützlich ist, es aus Gründen der Gesundheit hervorzurufen mit dem Vorbehalt, daß man, um gesund zu bleiben und alt zu werden, daraus keine tägliche Übung machen soll. Wer es nach dem Essen hervorrufen will und wem es leicht fällt, kann sich darauf beschränken, lauwarmes Wasser zu trinken, wenn nicht, in das Wasser etwas Salz oder Honig zu tun. Wer sich aber morgens erbrechen will, soll zuerst mit Honig gesüßten Wein oder einen Ysop-Aufguß trinken oder Radieschen essen und darauf laues Wasser trinken wie oben angegeben.«[12] Man nimmt auch Abführmittel und Klistiere, Duschen und ansteigend erwärmte Bäder, Blutegel, Salben, Einreibungen und Ätzmittel. Eine ganz besondere Stellung ist schließlich dem Opium einzuräumen, von dem Scribonius Largus als erster eine gute Beschreibung gegeben hat. Da Narkosemittel fehlten, war es mehr als heute die letzte Hilfe gegen den Schmerz.

Die Medizin in den Heiligtümern, das Wasser

Aber neben diesen guten alten Hilfsmitteln erheben die Magie und eine ziemlich haarsträubende Arzneibereitung Anspruch auf die Kranken. Die Medizin ist in den Tempeln Griechenlands entstanden: selbst zur Kaiserzeit hat sie sich davon noch nicht völlig gelöst, auch Gallien hat sein medizinisches Pantheon. Zur Zahl der alten Götter rechnet man einen Heilgott, den Cäsar mit Apollon gleichstellt (nicht mit Äskulap), und die Kelten Irlands haben ebenso ihren großen Arzt *Dian-Cecht,* der Verletzungen auf wunderbare Weise heilt.[13] Der Äskulap-Kult ist gut bezeugt: In der Kraft des besten Alters, bärtig, stehend, den Oberkörper knapp mit einer Seite seines Mantels bedeckt, ist der Gott erkennbar an seinem Arztstab, um den sich die vertraute Schlange schlingt, als heilendes und wahrsagendes Tier. Seine Tochter Hygieia hat an seinen Ehrungen Anteil: man sieht sie stehend, sie trägt die Schlange auf der Schulter oder in der Hand und läßt sie manchmal aus einer Schale trinken. Als Begleiter hat das Paar den kleinen Genius Telesphorus (»der die Dinge zum Ende führt«), der für den guten Fortgang der Heilung sorgt und den Schlaf beschützt; er ist mit einem Kapuzenmantel bekleidet, der ihn fest umschließt; allerdings erscheint er nur auf sehr wenigen Darstellungen.[14]

Aber der große Gott der Heilkunst ist Apollo. Seine Attribute sind so zahlreich, seine Wirkung so universal, daß man dort, wo er in einer Skulptur oder einer Inschrift auftritt, nicht immer in ihm den heilenden Gott erkennen kann. Dennoch gibt es eine Anzahl von Fällen, wo diese Eigenschaft die anderen überragt, wenn er beispielsweise als Beschützer einer Thermalquelle verehrt wird. Die Ausnützung der Heilkraft des Wassers ist einer der Hauptwirkungsbereiche der Heilkunst in Gallien, und die Ärzte scheinen ihre Kunst mehr dort als im Schatten der Tempel ausgeübt zu haben. Eine große Zahl heutiger Badeorte boten schon damals ihre wohltuenden Kuren an, denn in den meisten hat man Widmungen an die lokalen Schutzgötter der Heilquelle gefunden. Der am häufigsten verehrte scheint *Borvo* (oder *Bormo)* zu sein, der seinen Namen Bourbonne, Bourbon-Lancy, Bourbon-l'Archambault und dem Bourbonnais, der bevorzugten Bade-Landschaft, geliehen hat: in Bourbonne hat sich nun Borvo mit Apollo verbunden, so wie woanders *Grannus,* der gut eine Quellgottheit gewesen sein kann; Aachen nannte sich zum Beispiel *Aquae Granni.* Dazu kamen *Vindonnus* in Essarois, *Moritasgus* im Quellheiligtum von Alesia, *Virotutis,* »der Wohltäter oder Heilbringer der Menschen« in Fins-d'Annecy und in Jublains, *Toutiorix,* »der heilende König, der große Heiler« in Wiesbaden.[15]

Noch beredter als die Götternamen sind die Weihegaben, die in vielen Heiligtümern gefunden wurden, bei denen man Genesung suchte. In Stein gehauen oder auf Bronzeplatten graviert sind die kranken Körperteile, die man dem Gott darbrachte, entweder um seine Heilkräfte durch Magie darauf hinzulenken, oder als Dank und Beweis für die Heilung. Man hat sie, über einige wichtige Heiligtümer verteilt, zu

Hunderten gefunden: ganze Körper oder nur den Rumpf oder den Kopf; die Glieder, das Bein, das Knie, den Fuß, die Hand; Brust, Augen, Zeugungsorgane. Einfache, wertlose Dinge, die doch den Glauben der Kranken an irgendeine wunderbare Heilung bezeugen.[16]

Aus einer größeren Anzahl von Zeugnissen spricht die Sorge, die man den Kindern zuwandte, besonders im Umkreis der Tempel der heilenden Gottheiten, wo man zahlreiche Exvotos gefunden hat. Auf ihnen sind kleine Kinder dargestellt, die auf so geschickte wie mannigfaltige Weise gewickelt waren; denn Wickeln war eine wahre Kunst.[17] Die Mütter oder die werdenden Mütter weihten der Gottheit diese Bilder, um den Schutz für die Gesundheit ihres Kindes zu erbitten, und dies ist vielleicht die ergreifendste Verehrungsform antiken Heidentums, dessen Kälte und Unmenschlichkeit gern herausgestellt wird; dieses aus besorgter Unruhe der Mutter geborene Vertrauen. Oft wandte man sich an die Muttergottheiten. Man sieht sie alle drei mit entblößter Brust sitzen, die erste hält ein Wickelkind, die zweite breitet eine Windel auf den Knien aus, und die dritte hält in einer Hand einen Schwamm, in der anderen eine flache Schale (vgl. Abb. 17); Phlegon, Arzt in Lyon, weiht einen Stein mit dieser Darstellung den drei hehren Müttern.[18] Das einzige erhaltene Arztbildnis ist der Grabstein einer Ärztin oder Geburtshelferin, *medica,* in Metz: sie steht da, von einem faltenreichen Gewand verhüllt, in der linken Hand ein Kästchen haltend, eine ältere Frau von großer Würde.[19]

Grenzen der Chirurgie

Die Chirurgie war nur schwach entwickelt. Sie war noch Bestandteil der Allgemeinmedizin und litt vor allem unter der Dürftigkeit der anatomischen Kenntnisse. Die Griechen beherrschten die Behandlung von Brüchen und Verrenkungen; dafür bot ihnen das Stadion der Athleten ein gutes Experimentierfeld, und sie arbeiteten mit ziemlich brutalen Methoden und einem wachsenden Aufwand von Apparaten und Bandagen. Der Arzt des Augustus, Meges, richtete als erster Knieverrenkungen wieder ein, und Celsus bezeugt den Fortschritt der konservierenden Chirurgie mit seiner Beschreibung der Autoplastik an Nase und Gesicht durch Verziehen der benachbarten Hautpartien. Die Schädelöffnung war bereits in vorgeschichtlicher Zeit bekannt; in der Kaiserzeit kam die Perforation mit dem Bohrer an mehreren Stellen hinzu. Auch tiefe Wunden wurden allmählich Gegenstand heilender

Eingriffe. Celsus beschreibt tiefe Unterleibsverletzungen und die Beseitigung von Darmverschlingungen, die Amputation einer Hand oder eines Fußes bei Wundbrand, mit Ätzung durch glühendes Eisen; den Steinschnitt bei Blasenoperationen mit Zerkleinern des Steins in der Blase. Galen kann die Gefäße mit Darmsaiten zusammennähen und einen Luftröhrenschnitt ausführen. Aber die Zahl dieser Eingriffe bleibt begrenzt wegen der unzureichenden Betäubungsmittel, und sie bleibt es noch lange Zeit.

In Gallien haben wir keine anderen Zeugnisse von der Tätigkeit der Chirurgen als Sätze von Instrumenten aus Bronze, Kupfer oder Silber, oft doppelseitig, jedes Ende dient einem anderen Zweck. Man findet hier das Messer mit olivenförmigem Ende, das kalt zur Untersuchung der Wunden und erhitzt zur Behandlung mit Medikamenten und zum Ätzen diente; die Spatel, die Pinzetten, das Löffelstilett, das Skalpell in ihren verschiedenen Formen. Präzisionsinstrumente wie der Schädelbohrer, der Trepan, die Sonde, die Säge und die Nadeln erlaubten eine Anzahl von heute üblichen Eingriffen.[20]

Arzneiwesen

Bei den Heilmitteln und Medikamenten trifft man auf eine Mischung von effektiver Wissenschaft und medizinischem Abrakadabra. Gewiß haben selbst die besten griechischen Medikamente keineswegs alle Zaubermittel auszuschalten vermocht. Hatte in hellenistischer Zeit der große Erasistratos nicht das Kraut empfohlen, das man den Löwen auf den Rücken legt und eines, dessen bloßer Anblick die Gänse in die Flucht schlägt? Serapion von Alexandria behandelte die Epilepsie mit Kamelshirn, Hasenherz, Schildkrötenblut und Eberhoden, während König Attalos III., wenn man Plinius glaubt, das Wort *duo* auszusprechen riet, um die Skorpione zu verjagen. Der alte Cato kannte Zauberformeln zur Heilung von Knochenbrüchen! Celsus selbst rät, ein Stückchen Schwalbenfleisch zu verschlucken, um der Angina zu entgehen, und Plinius empfiehlt gegen die Epilepsie »den mit Hirschsehnen angebundenen und in eine Ziegenhaut eingenähten Drachenschwanz«.[21]

Freilich gab es in Gallien auch eine sehr alte Überlieferung für Heilpflanzen, und besonders durch Plinius kennen wir die bewährtesten. Die auf Eichen wachsende Mistel, die die weißgekleideten Druiden mit einer goldenen Sichel abschnitten, war ein universales Gegengift und galt als Mittel, Blähungen zu lindern, Skrofeln auszutrocknen und sterile Tiere fruchtbar zu machen.[22] *Selago* (eine Art Heidekraut) schützte, wie man glaubte, vor allen Unfällen; wenn man es verbrannte, half sein Duft gegen Augenkrankheiten; man nahm es insbesondere als Abführmittel. Auch dieses pflückten die Druiden, und zwar indem sie die rechte Hand durch die linke Öffnung ihrer Tunika steckten, als ob sie einen Diebstahl begingen.[23] Das Eisenkraut hatte die gleichen Eigenschaften. Man schnitt es an bestimmten Tagen, nachdem man die Erde durch das Opfer einer Honigwabe beschwichtigt hatte, und so, daß man weder von der Sonne noch vom Mond beschienen wurde; man zog einen Kreis um die Pflanze und riß sie mit der linken Hand heraus.[24] Nicht weniger berühmt war das Bilsenkraut; die Schlüsselblume als Hauptmittel gegen Kopfweh und Nervenleiden; das Kleeblatt gegen Diarrhöe; Salbei gegen Husten; Sesamkraut (*vela* auf gallisch); die besonders geschätzte keltische Narde, wertvoll als Mittel gegen Schlangenbisse; der Mastixwein als ausgezeichnetes Mittel zum Blutstillen; der Wermut als Medizin, der in der Gegend von Saintes angebaut wurde und daher den Namen »Santonin« trug; endlich die kleine Centaurea (Flockenblume), die alle schädlichen Medikamente abführen half ...[25]

Die Ordnung der pflanzlichen Heilmittel konnte in römischer Zeit deutlich verbessert werden. Scribonius Largus, der seine Beobachtungen gewiß auf seinen Reisen durch Gallien machte, ordnete die Mittel zum erstenmal nach den Körperteilen, denen sie Hilfe bringen konnten; nach ihm hat Dioscorides zur Zeit Neros die ersten aus Mineralien gewonnenen Mittel als geeignet anerkannt (Kalkwasser, Kupfer- und Bleiverbindungen). Weniger zu empfehlen sind die Gedichte des Serenus Sammonicus, eines Autors des 3. Jahrhunderts, dessen Beiname vielleicht auf gallische Abkunft hindeutet: er gibt tausendundein »Rezept«, oft für die Armen; neben Zaubersprüchen findet man da Mittel, die aus zerdrückten Wanzen, Exkrementen von Ratten und Mäusen zubereitet sind ... Aber erst im 4. Jahrhundert findet man eine detaillierte Ordnung der gallischen Flora in den *Medicamenta* des Marcellus von Bordeaux, der ein Dutzend Namen von Heilpflanzen als keltisch anführt: *baditis* (Seerose?), *blutthagio* (Sumpfpflanze), *bricumum* (Beifuß), *calliomarcus* (Huflattich, eine der vier Heilpflanzen gegen Husten), *calocatanos* (Klatschmohn), *gigarus* (Kaktusart), *gilarum* (Thymian), *halus* (Schwarzwurz), *odocos* (Attich), *ratis* (Farnkraut), *vernetus* (Sumpfpflanze), *visumarus* (Klee).[26]

Die Apotheker spielten sicher eine große Rolle in der Heilkunst jener Zeit. Sie präparierten die Medikamente und die Salben, und wahrscheinlich ist ihre Schutzgöttin auf dem Weihestein in Grand (Vogesen) dargestellt: wie andere Gottheiten sitzt sie, den Fuß auf einem Schemel, legt die linke Hand auf eine Platte, und die Rechte hält eine Opferschale am Rand einer Wanne, die auf einem Kochkessel über einem Ofen mit brennenden Scheiten steht; in dem Gefäß ist ein Löffel, dessen Griff in einem *caduceus* (Heroldsstab) endet; darüber befinden sich auf einem offenen Regal zwei große Kugeln, in denen man Seifenkugeln zu erkennen glaubte, aber es sind eher zwei zum Abtropfen aufgestellte bauchige Flaschen; rechts sind andere Kufen übereinandergesetzt, und daneben betrachtet eine junge Gehilfin aufmerksam ein Probeglas.[27] Dennoch, obwohl die Arzneilehre gewisse Fortschritte verzeichnen konnte, machte ihr der Gebrauch von Besprechungsformeln doch immer noch harte Konkurrenz. Einige davon findet man bei Marcellus von Bordeaux, in einem wirren Sprachgemisch abgefaßt, und dort kamen ein paar gallische Wörter vor; zum Beispiel um eine Augenentzündung zu beschwören: *inmon dercomar(c)os axatiron*, dessen zweites Wort *derco-* (Auge) enthält; gallisch ist auch das Wort *brigantes*, das kleine Würmer bezeichnet, die die Augenlider zerfressen.[28]

Augenärzte

Die Augenkrankheiten nahmen tatsächlich einen breiten Raum in der antiken Medizin ein, besonders in den Mittelmeerländern, wo unter der häufig brennenden Sonne und unter zu hellem Licht die eitrige Augenentzündung ständig ihre Opfer fordert. In Gallien wurden diese Leiden von den Augenärzten mit Zähigkeit bekämpft; ihre Tätigkeit ist durch die zahlreichen Funde von »Reibern« bekannt, kleinen Mörsern zur Zubereitung der Salben, und von »Stempeln«, mit denen man auf die Salbenstäbchen das Rezept ihrer Zusammensetzung und den Namen des Salbenherstellers aufdruckte (Abb. 55). Bis zum Jahre 1927 sind 197 solcher Stempel in Gallien und in Germanien gefunden worden, gegenüber 18 in Großbritannien, 11 in Italien, einem in Spanien und einem in Afrika. Demnach müssen in Gallien die Augenärzte besonders zahlreich gewesen sein.

Die Augenheilmittel bestanden in Stäbchen aus fester Salbe von etwa 5 bis 6 cm Länge. Das Besteck eines Augenarztes, gefunden in Reims, enthielt davon 40 Gramm mit einer Waage, 19 Instrumente und einen Stempel.[29] Auf der Fläche der Stempel, kleinen prismatischen Platten aus hartem, feinkörnigem Stein, sind die Namen des Augenarztes oder

der Augenärzte eingraviert oder herausgearbeitet, des Augenheilmittels und der Krankheit, die es heilen soll, und dann die Gebrauchsanweisung. Diese Inschrift wurde auf einer Seite des Stäbchens aufgedrückt, und da der gleiche Stempel vier verschiedene Inschriften trug, konnte er zur Markierung von vier verschiedenen Mitteln dienen. Die Augenärzte haben oft die in Rom üblichen drei Namen, gelegentlich nur zwei oder einen einzigen. Die Augensalben tragen fast durchweg griechische Bezeichnungen und haben als Grundlage Horn, Efeu, Weihrauch, Balsam aus Judäa, Kupfer, Rosenblätter, Myrrhe, Amber, Safran, Narde, Schafgarbe, Eisenkraut; manchmal haben sie die Na-

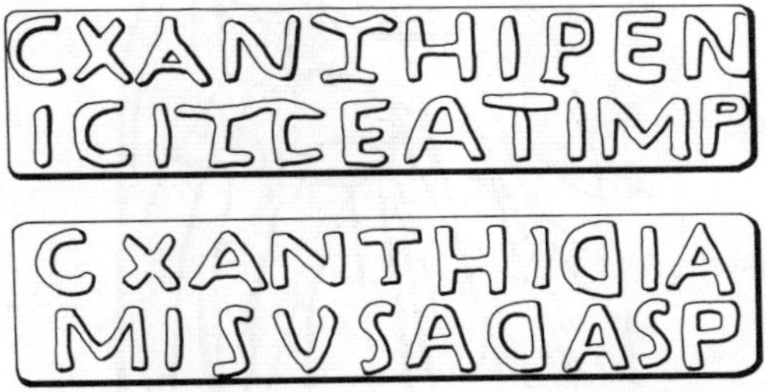

Abb. 55. Stempel mit den Aufschriften a) *C [...] Xanthi penicille ad imp[etum]* (Von Xanthos, mit dem Pinsel bei Augenentzündung auftragen); b) *C [...] Xanthi diamisus ad asp[ritudines]* (Von Xanthos, Augensalbe gegen Trachome).

men von Farben: grün, gelb, Schwanenfarbe (weiß). Die Anwendungsweise ist angegeben durch die Flüssigkeit, in der man das Stäbchen zerreiben und auflösen muß (Eiweiß, Wasser, Süßwein oder Frauenmilch), oder durch das Mittel zum Auftragen, beispielsweise einen kleinen Schwamm oder ein Pinselchen (*penicillus*). Die vorgesehenen Anwendungsfälle sind zahlreich und vielseitig: Trachome (*aspritudo, sycosis*), Krankheiten der Hornhaut und der Pupillen (*cicatrices*), Chalazion, Augenentzündung (*epiphorae, lippitudo*), Ausflüsse (*pituita, rhumatica*), Verbrennungen (*ustiones*) und sogar der graue Star (*suffusio*). Hier folgen einige der vollständigsten Rezepte:[30]

L. Pomp. Nigrini arpaston ad recent(es) lippitudine(s) odent(es) die(m) ex ovo ([Augensalbe] des Lucius Pompeius Nigrinus, aus Amber, für akute Augenentzündungen, denen Tageslicht schadet, in Eiweiß auflösen);

L. I. Docilae penicillum authemer(um) ex ovo ([Augensalbe] des Lucius Docilas, mit dem Pinsel aufzutragen [oder: aus *penicillus,* Schwamm?], am gleichen Tag zubereitet, in Eiweiß auflösen);
L. Caemi(i) Paterni authemer(um) lene ex o(vo), acr(e) ex aq(ua) ([Augensalbe] des Lucius Caemius Paternus, hergestellt am gleichen Tag; schwach: in Eiweiß auflösen; stark: in Wasser);

Abb. 56. Der Augenarzt bei der Behandlung. – Zeichnung von P.-M. Duval nach einem Relief aus Bar-le-Duc.

Q. Albi(i) Vitalionis mixtum ad omnia praeter lippitudinem ([Augensalbe] des Quintus Albius Vitalio, Mixtur für alle Leiden außer Augenentzündung).
Mehr als ihre Namen und die Rezeptformeln ihrer Präparate wissen wir von diesen Augenärzten nicht. Bekannt sind etwa 30, deren Augensalben in Reims gebraucht worden sind, etwa 20 in Bavay, 15 in Besançon und in Naix, etwa 10 in Lyon und in Trier, ebenso viele in Nîmes und Wiesbaden, ein halbes Dutzend in Mandeure; und jedes Jahr liefern die Grabungen neue Zeugnisse ihrer Arbeit.[31] Einen ihrer

Kollegen erkennt man auf dem Relief von Bar-le-Duc, der das Auge einer Frau behandelt, sie hat den Kopf verhüllt und trägt ein Tuch über dem Arm und ein Gefäß in der Hand; der Arzt legt die linke Hand auf den Kopf der Patientin, und mit der Rechten führt er ein leicht gebogenes Instrument an das linke untere Augenlid (Abb. 56).[32] Wir erinnern daran, daß die Alten den grauen Star operierten, entweder durch Verlagerung oder durch Entfernung. Celsus beschreibt die erstgenannte Methode:

»Vor der Operation soll man drei Tag lang nur wenig essen, nichts trinken außer Wasser, und am Tag vor der Operation muß man völlig fasten. Der so vorbereitete Patient wird in einem hellen Zimmer auf einen zum Fenster gerückten Stuhl gesetzt und hat das Licht im Gesicht, während der Arzt sich etwas erhöht ihm gegenübersetzt, und von rückwärts hält ein Gehilfe den Kopf fest. [...] Um das Auge gut ruhigzuhalten, legt man auf das andere etwas Wolle, die von einer Binde gehalten wird. Das linke Auge muß mit der rechten Hand und das rechte mit der linken behandelt werden. Man nimmt eine Nadel [...] und sticht sie gerade durch die beiden äußeren Häute in die Mitte des Raumes zwischen dem Dunklen des Auges und dem schläfenwärts liegenden Augenwinkel und in gewissem Abstand vom Zentrum des grauen Stars, so daß keine Ader verletzt wird. Man kann die Nadel ohne Zögern einschieben, denn sie trifft in einen Hohlraum [...] man neigt sie zum Star hin; dort gibt man ihr eine leichte Drehung und führt langsam den Star unter das Feld der Pupille, danach drückt man sie kräftig, um ihn in den unteren Teil des Auges zu schieben. Wenn er dort hält, ist die Operation beendet; wenn er bald wieder aufsteigt, muß man ihn mit der gleichen Nadel aufschlitzen und die Überreste verteilen, die einzeln viel leichter beiseite zu schieben sind und das Sehen weniger behindern. Das Instrument muß man dann auf geradem Weg herausziehen und auf das Auge weiche, mit Eiweiß getränkte Wolle und über das Ganze ein Mittel gegen Entzündung und abschließend einen Verband auflegen.[33]

Die Operation ist gut beschrieben. Aber das Ergebnis?

6. Schriftsteller und Künstler

Daß die Gallier schon vor ihrer Berührung mit den Römern eine Literatur hatten, läßt die Existenz ihrer »Barden« vermuten, offizieller Dichter, und der Druiden, denen man philosophische Dichtungen und

Epen zuschreibt. Aber man zeichnete sie nicht auf, sie wurden mündlich überliefert, und davon ist nichts auf uns gekommen. Im letzten vorchristlichen Jahrhundert kann man nur noch von einigen lateinischen Schriftstellern annehmen, daß sie gallischer Herkunft sind. Das gilt für Valerius Cato, einen Freigelassenen aus Gallien, einen Dichter und Gelehrten; Varro Atacinus aus Aude (Atax in der Narbonensis), dessen interessantes Werk, ein Epos über den Krieg mit Ariovist, leider verlorenging; Cornelius Gallus aus Fréjus, einen elegischen Dichter, den sein Freund Vergil pries. Letzterer ist in der Gallia Cisalpina geboren; seine Mutter *Magia* trägt einen keltischen Namen. Im sechsten Buch der *Aeneis* vergleicht er den geheimnisvollen goldenen Zweig der Steineiche mit der Mistel, die allein die Gallier in der Antike als Heilpflanze ansahen. Der Name Catull könnte auch keltisch sein; aber die Zahl römischer Schriftsteller keltischer Herkunft ist sehr gering: ein Geschichtsschreiber, Pompeius Trogus, entstammt einer Familie aus Vaison; ein Rhetor, »Literat« und vielseitiger Schriftsteller aus Arles, Favorinus, ist ein Freund Kaiser Hadrians. Das ist alles, und man weiß nicht, ob man dafür den geringen Umfang unserer lateinischen Literatur in dieser friedlichen und arbeitsamen Epoche oder die Vernichtung der Handschriften verantwortlich machen soll.[1]

Man kann gallischen Dichtern auch nicht mit Sicherheit die Vers-Inschriften zuschreiben, die manches Grab und manchen Altar schmücken; denn sie können nach Vorlagen verfaßt worden sein, die im ganzen Reich von Hand zu Hand gingen. Das bedauert, wer beispielsweise die dem Waldgott geweihte Inschrift eines römischen Statthalters liest, den es in die tiefsten Alpen verschlagen hat, wie sich Camille Jullian ausdrückt, der sie so schön übersetzt hat: »Silvanus, erhabener Wächter dieses kleinen Berggartens, du bist halb in den Stamm einer heiligen Esche eingeschlossen, und ich weihe dir meine Verse zum Dank dafür, daß du mich über Felder und Berge der Alpen, durch die duftende Gastlichkeit deiner Wälder mit deiner wohltuenden Gnade allzeit gesund und sicher führst, wenn ich die Güter des Kaisers als Richter und Statthalter betreue. Führe uns, meine Familie und mich, nach Rom zurück, laß uns durch deine Hilfe Italiens Boden wiedersehen, und ich weihe deinem Namen tausend große Bäume.«[2]
Aber man bedauert es weniger, wenn man die anderen Inschriften liest, die sich in Banalitäten überbieten.

Materielle Voraussetzungen für die Arbeit des Schriftstellers

Es ist nicht zu erkennen, ob die literarische Kunst in Gallien mehr als in Rom als ein selbständiger Beruf angesehen wurde: wenn man ihn ausschließlich ausübte, dann bedeutete das wenigstens ein bescheidenes Einkommen oder die Tätigkeit in einem öffentlichen Amt oder starken Rückhalt bei einem der Oberen, denn was wir – übrigens erst seit relativ kurzer Zeit – Autorenrechte nennen, das gab es nicht. Es gab aber »Editionen«: »Verlagsbuchhändler« ließen die Manuskripte in einer bestimmten Zahl von Exemplaren kopieren und verkauften sie im ganzen Reich, insbesondere an die staatlichen oder an die städtischen Bibliotheken, für die Cäsar die ersten Grundlagen geschaffen hatte. Über die Buchhändler in Gallien weiß man einiges. Der jüngere Plinius spricht von den *bibliopolae* in Lyon, die seine Schriften verkauften; Martial fühlte sich geschmeichelt, daß die Vienner an seinen Gedichten Freude hatten; und das Wort *librarius,* das sich auf Inschriften findet, bezeichnet sicher den Kopisten, den der Buchhändler beschäftigte, wenn es sich nicht um diesen selbst handelt.[3] Er ließ eine Handschrift meist einer Anzahl von Kopisten gleichzeitig diktieren, und das finanzielle Ergebnis aus dieser Arbeit und aus dem Verkauf der Exemplare war für ihn bestimmt, nicht für den Autor. Ein Relief zeigt die Regale einer Bibliothek, auf denen die Rollen gestapelt sind, eine Person streckt danach den Arm aus;[4] und aus manchem Bild ist die *capsa* bekannt, die Rollenschachtel, die zur Aufbewahrung und zum Transport der Rollen diente.

Die eigentliche Arbeit des Schriftstellers war gewiß ganz anders, als sie heute ist: das gesprochene Wort war mindestens ebensowichtig wie die Schrift. Zuerst muß man angesichts des Umfangs mancher literarischen Arbeiten a priori berücksichtigen, daß sie der Autor teilweise, wenn nicht ganz einem Sekretär diktiert hat. Wir wissen, daß große Schriftsteller, Cicero, Plinius, den ganzen Tag über diktierten, und man kann sich nicht vorstellen, daß sie die Entwürfe zu ihren Arbeiten auf Wachs oder Papyrus hätten selbst schreiben können; denn dieses Schreibverfahren bot nicht die gleichen Möglichkeiten wie heute die Schrift mit der Hand auf Papier. Wir besitzen auch kein »Originalmanuskript als Autograph« von einem literarischen Werk. Ob nun auf Wachs entworfen oder nach Diktat aufgenommen, das Werk wurde von einem Sekretär auf Papyrus übertragen, dann in mehreren Exemplaren von Kopisten ins reine geschrieben.

Der Sekretär war im allgemeinen ein dazu ausgebildeter Sklave, der das

Werk nach Diktat aufnahm und manchmal dazu Stenographie benutzte. Diese Kunst war keineswegs Vorrecht der *notarii,* der Stenographen der öffentlichen Verwaltung und Versammlungen; es gab auch private Stenographen wie der, den Ausonius im 4. Jahrhundert angesprochen hat: »Sklave, du geschickter Diener der Stenographie, komm schnell her. Glätte die beiden Seiten deiner Schreibtafeln, auf denen viele Wörter in so wenigen Zeichen ausgedrückt werden, als ob sie nur einen einzigen Ausdruck darstellten [...] Meine Zunge wälzt Ströme von Worten heraus, [...] aber deine Ohren täuschen sich nicht, sparsam in ihren Bewegungen fliegt deine Hand über die Fläche des Wachses.«[5] Sie benutzten Zeichen, die sich von der Schrift wie auch von ihren Abkürzungen unterscheiden, selbst von den weitestgehenden Abkürzungen, die auf Inschriften vorkommen: Silbenzeichen, die wir nur auf indirektem Weg über die Spur kennen, die sie in der mittelalterlichen Kurzschrift hinterlassen haben. Die Talente eines Stenographen wurden hochgeschätzt; sie sind auf dem Versepitaph des kleinen Xanthias genau aufgezählt, der in Köln gefunden wurde. Er muß ein junger Sklave gewesen sein, der seinem Herrn als Sekretär diente: »Er war schon geschult, so viele Kürzel von Buchstaben und Worten mit schnellem Stift aufzuschreiben, wie man im fließenden Sprechen hervorbringen konnte; schon übertraf ihn niemand im Vorlesen. Wenn sein Herr zum Diktat ging, eilte er heran. Er wurde von ihm schon vor allen anderen gerufen, um als erster das Gehörte aufzunehmen.«[6]

Dann nahm der Schriftsteller das gesprochene Wort zu Hilfe, um seine Werke bekannt zu machen, deren Vervielfältigung keineswegs die schnelle Verbreitung sicherstellte: daher die Mode der öffentlichen Lesungen, sie wütete wie eine wahre Seuche in der Gesellschaft der Kaiserzeit. Wir müssen annehmen, daß sie in Gallien genau wie in Rom üblich waren. Die Entdeckung der zwei Odeen, eines in Lyon, eines in Vienne, bestätigt die Annahme; denn diese neben den Theatern liegenden Konzerthallen waren auch Vorlesungs- und Vortragssäle.[7] Jeder Versammlungsraum, auch ein privater, war geeignet zur Aufnahme eines ausgewählten Publikums, das sich traf, um einen Dichter zu hören, der sein neuestes Gedicht vorlas. Nichts aber paßte zu dieser Art von Zuhörerschaft besser als der luxuriöse und komfortable Odeonssaal, besetzt mit einem Publikum, dessen Zahl zwar beschränkt, aber dennoch größer war als im Theater.

So spielte sich die Arbeit des Schriftstellers unter ziemlich eigenartigen Umständen ab, und dies lag an der Beschränktheit der technischen

Mittel zur Verbreitung seiner Werke. In diesen öffentlichen Vorlesungen hatte sich noch etwas von den Rezitationen früherer Zeiten erhalten. Der Zwang zum Diktat und zum Vortragen mußte jedem Prosatext einen rhetorischen Charakter verleihen, um so mehr, als der Literat bei einem Rhetor die Rednerausbildung erhalten hatte. Anders als heute hatte man nicht immer nur geschriebene Texte vor Augen, selbst wenn man die auf Wände gemalten Inschriften in den Städten berücksichtigt, die alle vergangen sind. Und die in Stein gemeißelten, die man überall, auf Plätzen oder Friedhöfen sehen konnte, waren voller Abkürzungen, deren Knappheit heute die besten Epigraphiker in Verlegenheit bringt: ein ganzes Wort war manchmal nur mit seinem Anfangsbuchstaben vertreten. Der Langsamkeit der Kopier- und der Meißelarbeit, der Unzulänglichkeit der »Schriftträger« (Papyrus, dann Pergament; Marmor, Stein oder Bronze; Holztäfelchen, die bald viel Platz beanspruchten) half man ab mit Kurzschrift und Abkürzungen. Schreiben und Lesen gleich welchen Inhalts verlangten von Autoren, Lesern und Kopisten ein Maß an Gedächtnis und Schnelligkeit, eine Geschicklichkeit, von der man sich heute nur eine schwache Vorstellung machen kann.

Anonymität der Künstler

Die Lage der Künstler wäre uns besser bekannt, wenn sie Signaturen gebraucht hätten; aber das war nicht üblich. Es ist reiner Zufall, wenn ein Mosaik den Namen des Künstlers trägt. Dann ist freilich immer noch nicht sicher, ob er sich auf den Entwurf bezieht oder auf den Handwerker; ob ein Werk aus Bronze die Signatur des Bildhauers oder des Ziseleurs trägt; ob ein Relief einen Namen trägt, den man dem Künstler zuschreiben kann, wie diese rätselhaften gallischen Namen, die auf dem Triumphbogen von Orange die Schilde der Siegestrophäen schmücken, gefolgt von dem Wort *avot*, in dem man heute eine Entsprechung des lateinischen *fecit* sehen möchte.[8] Es gibt keine gesicherte Architekten-Signatur, eine einzige von Steinbildhauern: die von Samus und Severus, die die Mainzer Jupitersäule meißelten.[9] Übrigens ist es bezeichnend, daß unter den Grabinschriften die künstlerischen Berufe selten vertreten sind: ein Maler, Calenus, in Bordeaux, ein anderer, Diogenes, in Bourbon-Lancy, ein Bildhauer, Amabilis, in Bordeaux; und das ist alles![10] Soll man daraus schließen, daß die Künstler von geringem, von niedrigem Stand waren? Nein, denn einerseits sind die Grabsteine von einfachen Arbeitern oder Handwerkern in Gallien sehr zahlreich, und andererseits gibt es geachtete Berufe wie die Rechtsanwälte, die, wie wir sahen, unter den Grabinschriften fast völlig fehlen; endlich weiß man, daß manche Bildhauer – wie jener Grieche, Zenodor, bei dem die Arverner ihre Kolossalstatue des Merkur in Auftrag gaben – Männer von großem Ruf waren.

Dieses ist das berühmteste der im römischen Gallien errichteten Bronzestandbilder. Es blieb uns nicht erhalten, aber Plinius gibt an, daß es die größte Statue seiner Zeit war, und man weiß, daß das von Nero bei dem gleichen Zenodor bestellte Porträt 33 Meter hoch war! Der Künstler arbeitete 10 Jahre lang an seinem Merkur, der 40 Millionen Sesterzen kostete.[11] Man kann sich den Umfang einer solchen Arbeit kaum vorstellen, den Wechsel zwischen Begeisterung und Verzweiflung, den der Bildhauer und seine Helfer durchzustehen hatten, die dramatischsten Augenblicke während des Gusses, die sich bei jedem einzelnen Teilstück wiederholten, wobei das Gußmetall ausreichen mußte, und beim Abschlagen der Formen, endlich die Schwierigkeiten, einen solchen Koloß aufzustellen. In welcher Haltung stand der Gott? Man hat versucht, sie mit Hilfe mehrerer gallo-römischer Kleinbronzen zu rekonstruieren, die Merkur in recht ungewöhnlicher Weise auf einem Felsen sitzend darstellen. Aber dafür gibt es keine Gewißheit, denn trotz ihrer gleichen Haltung unterscheiden sich alle diese Statuetten voneinander in manchem Detail.[12] Dennoch wäre es wichtig, dieses außerordentliche Werk zu kennen; denn es stellte den Gott dar, den nach Cäsar die Gallier vor allem als den Erfinder aller Künste verehrten. Auch der Wert weniger kostspieliger Statuen war immerhin noch beträchtlich. In Vienne zum Beispiel hatten die beiden Zwillingsbrüder Canus und Niger, der Stolz ihrer Stadt, ein silbernes Standbild im Wert von 200 000 Sesterzen gestiftet. In Nîmes betrug der Wert einer Gruppe von vier Götterbildern, vermutlich aus Stein, nur 6000 Sesterzen.[13]

Die Maler hatten viel zu tun, denn die Innenwände der Wohnungen und der öffentlichen Bauten trugen fast immer Wandmalereien, die Architekturdekorationen darstellten, oft mit eingefügten Landschaften und Personen. Aber sehr häufig, besonders bei den »Architekturen«, war dies Kopisten-, wenn nicht gar Anstreicherarbeit und keine Künstlerarbeit. Der Putz wurde vom Stukkateur mit großer Sorgfalt vorbereitet: zwei, drei, vier mehr oder weniger dicke Mörtelschichten, die letzte die dünnste, weißeste und glatteste, bedeckten die Mauern oder eine darauf befestigte Wandbekleidung aus Ziegelstein. Meist brauchte dieser Verputz von 6–8 cm Dicke mehrere Tage zum Austrocknen: man malte also ohne Eile und legte einen einfarbigen Grund an, auf dem die Einzelheiten der Dekoration ausgeführt wurden. Oft hat man festgestellt, daß die gemalten Wände abgeschliffen und poliert, geglättet und wie im Enkaustikverfahren mit Wachs behandelt waren, und man hat diskutiert, ob in dieser Malerei mit wasserlöslichen Farben Fett enthalten war. Es ist anzunehmen, daß die Figuren von einem geschickten Künstler in einem Arbeitsgang gemalt worden sind, und zwar mit einem besseren Bindemittel. Sie wurden wohl mit Hilfe von ausgeschnittenen Schablonen übertragen: auf Putzstücken hat man in Angers Zirkelspuren gefunden, und die Konturen sind manchmal eingeritzt.[14] In Autun hat ein Maler Farbtöpfe in seinem Haus hinterlassen. Ein anderer ließ sich bei Tongeren mit seinem Malwerkzeug begraben: hundert Farbröhrchen in Bronzebehältern, Farbnäpfe, Pinselkästen.[15] Keine der wiedergefundenen Malereien ist signiert. Zwar stimmt es, daß man sie stets nur in Fragmenten gefunden hat; aber Italien kann als Bestätigung dafür gelten, daß die Maler, bescheidener als die Mosaikkünstler, ihre Arbeiten nicht signierten.

Es fällt auf, daß kein gallo-römischer Künstler so berühmt war, daß er uns überliefert wurde. Der Umfang der Bildhauerarbeiten war ja durchaus beträchtlich. Häufig hat man sie als mittelmäßig bewertet. Heute revidiert man dieses Urteil und betont mit Recht die eigentliche Schönheit mancher Reliefs, mancher Bronzen, den realistischen und volkstümlichen Zug in den genrehaften Reliefs und den eigenen Stil dieser gallo-römischen Bilderwelt, die in mancher Hinsicht den Ausgangspunkt der romanischen Plastik bildet. Im übrigen würde es nicht genügen, die Anonymität der Künstler mit der Mittelmäßigkeit ihrer Arbeiten zu erklären! Man hat gesagt, daß die gallo-römische Kunst weitgehend industrialisiert war, und führt zuerst die Serienherstellung von Produkten wie Keramik- oder Glasgefäßen an, die oft Kunstwerke sind. Aber das sind gerade die Arbeiten, die zu Tausenden Signaturen tragen, und zwar des Werkstatt- oder des Fabrikmeisters und nicht des Künstlers, der die Entwürfe geliefert hat. Es gibt keinen Grund anzunehmen, daß der Bildhauer oder Maler nicht wenigstens die soziale Stellung eines Handwerkers als Meister einer oft bedeutenden Werkstatt gehabt hätte. Doch selbst die größten unter ihnen begnügten sich mit der Anonymität, und diese einfache Tatsache enthüllt bei dem Künstler wie bei der Öffentlichkeit eine psychologische Einstellung und ein Sozialverhalten, die sich durchaus von dem unterscheiden, was wir heute gewohnt sind.

Siebtes Kapitel
Freizeit und Vergnügungen

1. Reisen und Transportmittel – 2. Jagd, Fischfang, die Tierwelt – 3. Die Schauspiele – 4. Öffentliche Bäder, Sport

1. Reisen und Transportmittel

In jener Zeit wurde das Reisen besonders leicht gemacht durch den Ausbau des römischen Straßennetzes, das eines der besten der Kaiserzeit war, durch die verbesserte Konstruktion der Fahrzeuge, durch schöne schiffbare Wasserwege und durch die Schiffsbaukunst, denn der Personenverkehr auf dem Wasserweg hatte eine Bedeutung, die er seitdem verloren hat.

Die Straße

Die großen römischen Straßen, die häufig die alten gallischen Wege erneuerten, bildeten ein Netz, dessen Hauptstrecken gegen Ende des letzten antiken vorchristlichen Jahrhunderts von Agrippa angelegt worden waren. Es ging von Lyon aus und wurde später auf den westlichen und nordwestlichen Teil des Landes ausgedehnt: Staatsstraßen, vor allem für die kaiserliche Post und für Truppenbewegungen angelegt, dazu Nebenstraßen und die Privatwege durch die großen Domänen (Abb. 57).
Der Unterbau bestand aus einer trockenen Steinpacklage und darübergeschichteten Lagen aus festgestampfter Erde, Kies und Sand, die die Wasserabführung ermöglichten, was durch einen auf beiden Seiten angelegten Graben erleichtert wurde. Nur die obersten Schichten enthielten Kalk; als Straßendecke wurden im städtischen Bereich und am Stadtrand große Steinplatten verlegt mit seitlichen Bürgersteigen, meist aber war es festgewalzter Kies. Die einfachsten Wege bestanden aus festgetretenem Boden. Die durchschnittlich 6–8 m breite Fahrbahn erhob sich über dem Gelände als Straßendamm. Die Gesamtheit der Schichten bildete einen Aufbau, von dessen Festigkeit man sich übertriebene Vorstellungen gemacht hat.[1] Tatsächlich ist die römische Straße kein in den Boden verlegtes Mauerwerk; denn Mörtel kommt nur ausnahmsweise vor; es ist vielmehr ein Übereinander von relativ

Abb. 57. Römische Straße im Languedoc. – Foto P.-M. Duval.

elastischen Schichten, die sich im Lauf der Zeit und durch Druck verfestigt haben. Man braucht wohl nicht eigens zu erwähnen, daß sie, außer im neuen Zustand, den Wagen keine völlig ebene Fläche bieten konnten.

Ihre Streckenführung förderte die Schnelligkeit wenigstens in den Ebenen, wo sie geradlinig verlief. In hügeligem Gelände vermeidet sie Windungen, steigt direkt auf Hochflächen und hält sich auf dem Kamm oder möglichst in seiner Nähe, anstatt leicht überschwemmbare Täler zu benutzen und sich an Hängen entlangzuschlängeln; sie paßt sich den Geländeformen an und übertrifft dabei noch die Anlage der Wasserleitungen: bei den Straßen blieben Kunstbauten so auf ein Minimum beschränkt.

Abb. 58. Meilenstein zwischen Nîmes und Narbonne, drei Meilen von Nîmes entfernt. Von Antoninus Pius im Jahre 145 restauriert. – Nach »La Gaule Romaine«.

Auf der Hauptstraße vervielfachte der Postbetrieb den Bedarf an Relaisstationen in regelmäßigen Entfernungen: die *mansio* als Etappenstützpunkt, vielleicht alle dreißig Meilen (45 km), die *mutatio* oder Gespannwechselstation alle sechs oder acht Meilen (9–12 km) im Durchschnitt. Zwischen diesen kleinen Siedlungen liegen keine Dörfer, nur hier und da ein Weiler oder ein einsames Haus. Alle 1000 Schritt (1480 m) steht ein Meilenstein, eine runde Steinsäule von zwei Meter oder mehr Höhe, die den Namen und die Titel des regierenden Kaisers und die Entfernungsangabe trägt, dazu manchmal den Namen der Provinzstadt, von der aus die Distanz berechnet ist (Abb. 58); oft zwei oder drei Zahlen wie auf unseren heutigen Kilometersteinen, die ergänzende Bezugspunkte nennen, besonders die Entfernung von Rom. Seit dem 2. Jahrhundert tragen die Meilensteine oft die Entfernungsangabe in gallischen Leugen von 2222 m oder eineinhalb Meilen. Ungefähr 500 solcher Steine[2] wurden gefunden, und drei Reliefs zeigen einen Wagen auf der Straße, der an einem Meilenstein vorbeifährt (Abb. 59);[3] eigentlich sollten sie der Post und den Militärkolonnen als Entfernungsanzeiger dienen. An den Stadtgrenzen standen wesentlich größere Meilensteine: wie die in Tongeren und in Au-

Abb. 59. Gallisches Gefährt passiert einen Meilenstein, auf einem Grabrelief aus Trier. – Nach »La Gaule Romaine«.

tun gefundenen trugen manche auf mehreren Seiten Hinweise für den Reiseweg auf den Hauptstraßen, deren Verlauf sie markierten. Es ist nicht sicher, ob an den Landstraßen Bäume standen. Für diese Annahme könnten vier Reliefs sprechen, die einen fahrenden Wagen vor einem Baum zeigen.[4] Eher ist aber anzunehmen, daß er sich dort befindet, um die Natur und so in Abkürzung die Landschaft abzubilden: gleich hinter dem Tor, das die Stadt bezeichnet, deutet er das Land an.

Diese Landstraßen, die ganz für das schnelle Funktionieren der Verwaltung, für Dienstreisen und für Militärtransporte angelegt waren, konnte auch der Einzelreisende benutzen, aber nur mit seinem eigenen Wagen oder im Mietwagen auf eigene Kosten; denn auf der Straße gab es keine öffentlichen Verkehrsmittel. Die schwersten Bußen wurden im ganzen Kaiserreich denen auferlegt, die sich ohne Dienstauftrag der kaiserlichen Postwagen oder -pferde bedienten. Es war eine besondere Vergünstigung, sie benutzen zu dürfen, die im allgemeinen den Mangel an Reisekomfort aufwog, denn dieser wurde zugunsten der Schnelligkeit geopfert – zumal man die Post im 2. und 3. Jahrhundert immer mehr dem Militär unterstellte. Die Reisenden, die die Fernstraßen mit eigenen Verkehrsmitteln benutzten, fanden Unterkunft in den privaten Niederlassungen, den Herbergen, die aus Gründen der Sicherheit und für die Versorgung um die Poststationen herum angelegt wurden. Diese hatten ihre Herbergsschilder: die einen trugen nur den Namen *tabernae* mit einem unterscheidenden Zusatz (*Tres Tabernae*, »Die drei Tavernen«, haben Saverne/Zabern im Elsaß ihren Namen gegeben); andere hatten eigene Namen in den Städten: in Lyon gab es den Gasthof »Zum Merkur und Apollo«, der Unterkunft und Speise anbot, in Narbonne die Herberge *A gallo gallinacio* (»Zum Hahn des Hühnerhofs«),[5] die es auch in Afrika gibt. Manche Ortsnamen könnten von Herbergsnamen stammen: *Nigro Pullo* (»Zum schwarzen Hühnchen«), *Ad decem pagos* (»Zu den zehn Gauen«), *Arbore felice* (»Zum Obstbaum«).[6] In Antibes fand man auf einer Steinplatte folgende Einladung: »Reisender hör zu! Wenn du Lust hast, tritt ein, du findest eine Bronzetafel, die dir alle Auskünfte gibt.«[7]

Oft blieben die Blicke des Reisenden auf kleinen Denkmälern haften, die die Monotonie der geraden Richtung unterbrachen. Die Annäherung an die Stadt machte sich in einer langen doppelten Reihe von aufwendigen oder bescheidenen Gräbern bemerkbar. Von den Toten wurde man empfangen, und wer die Stadt verließ, verabschiedete sich von ihnen zuletzt, auf die Gefahr hin, vielleicht noch auf dem Land dem am Straßenrand errichteten prunkvollen Mausoleum eines Großgrundbesitzers zu begegnen. Dieser Kontakt zwischen den Lebenden und den Toten gehörte zur Lebensauffassung: viele Epitaphien wandten sich vertraulich an die Vorübergehenden. Andererseits war die Straße selbst, an ihren Brennpunkten, unter den Schutz der Götter gestellt. Wegkreuzungen, Furten und Brücken, Stadtgrenzen, markante Erhebungen und vermutlich auch der Eingang und Ausgang von Wäldern waren lokale Kultplätze, die den Reisenden ansprachen und ihn daran erinnerten, daß auf Reisen die Wachsamkeit des Menschen allein nicht genügt. Oft rief man Merkur herbei, »den Beschützer der Straßen und Reisen«, dem man *aediculae* weihte; Mars, dessen Kult in Gallien sehr verbreitet war, hatte ebenfalls seine Tempel, seine *fana*. Die Wegkreuzungen hatten eigene Gottheiten: *Biviae, Triviae, Quadruviae,* Göttinnen der Zwei, Drei und Vier Wege (Abb. 60).[8] Bei Furten und Brücken erhoben sich gewiß auch heilige Bildwerke, und

Abb. 60. Gottheiten an Wegkreuzungen. – Zeichnung von Dinh Trong nach einer Terra-sigillata-Scherbe.

der Brauch verlangte, daß man in den Strom gemäß einem »Übergangsritus«, der vielleicht an die Überfahrt über den Höllenfluß erinnerte, ein Geldstück oder einen persönlichen Gegenstand warf. Daher die zahlreichen Funde in der Nähe von Flußübergängen. So war der Reisende selten allein auf seinem täglichen Wegstück.

Über die Geschwindigkeit, mit der man reiste, haben wir nur indirekte Angaben. Plinius erwähnt eine von Tiberius unternommene Reise von Pavia nach Germanien über 200 Meilen (296 km) in 24 Stunden;[9] etwas später, im Jahr 69, braucht ein Signifer auf der Strecke Mainz – Köln für 108 Meilen (160 km) 12 Stunden. Das aber sind Eilmärsche in ungewöhnlichem Tempo.[10] Das Tagesmittel von 70 km erscheint uns eher als normal, so wird es im 4. Jahrhundert bezeugt für die Reise des Kaisers Silvanus von Mailand nach Köln über Genf und zurück (2000 km in 28 Tagen).[11] Nahe an diese Marke kommen die heutigen Berechnungen von durchschnittlich 75 km als Tagesleistung des kaiserlichen Kuriers.[12]

Wenn man sich am Reiseweg gallischer Pilger orientiert, den sie im 4. Jahrhundert von Bordeaux über Arles und Susa nach Jerusalem zurücklegten, kommt man im Mittel auf 12 km für die Entfernung zwischen zwei Stationen (bald 9 km im Bergland, bald 18 km in der Ebene).[13] Zum Vergleich die Distanzen der königlichen Post, die Ludwig XI. einrichtete: dort sind Stationen alle 16 km vorgesehen. Der Unterschied ist nicht sehr groß, aber die mittlere Länge der von der Pilgergruppe aus Bordeaux in Gallien auf relativ leichter Strecke zurückgelegten Wegabschnitte – etwa 45 km – bleibt recht gering. Man kann also nur eine verhältnismäßig langsame Reisegeschwindigkeit annehmen, weil die Pilger es doch nicht so eilig haben wie die Postkuriere. Und da man andererseits aus einem spätantiken Kodex weiß, daß die höchste Nutzlast schwerster Heeresfahrzeuge auf 1500 römische Pfund oder etwa 500 Kilogramm[14] festgelegt war, was sehr wenig ist, kam man auf der Suche nach den Gründen für diese Beschränkungen auf die ungenügende Nutzung der tierischen Zugkraft.

Die Antike kannte, wie behauptet wurde, als Pferdegeschirr das auf den Schulterblättern aufgelegte feste Kummet nicht, das mit seinen Strängen einen waagrechten Zug ausübte, sondern nur das weiche Kummet, das oberhalb der Schulterblätter auf dem Hals auflag; dies aber hemmte die Kraftanstrengung des Tieres, da es den Kopf hob, um nicht erdrosselt zu werden. Folglich habe man es grundsätzlich vorgezogen, mehrere Tiere nebeneinander, anstatt sie – mit viel besserer Leistung – hintereinander anzuschirren.[15] Die bildlichen Darstellungen besonders in Gallien zeigen niemals, was wir heute Kummet nennen, sondern immer das weiche Kummet. Wenn dabei ein Fehler im Spiel sein sollte, wäre es zumindest erstaunlich, daß er so generell auftritt, denn allein auf den gallo-römischen Reliefs wiederholt er sich mehr als sechzigmal. Vom Sielengeschirr ist nur ein Beispiel bei einem vierrädrigen Wagen bekannt, der von zwei hintereinandergeschirrten Pferden gezogen wird.[16] Aber es ist das einzige. Sonst sind überall nur zwei, drei oder vier nebeneinandergeschirrte Pferde zu sehen.[17] Die langen Reihen von Tieren hintereinander, die eine Last ziehen, kommen in der Ikonographie nicht vor. Umgekehrt trifft es nicht zu, daß die Deichsel etwas Seltenes war, wie man auch behauptet hat. Ganz im Gegenteil, die meisten leichten, mit nur einem Pferd bespannten Fahrzeuge hatten sie, und zu sehen ist sie sogar an Wagen mit zwei Pferden, im Norden ebenso wie im Osten und im Süden. Das ist übrigens die einzige Möglichkeit, einem Wagen ein einzelnes Zugtier vorzuspannen.[18] Endlich kennt man keine Bilder von schweren Wagenlasten. Auch danach kann man annehmen, daß die Mängel in der Bespannung, auch wenn sie nicht so schwerwiegend waren, wie man behauptet, genügten, den Transport zu schwerer Lasten auszuschließen.

Lange Zeit glaubte man, daß die Alten ihre Pferde beschlugen, und eine Anzahl von Museen besitzt Hufeisen, die man der gallo-römischen Zeit zuschreibt. Heute ist man sich dessen nicht sicher und hat dafür Gründe. Im Lateinischen gibt es weder ein Wort für das Hufeisen, noch auch für den Hufschmied; man kennt keine Darstellung eines einzelnen Hufeisens. Das einzige antike Relief, auf dem man ein beschlagenes Pferd zu sehen meint, in Vaison, ist zu stark restauriert worden, und es ist auf alle Fälle nicht so deutlich, daß es ein unwiderlegbarer Beweis wäre.[19] Endlich hat man auch noch kein Hufeisen in einer genau datierten Bodenschicht gefunden, obwohl man viele Pferdegerippe bei gallischen und gallo-römischen Ausgrabungen, besonders in Alesia, entdeckt hat, jedoch nichts, was einem Hufeisen ähnelte. Das Problem wird noch schwieriger, weil man zum Schutz des Pferdehufes eine Metallsohle benutzte. Die Ränder dieser *solea* (heute »Hipposandale« genannt) waren vor und hinter dem Huf umgebörtelt, wo sie zusammengebunden wurden. Davon ist eine Anzahl bekannt, sie wurden meist in Gallien gefunden, und dazu eine einzige Bilddarstellung. Sie zeigt einen Tierarzt oder einen Pferdeknecht, der dieses Eisen in der einen Hand hat und in der anderen eine Art Stock, der an einem Ende leicht zurückgebogen ist.[20] Wurden sie allgemein verwendet? Die geringe Festigkeit der Verbindung mit dem Huf läßt das bezweifeln. Man mußte die *solea* zu Hilfe nehmen, weil die unbeschlagenen Pferde sich oft den Fuß verletzten, zumindest auf schlechten Straßen. Es ist anzunehmen, man »beschuhte« sie nicht erst, wenn das Unglück eingetreten war, sondern um der Gefahr vorzubeugen.[21] Unter den aus Gallien bekannten Bildern, die sich auf Pferdepflege beziehen, ist nirgends etwas von einem Hufschmied zu entdecken, der später ein beliebtes Bildthema abgab. Auf einem Messer zum Beschneiden des Horns am abgelaufenen Huf sieht man einen Tierarzt, der sich mit dem Pferd Stratilates beschäftigt, von dem er einen Huf hält.[22] Auf einem Relief ist der Tierarzt dabei, ein Pferd am Fuß zur Ader zu lassen, während ein Gehilfe die Mähne eines anderen Pferdes flicht; zwischen beiden sieht man ein Gerät, um das Tier still zu halten.[23] Erklären das Fehlen des aufgenagelten Hufeisens und der beschränkte Gebrauch des losen Eisens nicht teilweise die relative Langsamkeit des normalen Verkehrs?

Die Fahrzeuge

Die Wagen hatten dennoch bemerkenswerte Eigenschaften. Die Stellmacherarbeit und die Aufbauten waren bei den Galliern so weit entwickelt, daß die Römer von ihnen die meisten Namen und Formen ihrer Fahrzeuge übernommen haben. Diese technische Geschicklichkeit und Überlegenheit der Kelten hat man erklärt mit ihren Eigenschaften als frühere Nomaden, die die mitteleuropäischen Waldländer durchzogen, bevor sie sich in Gallien niederließen – wo es ebenfalls Überfluß an Holz gab, und zwar vom besten. In den europäischen Ebenen benutzten sie große Wagen, wie sie die Nomaden heißer Länder nie verwendet haben, auf denen sie ihre Familien und ihre Habe bei ihren Wanderungen nach Westen mit sich führten; und sie gebrauchten auch Kampfwagen wie die homerischen Helden, zu einer Zeit, als die seßhaften und Ackerbau treibenden Römer nur den Prunkwagen kannten.

Der Name des gallischen Wagens, der ins Lateinische in der Form *carpentum* übernommen wurde, ergab das französische Wort *charpente* und seine Ableitungen; lateinisch bezeichnet es einen gedeckten Wagen, den vorwiegend die Frauen benutzten. Es ist durchaus anzunehmen, daß diese besondere Eignung des großen Keltenkarrens, dieses »Holz-Gehäuses«, es den Familien der wandernden Krieger ermöglichte, darin wie in einem Wohnwagen zu leben, und sicher liegt hierin der ursprüngliche Wortsinn der *charpente*, des Zimmerwerks, mit dem die Holzteile des Hauses bezeichnet werden. Das latinisierte gallische Wort *carrus* zur Bezeichnung des Wagens hat nach Verdrängung des lateinischen *currus* das französische *char* für Wagen mit allen seinen lateinischen und sogar italienischen Ableitungen ergeben: *charrue* (Pflug), *charriot* (Wägelchen), *charrette* (Karren), *charroi* (Ladung), *charrier* (fahren), *charron* (Wagner), *carrosse* (Kutsche), *carriole* (zweirädrige Kutsche) und das Verb *charger* (beladen). Ebenso ist auch *benna*, ein großes Fahrzeug zum Transport mehrerer Personen – daher das lateinische *combennones* (»die in der gleichen *benna* Platz nehmen«) – zum französischen *benne* oder *banne* geworden, was ein Fahrzeug zum Lastentransport bezeichnet; und dieses Wort hat die Volkssprache, besonders in Nordfrankreich, zu *bagnole* (Karre) gemacht, analog zu *carriole.* Manche anderen keltischen Wagenbezeichnungen sind auf lateinisch überliefert, und aus diesen Texten läßt sich zumindest ihre Bedeutung und Eigenschaft erkennen.

Zu den schwersten Fahrzeugen gehört die *raeda* oder *rheda,* deren Name vielleicht mit den *Redones,* dem Volksstamm von Rennes, zusammenhängt: das ist ein vierrädriger Wagen, der vor allem von den Kurieren der kaiserlichen Post benutzt wurde. Der gallische Name des Rennpferdes, *veredus,* ist sicher mit ihm verwandt; es ist das Postpferd. Ein latinisierter Name mit einer griechischen Vorsilbe, *paraveredus* (das Beipferd), ergab das französische *palefroi* (Paradepferd, Zelter), so wie das wahrscheinlich auch gallische Wort *caballus,* das wir aber nur in lateinischer Form kennen, das lateinische *equus* ersetzte und zu *cheval* wurde. Vierrädrig sind auch das *petorritum,* in dem man die Nähe des keltischen Wortes zum lateinischen *quattuor* erkennt; *carruca* (Luxuswagen) und *carracutum* (hoher Wagen); *pilentum* wie schon *carpentum* waren gedeckt und dienten vor allem den Frauen als Reisewagen. Vielleicht ist auch der Name *sarracum* für den Fuhrwagen mit Scheibenrädern, der besonders für den Transport von Holzstämmen gebaut war, keltischer Herkunft und ebenso *colisatum,* dessen Bedeutung aber nicht bekannt ist.

Unter den leichteren zweirädrigen Wagen sind zunächst zwei bekannt, die vom keltischen Kampfwagen abstammen: *essedum* und *covinnus,* von Bretonen und Belgen benutzt, wurden zum üblichen Transportkarren der Römer. Keltisch ist auch der Ursprung von *cisium,* einer Art von Einspänner, besonders leicht gebaut und schnell; vielleicht auch von *ploxemum,* dem vorigen ziemlich ähnlich, dessen Erfindung man dem cisalpinen Gallien zuschreibt.

Im Vergleich damit gibt es nur wenige und nicht so charakteristische lateinische Bezeichnungen: *birota* ist der zweirädrige Wagen, woraus die französische *brouette* (Schubkarren) entstand – der einrädrige Schubkarren war der Antike unbekannt; *tensa* ist ein Prunkwagen, der besonders in Kultprozessionen gebraucht wurde; *capsum* scheint ein gedeckter Wagen gewesen zu sein, wie ein Kasten auf Rädern; *angaria* ist der persische, über das Griechische ins Lateinische übergegangene Name für einen schweren, vierrädrigen Postwagen; *clabula* ist ein schweres Troßfahrzeug für die Truppe. Kurz, auf keltischem Gebiet

Abb. 61. Maultiergespann auf dem Relief einer Grabstele aus Straßburg. – Nach »La Gaule Romaine«.

sind die meisten Wagen entstanden, mit denen die Römer über die Straßen des Reiches fuhren.[24]

Neben den Namen haben wir zahlreiche Bilder von Wagen; aber meistens gelingt es nur durch Zufall, die Bezeichnungen den Bildern zuzuordnen. Man kann sie wenigstens nach Wagengröße und Bespannung zusammenstellen. Abgebildet werden vierrädrige Wagen, mit zwei Pferden oder zwei Maultieren bespannt, mit drei Pferden, sogar mit vieren, aber nur einmal mit einem einzigen Pferd. Der Wagenkasten besteht aus einem Holzgittergestell, ist beim einen niedrig (Abb. 61), beim anderen hoch, mit zwei übereinandergesetzten Gitterkästen; er kann auch rund sein. Darin sieht man selten mehr als zwei Reisende, manchmal Rücken an Rücken auf beweglichen Sitzen, vielleicht Bänken oder Hockern.[25] Bespannt sind die zweirädrigen Wagen gelegentlich mit einem Pferd in der Gabeldeichsel oder an der einfachen Deichsel, ein einziges Mal (aber das Relief ist nur durch Zeichnung bekannt) mit vier Pferden. Der hübscheste unter diesen leichten Wagen ist der

Einspänner von Sens, dessen kleiner, runder Kasten von zwei zurückgeschlagenen Verdeckteilen überdacht wird; waren sie wie beim Kinderwagen vorgeklappt, müssen sie guten Schutz geboten haben.[26] Manche Reliefs zeigen besonders deutlich Wagenkästen aus Weidengeflecht, Korbwagen für den Gütertransport und für Personen: auf vier Rädern ein langer Weidenkorb, bauchig, mit Deckel, den zwei oder drei Männer beladen; ein auf zwei Räder gesetzter Korb, ein anderer auf vier Rädern. So verbanden sich hier Korbflechterei und Holzkonstruktion im Wagenbau wie im Möbelbau. Die Zeugnisse belegen nicht immer alle Einzelheiten des Wagenbaus: manchmal erkennt man unter dem Kasten zwischen den Rädern ein langes Holz, wahrscheinlich die Bremse.[27]
Die Räder der Fuhrwagen, wenn nicht aller Wagen, trugen Eisenreifen. Ein Bild zeigt eine Art Geflecht um die Räder, das die Stöße auffangen konnte.[28] Gepolsterte Sitze und Kissen dürften in den bequemsten Wagen nicht gefehlt haben, und es ist bekannt, daß die Römer manche so einrichteten, daß sie darin schlafen konnten; das gilt vor allem für die *carruca*, und Cicero war immerhin in der Lage, seine Briefe in einer *raeda* zu diktieren. Über die Metall-Ornamente, die die prächtigsten Wagen schmückten, wissen wir kaum mehr als über die Kult- oder Totenwagen. Das Saint-Raymond-Museum in Toulouse besitzt einen schönen bronzenen Wagen-Zierbeschlag, und eine ganze Wagengarnitur wurde im Departement Vienne gefunden, mit Maultier- und Ziegenbockköpfen, kleinen, mit Weinranken verzierten Pilastern, einer Bacchusfigur, kleinen Bären-, Wildschwein- und Pantherstatuetten.[29] Die Gallier haben so die alte keltische Wagenbautradition zum Vorteil der kaiserzeitlichen römischen Zivilisation weiterentwikkelt. Die Kelten hatten in ihren Wagen gelebt. Die »Barbaren« brachten später, am Ende der Antike, diesen Brauch in den Westen zurück: die Hunnen wohnten in einem *carpentum*, und in merowingischer Zeit fuhr der »roi fainéant«, der nichtstuerische König, in seinem Wagen durch die Lande.

Seeschiffe und Flußkähne

Bei Reisen spielte die Flußschiffahrt und selbst die Küstenschiffahrt eine große Rolle. Die Gallier schätzten Schiffe sehr und benutzten sie in großem Umfang, mehr noch als die Wagen. Die gallischen Schiffsbezeichnungen sind uns nicht erhalten. Vielleicht kann man keltischen Ursprung im Wort *geseoreta* vermuten, das die Seefahrt bezeichnet, und ziemlich sicher ist dieser anzunehmen für den *nausus* und die *parada*, eine Art Zelt, das auf Vergnügungsschiffen aufgeschlagen wurde. Alle anderen Namen sind lateinisch, fast alle aus dem Griechischen übernommen. Dieses Fehlen keltischer Namen steht im Gegensatz zu der Fülle der Wagenbezeichnungen, und das ist um so merkwürdiger, als der Beitrag der Gallier zum Schiffbau von Cäsar ausdrücklich anerkannt worden war.

Aber durch die Reliefs wenigstens kennen wir eine große Vielfalt von See- und Flußschiffen, die auf Grabsteinen oft weniger den Beruf des Verstorbenen als die letzte Reise symbolisieren. Ein Mosaik aus Afrika, das etwa 25 römische Schiffe, mit ihren Bezeichnungen versehen, darstellt, erlaubt, einige zu bestimmen.[30] Schöne, mächtige Handelssegler mit bauchigem Rumpf sind auf Grabsteinen in Narbonne mit den Einzelheiten ihrer Takelage und ihrer Konstruktion abgebildet, und man kann darauf die *corbita*[31] erkennen. Der *ponto*, dessen Herkunft nach Angabe der Texte gallisch ist, hat einen vorn spitz zulaufenden Rumpf: dieses Urmodell findet sich auf vorrömischen Münzen Nordgalliens; von dem lateinischen Namen stammt unser »Ponton« ab. In Gallien kam Cäsar auf den Gedanken, für seine Landung in England die Beweglichkeit der Galeere mit dem Fassungsvermögen der Segler zu einem Segelschiffstyp zu kombinieren, der auf einem Relief in Narbonne abgebildet ist; es handelt sich um die zusätzlich von Ruderern bewegte, »aktivierte« *actuaria*. Dort, wie auch auf Münzen der gallischen Kaiser des 3. Jahrhunderts, nimmt es eine Ladung Amphoren an Bord. Unter den Schiffen gibt es einen weiteren Typ mit vorn spitz zulaufendem Rumpf: die Rheinschiffe mit ihrer Faßladung auf dem Grabmal von Neumagen (vgl. Abb. 49) mit Ruderern, die der Künstler verkehrt sitzend, den Blick nach vorn, abgebildet hat. Sie ähneln der *vegeiia*, von der bekannt ist, daß sie in Gallien benutzt wurde und deren Name wahrscheinlich »die Starke«, *la vigoureuse* (von *vegeo*), bedeutet; so auch der Fischerkahn von einem Relief in Aix-en-Provence, der dem *cydarum* auf afrikanischen Mosaiken ähnelt.[32]

Andere Schiffe sind am Bug und Heck rund wie die hohe und stabile *celsa* oder wie der lange und wenig stabile *linter*, hervorgegangen aus dem Einbaum, der aus einem Baumstamm ausgehöhlt wurde. Leider sind dreidimensionale Darstellungen, die uns eine genaue Vorstellung von den Größenverhältnissen der Schiffsrümpfe geben, selten. Das Museum in Dijon besitzt zwei kleine Bronzeschiffe, die bei den Seinequellen gefunden wurden. Eines hat einen hohen, spitzen Bug und einen nur schwach gewölbten Rumpf, zu vergleichen vielleicht mit einer *vegeiia;* das andere hat einen hochgezogenen Bug: ein typisches Flußschiff, dem der Künstler die Form einer Ente gegeben hat und dessen platter Boden an die *ratis* (Floß) erinnert. Im Museum von Autun ist eine kleine Barke aus Bronzeblech zu sehen, die mit anhängender Kette und Anker in Cerveau entdeckt wurde. Es ist regelrecht das kleine Modell eines schmalen und länglichen Schiffes, das dem *linter* ähnelt und zweifellos mit der Schiffahrt auf dem Arroux zusammenhängt.[34] Die großen Rheinkähne kündigen merkwürdigerweise den Aufriß der mittelalterlichen Schiffe des Nordens an mit ihren Bug und Heck überragenden Drachenköpfen, die nach vorn schauen und den Weg des Schiffes beschützen; den gleichen Typus findet man bei dem Truppentransport, der auf der Erinnerungsmedaille an die Eroberung Londons durch Constantius Chlorus 297 dargestellt ist.[35] Was ist gallisch an diesen verschiedenen Schiffen? Das ist schwer zu sagen. Die zusammengenähten Ledersegel, die Cäsar vor der bretonischen Küste beobachtet hatte, finden sich nur auf den bildlichen Darstellungen aus römischer Zeit. Überraschend ist vor allem die Fülle von Belegen für die Vertrautheit der Künstler mit allem, was mit der Schiffahrt zusammenhängt, die gewiß auch auf den Binnengewässern intensiv betrieben wurde.

Der Verkehr auf den Flüssen diente den Truppentransporten, besonders im Rheingebiet; denn der große Strom hatte seine eigene Flotte. Diente sie auch dem öffentlichen Personenverkehr? Das ist nicht zu belegen, aber um so eher anzunehmen, als es scheint, daß ähnliche Dienstleistungen auf der Straße nicht angeboten wurden. Wenn es sie gegeben hat, dann auf den großen flachbödigen Schiffen, deren Gebrauch gesichert ist. Schwere Lasten ließen sich leicht auf dem Wasser fortbewegen, und man hat ohne Grund behauptet, daß die Mängel des antiken Steuerruders die Ladungsmöglichkeiten begrenzt hätten. Zwar war das am Rumpf befestigte Achterruder unbekannt, doch das seitlich oder in der Längsachse angebrachte Steuerruder ließ sich leicht mit einer durch Gelenk verbundenen Pinne bedienen, wie sie deutlich auf dem Flußschiff des Schiffers Blussus in Mainz zu sehen ist.[36] Die Gallier hatten lange vor der römischen Eroberung auf dem schwierig zu befahrenden Ozean Erfahrungen gesammelt. Ein ganzes Volk bretonischer Seefahrer hatte die schweren Segelschiffe aus Eichenholz mit Ledersegeln und metallener Takelage bestiegen, um den römischen Galeeren die Seeherrschaft streitig zu machen. Trotz ihrer Niederlage ist anzunehmen, daß sie in der Kaiserzeit ihre neuentwickelten Techni-

ken dem Schiffbau zugute kommen ließen, insbesondere die manchmal schwierige Verwendung von sehr hartem Holz und Verfahren der Kalfaterung, deren Einzelheiten die Schriftsteller festgehalten haben.[37]
Privatreisen wurden häufig auf dem Wasserweg zurückgelegt. Man schätzte die reizvollen, langsamen Flußfahrten, und Vergnügungsschiffe hielten einen Komfort bereit, den kein Straßenfahrzeug zu bieten hatte. Tatsächlich belegt wird diese Vorliebe für Fahrten zu Schiff zwar erst in Zeugnissen des 4. Jahrhunderts, aber es ist nicht zu bezweifeln, daß sie auch für die übrige Kaiserzeit gilt. Hören wir Ausonius, wie er seinen Freund Theon einlädt, an der Küste entlang zu ihm zu fahren: »Schnell besteig dein Schiff, setz das schwellende Segel, der Wind des Médoc wird dich davontragen. Du liegst auf dem Lager, damit deiner gewichtigen Person jeder Stoß erspart bleibt. Eine einzige Flut trägt dich von Dumnitonums Ufer bis in den Hafen von Condate, wenn du dich nur beeilst und dein Schiff rudern läßt, falls der Wind sich legt. Ein Wagen mit einem Maultiergespann erwartet dich schon, und schnell bist du in der Villa in Lucaniacum.«[38]
Je schlechter und unsicherer die Straßen zur Zeit der Barbareneinfälle wurden, desto häufiger reiste man auf den Flüssen. Im 6. Jahrhundert bemüht sich Sidonius Apollinaris darum, daß sein Freund Trigetius nach Bordeaux komme, von wo man ihn abholen wird »nicht nur mit einer Flotte, sondern mit einem Fluß [der *Garonne*]: in dem Schiff findest du ein schönes weiches Bett, ein Spiel mit Steinen in zwei Farben, Würfel, die oft aus dem Elfenbeinbecher über die Stufen rollen; damit deine Füße im schwankenden Raum des Schiffes nicht naß werden, ist er mit Tannenbrettern überdeckt; ein Zelt [oder eine geflochtene Matte: *parada*] über deinem Kopf schützt dich vor dem schädlichen Nachttau dieser Jahreszeit. Kaum hast du ans Reisen gedacht, bist du schon da: was kann man deinem kultivierten Nichtstun mehr bieten?«

2. *Jagd, Fischfang, die Tierwelt*

Die Jagd

In vorgeschichtlicher Zeit diente die Jagd dem Lebensunterhalt; in der Zeit gallischer Unabhängigkeit war sie auch ein Sport geworden, und diese Tendenz verstärkt sich noch im römischen Gallien, wo indessen zum Vergnügen am Waidwerk die Notwendigkeit hinzukam, Tiere für das Amphitheater zu fangen. Dieses Schauspiel war tatsächlich das beständigste der »Spiele«, es wurde von den christlichen Kaisern dem Volk auch weiterhin geboten, nachdem die Gladiatorenkämpfe abgeschafft waren. Die Jagd war aber vor allem für den Gallier der beliebteste Zeitvertreib, in römischer Zeit ebenso wie in der Vergangenheit. In diesem an Wild stets reichen Land mit seiner abwechslungsreichen Landschaft übte man die Jagd auf ganz verschiedene Art und Weise aus, ja sie war hier weiter entwickelt als in den südlichen Provinzen.

Zu einem Urteil darüber verhilft uns der wichtige Text *Kynegetikos* des Arrian, der ihn in der Mitte des 2. Jahrhunderts in Kleinasien auf griechisch verfaßte. Den Jagdmethoden der Kelten in Europa wird darin ein langer Abschnitt eingeräumt, und zahlreiche, im Detail oft sehr genaue Bilder belegen eindeutig, daß meistens die Kelten in Gallien gemeint sind. Auf Grabsteinen stellte man die Jagd häufig als eine gefährliche Beschäftigung dar, die den Menschen harte körperliche Anstrengungen abverlangt, als Symbol für ein mutig vollendetes Werk, das Belohnung im Jenseits verheißt. Die Jagd ist aber auch ein beliebtes Vergnügen, und ihr Vorkommen auf Grabsteinen bedeutet dann, daß sie der Verstorbene liebte und im Leben nach dem Tode wiederfinden wird – wie der Lingone, der sich mit seinem ganzen Jagdgerät verbrennen ließ. Und da diese Art von Erholung ein mörderisches Geschäft ist, erinnern die blutigen Szenen mit den »Arbeiten« des Herkules, mit den Taten des Meleager oder einfache Jagdpartien offen an die Macht des Todes.[1]

Die Hetzjagd, die sicherlich in den Ebenen Mitteleuropas zu Beginn der Eisenzeit aufgekommen ist, scheint ganz besonders beliebt gewesen zu sein: zu Pferde verfolgt man den Eber, den Hirsch oder den Hasen im freien Feld oder im Wald. Das ist ein teurer Sport: »Bei den Kelten jagt, wer vermögend ist und sich gute Tage machen will, wer vom Wilde nicht lebt, das er jagt, sondern nur ein edles Vergnügen sucht«; sie »jagen, ohne Netze zu gebrauchen« dank der ausgezeichneten Eigenschaften ihrer Hunde, wie sie die Griechen nicht hatten; »mit guten Hunden braucht man weder Netze noch Treibjagden«.[2]

Sie haben vor allem Jagdhunde oder »Segusianer« (»Spürhunde«?), die wahrscheinlich einheimisch sind oder aus Germanien kommen: »Sie sind nicht weniger gute Suchhunde als die Hunde aus Karien in Kleinasien oder aus Kreta, sind aber mürrisch und wild [...], und noch wütender, wenn sie die Fährte aufgespürt haben. Manchmal stürzen sie sich auf die Spuren von gestern, so daß ich es meist verwünscht habe, wenn ich auf jeder Pirsch unterwegs, sei es auf der Fährte des laufenden Tieres oder an seinem Lager, ihr vieles Gebell höre oder was ihm ähnelt [...] Sie haben dichtes Fell und sehen bösartig aus, und man sagt, daß die häßlichsten die besten sind. Auch ist ein Sprichwort bei den Kelten beliebt: man vergleicht sie mit den Bettlern an der Straße; und tatsächlich, wenn sie mit ihrer jammernden und traurigen Stimme auf der Fährte nach dem Wild bellen, sehen sie nicht so aus, als ob sie ihm gern nachlaufen, sondern als ob sie sich beklagen und betteln.«[3] Das ist der Meutehund, laut, unbändig, der Hund, der sich beim Spüren völlig ausgibt. Auf Reliefs oder auf einem Messergriff aus Bein, auf zahllosen Terra-Sigillata-Gefäßen wird er einzeln oder in der Meute gezeigt, mit oder ohne Halsband, mit langem oder kurzem Fell, eifrig einen Eber oder Hirsch anspringend; denn er hat keine Angst, das Wild festzuhalten, bis die Jäger und die Doggen heran sind.[4]

Neben dieser Meute von Spürhunden gibt es zwei andere Hundearten. Für die Hasenjagd: »während die Hunde auf der Fährte sind, halten sich die Jäger abseits und führen ihre guten Hunde an der Leine dorthin, wo der Hase hingelaufen zu sein scheint, um sie gerade richtig auf das vorbeispringende Wild anzusetzen«. Dies sind die eigentlichen Windhunde, »keltische Hunde mit flinken Beinen, die mit einem Wort aus dem Keltischen *vertragi* genannt werden [...], ein Name, den sie wegen ihrer Schnelligkeit haben«. Man kann tatsächlich *vertragus* mit »Superläufer« übersetzen, aus dem im Altfranzösischen das Wort *veltre* oder *viautre* entstanden ist: der Hund, der den laufenden Hasen einholen muß; »alles ist schön bei den rassigsten Exemplaren: die Augen, der Körperbau, das Fell und die Farbe; bei den gefleckten sind die Flecken wie Blüten; bei den einfarbigen ist das Fell glänzend, und für den Waidmann gibt es keinen schöneren Anblick.«[5] Von diesem Windhund gibt es schöne Bilder: schmal und lang, mit anliegenden Ohren, trägt er ein Halsband mit einem Ring für die Leine; so sehen wir ihn im Lauf oder mit entspannter Kraft im Sprung, und am schönsten ist die Marmorgruppe der liegenden Hündin in Vienne, die ihr eben gestorbenes Junges leckt.[6]

Aber wenn es um den Hirsch oder den Eber geht, ist es der Hetzhund, der die Meute verstärkt. Wir wissen nicht, ob es davon eine gallische Rasse gab. Er ist britannischer Herkunft und wird von den Galliern im Kampf eingesetzt. Es gibt sehr genaue Abbildungen von den verschiedenen Arten und der speziellen Abrichtung dieser reißenden Hunde, die man unter der Bezeichnung »Doggen« zusammenfassen kann. Einer ist zu sehen, wie er sich einem Eber entgegenstellt (Abb. 62): sehr stämmig, mit schmalem Halsband, mit eckiger Schnauze und aufge-

richteten Ohren, mit glattem Fell, aber langem buschigem Schwanz, so steht er da in entschlossener Haltung, ganz realistisch gezeichnet. Oder, ebenfalls vor einem Eber, ein langhaariger Hund, geduckt, mit angelegten Ohren und aufgerissenem Maul. Eine riesige Dogge mit dickem Halsband wird von einem Jäger am Riemen gehalten, den sie in ihre Richtung zieht; die Leine straff gespannt, springt sie einen Hirsch an, den zwei kleine Jagdhunde mit nacktem Hals tapfer plagen; weiter entfernt eine andere Dogge mit einem dicken Halsband; sie wird losgelassen und springt auf den Rücken eines Ebers, den ein Jäger, von einem Jagdhund unterstützt, von vorn mit dem Spieß angreift.[7]
Nicht weniger lebendig ist die Szene aus dem Theater in Vienne mit dem Bild eines anderen, ebenso furchtbaren Hundes: eine Art »Wolf« von muskulösem Bau, mit kurzem Fell und langem Schwanz, bereit zum Sprung und zum Biß mit seiner breiten Schnauze. Haben wir da jenes gallische Tier vor uns, von dem Plinius berichtet, es stamme von einer Hündin und einem Wolf ab? Jedenfalls ist es ein starkes Tier, das seine Rolle bei der Tötung des Hochwildes erfüllt haben muß.[8]
Trotz der Beihilfe dieser Hunde, von denen jeder seine Aufgabe hatte (Plinius versichert, daß jede gallische Meute ihren Leithund hatte),[9] blieb bei der Hetzjagd und der Jagd zu Fuß die Hauptaufgabe dem Menschen überlassen. Über seine Kleidung und sein Vorgehen berichten uns die Quellen nichts, aber die Bilder informieren uns ausreichend. Auf den stark von der römischen Kunst Italiens beeinflußten

Abb. 62. Jagdszene. – Zeichnung von Dinh Trong nach einem Relief aus Köln.

Sarkophagen tragen die mit der Tunika bekleideten Jäger Gamaschenbinden, Beinschienen oder Gamaschen, manchmal kommt zur Tunika eine gefütterte Kapuze oder ein Kapuzenmantel hinzu: kurze Kleidung und Beinschutz, das ist die Regel. Aber wenn die Jagd zu gefährlich wird, beschützt ein Kettenhemd den Oberkörper, wie das eine Reliefschale zeigt, auf der ein Mann Brust an Brust mit einem Bären kämpft. Die Treiber und die Pferdeknechte laufen oft barfuß, ihre Tunika läßt die rechte Schulter frei![10] Von den Waffen ist ein Teil im Testament des Lingonen genannt, der anordnet, »sein ganzes Jagdgerät mit ihm zu verbrennen – seine Jagdspieße, seine Schwerter, seine Hirschfänger, seine Leinen, seine Falle, seine Schlingen« –, und das übrige ist auf den Bildern zu sehen: eine Armbrust mit Köcher und ein Hirschfänger hängen an einem Baum (übrigens die älteste Darstellung der Armbrust, deren Name *arcuballista* – *arcus*/Bogen und *ballista*/ Wurfmaschine – erst in Texten der späten Kaiserzeit erscheint). Jäger tragen die Lanze oder den Spieß, gelegentlich sogar, zum Angriff gegen den Bären, die Saufeder. Der Fangstoß erfolgte mit dem Messer. Der Gebrauch des Bogens ist selten und scheint sich auf die Hirschjagd zu beschränken. Um den Hasen zu erlegen, nahm man den Wurfspieß.[11]

Die drei Phasen der Hetzjagd, Aufbruch, Jagd und Heimkehr, sind mehrfach beschrieben worden.

Hasenjagd: »Beim Morgengrauen«, sagt Arrian, »schicken die Kelten Kundschafter zu den Stellen, wo sie einen schlafenden Hasen vermuten. Dann wird ihnen gemeldet, ob man welche gesehen hat und wie viele.« Da gehen drei Jäger zur Jagd, begleitet von einer Windhündin und einem Windhund. »Sie kommen an und lassen ihre Hunde los, nachdem sie das Wild aufgescheucht haben. Sie selbst folgen zu Pferd.« Wir haben gesehen, wie sich die Jagdhunde auf die Fährte setzen, wie man dann die Windhunde losläßt. Nun die Jagd selbst: vor dem Reiter, dessen Mantel im Wind flattert, sind zwei Windhunde in vollem Lauf.[12] Hier aber stehen die Bildwerke im Widerspruch zu Arrian, der behauptet, die Kelten hätten keine Netze verwendet. Auf zwei (römisch beeinflußten) Sarkophagen ist zu sehen, wie ein Hase im Netz gefangen wird; ferner ein Netzgehege mit kurzen Pfählen, auf das die Windhunde das Tier zutreiben. An anderer Stelle drängt ein Treiber mit seinen Hunden einen großen Hasen gegen ein Netz, hinter dem sich in einer Hütte ein Mann bereithält, das Wild zu greifen; ein anderer in der Kapuze trägt ein grobmaschiges Netz auf der Schulter, sein Windhund begleitet ihn.[13] Sollte man annehmen, daß das nur für den

Jäger gilt, der zu Fuß jagt? Wir sind eher der Ansicht, daß Netze bei beiden Arten der Jagd gebraucht wurden und daß es für die Römer, die Tiere für die Amphitheater brauchten, durchaus üblich war, das Wild in zuvor aufgestellte Gehege zu treiben. Demnach wäre hier beides miteinander verbunden, die keltische Hetzjagd und die römische Netzjagd. Und hier das Schlußbild: der Reiter hält, während der Treiber an seiner Seite steht, mit ausgestrecktem Arm einen Hasen und zeigt ihn einem großen Windhund, der den Kopf mit seiner spitzen Schnauze zur Beute hochstreckt. Meist wird das Wild mit zwei Beinen an einer Stange aufgehängt, die der Sklave schultert, oder er hat seine Jagdtasche am Schulterriemen, aus der die Köpfe der erlegten Hasen herunterbaumeln.[14]

Am gefährlichsten ist die Eberjagd. Der Reiter greift das Wild mit der Lanze an, mit dem Spieß oder der Saufeder; der Mann zu Fuß kämpft mit dem Spieß oder mit dem Hirschfänger. Nicht selten geschieht ein Unglück: der Eber wirft seinen Gegner zu Boden und zertrampelt ihn. – Die Heimkehr war ein Ereignis. Dem Reiter folgt die Dogge an der Leine, und zwei Treiber schleppen den getöteten Eber im Netz auf einer Trage; ein Sklave geht voraus, der den Weg mit einer Fackel beleuchtet, ein anderer führt eine zweite Dogge an der Leine und hat einen zweiten Eber über die Schultern gelegt. Oder zwei Männer tragen das auf eine Stange gebundene Wild, drei andere folgen, die das lange, schwere Netz schultern.[15]

Die beste Darstellung der Hirschjagd finden wir auf einem vorzüglichen Mosaik aus Lillebonne.[16] Um das Mittelbild mit Daphne und Apollo gruppieren sich auf den vier Friesen verschiedene Szenen der Hetzjagd. Mit einem Opfer an Diana wird die Jagdpartie eingeleitet. Reiter, Treiber und Hunde nehmen daran teil, einer der Vorreiter hält an der Leine einen abgerichteten Hirsch, der als Köder dient. Dann folgt der Abmarsch, der Eintritt in den Wald mit den Hunden, der Ritt durch den dichten Wald. Endlich auf beiden Seiten eines Dickichts die entscheidende Handlung: links ein mächtiger Hirsch und zwei Hirschkühe; im Dickicht ein kauernder Mann mit dem Lockhirsch; der Schütze steht hinter ihm und spannt den Bogen oder die Armbrust. Dieses von auswärtigen Künstlern signierte Bild ist vielleicht römisch beeinflußt, aber es schildert mit seltener Genauigkeit zwei keltische Bräuche. Der erste ist das Opfer, das die Kelten jedes Jahr der Diana darbrachten; sie zahlten in eine »Spielkasse«, die sich im Laufe des Jahres durch die nach jeder erfolgreichen Jagd eingelegten Beträge füllte; die Hunde werden an diesem Tage mit Blumen bekränzt ...[17]

Der zweite ist die Verwendung abgerichteter Hirsche oder Hirschkühe, die man als Locktiere besonders in der Brunftzeit gefangen hatte. Der Reiter eröffnet die Jagd in Begleitung eines Knechtes, der eine Hirschkuh mit ihrem Kitz führt; die Gruppe der Treiber betritt den Wald, an der Spitze ein Knecht mit einem Hirsch und seiner Hündin, zwei Jäger folgen, einer trägt Armbrust und Köcher, sein Hund ist bei ihm. Natürlich sind die Hirsche nicht im Wildgehege geboren, sondern man hat sie eingefangen. Was man hier sieht, sind also zweifellos Hirsche, die in den Maschen des Netzes oder direkt überwältigt oder sogar mit dem Lasso gefangen wurden. Ausonius beschreibt, wie der Hirsch in die Maschen eines gefiederten Netzes getrieben wird, und man nimmt an, daß diese Federn, mit denen die Fäden besetzt sind, das Wild schrecken und hindern sollten, die Netze zu durchbrechen und zu zerreißen. Die Hirschjagd war also wirklich beliebt,[18] und es ist daran zu erinnern, daß noch in gallo-römischer Zeit dieses Tier nach alter keltischer Überlieferung Gegenstand eines Kultes war und daß der Gott mit dem Geweih zugleich ein Symbol der Bodenfruchtbarkeit und ein Gott des Todes war.
Über andere Arten der Jagd sind wir weniger gut unterrichtet. Die Bärenjagd scheint Sache von Soldaten gewesen zu sein, die darauf spezialisiert waren. Die *ursarii* hatten die Aufgabe, Wild lebend an die Amphitheater zu liefern. Jedoch sind auch zwei Jäger dargestellt, die nichts Soldatisches an sich haben, wie sie das Raubtier fangen, das den einen niederwirft, während der andere es mit dem Spieß angreift. Der Bär wagte sich ohne Scheu in die Nähe der Siedlungen, z. B. in einen Weinberg, wo ein Bauer aus sicherer Entfernung einen Stein nach ihm wirft. In den Bergländern war der Bär offensichtlich nichts Ungewöhnliches, und die Helvetier verehrten eine Göttin Artio, deren Name an das gallische Wort für Bär erinnert. Bei Bern wurde die hübsche Bronzegruppe gefunden, die sie zeigt, wie sie einem gewaltigen Tier gegenübersitzt, eine der lebendigsten Darstellungen dieses Raubtiers, die uns aus der Antike bekannt ist.[19] Obwohl der Angriff des Bären einen gefährlichen Zweikampf auslösen konnte, fing man ihn doch oft lebend für die Spiele in den Amphitheatern.
Über die Wolfsjagd weiß man nichts Bestimmtes, für Germanien bezeugt Cäsar den Fang des Auerochsen in Fallgruben; dies war eine Art Wildrind, dessen Bild wahrscheinlich durch eine Skulptur überliefert ist. Im übrigen macht Cäsar ziemlich phantasiereiche Mitteilungen über den Elch; immerhin besitzt der Lingone »Sterne aus Elchhorn«. Ausgrabungen haben gelegentlich Hundeknochen zutage gefördert,

die beweisen, daß der Terrier im 2. und 3. Jahrhundert an der Jagd beteiligt war.[20] Der Vorstehhund scheint damals nur wenig verwendet worden zu sein.
Endlich war die Vogeljagd beliebt, denn in seinem Testament übergibt der Lingone dem Scheiterhaufen zusammen mit seinen Jagdwaffen auch sein Vogelfanggerät, »seine Stöcke, seine Zelte [tragbare Jagdstände] und seine Vogelscheuchen«. Über die Falkenjagd gibt es im 4. Jahrhundert keine Belege, und es ist wenig wahrscheinlich, daß der Gebrauch des Bogens zur Vogeljagd schon allgemein üblich war; denn

Abb. 63.
Vogelsteller mit Leimruten. – Zeichnung von Dinh Trong nach einem Mosaik aus Boscéaz (Schweiz).

er erscheint auf keiner Bilddarstellung. Vögel fing man lieber mit dem Netz, oder man erlegte sie in einer von Strabo beschriebenen keltischen Technik von Hand mit dem Wurfspieß.[21] Es gibt seltene, wertvolle Zeugnisse, die den Vogelfang mit der Leimrute durch den Vogelfänger zeigen. In einem künstlichen Baum tragen die geleimten Zweige zwei Käfige; der jugendliche Vogelfänger setzt einen weiteren Zweig ein; ein dritter Käfig steht am Boden; eine Schleiereule auf einer Vogelstange dient als Lockvogel.[22] Ein Mosaik (in Boscéaz in der Schweiz) zeigt übereinstimmend mit diesem Relief den Jäger, wie er ein Bündel langer Leimruten trägt (Abb. 63), mit denen er überraschend geschickt umgeht.[23] Vögel wurden häufiger gefangen als gejagt. Ausonius legt einer Sendung Wildvögel an seinen Sohn Hesperius folgende Zeilen bei: »Die Drossel, die in den Olivenbäumen von Picenum räuberte und fette weiße Schenkel bekam, sie, die die glänzenden Trauben von den Weinstöcken raubte, hat sich zur Abenddämmerung in den leicht

wehenden oder am Morgen in den vom Tau straffgespannten Netzen gefangen und hängt nun da, wie die anderen, die sich von mir in diesem Winter in den Vogelherden fangen ließen, und jetzt schicke ich sie dir: es sind zwanzig, die beim ungewissen Licht der Morgendämmerung ein leichtsinniger Flug alle in mein Netz getrieben hat. Dann etwas von dem Wild, das uns ein benachbarter Sumpf geliefert hat, Erpel, die ich noch dazulege: ihre Füße tragen Schwimmhäute, sie räubern in den Gewässern mit ihrem breiten Schnabel, ihre Füße sind purpurrot, ihr Gefieder läßt sie in allen Regenbogenfarben schillern, und ihr Hals gleicht dem der Taube. Auf meinem Tisch werden diese Gerichte nicht fehlen, denn wenn du sie ißt, freut mich das noch mehr.[24]
Zur Sumpfjagd wird sicher, wie Camille Jullian meint, auch ein Teil des rätselhaften Geräts bestimmt sein, das der Lingone in seinem Testament nach den gewöhnlichen Jagdgeräten aufführt: »Meine Wannen [Art von Körben?], meine Sänften [?], meinen Tragsessel und [...] mein Schilfboot.«[25]

Der Fischfang

Er war wohl sehr vielseitig und scheint weithin in diesem Land geschätzt worden zu sein, in dem die Küstengewässer, die Flußläufe, die Seen und die Teiche reichliche Fänge boten.
Schon vor der Ankunft der Römer waren die Gallier Fischliebhaber, und wir wissen, daß sie besonders den Seelachs schätzten, den Thunfisch und die Meeräsche des Mittelmeers: diese wurde mit dem Dreizack im Schlamm der Küstenseen gejagt oder an ihrer Zuflußöffnung, wo – wie man erzählte – die Delphine als Treiber dienten ...[26] Anderes »Seemannsgarn« war über die gallische Fischerei im Schwange. So berichtet zum Beispiel Oppian im 2. Jahrhundert unserer Zeitrechnung über die Einwohner von Marseille und über die Kelten, daß man, um an den walfischgroßen *xiphias* heranzukommen, nach seinem Ebenbild Schiffe in Form eines Fischleibs mit langem, in ein Schwert auslaufendem Maul baute: von da aus erlegte man ihn mit dem Dreizack ...[27] Man weiß nicht, nach welchen Fischen die Fischer auf der Höhe von Friesland ausfuhren, deren Inschrift in Leeuwarden gefunden wurde.[28] Ausonius beschreibt das Fanggerät seines Freundes Theon, der diesen Sport auf dem Meer ausübt: »Deine ganze Ausrüstung besteht in solchen Schätzen wie den geknüpften Hüllen der Geschöpfe des Nereus, Wurfnetzen, Zugnetzen, Leinen mit abscheulichen Namen, Fangreusen, Angelhaken mit Regenwürmern [...]« Er

redet von Muscheln, »die man nicht auf dem offenen Meer fängt, sondern am Strand bei Niedrigwasser unter den Algen sammelt: sie haben die gleiche Farbe [...]«, und er unterscheidet die verschiedenen Arten des Austernfangs je nachdem, wo man sie sammelt »in den Tiefen des Meers oder bei Ebbe oder in den felsigen Grottengewölben und in den rauhen Felslöchern, oder versteckt unter grünem Moos und bräunlichen Algen, oder mit ihren Schalen zu einer steinharten Masse zusammengebacken oder entschwindend, schnell unter grauem Schlamm verborgen und genährt von der Feuchtigkeit des unsichtbaren Saftes, den ihr Inneres enthält.«[29] In seinem Moselgedicht zeigt er die schöne Villa am Ufer, ihr Besitzer kann »zwischen den Felsen, über denen besonnte Felder aufsteigen, in abgeschlossenen Becken Fische halten und fangen«, und beschreibt als Dichter die verschiedenen Arten der Flußfischerei:

»Da, wo der Zugang zum Wasser leicht ist, zerwühlt die Menge der Fischer den ganzen Grund des Flusses auf der Suche nach Fischen, deren Versteck sie, leider, nur zu schlecht schützt! Einer zieht sein nasses Netz mitten durch den Fluß und fegt die Schwärme zusammen, die sich in den Knoten des Netzes verstrickten. Der andere führt seine mit Korken markierten Reusen dorthin, wo der Fluß ruhig gleitet. Dieser hockt auf einem Felsblock über den Wellen, senkt das Ende seiner biegsamen Angelrute und wirft die Angelhaken mit ihrem tödlichen Köder: arglos stürzt sich der wandernde Schwarm der Fische mit aufgesperrtem Maul darauf; erst tief in ihrem weitoffenen Schlund fühlen sie zu spät den Stich des versteckten Eisens; und nun erst schlagen sie um sich und ziehen den Schwimmer hinunter, und das heftige Reißen läßt die Leine zittern samt der Rute, die sich biegt. Schnell zieht der geschickte Junge mit einem einzigen sausenden Schwung seine Beute heraus und mit Peitschenpfiff schräg durch die Luft [...] Tropfend zappelt sie auf dem trockenen Felsen in Angst vor den tödlichen Strahlen des Lichts. Im Bett ihres Flusses behielt sie ihre Kraft, in der Luft, die wir einatmen, erschlafft sie, schnappt und keucht und stirbt; schon schütteln langsame Stöße ihren schwächer werdenden Leib, ihr träger Schwanz erleidet die letzten Zuckungen, ihr Maul schließt sich nicht mehr, und mit der Luft, die ihre Kiemen eingeatmet hatten, stoßen sie den Todeshauch aus [...] Ich habe manche Fische gesehen, die im Schaudern vor dem nahen Ende ihre letzten Kräfte zusammenrafften und mit einem Satz kopfüber in den Fluß sprangen, zurück in das Wasser, als sie auf Rückkehr schon keine Hoffnung mehr hatten.«[30]

Abb. 64. Fischfang. – Zeichnung von Dinh Trong nach einem Terra-sigillata-Gefäß

Fischereiszenen sind weit seltener als Jagdszenen (die viel lebendiger, dramatischer und auch variantenreicher sind), aber sie fehlen doch nicht gänzlich unter den Bildwerken. Auf Keramik kommt der Angler vor, wie er auf seinem Steinblock sitzt und einen Fisch aus dem Wasser zieht; manchmal ist die Angel lang und besteht aus mehreren, mit dicken Knoten aneinandergebundenen Teilen (Abb. 64); dann kehrt er nach glücklichem Fang heim, mit drei Fischen in der Hand; eine Kleinplastik zeigt ihn in kurzer Tracht mit einer reichgefüllten Tasche in der rechten Hand. Auf Reliefs sind zwei Fischer in ihrem Kahn bei der Arbeit: einer sitzt am Steuer, der andere hebt den Deckel einer Reuse mit einem dicken Fisch darin. An anderer Stelle sehen wir einen Mann mit einem Dreizack unter dem Arm.[31]

Das Tierreich im Leben und in der Kunst

Das Tier nimmt nicht nur bei der Jagd, sondern auch im Haus am Leben des Menschen teil.

Der Hund, sei er Jagd-, Wach-, Hof- oder Schoßhund, ist König in dieser kleinen Welt. Er wird neben seinem Herrn auf Grabsteinen dargestellt als Sinnbild der Treue, seiner besten Eigenschaft. Der große Hofhund liegt Aug in Auge einem streitlustigen Hahn gegenüber, das kurzbeinige Tier mit Trompetenschwanz und Glöckchen am Hals, der gedrungene und täppische Bastard, das hübsche Tier mit dem Seidenfell, das stehend oder sitzend Pfötchen geben kann: alle kommen als Skulpturen vor.[32] In Lyon sieht man auf dem Grabe einer jungen Frau die Bilder ihrer beiden Hunde mit ihren Namen, *Merula* (Amsel) und *Educata* (die Wohlerzogene). Die ihnen entgegengebrachte Zuneigung geht so weit, daß man ihnen ein Grab richtet, wie es selbst eines

Menschen würdig wäre. Von einer offiziellen Grabinschrift sah man immerhin ab, aber man meißelte das Bild des verlorenen Begleiters ein. Gelegentlich verfaßte man ein Gedenkwort in Versen, wie es z. B. eine untröstliche Herrin in Auch für ihre Hündin *Myia* (Fliege) tat: »Wie gut sie war, wie lieb! Solange sie lebte, legte sie sich immer neben mich, teilte mit mir mein Bett und meinen Schlaf. Wie schade, Myia, daß du tot bist! Du hast nur gebellt, wenn irgendein Rivale deiner Herrin zu nahe kam. Wie schade, daß du tot bist! Ein großes Grab deckt dich nun, deinen leblosen Körper, und du kannst nie mehr knurren, nie herumspringen, nie mehr auf mein Streicheln mit sanftem Biß antworten.«[33] Es scheint, daß diese Tiere manchmal im Grab ihres Herrn beigesetzt worden sind: in Amiens wurden in einer Urne die Knochen zweier kleiner Hunde unter der Asche ihres Herrn gefunden.[34]

Welche Zuneigung den gallischen Jagdhund mit seinem Herrn verband, läßt uns wieder Arrian wissen, der von seinem Windhund, einem gallischen *vertragus,* erzählt: »Ich hatte einen Hund mit mutigem Blick, ein musterhaftes Tier. Er war flink, fleißig, tapfer und so schnellfüßig und ausdauernd, daß er, solange er bei Kräften und noch nicht alt war, vier Hasen an einem Tag ganz allein fing. Er lebt jetzt noch, während ich diese Zeilen schreibe. Nie hat es ein so zahmes und an seinem Herrn hängendes Tier gegeben wie meinen Horme (»Wilder«). [...] Auch wenn er von seiner harten Jagd müde ist, kommt er immer zu uns zurück. Im Haus weicht er nicht von mir [...]. Er folgt mir, wenn ich zum Gymnasion gehe, und er sitzt bei meinen Übungen dabei. Wenn ich nach Hause gehe, läuft er mir voraus, manchmal dreht er sich herum, um zu sehen, ob ich auf dem richtigen Weg nach Haus bin; er läuft zu mir zurück, schmeichelt sich an und läuft wieder voraus. Wenn ich ausgehe, um etwas zu erledigen, begrüßt er meinen Gesprächspartner wie mich selbst; wenn einer von uns krank ist, will er nicht von seiner Seite weichen. Wenn ich von einer Reise zurückkomme, springt er fröhlich um mich herum und gibt leise und zärtliche Laute von sich. Wenn er zur Mahlzeit dabei ist, stößt er einen mit der Pfote an und bittet mit kleinen sonderbaren Tönen, ihm etwas abzugeben; [...] alles, was er will, drückt er mit seinem Gebell aus. Als er jung war, hat er öfter die Peitsche zu spüren bekommen: wenn heute einer von uns ärgerlich wird und von der Peitsche spricht, kommt der Hund fügsam zu ihm, drängt sich heran, wie um gestreichelt zu werden, und beruhigt sich nicht, ehe er sieht, daß man ihm nicht mehr böse ist.«[35]

Und hier ein paar Ratschläge für die Pflege der Hunde: »Es ist gut, sie zu bürsten, genau wie Pferde, das stärkt ihre Glieder, gibt ein weiches Fell und eine reine Haut und nimmt allen Schmutz weg. Man bürstet den Rücken und die Lenden mit der rechten Hand und unterstützt den Bauch mit der linken, damit der Hund keinen Bruch bekommt, wenn sich der Körper unter dem Handdruck durchbiegt; ebenso verfährt man bei den Schultern und bei den Vorderpfoten. Wenn es genügend gestriegelt ist, legt man das Tier auf den Rücken und hält es am Schwanz fest: es schüttelt sich sofort und will einem so zeigen, daß ihm die Prozedur gefallen hat [...] Wenn man sieht, daß ein Hund unter der Hitze leidet, nimmt man ein frisches, aufgeschlagenes Ei in die Hand und läßt es so in das Maul gleiten, daß er es mit einemmal schluckt: das stärkt ihn, erfrischt ihn und beruhigt seinen fliegenden Atem und stillt zugleich seinen Durst.«[36]

Von den bekannten Tieren muß man noch den Hahn nennen. Das war damals kein Nationalsymbol wie die römische Wölfin. Man hat richtig erkannt, daß das am häufigsten dargestellte Tier Galliens, insbesondere auf Münzen und Militärzeichen, der Eber war und nicht der Hahn.[37] Sein lateinischer Name *gallus* aber ist der gleiche wie der Name des Galliers *Gallus* (wobei freilich im Keltischen kein Zusammenhang besteht). Es ist nicht sicher, ob die Lateiner immer dieses Wort zur Bezeichnung des Tieres gebraucht haben. Sie konnten dieses Federvieh »gallisch« nennen, weil sie meinten, es sei gallischer Herkunft, um so mehr, als die Griechen den Hahn *alectryon* nannten, mit den Beinamen *medos, persikos* (»Meder«, »Perser«), da er ihrer Meinung nach aus Asien stammte.[38] Wie dem auch sei, das Wort *gallus* ist von den Römern nach Gallien gebracht worden und ist dort der einzige bekannte Name des Hahns geblieben. Gewiß entsprach die Ähnlichkeit zwischen den beiden Wörtern *gallus* (Hahn) und *Gallus* (Gallier) in der Vorstellung der Gallier nicht ganz dem Eindruck, den die Römer davon hatten, aber es gibt auch keinerlei Beweis, daß dies für sie mehr als nur ein Wortspiel war, wie man es etwa auf die Mauern Roms malte, als Neros Irrsinnstaten die Gallier zum Aufstand reizten: »Seine Lieder haben selbst die Hähne geweckt« (*gallos,* gemeint: die Gallier).[39] Es bleibt zu erwähnen, daß der Hahn das heilige Tier Merkurs ist, des größten Gottes in Gallien, daß man sein Bild in den Tempeln als Votivbild darbringt, daß er manchmal in natürlicher Größe in Bronze dargestellt wird wie jener, der im Flußbett der Rhône gefunden wurde und heute im Louvre steht. Man sieht ihn auf militärischen Insignien und auf Reliefs, er gehört zum Leben der Familie; ein Kind schaut zu, wie er inmitten seiner Hühner mit gesträubtem Gefieder vor dem friedlichen Wachhunde dasteht, oder er schnappt nach dem Schwanz der Katze, die ein kleines Mädchen im Arm hält (so auf einem Grabstein aus Bordeaux).[40]

In der Kunst nimmt das Leben der Tiere überhaupt einen besonderen Platz ein. Es bringt einen naturalistischen Zug in die akademischsten Kompositionen, und die großen Figurenfriese an feierlichen Kultbauten werden vor allem in den Provinzen des Reiches mit einer ganzen Welt von Tieren belebt, worin die den Bewohnern Galliens vertrauten Tierarten auftreten. Beim Fehlen speziellerer Zeugnisse geben diese oft schablonenmäßigen Dekorationen, in denen sich die Figuren der kleinsten und der größten »unserer kleinen Freunde« mit der Ranke verschlingen, eine ziemlich vollständige Vorstellung von der Tierwelt, in der die Gallier lebten und die sie liebten.

Einen bevorzugten Platz nimmt die Vogelwelt auf Friesen und Säulen ein, deren Dekor vorwiegend aus Zweigen mit Blättern, Blüten und Früchten besteht. Es gibt nichts Konventionelleres als jenen Vogel, der oft in Begleitung von Amoretten auf Trauben hockt und die Rebe plündert; ebenso häufig ist der andere, manchmal ein großer Stelzvogel, vielleicht ein Storch, der mit einer Schlange kämpft.[41] Dann aber gibt es Familienszenen: zuerst die Vögelchen im Nest, die die Mutter mit dem Schnabel füttert oder die sie verteidigt und über denen sie sitzenbleibt, wenn ein Fuchs lüstern zu einem benachbarten Nest hinblickt. Dann der Kampf zwischen dem Stärksten und dem Schwächsten, der Schleiereule und dem Spatz, wenn nicht Schleiereule oder Kauz selbst in Gefahr sind. Verschiedene Arten werden dargestellt: der Sperling, die Drossel, das Rebhuhn, der Storch, der Wiedehopf, sogar der radschlagende Pfau.[42] Damit schmückt man die klassische Szene von der Wölfin aus, die Romulus und Remus säugt: zwei Lorbeerbäume rahmen sie ein; in dem einen ist ein Nest mit drei jungen Vögeln; in dem anderen sitzen sich Eule und Spatz gegenüber.[43] Aber diese Bilder geben nur eine schwache Vorstellung von der außerordentlichen Vielfalt der Tierarten in Gallien, besonders was die Alpen anlangt: Birkhahn, schwarzer Ibis, Habicht oder Alpendohle, Schneehuhn, auch Haselhuhn, rheinische Wildgans, batavischer Pelikan, Rohrdommel (aus der Gegend von Arles), endlich die bei den Galliern beliebte Lerche (*alauda*).[44] Wir haben den Vogelfänger gesehen; hier ist der abgerichtete Vogel mit seinem Halsband.[45]

In den gleichen steinernen Blattranken-Verzierungen mischt sich unter die Vogelwelt eine Miniaturfauna der auf dem Boden lebenden Tiere: Hase und Kaninchen, Eichhörnchen, Igel, Eidechse, Garten- und Gehäuseschnecke, Feldmaus. Und eine ganze Tierwelt stellt jene kunstvolle Platte mit stilisiertem Blattwerk vor. Das Auge sucht und entdeckt darauf mit Vergnügen in engem Rahmen alles Getier auf gleiche Größe reduziert: die Schleiereule, das Eichhörnchen und seine Haselnuß, die Weinbergschnecke, das Kaninchen und die Feldmaus oder den Bären, den Panther, den Eber, das Reh und das Kaninchen mit der Eule, oder auch Vögel und Schlangen, Gartenschnecken, ein Kaninchen mit einem Eichhörnchen, endlich die Ziege mit dem Eichhörnchen, verschiedene Vögel und zwei Eroten, einer davon ist auf Schmetterlingsjagd.[46]

Aus der Vorliebe für die Tierwelt, die auch später in der französischen Kunst stärker als in jeder anderen erkennbar bleibt, erklärt sich die Virtuosität, die die gallo-römischen Bildhauer erreichen. Die Tradition war alt, denn besonders in Frankreich gehen die ersten Meisterwerke dieser Gattung zurück bis auf die Altsteinzeit. Die gallischen Künstler haben sie ebenfalls gepflegt. Vor allem auf ihren Münzbildern, die von unvergleichlicher Vielfalt sind, kommen solche Themen häufig vor, hauptsächlich Pferd und Eber. Die Freude am Jagen, am Fangen und Zähmen der Tiere; das Bedürfnis, ihre Bilder vor Augen zu haben auf den Wänden der öffentlichen Bauten, auf den Grabsteinen, auf alltäglichen wie auf kostbaren Dingen; die auf die Tierplastik verwandte äußerste Sorgfalt – all das entsprach religiösen Gefühlen, die dem Kult tiergestaltiger Götter noch eine Rolle zuwiesen, welche sie im römischen Heidentum verloren hatten.

3. Die Schauspiele

Mit Volksbelustigungen war Rom verschwenderisch, und es hat sie zur Tradition gemacht. Die Staatsmacht nützte sie zu ihrem Vorteil. Die Militärdiktatur brauchte sie so notwendig wie die Eroberungen neuer Länder, damit der Blutzoll, die harten Requirierungen, die schweren Tribute, die sie den Menschen abverlangte, eher ertragen wurden. In den Provinzen waren sie außerdem ein wirksames Mittel zur Romanisierung, denn sie machten die Bauwerke erforderlich, die die römische Kunst entweder von den Griechen übernommen oder von Grund auf neu geschaffen hatte, und sie trugen, wenigstens im Theater, zur Verbreitung des Latein bei. Der Erfolg, den die römischen Schauspiele in Gallien errungen hatten, beleuchten den Einfluß Roms auf die Sitte und Seele des Volkes.

Welches waren die beliebtesten Unterhaltungen? Am Ende der Republik gab es nach römischem Kalender an 65 Tagen öffentliche Spiele, die sich so aufteilten: 48 im Theater, 13 im Zirkus und 4 mit Reiterspielen, da es im Amphitheater damals noch recht einfach zuging. Im 4. Jahrhundert steigt die Zahl der Spieltage auf 175: das Theater steht mit 101 Tagen noch immer an der Spitze; dann folgt der Zirkus (64), endlich das Amphitheater (10), wo ein Gemetzel stattfindet, das die Öffentlichkeit immer mehr verurteilt. Für die Zwischenzeit gibt es beispielsweise über die 135 Spieltage im 2. Jahrhundert keine ähnliche Aufstellung; aber es spricht viel für die Annahme, daß das Amphitheater damals besonders beliebt war, wenn man nach den zahlreichen erhaltenen Bauten urteilt, besonders in Gallien, wo die Zahl der bekannten Theater indes noch größer ist. Theateraufführungen wie auch Wettrennen, die es natürlich nicht zu jeder Jahreszeit gab, waren leichter vorzubereiten und weniger kostspielig als die Gladiatoren- und Tierkämpfe. Diese hatten den Charakter des luxuriösen Spektakels, das die Großzügigkeit des Kaisers, der Stadt oder eines Privatmannes den Massen schenkte; das teuerste, rarste und in seiner zügellosen Grausamkeit schrecklichste war leider das beliebteste öffentliche Schauspiel.

Das Theater

Nach der Zahl der Theater zu urteilen, nahmen die Schauspiele den breitesten Raum ein. Theater besaßen alle Großstädte, aber auch mittlere und kleine Städte. Sie standen sogar auf dem Lande neben dem Tempel, zu dem oft noch Thermen gehörten, und an Fest- und Markttagen zogen sie das Volk regelmäßig an. Es fällt auf, daß man gegenüber etwa 100 wiederentdeckten Theatern in Italien fast 60 in Gallien kennt, ungerechnet die heute verschwundenen Holzbauten, während Afrika und Spanien trotz ihres Wohlstandes längst nicht so viele hinterlassen haben. Hinzu kommt noch ein bestimmter Typ von unvollständigem Amphitheater, der über eine Bühne verfügte: so sparte man sich den teuren Bau zweier verschiedener Anlagen und konnte auch Theatervorstellungen in diesen Anlagen geben, wovon in Gallien rund 15 erhalten sind. Gallien besaß ferner einige der größten Theaterbauten der griechisch-römischen Welt: in Autun vielleicht das größte mit einem Durchmesser von 148 m (zu denen sicher noch 10 m für die heute zerstörte obere Arkadenreihe hinzuzurechnen sind), während das größte bekannte griechische Theater, das von Syrakus, unter 140 m bleibt und das schönste Roms, nach Marcellus benannt, nur 132 m mißt. Dann folgt das von Vienne mit 130 m. Das Theater von Lyon hatte man vor seiner jetzt abgeschlossenen Freilegung für ein Amphitheater gehalten, es mißt nach der Vergrößerung seines ursprünglichen Durchmessers um eine neue Stufenreihe 108,50 m; danach folgen Orange (103,50 m), Arles (102 m) und Vaison (96 m).[1]

Der Grundriß dieser Bauten ist rein römisch: die Stufen und die Orchestra sind halbrund, die äußerst langgestreckte Bühne nimmt den größten Durchmesser vollständig ein, während bei den Griechen die Orchestra rund und die Bühne kleiner war und die Stufen den Halbkreis überschritten. Im Süden (abgesehen von Arles, wo die Anlage auf ebenem Gelände steht und die Treppen auf einer Substruktion von Gewölbegängen ruhen) ist der Zuschauerraum gewöhnlich an eine Anhöhe angelehnt wie bei griechischen Theatern, was zu aufwendige Konstruktionen ersparte. Aber die vollständige Abtrennung des Theaterraums von der Außenwelt durch die gewaltige Mauer, die die Bühnenrückwand bildet, macht aus dem ganzen Innenraum des Bauwerks jene »Höhlung« *(cavea)* und ist in der Tat rein römisch. Man muß sich ja klarmachen, daß die Bühnenwand im griechischen Theater, sofern es eine gab, dem Zuschauer den Durchblick auf die umgebende Landschaft freiließ, während die römische Wand diesen verhinderte und die Zuschauer zwang, nur das Schauspiel zu sehen. Das kann man in Orange beobachten, in dem am besten erhaltenen römischen Theater, das als einziges noch seine ganze »Mauer« besitzt (Taf. 4).[2]

Es handelt sich um ein großes Bauwerk aus Quadern. Der gesamte dem Schauspiel vorbehaltene Teil ist sehr verschieden von der Bühne unserer modernen Theater. Er hat nur geringe Tiefe und dehnt sich hauptsächlich in der Länge und Höhe aus, sein Grundriß ist der eines sehr langgezogenen Rechtecks. Nach der Straße hin ist er durch die Gebäudefassade abgeschlossen und der Länge nach von der Bühnenwand in zwei Teile gegliedert, die den Hintergrund des für die Schauspieler bestimmten Raumes bildet. Dahinter sind die Kulissen, die aus mehreren Etagen übereinander angeordneter Räume bestehen ebenso wie die beiden hohen seitlichen Baukörper mit den »Foyers« und den Requisitenkammern.

Die Bühnenwand stellte mit ihren von Statuen besetzten Nischen, ihren mehrere Stockwerke hohen Säulen und dem plastischen Wandschmuck eine Dauerkulisse dar. Im Erdgeschoß gab es die traditionellen drei Türöffnungen: in der Mitte, in einer halbrunden Nische, die »Königstür« zum Auftritt und Abgang für die »hohen« Rollen; die

Türen auf beiden Seiten für die »Gäste« oder die Fremden waren weniger beeindruckend. Die »Bretter« bedeckten die Versenkung, aus der man schwere Theatermaschinen nach oben bewegte, während sich die himmlischen Erscheinungen mit Hilfe der Fenster in der Bühnenwand inszenieren ließen. Aber es gab zusätzliche Kulissen, so daß man je nach den Erfordernissen des aufgeführten Stückes die Architekturdekoration der Wand variieren konnte. Das waren keine Prospekte wie bei uns, die man vom Schnürboden herunterließ und in der Tiefe staffelte, sondern ziemlich kleine, auf Holzrahmen gespannte Bildwände, manche hatten Prismenform – die *trigonoi* (Dreiecke). Auf drei entsprechenden Seiten mit drei verschiedenen Dekorationen bemalt, ermöglichten sie, nebeneinandergestellt, bei gleichzeitiger Drehung einen raschen Szenenwechsel. Das von Vitruv beschriebene System konnte man in Orange genauer prüfen. Es ergibt sich tatsächlich, daß die Säulen vor der Bühnenwand 1,50 bis 2,00 m Abstand von dieser haben; die Kulissenwände wurden zwischen den Säulen verteilt, und der dahinter frei gelassene Raum ermöglichte den Kulissenwechsel. Da es nicht nötig war, die Bühnenwand in voller Höhe zu verdecken, bildeten die Kulissen nur eine niedrige Bühnendekoration, die die Schauspieler kaum überragte und höchstens bis zum Scheitel der Eingänge reichte.

Auch der Vorhang war von geringer Höhe (höchstens drei Meter wurden in Orange errechnet) und sollte die Bühne nur für die auf den besten Plätzen, den untersten Stufen sitzenden Zuschauer verdecken. Er bestand aus einer Anzahl von Stoffbahnen, die an Kulissenstangen hingen: wenn man durch ein System von Seilen und Rollen den Vorhang »hob«, der in einer Versenkung am Bühnenrand untergebracht war, schoben sich die Stangen hervor. Wenn man ihn einholte, falteten sich die Vorhänge zusammen und fielen in den oberen Teil der Vertiefung, über die sich die Bretter legten. Nach den Abmessungen der Versenkung zu urteilen verdeckte der Vorhang nicht die Bühne in ganzer Länge, sondern nur das Stück vor den drei Türen im Hintergrund.

Der den Zuschauern am nächsten gelegene Teil der Bühne, dort, wo sie an den Boden der Orchestra heranreicht, ist eine niedrige Mauer (etwa 1,35 Meter hoch), die die Versenkung für den Vorhang nach vorn verdeckt. So wie die Bühnenwand stellte dieses *pulpitum* (das heute in Orange fehlt) einen festen Bestandteil aller römischen Theater dar. Rechteckige und halbrunde Nischen im Wechsel reihen sich über die gesamte Front, der Orchestra gegenüber, aneinander und manchmal noch weiter bis zu den Eingängen; von beiden Enden des Bühnenmittelteils her bildeten ein paar Stufen die Verbindung zur Orchestra, wo sich die Mimen in den Pausen zeigen mußten, und dort konnte sich auch entfalten, was die römischen Autoren vom Chor der griechischen Tragödie oder Komödie beibehalten hatten. Wozu aber dienten die überall gleichen Nischen des *pulpitum*? Neuere Untersuchungen[3] scheinen zu bestätigen, daß sie wie die Türöffnungen und die vielen Nischen der Bühnenwand von großem Vorteil für die Akustik waren: alle diese Vertiefungen fingen den von den Stufen reflektierten Ton der Schauspielerstimmen auf und verhinderten, daß sie zu den Zuschauern wieder zurückgeworfen wurden; das gilt auch für die beiden großen Seiteneingänge mit ihren gewaltigen Bögen. Durch Vitruv ist bekannt, daß man außerdem Töpfe als Resonanzkörper verwendete, die an bestimmten Stellen des Innenraums, deren Lage nicht bekannt ist, eingebaut wurden und die gleiche Aufgabe noch wirksamer erfüllten, weil sie, im Zuschauerraum verborgen, den Ton am Ende seiner ersten Wegstrecke auffingen und seinen Nachhall schluckten. Obwohl diese baulichen Ergänzungen verschwunden sind, ist die Akustik in Orange noch immer ausgezeichnet, und unter diesem Gesichtspunkt wäre wohl die einzige Verbesserung, die man an der Form des römischen Theaters vornehmen könnte, die, daß man die äußeren Teile der Stufen beseitigte und sie wie im Pariser Palais-Chaillot durch gerade Mauern ersetzte, die sich nach dem Hintergrund des Raumes hin erweitern.

Das Theater von Orange erlaubt noch weitere Einblicke. Oben auf der Mauer sieht man Brandspuren, die zusammen mit anderen Anzeichen auf ein schräges Dach von geringer Tiefe hindeuten, das die Bühne überspannte. Auf der Fassade sind noch paarweise übereinander die 43 Konsolen vorhanden, die die Masten hielten, welche zum Ausspannen der *vela* über den Zuschauern dienten. Das andere Ende der Seile, die sie trugen, war an ähnlichen Masten befestigt, die um das Stufenrund gruppiert waren. Man erkennt noch die Spuren des Säulengangs, der am Fuß der Fassade entlanglief und den Zuschauern und den Straßenpassanten bei schlechtem Wetter Schutz bot. Die Dekoration war aufwendig. Zahlreiche Reliefbruchstücke sind im Theater und in seiner Nähe gefunden worden: sie bildeten Friese mit Darstellungen von Siegesgöttinnen, Centauren, Silenen und Mänaden, Amazonenkämpfen, eine ganze mythologische Welt, die, zum Teil dionysisch, an die nicht vergessenen griechischen Ursprünge des Theaters erinnerte.[4] Und was in Orange fehlt, das findet man in Vienne: das von Jules

Formigé sorgfältig rekonstruierte *pulpitum* war reich mit Friesen verziert. Darauf sind abwechselnd hinter- oder gegeneinander gestellte Löwen, Panther, Stiere, Böcke, Pferde, Hunde und bacchische Masken zu sehen. Von den Kunstwerken aller Art, die die Bühne schmückten, vom Reichtum der gesamten Dekoration können wir uns anhand der Qualität einiger wiedergefundener Werke ein Bild machen: da sind die Venus von Arles, die Karyatide von Vaison sowie die Teile einer Kaiserstatue, die man in der Mittelnische der Mauer in Orange rekonstruiert hat. Was hatten die Zuschauer in diesen gallo-römischen Theatern vor Augen? Die schönsten Plastiken der zeitgenössischen Kunst.

Aber die Ausgrabungen im Theater von Vienne haben eine noch viel wichtigere Entdeckung gebracht[5]: Es hat dort einen kleinen Tempel gegeben, ganz oben auf den Stufen, mitten im oberen Halbrund, an einem den ganzen Raum beherrschenden Platz, dessen Ausstattung an den Apollokult erinnert. Man wußte, daß sich an gleicher Stelle im Marcellus-Theater in Rom ein Tempel befand; man erinnerte sich, daß in den griechischen Theatern ein dem Dionysos geweihter Ort, ebenfalls in einer gewissen Höhe, das Schauspiel überragte. Das hat seitdem dazu geführt, nach Spuren dieses Brauches im ganzen römischen Reich zu forschen, was zweifellos die von Religion und Legenden durchdrungene Atmosphäre erhellen wird, in der die Aufführungen stattfanden.

Viel weniger sind wir leider unterrichtet über Art und Qualität der Schauspiele, denen solche Bauten ihren glänzenden Rahmen boten und die die Zuschauer in größerer Zahl besuchten, als heute irgendein moderner Saal fassen kann – über 13000 in Vienne nach der jüngsten Berechnung. Man kennt keinen einzigen Schauspieltitel, keinen Namen gallo-römischer Autoren. Man weiß noch nicht einmal, ob die klassischen lateinischen Werke auf den Theatern Galliens gespielt wurden. Indessen kann man annehmen, daß die überlieferte Form des lateinischen Lustspiels sich während dieser Zeit erhalten hat, denn man begegnet ihr wieder im 5. Jahrhundert in einer »Salonkomödie«, dem *Querolus,* dessen Held der Haussklave eines vornehmen Herrn ist. Wir wissen ferner, daß im 1. Jahrhundert einem reichen Einwohner von Vienne, Valerius Asiaticus, eine Truppe von Schauspielern oder Possenreißern gehörte.[6] Gewiß werden die Schauspielermasken noch häufig abgebildet, besonders in der Grabkunst. Aber kein herausragendes Werk hat Spuren hinterlassen, es sei denn in der Erinnerung der Zeitgenossen.

Mit glänzender Intuition hat Camille Jullian in manchen Reliefs mögliche Themen aus großen mythologischen Schauspielen wiedererkannt: Leda und der Schwan, Jupiter und Ganymed, Prometheus und der Adler, Andromeda und Perseus, das Paris-Urteil, die Gigantenkämpfe, die Abenteuer des Dädalus. Durch Martial ist bekannt, daß diese Sagen in Italien Stoff für dramatische Werke hergaben. Für die Arbeiten des Herkules konnte man das anhand von Terra-Sigillata-Bruchstücken genauer nachweisen.[7] Man könnte auch an die Verse erinnern, in denen Sidonius Apollinaris viel später die Schauspielertalente seines Freundes Consentius aus Narbonne besang:

»Wenn du nach wichtigen Geschäften ins Theater gehst, erbleichen die Schauspieler vor dir, als ob Apollo und die neun Musen bei ihnen säßen, um sie zu richten. Das sind Caramallus und Phabaton mit ihrem verstummten Mund, ihren sprechenden Gesten, ihren Zeichen, den ausdrucksvollen Bewegungen der Beine, Knie, Hände und des ganzen Körpers, sie werden in ihrer Pantomime wenigstens einmal zittern, wenn sie auf der Bühne die Tochter des Aietes [Medea] und ihren Liebhaber Jason erscheinen lassen oder den Phasis, der mit Schrecken die Drachensaat auf den Feldern der Kolchis sieht, wie dann die Ähren mit Ähren gemischt sich untereinander den Kampf liefern; oder man läßt das Mahl des Thyestes aufleben oder die Tränen der klagenden Philomele, oder dieses in Stücke gerissene Kind [Itys], das einem doch nicht ganz schuldigen Vater vorgesetzt wird; oder die Entführung der Europa durch Jupiter, der als Stier mit seinem Haupt weit gefährlicher ist als mit seinem Blitz, den er verschmäht; oder der Turm der Danaë, die ein Goldregen überschüttet, der ihr mehr kleine Liebesabenteuer als Reichtümer schenkt; oder man stellt Leda und den jungen phrygischen Mundschenk [Ganymed] dar, den der Herr des Donners mehr schätzt als selbst den Nektar; oder man zeigt den Gott Mars als Gefangenen an Ketten geschmiedet auf Lemnos [durch Vulkan, der ihn mit Venus überrascht hatte], oder man gibt ihm nach der Niederlage die Gestalt des Ebers, mit gesträubten Borsten auf Kopf und Rücken, seine zottigen Kiefer mit glänzendem gekrümmtem Elfenbein bestückt, der seine Hauer mit ständigem Schleifen schärft; oder man stellt die Jungfrau [Andromeda] auf die Bühne, die Perseus befreit und zur Frau nimmt, oder auch die Ereignisse, die die zwei Lustren, zwei Jahrfünfte dauernde Belagerung von Pergamon [der Burg von Troja] der Dichtung und der Fabel geliefert haben.«[8]

Es gibt neben den Tragödien auch eine Art der Tableaus, wie sie die Mythologie, die Sage und das Epos vermittelten. Darin ist nichts zu erkennen, was den Namen »religiöses Schauspiel« oder »Mysterienspiel« verdiente. Es handelt sich eher um Märchenspiele oder Schwänke, und man möchte annehmen, daß sich das römische Theater nach einer Zeit der Meisterwerke zur Aufführung von Ausstattungsstücken hin entwickelt und mehr und mehr äußerliche Mittel eingesetzt hat, wie Maschinerie, Komparserie usw.; so wie das klassische französische Theater am Ende des 17. Jahrhunderts und im 18. Jahrhundert allmählich zu Zauberpossen und »Ballettopern« ausartete. Andererseits scheint den Mimen, Tänzern, Akrobaten, Jongleuren ein bedeutender Platz eingeräumt worden zu sein, die im Zuschauerraum und vielleicht auch auf der Bühne die langen Pausen abzukürzen suchten. Eine berühmte Inschrift bestätigt diesen Zusammenhang zwischen Tänzern und dem Theater, in dem sie ihren Auftritt hatten: Der kleine Tänzer Septentrion ist mit 12 Jahren gestorben, nachdem seine Anmut zwei Tage lang im Theater von Antibes Beifall gefunden hatte: *Saltavit et placuit* (er tanzte und gefiel)[9]. Diese Spielplätze mußten also zu Aufführungen dienen, die ziemlich nahe an das herankommen, was wir heute Varieté- oder Revue-Theater nennen, und mit ihnen kann man wahrscheinlich die erfolgreiche Karriere des alten Jongleurs Gallonius aus Narbonne in Zusammenhang bringen, der reich genug geworden war, um sich ein Grab errichten zu lassen, auf dem über der Inschrift das Bild der Kugeln zu sehen war, denen er sein Vermögen verdankte.[10] Tänzer sind oft auf Tongefäßen dargestellt, auch Jongleure mit ihrem Affen, ihren Ringen, ihrem gelehrigen Hund, der auf eine Leiter klettert (vgl. Abb. 39). Bekleidete oder nackte Tänzerinnen sind oft auf Reliefs wiedergegeben. Fast immer handelt es sich dann um religiöse Tänze, bei denen es nicht durchweg sicher ist, ob sie im Theater stattfanden; aber daß überhaupt Tänze hier gezeigt wurden, daran ist nicht zu zweifeln.[11] Aus diesen mageren Angaben kann man immerhin schließen, daß die Theaterspiele zumindest sehr gemischt waren und nicht alle reine Kunst boten.

Der Zirkus

Die Wagen- und Pferderennen mit ihren Wetten wurden im Zirkus abgehalten, einem sehr langgestreckten Bau in der Form einer »Haarnadel«: an dem einen geraden oder leicht gerundeten Ende standen die zwölf Ställe, und am Anfang des ersten Drittels wurde die Bahn wie durch ein Rückgrat von der *spina* zweigeteilt; am anderen abgerundeten Ende lag der gefährliche Wendepunkt der Rennbahn (Abb. 65). Eine Pyramide oder ein Obelisk stand in der Mitte der *spina*, die mit

Altären und *aediculae* besetzt war; drei kleinere Steine oder *metae* befanden sich an jedem Ende. Hier waren außerdem sieben Holzeier angebracht, mit denen die sieben Runden jedes Rennens angezeigt wurden, und zwei Reihen von je sieben bronzenen Delphinen, um die man jedesmal herumfuhr. Die Rennbahn hatte gewöhnlich die Länge von 200 bis 300 m (etwa 400 in Arles bei einer Breite von 100 m), die daran entlanglaufenden Stufen waren meistens aus Holz und lehnten sich an eine Bodenerhebung an: daher sind diese Zirkusarenen so oft spurlos verschwunden. Ihre Anlage beanspruchte viel Platz, ein langes, ebenes Feld. Wenn man dazu auch wie in Arles und in Vienne ein Flußufer wählte, mußte man sich dennoch ziemlich weit von der Stadt selbst entfernen; auch heute legt man Rennbahnen außerhalb der Städte an.[12] Aber der Hauptunterschied zwischen dem antiken Zirkus und der modernen Rennbahn besteht darin: bei letzterer sind die Tribünen nur am Ziel, und die Zuschauer stehen innerhalb der Bahn; im Zirkus fand das ganze Rennen auf einer Bahn statt, die die auf den Stufen ringsum verteilten Zuschauer von überall einsehen konnten. Dieses Hippodrom glich daher eher unseren Rad- und Autorennbahnen.

Wir kennen die Geschicklichkeit der Gallier im Wagenbau; die Verwendung von Kampfwagen seit alter Zeit; den hervorragenden Platz, den die »Ritter« in der gallischen Gesellschaft einnahmen; die im Kampf gegen Cäsar erwiesene Kampfkraft ihrer Reiterei; endlich die Begeisterung des Volkes für alles, was mit Pferden zu tun hatte. Trotz des Mangels an Zeugnissen können wir also annehmen, daß Rennen in Gallien populär waren. Die Reliefs mit Darstellungen von Wagenrennen oder Siegesgöttinnen, die die *aurigae*, die Wagenlenker, bekränzen, sind ziemlich zahlreich, und das Schauspiel war sogar so vertraut,

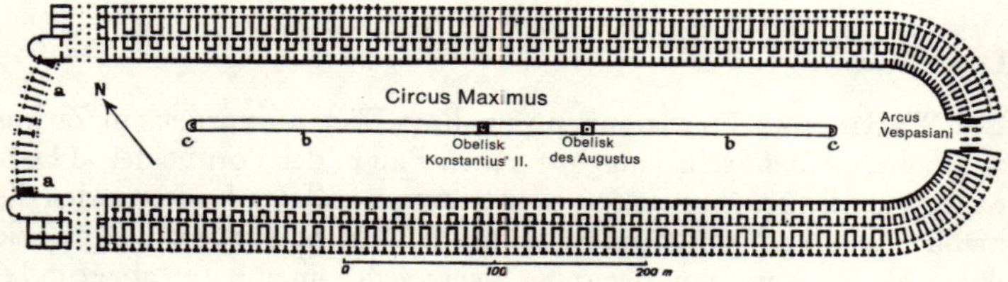

Abb. 65. Grundriß des römischen Circus Maximus. – Nach L. Homo, *Rome impériale et l'urbanisme dans l'Antiquité,* Paris 1971, S. 293, Abb. 12.

daß man es auf Grabmälern abbildete, wie die Jagd, die als Symbol der im Diesseits vollbrachten verdienstvollen Taten galt.[13]
Außer dem Rennen selbst gab es noch zusätzlich Vorführungen zu sehen, die auf der *spina* stattfanden: zwischen den *aediculae*, Säulen und auf Schaubühnen zeigten Athleten ihre Übungen, und dressierte Tiere machten ihre Kunststücke vor. Wie im Theater produzierten sich da die Akrobaten und die Gaukler, deren Porträts die Keramik bewahrt hat. Die Bahn des Zirkus bot sich auch für andere Wettkämpfe an: Gladiatorenspiele und Sportkämpfe, letztere fanden allerdings in den Provinzen keinen großen Anklang. Aber man kann sich wohl einen »Renn«-Tag vorstellen als ein vielseitiges Spielprogramm, in dem Wagenrennen gewiß das Wichtigste waren, wo aber – wie bei manchem heutigen »Zirkus« mit mehreren Manegen – alle möglichen Schaustellungen und Pauseneinlagen gleichzeitig abliefen. So bot sich dem übersättigten Auge eine Folge von Zerstreuungen, zu denen auch das beliebte Voltigieren gehörte.
Wagenrennen waren in Gallien immer beliebt: sie haben die Kämpfe und sogar die Jagden im Amphitheater überlebt. Gregor von Tours bestätigt, daß es Zirkusanlagen unter der Regierung von Chilperich in Soissons gab, und wahrscheinlich auch in Paris.[14] Bei dem in Lyon geborenen Sidonius Apollinaris findet sich die Beschreibung eines Rennens nach dem Muster älterer Autoren. Die Szene spielt in Rom, aber der Held ist ein junger Adliger aus Narbonne, Consentius, ein Freund des gallischen Dichters und vollendeter Sportsmann:
»Eine Menge junger Höflinge ahmt auf schnellen Quadrigen die wilden olympischen Rennen nach. Aus der Urne ist dein Name schon gezogen worden, und wilder Beifall entflammt in dir edlen Mut. Am Tor bei den Plätzen der Konsuln, wo sich in der Umfassungsmauer auf beiden Seiten sechs Gewölbe öffnen [das ist die Zirkusrückwand, seine gerade Schmalseite mit den 12 Ställen], suchst du dir einen der vier Wagen aus, und du erscheinst, die Zügel lose in der Hand. Dein Partner tut ebenso und eure [beiden] Gegner machen es wie ihr. Jetzt leuchten die Farben: weiß, blau, grün, rot; Stallknechte mit euren beiden Zeichen halten die Zügel eurer Pferde und streichen ihre Mähnen zurück, in die lose Knoten gebunden sind; sie spornen sie leise an, streicheln sie zärtlich und steigern die Rennleidenschaft. Die Rennpferde stehen zitternd vor den Schlagbäumen, und alle zugleich drängen sich dagegen; der Dampf ihrer Leiber zieht durch den Zirkus, und ihr ungeduldiges Schnauben hört man schon vor Beginn des Rennens auf der Bahn, die noch frei ist vom Gedränge: sie schütteln sich,

stampfen, bewegen sich vor und zurück, sie brennen auf den Kampf, zittern, springen hoch, schrecken zurück und erschrecken andere; sie können ihr Feuer kaum beherrschen und schlagen mit unruhigem Huf gegen den Balken, der sie zurückhält. Endlich ertönt der Klang der Trompete und ruft die ungeduldigen Quadrigen, und schon rollen die Wagen über die Bahn [...]

Die Räder kreischen, der Staub steigt auf und verdunkelt den Himmel. Die Lenker lehnen sich weit voraus, wie aus ihrem Wagen geschleudert, und alle zugleich treiben sie mit verdoppelten Hieben ihre Renner an und stacheln sie hinter den Flanken an: bald kann man nicht mehr unterscheiden, ob sie von den Deichseln oder von den Wagen getragen werden. Schon seid ihr außer Sicht und habt die lange Seite des Zirkus hinter euch; schon habt ihr den Punkt erreicht, wo sich sein Raum verengt und er von einer Mauer [der *spina*] in zwei Hälften geteilt und von einem *euripus* [einem Wassergraben] eingefaßt wird. Wenn alle Konkurrenten um den letzten Wendestein herum sind, zieht dein Partner an den beiden Rivalen vorbei, die dich selbst überholt hatten; und so siehst du dich auf dem vierten Platz. Wer in der Mitte ist, setzt alles daran, daß der vorderste, wenn er links neben sich eine Bahn frei läßt und sich nach rechts zur Zuschauerseite einordnet, durch einen Wagen abgedrängt wird, der in dem Raum zwischen ihm und dem Wendestein gelenkt wird. Weil du ihre Anstrengung erkennst, faßt du doppelte Hoffnung und hältst deine Renner zurück und verstehst es, dich für die siebte Runde zu schonen. Deine Rivalen geben sich aus durch das Ziehen der Zügel und den Gebrauch der Peitsche sowie Toben und Schreien; Lenker und Pferde tränken den Boden mit Schweiß; das wilde Rauschen des Beifalls erfaßt die Menschen: alles brennt vor Rennfieber, man zittert vor Schrecken: so enden die ersten vier Runden.

Wer bis dahin fast an den Sieg herankam, jedoch dem Druck der hinter ihm Fahrenden nicht mehr standhalten konnte, der geht bei der fünften Runde etwas aus seiner Bahn heraus, weil er merkt, daß seine Rennpferde müde werden, nachdem er sie zu Beginn zu sehr angetrieben hatte. Die sechste Runde geht zu Ende, und schon entscheidet das Volk über den Preis; dein Gegner sieht den Vorsprung, den er vor dir hat, hört auf, deine Anstrengungen zu fürchten, und fährt ohne Sorgen seine Runde. Aber ein neuer Eifer packt dich plötzlich, die Leinen gegen den Leib gezogen, die Brust gespannt, den Fuß fest vorgestellt, [...] treibst du deine schnellen Pferde an. Einer deiner Konkurrenten kommt dicht an den Wendestein, um den Weg abzuschneiden; dir, dir

gelingt es, ihn geschickt anzustoßen, und sein Wagen ist einmal im Schwung und kann am Ende die Fahrt nicht verringern; er hatte dich gegen die Regeln überholt, und du bliebst geschickt zurück, jetzt hast du ihn überholt und hängst ihn ab. Ein anderer, der seine Beliebtheit genießt, fuhr zu sehr auf der rechten Bahn, nahe den Zuschauerrängen: er kommt schräg ab und fängt zu spät an, seine Pferde anzutreiben; während er so zur Seite weicht, überholst du ihn, ohne vom Kurs abzuweichen. Ein dritter Gegner, der dich einholt und zu überholen versucht, rammt deinen Wagen unglücklich: seine Pferde stürzen, ihre Beine verfangen sich in den Rädern, deren zwölf Speichen zusammenschlagen, sich verwirren, und der schleudernde Wagen zerbricht den Pferden die Beine, während der herausgeschleuderte Lenker mit blutendem Gesicht in diese elenden Trümmer stürzt.
Nun erhebt sich neuer Beifall: [...] der Kaiser entscheidet gerecht, befiehlt, daß man Seidenbänder an die Siegespalmen knüpft und die Kummets bekränzt und daß man den Sieger belohnt; dann läßt er an die recht beschämten Besiegten Teppiche in bunten Farben verteilen.«[15]

Bildliche Zeugnisse ergänzen diese etwas konventionelle Beschreibung. Mosaiken zeigen den vollständigen Zirkus, die Fahrer mit ihren Namen und ihren Farben, zum Beispiel *Priscianus* (grün), *Ballario* (rot), *Communis* (blau), *Peculiaris* (weiß), und für diese Farben nahmen die Zuschauer Partei, für die weißen und grünen oder die blauen und roten Wagenpaare. Die Pferde werden mit Namen genannt, *Arpastus, Eridanus, Pelops, Luxuriosus.* Gefäße tragen die traditionellen Namen der Lenker, mit denen die Zuschauer sie anfeuern: »Heil *Hierax*, Heil *Olympus, Pyramus, Antilocus.*«[16] Die Reliefs stellen Wagenlenker dar, die Zügel um den Leib geschlungen, mit dem Dolch an der Seite, um im Notfall diese Seile kappen zu können. Denn die Wettrennen waren nicht frei von tödlichen Gefahren, die nach dem Zeitgeschmack ihre Attraktivität erhöhten. Alle Phasen des Rennens sind kunstvoll vereinigt auf einem Mosaik in Lyon: sieben Viergespanne sind auf der Bahn über die ganze Länge der Strecke verteilt; an den beiden Enden der *spina* hat ein Wagen den Wendepunkt schlecht genommen, stürzt und bricht, Lenker und Pferde sind in einen sicher unglücklichen Sturz verwickelt; in einer Ecke in Höhe der großen Wendekurve hebt ein Reitknecht seine Peitsche; zwischen den Gespannen scheinen einzelne Reiter das Rennen zu verfolgen; beim Ziel hält ein Mann einen Kranz, und der Rennleiter gibt aus seiner Loge in der Mitte mit dem Signaltuch das Zeichen.[17]

Das Amphitheater

Die Kämpfe im Amphitheater stachelten die schlimmsten Leidenschaften an. Sie hatten einen nicht zu bestreitenden Erfolg, das bestätigen etwa 50 mehr oder weniger gut erhaltene Bauten, nicht eingerechnet ein Dutzend, deren Existenz sich aus Text- oder Bilddokumenten erschließen läßt. Das ist grob gerechnet ein Viertel der bekannten Amphitheater im Westen des ganzen Reiches, und in dieser Bilanz hatte Italien nur etwa 20 mehr als Gallien, dann erst folgte Afrika und mit Abstand danach Spanien. Dennoch sind die Inschriften und Abbildungen seltener, als nach der Häufigkeit der Bauten zu erwarten wäre. Anscheinend ist der Typus der Amphitheater genannten Anlage ganz allmählich für die Spiele entwickelt worden, in denen man Tiere, Hetzjagden oder Kämpfe vorführte. Gladiatorenkämpfe konnten auf einem einfachen eingezäunten Platz stattfinden. Es ist bekannt, daß sie in Rom ursprünglich auf dem Forum abgewickelt wurden, wobei man auf einer oder mehreren Seiten Holztribünen für die Zuschauer errichtete. Ferner ist anzunehmen, daß die ersten Plätze für diese Schaukämpfe nichts weiter als »Arenen« waren, in den Boden gegrabene, mit Sand *(arena)* bestreute ovale Kampfbahnen, während die ringsum aufgeworfene Erde den Zuschauern Platz bot. Diese ebenso leicht anzulegenden wie zu zerstörenden Arenen sind aus den Lagern im Rheingebiet bekannt; hier hat man sich Exerzierübungen, Paraden, Wettkämpfe und Gladiatorenkämpfe angeschaut.
Ganz anders lag das Problem für Hetzjagden oder Tierkämpfe. Zunächst brauchte man eine genügend große Bahn für diese Verfolgungsjagden, die verhinderte, daß das Schauspiel sofort zu einer langweiligen Schlächterei ausartete. Ein rundes Feld eignete sich schlecht, daher die längliche Form; diese erwies sich um so notwendiger, als sie allein die Möglichkeit für die Anbringung von Grünpflanzen bot. Diese teilten die Arena der Länge nach wie die *spina* den Zirkus, wodurch sich Schwierigkeit und Reiz der Verfolgungen erhöhten. Die Zuschauer mußten vor den Sprüngen, den Ausweichmanövern und den Angriffen der Wildtiere besser als nur durch eine Palisade geschützt werden: daher der starke Niveau-Unterschied zwischen der Arena und dem ersten Rang der Zuschauertribüne, die über einer hohen festen Mauer mit Geländer rings um die Bahn führte. Es war für die Unterbringung der überall im Reich gefangenen Tiere in den Stunden vor und während des Schauspiels zu sorgen, wenn sie ihre aufeinanderfolgenden Auftritte erwarteten. Deshalb lagen die Käfige dicht an der Bahn neben

den Eingängen, indes die langen Gruben zur Unterbringung der Dekorationen und der Maschinerie dienten. Dies trifft wenigstens für Gallien zu, wo man es allerdings auch nur von Nîmes her kennt. Als die Schauspiele später mehr Zulauf erhielten, mußte der Stufenring für die Zuschauer an Breite und Höhe zunehmen; es wurden also Ränge übereinander angelegt. Diese waren getragen von gewölbten Gängen und wie in den Theatern durch Treppen und *vomitoria* unterteilt, bis sich dann das typisch römische Bauwerk herausbildete, das Vorbild wurde für unsere Zirkusse, unsere Arenen und Stadien.[18]

Unter den bedeutendsten Amphitheatern, die uns Rom hinterlassen hat, stehen zwei in Gallien: in Nîmes (Taf. 10) und in Arles (Taf. 2). Der Bau von Nîmes gehört nicht zu den größten (er nimmt nur etwa den zwanzigsten Platz ein mit seiner Längsachse von 133 m Länge gegenüber 136 m in Arles, 150 m in El Djem in Tunesien, 154 m in Autun, 155 m in Poitiers, 187 m im Kolosseum), aber dies ist das am besten erhaltene Amphitheater. Während andere wie in Fréjus ihre Stufen teilweise auf eine Bodenerhebung stützen, ist es in seiner ganzen Höhe von 21 m auf ebenem Gelände errichtet. Mit seiner zweigeschossigen Fassade und 60 Bogenöffnungen im dorischen Stil, seinen drei Sektoren zu 10 Stufen, zu denen noch 4 Stufenreihen für die Ehrenplätze des unteren Podiums mit 30 Logen hinzukommen, mit seinen 5 Rängen mit überwölbtem Zugang, seinen 124 Eingängen und 162 Treppen ist es ein riesiger Käfig, der noch heute fast 15 000 Zuschauer aufnehmen kann. In der Arena sind zwei Kellergruben in Kreuzform angelegt, die man mit Brettern abdeckte. An der Fassade kann man 120 je paarweise übereinander angebrachte Konsolen sehen, die die Masten der *vela* aufnahmen, dünne Planen, die nach einem nicht recht erkennbaren System über Seile gespannt wurden und die Zuschauer und Spieler vor scharfer Sonne und schlechtem Wetter schützten.[19]

An den Vordersitzen der untersten Stufen sieht man noch die Einteilung für die Einzelplätze in Abständen von 40 cm und Inschriften, aus denen sich ergibt, daß eine Anzahl generationenlang für bestimmte Korporationen reserviert waren: für *nautae* der Rhône und Saône, der Ardèche und der *Ovidia* (wahrscheinlich die Ouvèze, der Fluß von Vaison). Inschriften mit dem Namen von Personen kannte man nicht: die Plätze wurden der sozialen Funktion oder Stellung auf Dauer zur Verfügung gestellt; die offiziellen Tribünen hatten eigene Zugangstreppen und lagen über den vier Hauptzugängen zur Arena. Die unteren Plätze waren besser als die oberen: die erste Stufenreihe (oft etwas breiter als die oberen) war allgemein den Notabeln vorbehalten, die

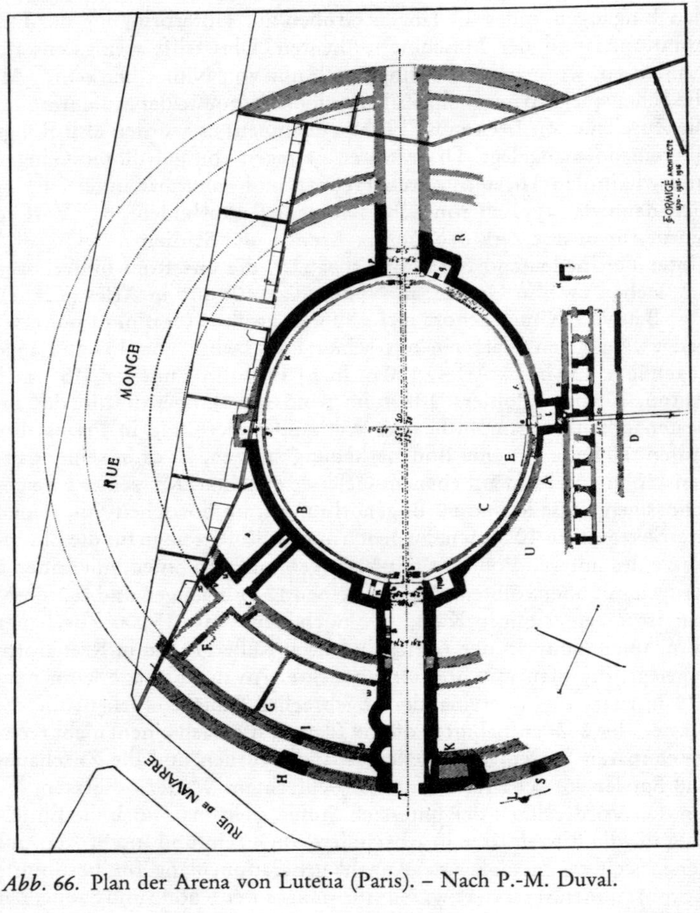

Abb. 66. Plan der Arena von Lutetia (Paris). – Nach P.-M. Duval.

zweite den übrigen Bürgern, die dritte dem niederen Volk; Zwischengitter verhinderten den Übergang von einer Sektion zur anderen. Nicht nur die großen Städte besaßen Amphitheater (die oft auch die Landbevölkerung aus der Umgebung anzogen): es gab sie auch in Städten von zweitrangiger Bedeutung. Da diese Massivbauten sehr teuer waren, begann man bald die Schwierigkeit zu umgehen und erfand

einen vereinfachten Bautyp, der sich in der Form dem Theater nähert. Um nicht auf ebenem Gelände Gewölbegänge und Arkaden übereinandersetzen zu müssen, lehnte man das Halbrund der Stufen an einen Hügelhang an wie bei einem Theater und benutzte die in der Arena ausgehobene Erde zur Erhöhung; und auf dem flachen Boden auf der anderen Seite ersetzte man die Stufen mit ihren Unterbauten durch eine kleine Bühne. So bekam man einen unvollständigen Ring, der zu zwei Dritteln die Arena umschloß, die für solche Bauten der wichtigste Bestandteil blieb. Die Bühne erlaubte unter Verzicht auf die Versenkung die Aufführung der wichtigsten Dramen sowie Veranstaltungen von Schauspielern und Jongleuren, oder sie bot die Möglichkeit, einfach Texte vorzutragen und Ansprachen zu halten. Im wesentlichen handelte es sich dabei immer noch um ein Amphitheater. Daß manche Städte wie Lutetia zugleich noch ein Theater besaßen, genügt als Beweis dafür. Nach Jules Formigé, von dem auch die folgende Definition stammt, ist es ein Amphitheater in sparsamer Ausführung, das wir zur Unterscheidung von anderen »Amphitheater mit Bühne« nennen wollen. Dieser Bautyp wurde so beliebt, daß man darin eine gallo-römische Schöpfung sehen möchte. Außer den über 50 vollständigen Amphitheatern sind mehr als 15 Amphitheater mit Bühne bekannt geworden, und es sind nicht die kleinsten; denn der Bau von Grand in den Vogesen mit seinen 158 Metern Längsachse ist weit größer als die Amphitheater in Poitiers und Autun, den berühmtesten Galliens. Es ist so groß wie das Theater von Autun, das in seiner Kategorie an erster Stelle steht. Der bekannteste Bau ist der in Lutetia mit der schönen ovalen Form seiner Arena (Abb. 66), mit der über dem Podium errichteten Bühne und seinen Tierkellern an den Eingängen, die klar die Art der Schauspiele erkennen lassen, die man hier geben konnte.[20]
Es ist aus mancherlei Gründen anzunehmen, daß der Gladiatorenkampf (unblutige Fechtkämpfe; Zweikämpfe oder Gruppenkämpfe bis zum Tod) besonders beliebt war und daß man ihn mit einigen Traditionen oder »Spezialitäten« bereichert hat, die dann die Römer ihrerseits übernahmen. Die angeborene Grausamkeit der Gallier, auf die manche antike Schriftsteller gern hingewiesen haben, steht hier außer Frage, denn diese teilen sie mit den Römern selbst. In der Zeit ihrer Unabhängigkeit haben sie Menschen geopfert, wird berichtet: Sklaven und Klienten folgten ihren Herren ins Grab; Verbrecher wurden den Göttern geopfert; Opfer wurden getötet, um das Leben eines Kranken zu erhalten, oder im Falle allgemeiner Gefahr. Aber die Römer taten in manchen Fällen zur gleichen Zeit dasselbe.[21] Bei den Galliern war es

üblich, besiegten Gegnern den Kopf abzuschneiden und ihn an der Türe ihres Hauses aufzuhängen, nachdem man ihn durch eine besondere Behandlung konserviert hatte. Aber die Römer, die den Triumphbogen von Orange errichteten, ließen unter den Beutestücken, die sie den Feinden abgenommen hatten, auch abgeschnittene Köpfe darstellen (Taf. 8), einige kahlgeschoren, einige mit ihrem Haarschopf und darunter Köpfe von Frauen! Die Barbarei scheint tatsächlich gleich verteilt gewesen zu sein.

Aber dazu gibt es noch aussagekräftigere Tatsachen. Als sich das Gladiatorenwesen unmäßig und verderblich entwickelte, erließ Marc Aurel im 2. Jahrhundert ein einschränkendes Edikt, das wohl besonders für Gallien gelten sollte.[22] Schon vor Beginn des Kaiserreichs war in

Abb. 67. Retiarius. Von einem Mosaik aus einer großen Villa in der Tenuta di Torrenuova unterhalb von Tusculum. – Foto Anderson.

Italien eine Art gallischer Gladiatoren aufgetreten, die *Galli*, die sich allmählich zu den *murmillones* entwickelten, d.h. zu Fischmännern (ein Fisch war auf ihrem Helm abgebildet), die man gegen den *retiarius* (Abb. 67) auftreten ließ, der mit Netz und Dreizack bewaffnet war; ihre Schule *(ludus Gallicus)* blühte in Rom schnell auf. Bezeichnend ist, daß die Stadt Autun, Universitätsstadt und geistige Hauptstadt, nicht weniger berühmt war durch ihre Gladiatorenschule. Anders als die vorhergenannten war ein Teil von ihnen, die man *cruppellarii* nannte (ein Name, dessen keltische Herkunft noch nicht geklärt ist, der aber nur im Zusammenhang mit Autun und diesem Fall auftritt), mit Eisen gepanzert, um sie, und anscheinend sie allein, wirksam zu schützen durch eine soldatische Rüstung.[23] Das gab es sonst nicht. Vielleicht findet sich eines Tages auch noch der keltische Ursprung des

Wortes *andabata,* eines Fremdworts im Lateinischen, das bei Cicero einen Gladiator bezeichnet, der mit verbundenen Augen kämpft, und des Wortes *battuere,* von dem das französische *battre* (schlagen) abstammt; dazu seine Ableitung *battualia,* die fechten bezeichnet. Diese Gesamtheit von Tatsachen und Möglichkeiten weist auf wechselseitige gallische und italische Beiträge zur Entwicklung der Gladiatorenkämpfe hin. Die Zivilisation des Kaiserreiches hat es verstanden, den Kampfgeist der früheren Gegner in der Arena weiter bestehen zu lassen.

Die Grabinschriften der Gladiatoren informieren uns über ihre Herkunft, ihre Lebensumstände, ihren Rang, ihre Karriere, vielleicht auch über manche Einzelheiten ihres Berufes. In Gallien sind es mit etwa zwei Dutzend nur wenige, verglichen mit der großen Zahl von Amphitheatern, und die Mehrzahl kommt aus der Narbonensis. Manchmal ist es die Frau oder die Gefährtin, manchmal ein Waffengefährte, der das Begräbnis besorgt, und oft ist der Tote kein Sklave, sondern ein freier Mann, der sich freiwillig diesem Beruf verschreibt, dem letzten Rückhalt manch eines Gescheiterten. Hier zeigt sich, daß alle Provinzen des Reiches diese menschlichen »Herden« auffüllten: da ist in Orange ein »Asiate« (aus der Provinz Asia in Kleinasien), in Nîmes ein Alexandriner, ein Grieche, ein Spanier. Unter den Berufskategorien werden auffallenderweise am häufigsten die *murmillones* – die früheren *Galli* – bezeugt und unter ihren Gegnern die *retiarii,* die Netzkämpfer; man trifft aber auch auf den »Thraker«, der mit dem krummen Schwert ausgerüstet ist; der *essedarius* kämpft vom belgisch-britannischen Wagen aus *(essedum)* und, mit zwei Dolchen bewaffnet, auch als *dimachaerus;* der *secutor* endlich war Gegner des *retiarius,* den er »verfolgte«.[24]

Der *murmillo* von Orange stammte aus Asien und konnte 53 Kämpfe vorweisen; der in Griechenland geborene und mit 25 Jahren in Nîmes getötete *essedarius* hatte schon 20 hinter sich; auf dem Grabmal eines in Vienne getöteten »Thrakers« bezeichnen sieben Kronen und zwei zu einem X gekreuzte Palmen die Anzahl der 17 im Text der Grabinschrift genannten Siege.[25] Erwähnt wird auch die erhaltene Auszeichnung eines ausgedienten Gladiators, der, aus der Arena entlassen, als Aufseher beim *ludus* blieb und die Freiheit hatte, sich wieder zu beteiligen, wenn er wollte: es ist die *rudis,* das Übungsrapier, das ihn als ersten oder zweiten »Degen« einer Truppe kennzeichnete.[26] Aber manche Spiele bestanden aus Kämpfen, in denen alle bis zum letzten Mann umkommen mußten. Solche hatte beispielsweise Sennius Sollemnis seinen Mitbürgern, den *Viducasses* (in der Normandie), geboten, als man innerhalb von vier Tagen 64 Gladiatoren sich gegenseitig umbringen ließ.[27]

Die Grabreliefs zeigen einige Bilder von Gladiatoren. Mit nacktem Oberkörper (denn Blut mußte fließen, und dem schwerverletzten Unterlegenen mußte der Garaus gemacht werden), den rechten Arm mit der Lederschiene bedeckt, den Kopf unter einem geschlossenen Helm geschützt, tragen sie die kurze Hose, die von einem breiten Ledergürtel gehalten wird, und eine Beinschiene am linken Bein; sie sind alle ähnlich bewaffnet mit dem Schwert und einem langen Schild; einer von ihnen, der das Schwert weggeworfen hat und sich mit der rechten Hand auf seinen Schild stützt, macht mit der anderen ein Zeichen, vielleicht bittet er um Gnade, während sein Gegner ihn mit dem Schwert bedroht. Der mit dem krummen Schwert bewaffnete »Thraker« und der langhaarige, behelmte »Samnit« stürzen Schild gegen Schild aufeinander. Der behelmte Fechter ist mit einer langen Lanze bewaffnet, an deren Spitze eine Kugel sitzt.[28] Kleinbronzen stellen beispielsweise einen *retiarius* dar: nur mit der Hose und einem kurzen Gewand bekleidet, das den Unterleib bedeckt und von einem Ledergürtel gehalten wird, sonst ist der Mann nackt, barfuß mit Lederbandagen um die Faust, um den rechten Arm, an den Knöcheln und am geschützten linken Arm; sein Netz hat er nicht mehr, aber er hält einen langen Dreizack.[29]

Schließlich zeigen schöne Mosaiken diese Kämpfe, offensichtlich ein in dieser Dekorationskunst sehr beliebtes Motiv: vor den Zuschauern liegt der besiegte Gladiator *Ancitatus,* von seinem Überwinder geschlagen, am Boden; rechts steht der *retiarius Rosstu(s)* mit *Adventus,* dem *secutor* im Kampf; oder *Audax* mit dem Dolch in der Faust versucht dem *Heros* den Helm herunterzureißen, der aber ist in die Knie gesunken, und ein Mann verkündet den Sieg des andern, indem er ihn mit einer biegsamen Gerte an der Schulter anrührt; indessen besiegt der *secutor Datius* den zu Boden gesunkenen *retiarius Attiolus,* und zwei Sklaven tragen auf den Schultern ein Schild mit dem Wort *Perseverate* (»Kämpft weiter«); auf den beiden Seiten der Szene sind der Gott Terminus und eine Wasserorgel mit zwei Musikanten. Dann ist da noch ein »Samnit«, der einem *retiarius* gegenübersteht, ihre Namen sind auf einen von zwei Männern getragenen Schild geschrieben, die neben ihnen gehen. Wir sehen *Xantus,* einen kaiserlichen Gladiator mit 15 Siegen, und *Eros* mit 16; in der Loge sitzen vier Zuschauer, nämlich eine Frau und drei Männer, von denen einer den

Finger als Zeichen der Gnade erhebt, und davor ist ein Schild zu lesen: *Stantes missi,* was bedeutet, daß die beiden standhaften Kämpfer zurückgeschickt werden; in der Arena sind zwei Personen in der Toga, von denen eine die *rudis,* das »Rapier«, hochhält, das die Freilassung bedeutet.[30]

Im Gegensatz zu den Gladiatorenkämpfen erscheinen die Hetzjagden selten auf Inschriften. Es sind primitive Schlächtereien oder Verfolgungsjagden durch ein Labyrinth von Dekorationen, die die wilde Natur darstellen sollen und in denen Männer gegen wilde Tiere oder Tiere gegeneinander kämpfen (man ließ ganz verschiedene Arten aufeinander los, wobei es auf die Ungleichheit ihrer Kampfmittel ankam). Sie erscheinen selten, vielleicht weil die auf diese Unternehmung spezialisierten *bestiarii* nicht den Rang hatten wie die Zweikämpfer und weil es damals keine berühmten Leute gab, die den Toreros von heute entsprochen hätten. Diese Schauspiele boten den Künstlern und Handwerkern eine reiche Auswahl an Tieren, die sie in jeder Hinsicht ausschöpften. Auf einem Grabstein soll das Raubtier, das einen Mann zu Boden wirft oder ein anderes Tier erlegt, an die Macht des Todes erinnern: so zeigt eine sehr schöne Gruppe des Museums in Chalon-sur-Saône einen Löwen, wie er einen behelmten Gladiator zu Boden wirft, der mit dem Schwert bewaffnet ist, den rechten Arm geschützt und die Oberschenkel mit Lederriemen umwickelt hat.[31] Auch sonst wird der *bestiarius* im Kampf etwa gegen einen Panther (Taf. 23) oder einen Löwen dargestellt; oder Amor ist als *bestiarius* mit Schild und Spieß bewaffnet und greift einen Löwen an, in einer Anpflanzung von Grün.[32] Häufig sind Tierkämpfe: Stier gegen Eber, Löwe gegen Stier, Eber gegen Löwe. Mit Jagden oder Vorführungen im Amphitheater kann man den Elefanten in Verbindung bringen, der in Köln zu sehen ist.[33] Aber die wohl am häufigsten in den Amphitheatern gezeigten Tiere sind zusammen mit Bären und Stieren die Eber und Auerochsen, deren Knochen in der Metzer Arena gefunden wurden.

Der Bär: im solide vergitterten Käfig ist eines der Raubtiere, mit dem sich ein Wärter von außen beschäftigt; der Käfig stellt den vorderen, vergitterten Teil einer Hütte dar, die auf kurze Pfähle gesetzt ist. Im Hintergrund kauert ein unbewaffneter Mann in oder hinter einem dicken Faß, auf dem der Bär balanciert. Im Vordergrund greift ein drittes Raubtier mit weit aufgesperrtem Maul einen Mann mit geschorenem Schädel und nacktem Oberkörper an, er hockt in einem großen Holzzuber, in dem er fast ganz verschwindet. Wir haben hier nicht so sehr Tierkämpfer vor uns, die dazu verurteilt sind, sich gegen Raubtiere zu wehren, als vielmehr Schausteller: am Rand der Platte entdeckt man die Sprossen an einem künstlichen Baum, der zu ihrer Ausrüstung gehört.[34]

Auch die Mosaiken zeigen oft Tierkämpfe: Stier gegen Löwe, Leopard gegen Eber, Bär gegen Hirsch. Manche Schaustellungen waren schon eher Schlächtereien, wenn man beispielsweise einen Panther auf einen Esel losließ oder einen Löwen auf ein Pferd. Auch auf Keramik sind Tierkämpfe häufig dargestellt.[35]

Manche öffentliche Hinrichtungen waren ebenfalls Schauspiele – die abstoßendsten, die in Amphitheatern stattfanden. In Gallien erfährt man relativ wenig über diese Szenen einer abscheulichen Barbarei. Wir besitzen keine Zeugnisse über solche zwischen Verurteilten bis zur völligen Vernichtung ausgefochtenen Zweikämpfe, aber daß sie in Rom abgehalten wurden, ist bekannt. Nur auf Keramik findet man mehrfach einen an einen Pfahl gebundenen und den Bären ausgelieferten Mann oder eine Frau.[36] Es kam auch vor, daß die besiegten feindlichen Anführer den wilden Tieren vorgeworfen wurden, das war im Jahre 69 nach Chr. das Schicksal des Boiers Mariccus im Amphitheater zu Lyon. In der späten Kaiserzeit brachte man Tausende von gefangenen Barbaren in den Amphitheatern um.

Die kleine Zahl von Märtyrern des frühen Christentums in Gallien (2. und 3. Jahrhundert) berechtigt noch nicht zu der Annahme, daß ihre Marter ein oft gesehenes Schauspiel war, um so mehr als nicht alle in der Arena umkamen. Der heilige Saturnin wurde an den Schwanz eines Stieres gebunden und vom Capitol in Toulouse hinuntergestürzt; der heilige Dionysius wurde in Paris enthauptet. Wenn aber das Martyrium im Amphitheater stattfand, dann war das Anlaß zu außergewöhnlichen Grausamkeiten; sie kamen zu den Foltern in den Gefängnissen hinzu und fanden nur im Heldentum des Opfers ihre Grenzen, sie verwandelten die Torturen in die größten Beispiele menschlicher Tapferkeit. Über den ersten aus Gallien bekannten Märtyrer haben wir ein unmittelbares Zeugnis von größtem Wert: es ist der an ihre Brüder in Asien und Phrygien gerichtete Brief einer Gruppe von Christen aus Vienne und Lyon, die 177 festgenommen worden waren, von denen der eine Teil im Gefängnis zusammen mit Bischof Pothin umkam und der andere, zu dem Blandina gehörte, zuletzt im Amphitheater gemartert wurde.[37]

»Maturus, Sanctus, Blandina und Attalus wurden zu den Raubtieren ins Amphitheater und zum öffentlichen Schauspiel der Unmenschlichkeit der Heiden geführt; unsretwegen wurde nämlich ein außerordentlicher Stierkampf angesetzt. Maturus und Sanctus standen im Amphitheater aufs neue alle Qualen durch, so als ob sie vorher überhaupt nicht gelitten hätten [...] Man ließ sie Spießruten laufen, wie es dort üblich ist, sie wurden von den Tieren umhergezerrt und allem unterworfen, was das tollgewordene Volk ringsum durch seine Sprecher verlangte; zuletzt mußten sie sich auf den Eisenstuhl setzen, wo ihnen der Geruch des vom verbrannten Fleisch gelösten Fettes den Atem nahm. Das Volk aber war nicht zufrieden, und seine Wut steigerte sich weiter: die Standhaftigkeit der Märtyrer wollte man brechen. Von Sanctus erhielt man nichts anderes als das Bekenntnis zu seinem Glauben, das er von Anfang an immer wiederholte. Ihr Leben hatte lange Zeit einer großen Prüfung standgehalten: um es zu enden, schlachtete man sie hin. Während dieses ganzen Tages standen sie vor aller Augen und ersetzten das, was sonst die Gladiatorenkämpfe an Abwechslung boten.

Blandina wurde gefesselt und an einem Pfahl aufgehängt, um von den Raubtieren verschlungen zu werden, die man auf sie hetzte: sie so gekreuzigt zu sehen, sie laut beten zu hören, gab den Athleten großen Mut [...] Doch kein Raubtier rührte sie jetzt an; vom Pfahl losgebunden, wurde sie ins Gefängnis zurückgebracht und für einen anderen Kampf aufgehoben [...] Auch Attalus wurde mit lauten Rufen von der Menge gefordert, denn er war gut bekannt; er bewegte sich nach vorn wie ein Ringer, sein reines Gewissen hatte ihn für den Kampf gerüstet [...] Man ließ ihn im Amphitheater die Runde machen, und eine Tafel wurde ihm vorausgetragen, worauf in lateinischer Sprache geschrieben stand: ›Dies ist Attalus, der Christ.‹ Das Volk zischte vor Wut über ihn, aber der Statthalter, der erfahren hatte, daß er Römer war, befahl, ihn ins Gefängnis zurückzuführen, wo sich auch die anderen befanden.« Ein paar Tage danach wird Attalus erneut zur Marter gebracht zusammen mit dem phrygischen Arzt Alexander. Es waren die Spiele, die aus Anlaß der Versammlung der Drei Gallien im Amphitheater am Zusammenfluß (von Rhône und Saône) gegeben wurden: »Sie hatten im Amphitheater alle nur vorstellbaren Marterinstrumente erdulden müssen, nun erlitten sie noch den letzten höchsten Kampf und wurden hingeschlachtet. Alexander ließ weder Seufzer noch einen einzigen Laut hören, sondern sprach nur in seinem Herzen mit Gott. Attalus wurde auf den Eisenstuhl gesetzt und lebendig verbrannt; und während sich der Geruch seines Fleisches in alle Richtungen verbreitete, sagte er zum Volk auf lateinisch: ›Dies hier nennt man Menschenfresserei, was ihr tut; aber wir, wir tun das nicht, und wir tun nichts Böses.‹

[...] Am letzten Tag der Kampfspiele führte man Blandina aufs neue herein mit Ponticus, einem 15jährigen Jungen. Täglich hatte man sie hereingebracht, damit sie die Qualen der anderen sehen sollten, und man wollte sie zwingen, auf die Götzen zu schwören: sie blieben fest und kümmerten sich nicht darum. So wurde die Menge auch über sie wütend und so sehr, daß sie weder Mitleid mit dem Alter des Kindes noch Achtung vor dem Geschlecht der Frau hatten. Man unterwarf sie allen Torturen, und sie durchliefen alle Qualen. Immer wollte man sie zu schwören zwingen, jedoch vergeblich: Ponticus aber wurde so gut von seiner Schwester ermutigt, daß die Heiden erkannten, daß sie es war, die ihm Mut und Festigkeit gab. Nachdem er alle Torturen standhaft ertragen hatte, gab er seinen Geist auf. Zurück blieb die heilige Blandina, die letzte von allen, wie eine edle Mutter, die ihre Kinder ermuntert und sie als Sieger zum König vorausgeschickt hat. Sie durchläuft aufs neue die ganze Kette ihrer Kämpfe und eilt, ihnen zu folgen voll Freude und Jubel bei diesem Aufbruch; sie schien wie zu einem Hochzeitsmahl gerufen und nicht den Tieren vorgeworfen zu sein. Nach den Geißelhieben, nach den Raubtieren, nach dem Rost schnürte man sie zuletzt in ein Netz [oder in einen Korb] ein und warf sie einem Stier vor. Sie wurde lange Zeit von dem Tier herumgestoßen, aber sie verriet mit keinem Gefühl, was sie litt, kraft ihrer Hoffnung, ihrer Bindung an die Werte des Glaubens und ihres Zwiegesprächs mit Christus. Sie wurde geopfert, auch sie, und die Heiden gaben selbst zu, daß bei ihnen niemals eine Frau so viele und so schwere Qualen erduldet hatte.«

Das »Odeon«: Konzerte, Vorträge, öffentliche Vorlesungen

Auf den Stufen des Amphitheaters nahmen alle Klassen der gallorömischen Gesellschaft Platz, zwar durch Schranken getrennt, aber durch ihre gemeinsame Vorliebe für derbe und krankhaft-sensationelle Eindrücke vereint. Nichts spricht für die Annahme, daß die kultivierte Elite es jemals abgelehnt hätte, durch ihre Gegenwart die entwürdigendsten Schauspiele gutzuheißen. Zugleich aber beanspruchte sie gehobenere, raffiniertere Zerstreuungen in dem intimeren Rahmen des »Odeon«. Zum ersten Mal hat man in Gallien zwei Beispiele gefunden, die nach dem gleichen Plan wie die Theater gebaut waren, jedoch viel kleiner. Sie konnten unter ihrer geschlossenen Überdachung ebenso viele Zuschauer aufnehmen wie die größten heutigen Säle.
Sie liegen beide neben den großen Theatern, und ihre Entdeckung ist

um so interessanter, als die Überreste von Odeen im römischen Reich verhältnismäßig selten sind. In Lyon steht eines der größten nach dem des Herodes Atticus in Athen. Mit einem Durchmesser von 73 m konnte es auf seinen 16 Stufen fast 3000 Menschen aufnehmen. Das Dach ruhte auf Balken und muß das Ganze überdeckt haben, nur die Mitte blieb offen und gab Licht. Zwei niedrige, für Ehrenplätze reservierte Stufenreihen liefen um die Orchestra herum, deren Boden mit Platten belegt war; sie bildeten ein geometrisches Muster aus elf verschiedenen Materialien, Porphyren, Marmor- und Granit-Arten. Die 32 m lange Bühne entspricht mit ihrem Vorhang der des Theaters, und vor der Außenfassade verlief eine Kolonnade wie in Orange.[38] Die meisten bislang bekannten römischen Odeen lagen auf griechischem,

Abb. 68.
Wasserorgel. – Zeichnung von Dinh Trong nach einem Sarkophag-Relief aus Arles.

hellenisiertem oder orientalischem Boden, von Rom und Karthago abgesehen. Die antike Musik war griechischen Ursprungs und wurde besonders in diesen Ländern geschätzt; die beiden gallo-römischen Bauten beweisen, daß der Westen gegenüber der verfeinerten Kunstgattung nicht unempfänglich war.

In seinem verschwenderisch reichen Rahmen nahm das Odeon vor allem eine Elite auf, die ihre Freude an musikalischen Aufführungen hatte. Kann man sich von diesen »Konzerten« eine Vorstellung machen? Die meisten Instrumente gibt es nicht mehr, aber Abbildungen haben ihre Form bewahrt. Das großartigste war gewiß die Wasserorgel (Abb. 68) mit ihren Pfeifen von gestaffelter Länge wie bei der Panflöte. Im Amphitheater spielte man sie während der Kämpfe und bei den Zeremonien des Kultes der Kybele, der Göttermutter. Ihre kunstreiche Anfertigung war den Orgelbauern anvertraut, wie es das Epitaph des Candidus Benignus beweist, »der am besten Orgeln bauen und die

Wasserverteilung regulieren konnte [d.h. die Zuflußmenge der Wasserleitung]«. Die Reihe der Pfeifen steht auf dem Sockelkasten, und an jeder Seite sind zwei kleine Reservoire; die Luft wurde mit Wasserdruck komprimiert; das Ganze scheint tragbar zu sein, und es ist größer als die beiden Männer, die es bedienen; der eine hält eine Kurbel in der Hand, und der Organist sitzt vermutlich dahinter auf einem hohen Hocker.[39] Zu den übrigen Blasinstrumenten gehörte die Panflöte oder Syrinx (Abb. 69a). In ihrer einfachsten Form besteht sie aus Rohrstücken von unterschiedlicher Länge, die mit einem Querholz zusammengehalten werden; auf einer Seite sind alle Enden gerade ausgerichtet, schräg zugeschnitten und offen – dies ist die Seite, die man zum Mund führt; auf der anderen Seite bilden die ungleich langen Pfeifen eine schräge Linie und sind mit Wachs verschlossen. Die in Alesia gefundene Pfeife ist ein Holzbrettchen mit Löchern für die Pfeifenrohre (äußerlich wie unsere Mundharmonika), seine Oberfläche ist mit Halbkreisen und geraden Linien verziert. Dies war das einfachste Blasinstrument: jede Pfeife gab einen Ton, sechs bis neun hatte sie, und so konnte man die Tonleiter spielen. Jedoch gab es zwei Varianten, beide mit zwei Gruppen von Pfeifen verschiedener Länge, wie sie vor allem in Gallien auf Reliefs dargestellt werden.[40]

Dazu kamen andere Flöten von abweichender Bauweise. Sie bestanden aus einem einzigen Rohr mit Löchern, auf die man die Finger aufsetzte. Diese Art von Flöten hatte den Namen *tibia,* der dann auf das Schienbein überging, das ihr ähnelt. Viel wurde auch die Doppelflöte *(diaulos)* gespielt, die mit beiden Händen gehalten wurde, aber nur ein Mundstück hatte.[14] Die Blechtrompete oder *tuba* ist vor allem ein militärisches und religiöses Musikinstrument wie auch das *cornu,* eine Art großes Horn, das zuerst aus Horn und später aus Metall hergestellt wurde; ein Querstück verhindert seine Verformung, und man hatte dafür einen Traggurt.[42] Hat es in Gallien die keltische Kriegstrompete verdrängt, deren Namen *carnyx* ebenfalls an das ursprüngliche Horn erinnert? Offenbar nicht, denn man findet auf Siegesdarstellungen oft dieses Instrument, das in einen Drachenkopf auslief und von den gallischen Einheiten weiter gebraucht wurde (Abb. 69b). Mit seiner rechtwinklig abgebogenen Mündung wurde es senkrecht gehalten und ragte hoch über den Kopf des Bläsers. Als Blasinstrument findet man ferner das einfache Horn, wie es auf einem Grabstein neben einem anderen rätselhaften Instrument abgebildet ist, das, einer Stimmgabel ähnlich, nahe der Endung der beiden Arme einen Querbalken hatte (Abb. 69c). Doch ist bekannt, daß die Stimmgabel

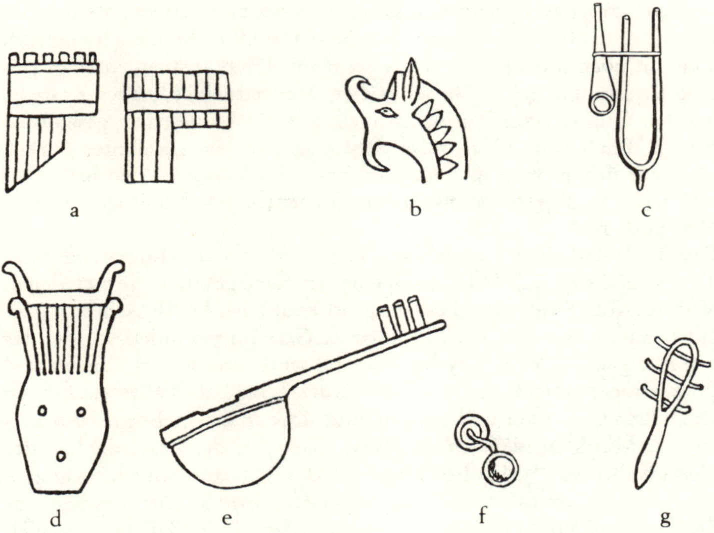

Abb. 69. a) Panflöten, b) Ende einer Carnyx, d) stimmgabelähnliches Instrument, d) Lyra, e) Kithara, f) Crotala, g) Sistrum. – Zeichnungen von Dinh Trong nach Reliefs aus Glanum und Fréjus (a), Nîmes (b, g), Relief von Bonn (c), Melun (d), Arles (e), Die (f).

erst Anfang des 18. Jahrhunderts in England erfunden worden ist. Dann gibt es noch einen Dudelsackpfeifer: seine »bagpipe« besteht aus mehreren Pfeifen und einem Blasebalg und hieß lateinisch *tibia utricularis.*[43]

Das am höchsten geschätzte Instrument, welches man in den Händen Apollos sieht, ist die Lyra (Abb. 69d), von der die Kithara (e) eine etwas größere Variante ist. Charakteristisch sind ihre freischwingenden Saiten von gleicher Länge, die man mit einem Haken oder Plektron anriß, welches an einem Band am Resonanzkasten hing. Auf einem Sarkophag in Arles sieht man eine sehr schöne Lyra, deren Arme wie ein Schwanenhals gebogen sind und deren Unterteil mit einer Hülle verdeckt zu sein scheint. Dies ist übrigens eher eine *cithara* mit sieben festen Saiten, die mit ebenso vielen festen Krampen auf dem Resonanzkörper befestigt sind.[44] Bekanntlich kommt das Wort Gitarre von *cithara*: das Prinzip der Gitarre ist dennoch anders als das der *cithara* und der Lyra, denn ihre Saiten sind nicht freischwingend, sondern über einen flachen Hals gespannt. Diese Instrumentenart gab es zwar schon in gallo-römischer Zeit, aber statt eines flachen Kastens, wie bei Gitarre oder Banjo, hatte sie wie die Laute einen gewölbten Boden. Ein schönes Exemplar sieht man auf dem erwähnten Sarkophag mit drei großen Krampen am Ende des Halses. – Man hatte also nur recht wenige Saiteninstrument-Typen; denn den Bogen kannte man noch nicht.

Der Vollständigkeit halber seien noch erwähnt die Tamburine oder Tympani, die *crotala* (Abb. 69f), eine Art Kastagnetten, die metallenen Sistren (Abb. 69g), zum Isiskult gehörend, eine Art Rasseln mit Metallstäben, von denen ein Exemplar in *Glanum* gefunden wurde: das waren eigentlich eher Rhythmusinstrumente, wie sie bei Tänzen und Prozessionen verwendet wurden.[45] Kurz gesagt, dies alles zusammen ergab kein Orchester im heutigen Sinn, aber an der Liebe der Westkelten zur Musik ist nicht zu zweifeln: »Sie sollte der Zufriedenheit des Gemüts dienen.«[46] Man ließ Musik bei den Versammlungen erklingen. Von den Inselbretonen wird eine Art Harfe, *chrotta*, übernommen, aus der die mittelalterliche Zither *(rota)* hervorging. In Gallien ist freilich nur ein Epitaph eines *musicarius* bekannt, der des L. Avidius Secundus in Nîmes. Was waren es aber nun für Konzerte, für die man in Gallien diese Odeen baute? Die Schwäche der Instrumentation wurde wahrscheinlich zum Teil wettgemacht durch die Rolle, die der Gesang, begleitete Chöre und A-capella-Chöre, auch rhythmische Aufzüge, spielte; die Instrumentalmusik hatte jedenfalls oft nur Begleitfunktion.

In den Odeen wurden mit Sicherheit Vorträge gehalten, öffentliche Vorlesungen, *declamationes*, die man um so mehr brauchte, als die schriftliche Vervielfältigung unzureichend war. Es handelt sich dabei um einen ganzen Bereich des gallischen Geisteslebens, der uns leider nicht faßbar ist. Die 3000 Plätze im Odeon von Lyon lassen annehmen, daß solche Unterhaltungen durchaus nicht nur literarischen Zirkeln vorbehalten waren, sondern daß sie ein großes Publikum anzogen, und es ist schon viel, daß eine archäologische Entdeckung diesen Hinweis bieten kann.

4. Öffentliche Bäder, Sport

Die Thermen

Ein weiterer Beitrag der Römer sind die öffentlichen Badeanlagen, riesige »Sportpaläste«, die sich in allen Städten fanden und selbst an den großen Verkehrsplätzen oder bei einem Tempel, einem Theater, einem Markt, wo regelmäßige Versammlungen die Menge vom Land anzogen. Die schönsten waren in den großen Städten, und einfachere trugen zum Komfort der kleinen bei. Man hatte sich freilich so schnell daran gewöhnt, daß schon eine Siedlung mittlerer Größe gewöhnlich mehrere davon besaß. Die großartige Entwicklung dieser Thermen, in denen der Luxus den Massen zugänglich gemacht wurde, ist ebenso wie die Theater eine Folge der Kaiserherrschaft, die bemüht war, sich die Volksgunst zu erhalten: eine glückliche Folge allerdings, eine der Wohltaten des römischen Kaiserreichs.

Aus keiner Quelle geht hervor, ob die Gallier schon früher öffentliche Bäder hatten. In diesem Zusammenhang ist nur das keltische Wort *lautro-* bekannt, das Bad bedeutet. Baden, besonders als Warmbad, ist eine Sitte, die in den kalten Ländern wenigstens ebensoweit verbreitet zu sein scheint wie in den heißen. Die Römer haben zwar das Prinzip von den Griechen übernommen, es jedoch beträchtlich weiterentwikkelt. Die Griechen ihrerseits verdanken es gewiß nicht den Völkern des klassischen Orients, Ägypten oder dem semitischen Orient, wo man vor ihrer Zeit davon keine Spuren antrifft und wo die Araber sie – nicht ohne Vorbehalte – von der byzantinischen Zivilisation übernahmen, die das griechisch-römische Erbe angetreten hat. Andererseits finden sich schon vollständige Badeanlagen in der Indus-Kultur des 3. Jahrtausends vor unserer Zeitrechnung. Wenn hierüber bei den nordischen Völkern aus der Frühzeit keine Nachrichten vorliegen, so weiß man doch, wie häufig sie heute von der Sauna Gebrauch machen, und man kann annehmen, daß ihre Anwendung seit langem bei ihnen üblich war; denn dies entspricht der Notwendigkeit, sich gegen harte Kälte zu wehren. Die verschiedenen Wirkungen des Bades mit abgestuften Temperaturen, wie es die Römer verstanden, erklären seinen Erfolg in Ländern mit sehr unterschiedlichen klimatischen Bedingungen: im heißen Land (und im Sommer in den gemäßigten Ländern) ist das Schwitzbad keineswegs unerträglich, sondern es verschafft dem von der Hitze ermüdeten Körper Erleichterung durch starke Schweißabsonderung, während sich im anschließenden Aufenthalt in den kühlen Räumen die Kräfte erholen. Im kalten Land (und im Winter der heißen Länder) vermag das Schwitzbad einen Wärmevorrat für den ganzen Tag zu schaffen.

Das Programm ist von der Badeordnung streng geregelt. Wenn die Anlage groß und luxuriös ist, verfügt sie über eine Übungsbahn neben dem Kaltraum (gewöhnlich nach Norden gelegen), und da es für die Sonneneinstrahlung besser ist, liegt sie an seiner Westseite; man erwärmt sich beim Sport in frischer Luft durch Laufen, Springen, Ballspiel etc., bevor man das Thermalbad betritt; und wer kein Bad nehmen will, für den ist der Sport hier zu Ende. Im Innern des Gebäudes befindet sich immer vor dem Zugang zum Kaltbad der Umkleideraum, wo man alle Kleider ablegt, und dann folgen ein oder zwei Räume, wo man mit eingeöltem Körper noch einmal verschiedene Kampfarten, auch Boxen, kräftig trainieren oder Leichtathletik treiben kann.

Durch das Kaltbad *(frigidarium)* geht man dann ohne Aufenthalt in den Warmraum *(tepidarium)*, wo man die warme Luft genießt, Öl und Sandstaub mit der *strigilis* abschabt und sich reinigt. In den Wandnischen sind zu diesem Zweck gemauerte Becken oder Badewannen angelegt. Wenn der Körper die gewünschte Temperatur erreicht hat, geht man in den heißesten Raum, der den rückwärtigen Teil der Anlage bildet; dort werden die wichtigsten Prozeduren vorgenommen. Im Schutz besonders dicker Mauern mit sehr wenigen Öffnungen liegen meist an den drei Seiten der Halle große Becken mit sehr heißem Wasser in rechteckigen oder halbrunden Nischen, in letzterem Fall von einer Halbkuppel überwölbt, die zur Erhaltung der Temperatur beiträgt. Dieses *caldarium* ist nach Südwesten oder Westen orientiert, damit es besonders im Winter so lange wie möglich die Wärme der Nachmittagssonne erhält, die zur künstlich erzeugten Wärme hinzukommt. Der aus dem Becken aufsteigende Dampf verteilt sich in der Halle, und es herrscht hier eine Atmosphäre, die zwischen dem Warmluftbad und dem eigentlichen Schwitzbad liegt; für die letzteren gibt es in den Luxusanlagen kleine Trockendampf- und Naßdampf-Bäder in dunklen, von Kuppeln überwölbten Räumen unmittelbar neben dem *caldarium.* Alles ist hier so angelegt, daß durch verschiedene Mittel die Schweißabsonderung allmählich gesteigert wird, das ist das Hauptziel des Badeaufenthalts. Die Anspruchsvollsten, die vor allem abzunehmen suchten, ließen sich außerdem nach der Schwitzkur im heißesten Raum der Anlage massieren – in einem Schwitzbad möglicherweise; aber meist fand diese Prozedur im *caldarium* statt, wenn man sie nicht lieber im *tepidarium* über sich ergehen ließ, nachdem man die über-

heizten Räume verlassen und schon den Rückweg zur zweiten Hälfte des Programms angetreten hatte.
In diesem *tepidarium* machen Massage und Waschungen mit lauwarmem Wasser den Körper vollends frisch und sauber. Um erneutes Schwitzen zu vermeiden und weil man nun etwas Erfrischung sucht, bleibt man hier nicht lange und geht hinüber ins *frigidarium*, wo man sich diesmal Zeit nimmt. Die Mutigen springen gleich ins Kaltwasserbecken, das zumindest einen Teil dieser riesigen Halle einnimmt, wenn nicht außerdem ein richtiges Freibad daran angrenzt. Schnell von den Badedienern in Tücher eingewickelt, legt man sich nun zur Ruhe entweder auf Bänke, die an den Wänden entlanglaufen, oder auf transportable Liegen. Frisches Wasser fließt in Schalen, an denen man den Durst stillt und damit wieder Wasser aufnimmt. Endlich läßt man sich nach einer erholsamen Ruhepause frottieren und parfümieren, im Umkleideraum, der oft im Winter beheizt ist, oder in einem kleinen, dafür bestimmten Raum *(elaeothesium)*, und schließlich zieht man sich wieder an.
Diese Thermen boten zusätzlich zu den mit Sportübungen eingeleiteten Badefreuden den Reiz des Trubels in der Menge, der ungezwungenen Unterhaltung, und die wohltuende Ruhe und Entspannung in komfortablem und üppigem Rahmen. Es ist nicht auszumachen, ob sie in Gallien einfacher eingerichtet waren als im übrigen Reich. Ruinen gibt es in großer Zahl. Die Abmessungen erreichen niemals außergewöhnliche Größe (erst im 4. Jahrhundert entstehen die größten Thermenbauten des Westens in den Kaiserstädten Trier und Arles). Heute ist nur ein Beispiel einer Anlage bekannt, deren Kernbau die Maße von 170 × 100 m erreicht und deren Gesamtumfang mit der schönen Palästra und dem Betriebshof 170 × 245 m mißt: das sind die sogenannten Barbara-Thermen in Trier, die auf Anfang des 2. Jahrhunderts datiert werden, bei weitem die größten, die noch erhalten sind. Lyon und Vienne müssen ebenfalls sehr große Anlagen gehabt haben: aber man kann ihre Dimensionen nicht mehr feststellen. Freilich erreicht keine dieser Anlagen die riesigen Abmessungen der Thermen Roms, deren Bauten 200 bis 300 m Länge haben (Caracalla: 240 m, Diokletian: 275 m) mit über 400 m Seitenlänge der Außenmauern. Bei einer kleinen Zahl gallo-römischer Bauten mißt die Längsseite jeweils etwa 60 bis 80 m, bei den meisten 30 bis 60 m. Aber viele Städte hatten mehrere Anlagen dieser Art. In Saint-Bertrand-de-Comminges, einer Stadt mittlerer Größe, waren es drei; zwei in Drévant, in Vaison und in Saintes, zwei auch in Lutetia; dort gibt es neben dem »Palais des

Thermes« (dem Cluny-Museum), das mit seinen fast 100 m Länge einer der größten Bauten des 2. oder 3. Jahrhunderts ist (Abb. 70, Taf. 18), noch einen anderen, kleineren, der heute zerstört ist, 300 m westlich unter dem College de France.[1] Wir kommen gewiß bei weitem nicht auf die mehreren hundert Anlagen, die es am Ende der Antike in Rom gab, doch kennen wir nicht alle Thermen, die die Städte und Heiligtümer Galliens verschönten. Und die, über die wir sprechen können, übertreffen mit ihrer Größe und ihrem Komfort bei weitem die Badstuben, von denen Paris im 13. Jahrhundert über zwei Dutzend besaß, wie auch die zahllosen »hammams« in jeder arabischen Stadt.

Die Orientierung der Gebäude ist in Gallien wie im übrigen Reich die gleiche: nach Norden der Kaltraum mit anschließendem Schwimmbad und Palästra, nach Westen und Süden die Warmbäder; nur die kleinen Lagerthermen Germaniens sind manchmal anders angelegt. Über die

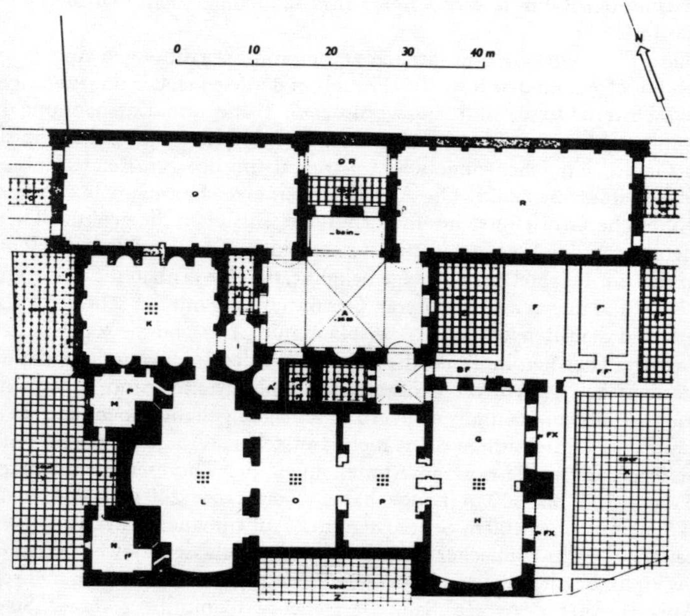

Abb. 70. Plan der Thermen von Lutetia (Palais des Thermes, Paris). Nach P.-M. Duval.

Größenrelationen der Haupträume ist zu sagen, daß das *frigidarium* und das *caldarium* gleich groß sind, was im gemäßigten Klima die Regel ist, während sie in Italien und Afrika, wo man darin Kühlung sucht, größer sind als die übrigen Räume. Das *tepidarium* hat mittlere Größe und wird in Gallien vom *caldarium* übertroffen, dessen Wärme im Winter hier besonders geschätzt wird. Merkwürdigerweise stimmen darin der Westen und der Osten überein, obwohl ihr Klima gegensätzlich und ihre Gründe verschieden sind. Vor allem wegen der gesundheitsfördernden Wirkung des Schwitzens nämlich, dem die Orientalen hohen Wert beilegen, wird dem wärmsten Raum hier die größte Fläche zugewiesen.

Den wichtigsten Teil der Thermen bildeten die beheizten Räume, die komplizierte Einrichtungen voraussetzten (Abb. 71). Es gab zahlreiche Feuerstellen, sie waren klein und bestanden aus langen gewölbten Kanälen, die man mit Holzkohle beheizte. Es waren meist zwei für eine Halle, die stets außen angelegt waren. Die erhitzte Luft verbreitete sich unter dem Fußboden und erwärmte zunächst dessen Beton mit einer Dicke von 20 bis 30 cm (dies verhinderte die Entstehung von Rissen, durch die die schädliche Luft in den Raum hätte eindringen können). Er ruhte auf Ziegelpfeilern, die die Höhe der Feuerungsöffnung haben (70 bis 100 cm): *tepidarium* und *caldarium* hatten sozusagen einen doppelten Boden, in den niedrige Pfeiler eingelassen waren: das *hypocaustum*, mit erhitzter Luft gefüllt, welche in Tonröhren an den Wänden aufstieg, während ein Schornstein auf der der Feuerstelle entgegengesetzten Seite für den nötigen Zug sorgte. So gaben alle Flächen Wärme ab außer dem Gewölbe. Zugleich beheizten die Feuerstellen direkt das Wasser in den über ihren Gewölben liegenden Bassins, zu denen man über kleine Seitentreppen Zugang hatte. Dies ist das System, das sich allmählich in Italien entwickelt hatte und das in Gallien wie in den anderen Provinzen angewandt wurde.

Die Gallier haben das Prinzip zwar beibehalten, aber Neuerungen eingeführt: anstelle der unzähligen schwachen Ziegelpfeiler haben sie oftmals gemauerte Fundamente bevorzugt und als Träger des Hallenbodens sogar einen massiven Mauerblock mit eingelegten Verbindungskanälen, in denen die vom Ofen kommende Luft in allen Richtungen umlief. Wenn sie die kleinen Pfeiler benutzten, dann wurden diese am Fuß der vier Wände des Raumes durch ein gleichhohes Mäuerchen ersetzt, was einen festen Anschluß des Fußbodens an die Außenmauer des Raumes möglich machte.[2] Aber anscheinend haben sie keine neuen Lösungen für das andere wichtige Problem gefunden, das

die Thermen stellten, für die Wasserzufuhr. Sie haben Aquädukte und Bleirohre benutzt, so wie es im ganzen Reich üblich war.
Diese öffentlichen Bäder waren für jedermann zugänglich: das war ihr eigentlicher Sinn und Zweck. Für beide Geschlechter? Man weiß, daß es das in Rom gab, bis Kaiser Hadrian (117–138) ein ausdrückliches Verbot erließ, das in den Provinzen wohl eingehalten wurde, denn aus Spanien ist eine Anordnung bekannt, nach der die Thermen des Grubendistrikts in Lusitanien für Frauen vormittags, für Männer nachmit-

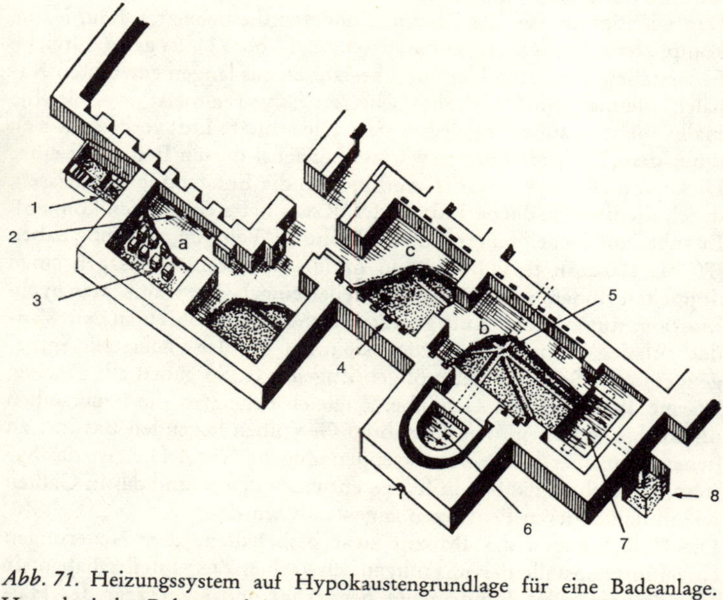

Abb. 71. Heizungssystem auf Hypokaustengrundlage für eine Badeanlage. Hypothetische Rekonstruktion. – Nach A. G. McKay, *Houses, Villas and Palaces in the World*, London 1975, S. 141, Abb. 53.

1 Holzkohleofen mit hoher, rauchfreier Hitze für das Schwitzbad (*sudatorium*, a).
2 Bodenöffnungen für Heißluft.
3 Pilae.
4 Wandöffnungen für Heißluft.
5 Heißluftkanäle.
6 Schwimmbecken.
7 Wassererhitzer.
8 Ofen zum Erhitzen des Wassers für das calidarium (b) und tepidarium (c).

tags und abends geöffnet waren.[3] Es gab sicher landschaftliche und jahreszeitliche Unterschiede. Doch ist in Lyon folgender Epitaph zu lesen: »Der du dies liest, geh in die Bäder Apollos: ich habe dort mit meiner Frau gebadet, wie ich es noch gern täte, wenn ich könnte.«[4] Wo es eine Trennung der Geschlechter gab, teilte man die Anlage manchmal in eine Frauen- und eine Männerseite. Aber in Gallien sind diese doppelten Thermen selten: sie waren kostspielig, und es war doch viel einfacher, das gleiche Bad für Frauen und Männer zu verschiedenen Zeiten zu öffnen.

In der Regel kostete das Bad Eintritt: eine Inschrift in Nîmes beweist das. Sie erwähnt die einem Veteranen gewährte Vergünstigung durch die Kolonie, die ihm und seiner Familie dauernde kostenfreie Benutzung des Bades zugestand.[5] Aber der Eintrittspreis muß niedrig gewesen sein, und die Verwalter konnten trotzdem bei der großen Menge der Besucher auf ihre Kosten kommen, obgleich der Aufwand für Wasser, Holzkohle, für Waschen und Bleichen, für Parfüme, Öl und Sportgeräte gewiß beträchtlich war. Das Personal bestand aus Sklaven, die sich in den riesigen Kelleranlagen um Brennmaterial, Wäsche und Heizung kümmerten. Die Badediener und Masseure konnten sich feine Tage machen. In Narbonne gibt es das Grab eines Badewärters. Er trägt einen Umhang, und neben ihm sind die Geräte seines Berufs abgebildet, das Ölgefäß und die *strigilis.*[6]

Zusätzlich zu körperlicher Entspannung und angenehmer Ruhe boten die Thermen auch die Erfüllung gehobener Ansprüche durch den künstlerischen Schmuck: Mosaikfußböden, Säulen und Kapitelle der Kolonnaden mit Zierbrunnen, Wandgemälden oder Wandverkleidungen, Statuen in den Nischen und Reliefschmuck. Ein Thermensaal ist unverändert erhalten mit seinen Gewölben, Wasserbecken, in Wänden und Böden verlegten Wasserleitungen und Ablaufrohren: das *frigidarium* des »Palais des Thermes« (Cluny-Museum) in Paris (Taf. 18). Es ist fast 14 m hoch und steht über den Kellern und Gängen, die zum Betrieb erforderlich waren, ein Abflußkanal durchquert es und nimmt durch ein senkrechtes Rohr die Abwässer des Bades auf. Dieser Bau ist in einmaligem Erhaltungszustand, hat acht Fenster, acht Nischen und fünf Eingänge. Als Schmuck hatte er an den Ansätzen der vier Deckengewölbe (ein Kreuzgratgewölbe und drei Tonnengewölbe) acht Konsolen, die in der Form von Schiffsschnäbeln waffenbeladener Flußschiffe gearbeitet waren. Es sind die einzigen Konsolen dieser Art, die die Kunst der Antike hinterlassen hat.[7] Diese Reste regen dazu an, sich vorzustellen, welche Fülle des Schmucks es an den schönsten Bauten einst zu bestaunen gab: »Aufwendige Bauten sind diese Thermen«, schreibt Camille Jullian, »wo die Städte oder ihre Förderer den größten Reichtum zur Schau stellten. Hier verbringt das Volk seine Freizeit, tauscht Neuigkeiten aus, erholt sich, sie sind gleichzeitig Museum, Kasino und öffentliche Promenade. Was es hier an schönen Dingen zu sehen bekommt, das gehört ihm in diesem Augenblick auch ein wenig. Außerdem findet es die Erholung beim Baden [...] in einem schönen Raum, der eines Fürsten würdig ist, und es hat dabei noch die lauten Freuden und die vulgären Späße des gemeinsamen Badens. Wie ein Besuch in der Arena ist eine Badeparty das Vergnügen, das der Krämer oder der Handwerker in der Arbeitswoche genießen. Alt geworden und dem Tode schon nahe, möchten sie gern von vergangenen, ausgelassenen Stunden erzählen, die sie in den öffentlichen Bädern erlebt haben. Für manche ist das die lustigste Erinnerung, die ihnen das Leben geschenkt hat [...]«[8]

Der Sport

Viele Sportarten wurden im Rahmen der öffentlichen Spiele betrieben: Reiten bei den Zirkusspielen, Kunstreiten oder Ringreiten, und die Wagenrennen, die ebenfalls die jungen Männer reizten; Fechten, Jagd auf wilde Tiere und sogar Gladiatorenkämpfe; denn die Söhne aus guter Familie verschmähten es nicht, am harten Training der Gladiatoren teilzunehmen, um in der Arena aufzutreten; manchmal war dies sogar die letzte Rettung für Leute, welche auf die schiefe Bahn geraten waren. Aber der reguläre Sportbetrieb, besonders in der Leichtathletik, findet vor allem auf dem Sportplatz *(gymnasium)* statt und erhält oft mehr den Charakter »militärischer Vorbereitung« als den des sportlichen Kampfes, wie er sich heute entwickelt hat.
Diese gallo-römischen Sportplätze haben keine sichtbaren Spuren hinterlassen. Nur in Nîmes ist etwas über ein »Jeu de paume« (*sphaeristeria,* ein Ballspiel) bekannt und über »xystai« (gedeckte Sporthallen, überdachte Terrassen oder Anlagen für den Sportbetrieb).[9] Die Sportanlagen schlossen sich an die Thermen an, sie waren eine Erweiterung von deren Innenräumen durch Außenanlagen. In diesem Zusammenhang fällt auf, daß in den Ende des 1. Jahrhunderts umgebauten Thermen von *Glanum* (Saint-Rémy-de-Provence) nicht die Schwimmhallen vergrößert wurden, sondern das Freibad und das Freigelände, als hätten die für den Sport im Freien bestimmten Einrichtungen zu jener Zeit sich besonders stark entwickelt.[10] Aber die großen Sportkämpfe,

die man in Griechenland abhielt, gibt es nicht im römischen Gallien. Die Erfolge sucht man im Zirkus oder im Amphitheater; die körperliche Ausbildung ist militärisch ausgerichtet.

Wenn Augustus die Jugendorganisationen, genannt *collegia iuvenum*, geschaffen hatte, die ein Sohn aus dem Kaiserhause, der *»princeps iuventutis«*, von hoher Stelle aus förderte, dann in erster Linie, um Soldaten heranzubilden, die vom römischen Geist geprägt und der kaiserlichen Macht treu ergeben waren. Die jungen Männer wurden in besonderen Einrichtungen ausgebildet und zusammengezogen, im *ludus*, einem Stadion, einer Rennbahn oder Übungs-Arena, und im *campus*, einer Art Marsfeld in kleinem Maßstab, zu dem meist ein Schwimmbad gehörte. In Gallien sind eine Anzahl dieser Jugendkollegien und mehrere Beispiele des *campus* bekannt. In Aix-en-Provence ist ein Jugendlicher mit 19 Jahren gestorben, und es wird von seiner Ehrenhaftigkeit, seiner Keuschheit, seiner Frömmigkeit und seiner guten Erziehung gesprochen, im gewandten Spiel der *iuvenes* »in der Arena sei er gut ausgebildet gewesen und habe mit Anmut die verschiedenen Waffen getragen«. *Collegium juvenum, juventus:* Klubs für junge Leute und Offiziersschüler.[11]

Bestimmte Sportveranstaltungen hatten jedoch deutlich Spielcharakter. Das ist der Fall bei den Wasser-Spielen. Sie fanden auf den Flüssen statt; denn entgegen der herrschenden Ansicht glaube ich nicht, daß es die »Naumachien« (Seeschlachten) gegeben hat, für die man angeblich die Kampfbahnen der Amphitheater unter Wasser setzte. In Gallien existiert dafür überhaupt kein Beweis, auch nicht für besonders ausgeschachtete Becken, wie sie in Rom gebaut wurden. Für Nîmes, Autun und Lutetia hat man solche angenommen und folgerte dies aus Wasserleitungen, die einen Teil der Amphitheater längs oder quer durchlaufen. Aber diese Leitungen sind Abwasserleitungen oder städtische Wasserleitungen. Naumachien gab es höchstens in Rom selbst oder auf natürlichen Gewässern – Seen und Küstengewässern. Bedenken wir die unglaublichen Kosten, die solche Kämpfe verursachen mußten, die komplizierten Vorrichtungen, die sie voraussetzten, den Platz, den diese Vorführungen benötigten, dann wollen wir lieber auf solche Legenden verzichten, bis wir mehr darüber wissen. Von Wasser-Spielen kennen wir tatsächlich nur jene, deren Erinnerung uns Ausonius bewahrt hat:

»Welches Vergnügen macht uns der Anblick dieser Wasser-Spiele, wenn Ruderkähne in der Mitte des Flusses miteinander kämpfen, wechselnde Schleifen ziehen, am grünbewachsenen Ufer entlangfahren und die nach der Mahd aufgeschossenen Gräser streifen! Auf Bug und Heck springen die Schlagmänner lebhaft herum, und die jungen Ruderer durchpflügen die fließende Fläche [...] Und während er zuschaut und der Tag vergeht, vergißt der Betrachter über dem Spiel die Geschäfte. [...] harmloser Stoß der Kähne, Scheingefechte eines Seekampfes, wie ihn in Sizilien, mit dem Pelorus als Hintergrund, das blaue Meer als grünes Bild widerspiegelt: hier sind es die Jugend, der Fluß, die Schnäbel der buntbemalten Kähne, die die geschickt rudernden jungen Männer vor Augen haben. Wenn die Sonne sie mit ihrem Licht überflutet, wirft sie die Bilder der Ruderer in die kristallklare Tiefe und spiegelt ihre Gestalten als umgekehrte, krummgezeichnete Silhouetten. Links oder rechts, so wie sie ihre schnellen Schläge noch vervielfachen, so wie ihr Gewicht auf der einen oder anderen Seite liegt, so wirft die Welle das wäßrige Bild anderer Ruderer zurück. Die jungen Schiffer selbst lachen über ihr Bild, überrascht, daß der Fluß sie selbst widerspiegelt [...]; und sie beugen sich über das Spiel der Schatten und erfreuen sich an diesen Formen, in denen Schein und Wirklichkeit zusammenfließen.«[12]

Achtes Kapitel

Glaube und fromme Pflichten

1. Religiöse Vorstellungen – 2. Die Begräbnissitten

Was man vom Universum weiß, wie man an Gott und an sein eigenes Schicksal glaubt – das sind Vorstellungen und Meinungen, die die oft unbewußte Kette der täglichen Gedanken formen.

Manches Siegesdenkmal, das sich dem nachdenklich Vorübergehenden als Zeichen kaiserlicher Allmacht darbietet, zeigt in Stein gehauen die Vorstellung, die sich die Elite des Zeitalters vom Universum machte. Man sah die Erde in der Form einer Kugel[1]: daß die Welt rund sei, hatten schon die Wissenschaftler der hellenistischen Zeit angenommen; aber man sah sie als den unbeweglichen Mittelpunkt eines Universums, das für sie geschaffen war. Eine vollständige Kugel, jedoch mit Hohlräumen in ihrer Masse, so hängt die Erde im Zentrum einer anderen, festen, aber vollkommen hohlen und sehr viel größeren Kugel, dem Himmel, mit der Luft und dem Äther dazwischen. An der Grenze zwischen der die Erde umgebenden Luft und dem Äther, der daran anschließt, befindet sich der erste der »Wandelsterne« oder Planeten, der Mond; dann folgen, im Äther übereinander angeordnet: Merkur, Venus, Sonne (die, an diesem vierten Platz unter den sieben Planeten, in der Höhe des Weltalls die Mitte einnimmt), Mars, Jupiter und Saturn; zuletzt die Hülle, die die himmlische Sphäre bildet, in zwölf Abschnitte geteilt, in denen die größten Fixsterne die zwölf Sternzeichen bilden. Stark vereinfacht ist dies die römische Vorstellung des Universums, welche die wissenschaftlichen Spekulationen des Orients und Griechenlands übernommen hat.

Man glaubte, daß die Gestirne der Erde näher stünden, als man heute weiß, und daß also das Universum kleiner sei. Irrtümlich rechnete man zur Zahl der Planeten die Sonne und den Mond, aber nicht die Erde. In einem solchen System ruft der Sonnenlauf die größten Widersprüche hervor. Man hatte lange Zeit angenommen, daß nur die obere Hälfte des Erdballs Licht empfange; die andere sei in Dunkelheit getaucht, aus der an jedem Morgen die Sonne heraufsteige und sich entzünde, um jeden Abend am anderen Ende des Erdkreises dahin zurückzutauchen und zu verlöschen, um dann die untere Halbkugel in der gleichen nächtlichen Dunkelheit zu durchlaufen, die die bewohnte Halbkugel einhülle. Zur Kaiserzeit hat die Wissenschaft einige feste Erkenntnisse gewonnen, aber sie blieben Theorie: der ganze Globus erhält das Licht der Sonne, die während unserer Nacht seine untere Hälfte beleuchtet; der Mond bekommt dann von der unteren Erdhälfte das zurückgeworfene Licht; die untere Halbkugel empfängt ebenso Licht und Wärme wie die unsere und kann nur deren genaue Wiederholung sein, mit Klima- und Vegetationszonen nur in umgekehrter Reihenfolge. Lebewesen, die uns ähneln, bewohnen sie; aber man mußte einräumen, daß diese Wesen, unsere »Antipoden«, mit dem Kopf nach unten lebten.

Abb. 72. Sucellus (*Su[cell]um propitium nobis*). – Zeichnung von A. Marguet nach einem Medaillon auf einem Terrakotta-Gefäß aus dem Rhônetal.

Durch Deduktion ist es so den Gelehrten gelungen, sich das allgemeine Bild der Erdkugel vorzustellen, niemand aber hat die Reise unternommen, um diese Meinungen zu prüfen; man hielt die Erde für unbeweglich, und der gesunde Menschenverstand widersprach der Annahme von Antipoden. Wichtig ist, daß die Erde Mittelpunkt einer kleinen Welt war, die dem Maß des Menschen, ihres Herrn, entsprach, der sie ferner mit Göttern bevölkerte, die nach seinem Bild geformt und geschaffen waren, ihm zu dienen. Nie ist das Universum so sehr mit menschlichen Augen gesehen worden wie zu jener Zeit.[2]

Was man über die Entstehung der Menschheit dachte, wissen wir nicht. Wie alle alten Völker hatten die Gallier überhaupt keine Vorstellung von der Vorgeschichte, sie hielten die Menschheit für viel jünger,

als sie ist. Die Druiden schrieben den Kelten göttliche Abkunft zu.[3] Sie sollten von einem Gott abstammen, dem Cäsar den Namen *Dispater* gibt, dem italischen und römischen Pluto, dem Gott der Unterwelt und zugleich der Fruchtbarkeit der Erde. Dieser Glaube, daß der Mensch den Herrn der Unterwelt zum Schöpfer hat, ist klar ausgeprägt: die Hauptrolle spielt die Hölle, die zur Unterwelt gehört, im Gegensatz zu vielen anderen Religionen, in denen dem Himmel diese Rolle zufällt. Er kann auf vorgeschichtliche Zeit zurückgehen, aber auch mit Vorstellungen zusammenhängen, von denen man im Mittelalter in den Legenden der Inselkelten Spuren findet: die Iren verehrten als ihren Ahnherrn einen unterirdischen Gott Donn; eine ihrer mythischen Dynastien (die Söhne Donns, die als erste Bewohner Irlands galten) hatte ihr Reich in der Unterwelt und den Gräbern.
In römischer Zeit kann dieser höllische Ahnherr der Menschheit wohl als Hammergott *Sucellus* (»der hart zuschlägt«) überlebt haben, der somit der gallische Totengott wäre. Die Iren hatten später ebenfalls einen obersten Gott, der den Hammer und die Schale trug, mit Namen Dagda. Es ist die gleiche Waffe des Todes, die man in den Händen des etruskischen Dämons Charun, des germanischen Kriegsgottes Thor, des Pluto auf einer im Donaugebiet gefundenen Skulptur und zuletzt jener als Höllengott verkleideten Gestalt sieht, die im Amphitheater am Ende mörderischer Kämpfe die Entfernung der toten Gladiatoren überwachte. Sucellus hat oft einen (gelegentlich dreiköpfigen) Hund bei sich, der zumindest manchmal an Cerberus erinnert (Abb. 72). Aber der Gott ist dargestellt mit den Zügen eines älteren bärtigen Mannes in einheimischer Tracht, und er hält in der einen Hand ein bauchiges Gefäß oder auch die Attribute des Silvanus – Sichel, Flöte oder Rebmesser –, des Gottes der Vegetation, des Ackerbaus und der Naturkraft. Manchmal ist zu seinen Füßen auch ein Faß zu sehen, das Gefäß für das einheimische Bier und Symbol des Ackersegens.[4] Dieses fast väterliche Bild eines Schutzgottes, der den Menschen, die er geschaffen hat, den Lebensunterhalt gewährt, erinnert an den Urvater der Gallier, er wird dargestellt mit ähnlichen Zügen wie der römische Pluto, der Herr über Leben und Tod ist.

1. Religiöse Vorstellungen

Gallo-römischer Synkretismus

Die Verschmelzung der im übrigen römischen Reich ausgeübten Religionen mit den keltischen hat sich in einem auf beiden Seiten ebenso toleranten wie konservativen Geist vollzogen. Das ist ein bemerkenswertes Ergebnis und nur möglich, wenn es sich um zwei polytheistische Religionen handelt. Die Römer haben die gallischen Götter nicht unterdrückt, verfolgt haben sie lediglich das Druidentum als politische, soziale und religiöse Macht, als einzige bindende Kraft, die auf gefährliche Weise einen keltischen Nationalismus hätte nähren können, und die Gallier haben sich dem Glauben an römische, griechische oder orientalische Götter nicht widersetzt. Aber sie haben sie auf ihre Weise interpretiert, und aus dieser Verschmelzung der Göttergestalten ist der gallo-römische Synkretismus hervorgegangen.

Die lateinische Sprache und die griechisch-römische Kunst haben Namen und Bilder von Göttern bei den Galliern eingeführt: bei ihrem Gebrauch folgten sie ihren Eindrücken, je nach Neigung und zufälligen Ähnlichkeiten, so wurde ein großer römischer Gott hier dem einen gallischen Gott angepaßt, dort einem anderen; bald behielt er seine römische Begleiterin, bald wurde er mit einer gallischen Göttin gepaart. Diese »Austauschbarkeit« bedeutet keineswegs, daß die gallischen und die gallo-römischen Götter »Mehrzweckgötter« waren, das heißt, unterschiedslos mit allen Eigenschaften hätten ausgestattet werden können. Es wird nur besonders deutlich, daß die Gallier die Persönlichkeit der lateinischen Götter um so weniger erfaßten, je leichter sie sie übernahmen; denn sie fanden in dieser Übernahme das einfachste Mittel, ihre eigenen Götter in den Augen der Römer aufzuwerten. Man überträgt diesem gallischen Gott jenes Attribut eines römischen Gottes, und schon ist er für die neue Gesellschaft akzeptabel. »Polytheismus« ist kein sinnloses Wort. Die Zahl der außermenschlichen Mächte ist unbegrenzt, und wenn zwei Religionen dieser Struktur einander begegnen, ergeben sich daraus nur unvollständige Anpassungen, aus denen wieder ebenso viele neue Gottheiten entstehen. Was hier unbestimmt ist, sind die Verbindungen, nicht aber die Grundformen. Nur ganz selten decken sich zwei Götter aus zwei einander fremden Götterwelten genau. Selbst innerhalb der gleichen heidnischen Religion hat ein Gott gelegentlich verschiedene Eigenschaften: hier ruft man ihn wegen der einen, dort wegen der anderen an, auch der Apollo von Delphi ist nicht der gleiche wie der von Delos.

Die gallo-römischen Götter

Bei der Erforschung dieser Religion wäre es eine große Hilfe, die keltischen Götter genau zu kennen. Aber die Gallier haben weder eine geschriebene Literatur hinterlassen noch Inschriften, noch Götterbilder, noch Tempelbauten, die sie überdauert hätten. Man muß sich daher darauf beschränken, das als keltisch abzugrenzen, was in Zeugnissen aus gallo-römischer Zeit nicht zur römischen Religion zu passen scheint, in den mittelalterlichen Schriften der Inselkelten zu suchen, was hier bis auf den alten einheimischen Untergrund zurückführbar ist, und die anonymen Kulte der Vorgeschichte zu untersuchen.

Zunächst ist überraschend, daß man noch in römischer Zeit in Gallien Tiergottheiten oder Götter, halb Tier, halb Mensch, verehrt: dies ist nicht oder nicht mehr griechisch oder römisch. Ein Gott mit Hirschgeweih zum Beispiel. Der Hirsch ist der König der europäischen Wälder, verehrt wegen seiner Zeugungskraft, seiner Kampflust, seiner Langlebigkeit, seiner Vorliebe für die Berge und seines Einzelgängertums, seiner Eigenschaft als Schlangentöter und wegen seiner Macht, die er über die Tiere des Waldes ausübt. Was man in Gestalt eines geweihgekrönten Mannes verehrt, ist ein Gott der Fruchtbarkeit; auch ein Gott der Unterwelt, denn die Erde, mit der er zusammenhängt, ist nicht nur Quelle allen Reichtums: sie ist auch das Reich der Toten. Den keltischen Namen, den der Gott in Lutetia trug, kennen wir von einem Relief: *Cernunnos* (Abb. 73).[5] Aber hier wird es kompliziert. Es gibt noch einen anderen gallischen Gott, der drei Gesichter hat, aber nur einen Kopf; und diesen überragt manchmal ein Hirschgeweih. Man hat die große Bedeutung der Zahl Drei für die Kelten wie für viele andere Völker erkannt.[6] Bekannt ist die Methode der mehrfachen Wiederholung eines Elements, um die Wirkung einer Darstellung zu erhöhen. Aber wenn es sich um ein und dieselbe Gottheit handelt, wie ist zu erklären, daß manchmal der »Tricephalus« nicht gehörnt und manchmal der gehörnte Gott nicht dreiköpfig ist? Darüber hinaus ist eine dreiköpfige Göttin bekannt und eine andere, die ein Geweih trägt! Es ist also möglich, daß die Dreiköpfigkeit einerseits und die Hirschgeweihe andererseits Attribute sind, die Kraft und Fruchtbarkeit bedeuten, übergeordnete Attribute, die man bestimmten Gottheiten zu-

Abb. 73. Cernunnos mit zwei gehörnten Schlangen. Bronzestatuette aus Autun. – Nach »La Gaule Romaine«.

schreibt, wodurch diese an Eigenschaften des Tricephalus und des Cernunnos teilhaben.

Aber es gibt noch andere keltische Götter in Tiergestalt: die Schlange mit dem Widderkopf zum Beispiel, ein gemischtes Symbol der Fruchtbarkeit der Erde und der rohen Gewalt. Sie tritt meist als Attribut auf, aber auch zuweilen als unabhängige Gottheit; sie ist vielleicht die einzige, von der wir ein Bild aus vorrömischer Zeit haben, und zwar auf gallischen Münzen, und sie kommt nur bei den Kelten vor.[7] Auch der

Stier mit drei Hörnern, von dem es in der Kunst mehrere Darstellungen gibt: Symbol der Kraft, ein Fabeltier, das keine Mythologie des Mittelmeerraums kennt; Statuetten in Nordgallien stellen es dar. Der Stier mit drei Kranichen, der *Tarvos Trigaranus* (Abb. 74) auf den Reliefs in Lutetia und Trier ist wohl gleichfalls ein Gott.[8] Vielleicht haben wir hier die Illustration einer keltischen Legende vor uns, die im Mittelalter bezeugt ist. Dort verfolgt der Held Cuchulain den göttlichen Stier durch die Wälder. Es gibt hier aber auch noch andere Tiergötter, wie die Göttin der Bären, *Artio,* die dem ihr geweihten Tier gegenübersitzt und deren keltischer Name *arto-* lautet. Ob es ursprünglich eine Bären-Göttin war, ist nicht nachzuweisen.
Ebenso gibt es eine Göttin der Pferde, *Epona* (vgl. Abb. 47), die nach dem keltischen Wort für Pferd, *epo-* benannt ist: eine Frau, meist eine Stute reitend, deren Fohlen sie begleitet. Der Erfolg dieser keltischen »Zuchtstute« hat sich über das ganze Reich ausgedehnt. War es ursprünglich eine Stutengöttin? Man weiß es nicht: aber in Neuvy-en-Sullias ist die Statuette eines Pferdes gefunden worden mit Namen *Rudiobos,* das ganz den Eindruck eines göttlichen Pferdes macht. Gallien war das große Zuchtland für Pferde, und das Tier erscheint auf einem Großteil der gallischen Münzen. Es ist nicht unmöglich, daß es selbst Gegenstand eines Kultes war, bevor dieser auf seine Beschützerin überging.[9] Bekannt ist auch ein Eber mit einem Horn, und möglicherweise verdankt die *Damona* genannte Göttin ihren Namen einem Wort, das die Färse bezeichnet. Endlich zeigen Statuetten von Besançon und Amiens das Bild eines jungen Gottes, der auf bizarre Weise durch ein riesiges Tierohr entstellt ist, vielleicht von einem Hirsch, und der den Schlaf darzustellen scheint.[10] Insgesamt wird deutlich, daß es nicht so sehr die Tiere selbst sind – die Tiere als Naturmächte und stärker als der Mensch –, die man in Gallien verehrt: man unterstellt sie dem Schutz einer Gottheit von menschlicher Erscheinung, die ihnen geweiht ist, oder man gibt dieser ihre wichtigsten Attribute, also ihr Wesen, ihre Kraft.
Ein auffälliger Zug der gallo-römischen Religion ist die Vielzahl der lokalen Götter. Über 300 Götternamen sind inschriftlich belegt, kommen allerdings nur einmal vor. Sie leiten sich manchmal vom Namen des Ortes oder vom Namen eines Stammes ab, und viele sind als Beinamen dem Namen eines großen römischen Gottes angehängt. Das ist meist Mars, oft auch Merkur. Man sieht, daß der römische Gott gewählt wurde, dessen Name und Bild dem einheimischen Gott am nächsten kam und der im Beinamen überlebte (*Mars Vesontius* zum

Beispiel in Besançon oder *Mercurius Moccus* in Langres). Auf diesem Weg vollzog sich in mancher kleinen Region Galliens die Angleichung der beiden polytheistischen Religionen. Also Stammesgott? Fast könnte man sagen: Stammesheld, vergöttlicht, vielleicht zu einer höheren Gottheit lediglich durch Angleichung an einen klassischen Gott erhoben.

Die Helden spielten tatsächlich bei den keltischen Völkern eine große Rolle; die Gallier waren in zahlreiche Gruppen geteilt, von denen jede

Abb. 74. Tarvos Trigaranus. – Zeichnung von A. Marguet nach dem Säulenrelief der *nautae Parisiaci* im Musée de Cluny, Paris.

ihr Oberhaupt hatte. Die Annahme fällt nicht schwer, daß zur großen Zahl der Stammeshäuptlinge eine ebensogroße Zahl von Heroen und Göttern gehörte, und damit lassen sich die unzähligen Beinamen der gallo-römischen Götter ganz natürlich erklären. Heute neigt man zu der Annahme, daß Teutates, den Lukan als einen der großen gallischen Götter darstellt, nichts anderes war als der Gott der *tribu,* des Stammes *(touto-, teuto-),* der von jedem Volk unter anderen Namen verehrt wurde, die dann einfach die Namen der Häuptlinge und Heroen sein konnten. Das bedeutet, daß die Gottheit an sich bei den Kelten vielleicht noch nicht so weit entwickelt war wie bei den Römern; daß die Wesen, die man im Kult verehrte, den Menschen noch viel näher standen als den Göttern; und daß die Gallier ihren Lokalgott sozusagen um eine Stufe anhoben, wenn sie ihn mit dem Namen eines römischen

Gottes verbanden. Sie verehrten an einigen Orten Schutzmächte, die sie *Matres* nannten (die »Mütter«) oder *Fatae* (die »Feen«) oder *Proxumae* (die »Nächsten«) und die oft mit einem lokalen Beinamen gekennzeichnet waren. Dies trifft auch auf die kleineren Gottheiten zu: die der Quellen (*Nemausus* in Nîmes, *Divona* in Bordeaux, *Lixo* in Luchon), der Flüsse (*Sequana* an den Seinequellen), der Kreuzwege (*Biviae, Triviae, Quadruviae*), der Bäume und manch andere, von denen anzunehmen ist, daß sie an die Erde gebunden waren und über die keltische Landnahme in vorgeschichtliche Zeit zurückreichten. Einige gallische Götter überschreiten den regionalen Rahmen bei wei-

Abb. 75. Jupiter Taranis. – Zeichnung von A. Marguet nach einer Steinplastik aus Neschers (Puy-de-Dôme).

tem. Bei *Epona* ist das der Fall; bei dem gehörnten Gott; bei *Grannos* ebenso und bei *Belenos,* die oft mit Apollo verbunden sind; bei *Rosmerta,* der »Providentia« (sowohl »Vorsehung« wie »Vorsorge«) und bei *Sirona,* die man mit der Diana verband. Besonders bei dem Hammergott *Sucellus,* den manchmal die Göttin *Nantosuelta* begleitet – das göttliche Paar war besonders beliebt (vgl. Abb. 6). *Esus* (vielleicht der »liebe Gott«, der »Herr«?) scheint ein Holzhauer-Gott zu sein; *Taranis,* der Donnergott, ist die Entsprechung zu Jupiter, wie die Inschriften bestätigen: auf ihn möchte man auch die Darstellungen eines Radgottes beziehen (das Rad als Symbol der Sonne oder des Donner-Rollens) und die des gallo-römischen Jupiter, der ein Pferd reitet, welches über einen Riesen, halb Mensch, halb Schlange, hinwegsetzt (vgl. Abb. 75). Der Himmelsgott spielt bei Völkern indoeuropäischer

Abb. 76. Merkur im gallischen Gewand. Statue aus Lezoux. – Nach »La Gaule Romaine«.

Sprache stets eine wichtige Rolle; daß man ihn hier auf einem bedeutenden Platz antrifft, überrascht nicht.[11]

Einige bedeutende römische Gottheiten hat Gallien übernommen, und hinter ihrem Namen wie hinter ihrem Äußeren verbirgt sich meist ein eingeborener Gott. Bei weitem am häufigsten verehrt wird Merkur (Abb. 76): fast 450 Inschriften, 350 Bilddarstellungen und Tempelreste bezeugen seinen Erfolg, besonders im Nordosten. Die schönste Statue stand bei den Arvernern, den patriotischsten unter den alten Gallierstämmen. Hier hat Merkur einen großen keltischen Gott überdeckt, der ihm so sehr ähnlich war, daß Cäsar ihm seine persönlichen Züge beließ, als er ihm zur Zeit der Eroberung seinen Namen gab. »Unter den Göttern verehren sie Merkur am meisten. Von ihm besitzen sie besonders viele Götterbilder, ihn halten sie für den Erfinder aller Künste, für den Führer auf allen Straßen und Wegen, und von ihm glauben sie, er habe den größten Einfluß auf den Erwerb von Geld und auf den Handel.«[12] Wir haben schon betont, daß die Schutzgott-Funktion eines technisch begabten Gottes Merkur ausgezeichnet zum erfindungsreichen und fleißigen gallischen Volk paßt.

Wie Merkur wird Mars, der Gott des Krieges, häufig dargestellt, dazu Jupiter, mit Taranis verbunden; Apollo, oft Belenos genannt, Gott des hellen Sonnenlichts, heilender Gott und Schutzherr der Künste; Vulkan, Gott der in Gallien so zahlreichen Schmiede, der vor allem im Nordosten verehrt wurde, wo er den großen keltischen Schmied verdrängte; Silvanus, der Gott des Waldes und des Ackerbaus, besonders im Süden beliebt, wo er seinen Namen oft auf den Hammergott überträgt; Herkules, für dessen Bedeutung Hunderte von Inschriften und fast 300 Bildwerke zeugen: auch er hatte mehrere keltische Entsprechungen. Neptun, als Gott des Meeres und der Binnengewässer, war wohlbekannt, und die Entdeckung einer Inschrift an der bretonischen Küste zeigt, daß die vor Cäsars Ankunft so rege Schiffahrt durch das Desaster der Veneter nicht gänzlich verschwunden war. Castor und Pollux, Schutzpatrone der Schiffahrt mit alter Tradition, wurden an den Flußschiffahrtswegen verehrt. Seltener gibt es Weihinschriften an Pluto, Saturn oder Bacchus.[13]

Unter den Göttinnen konnte Minerva, von der Cäsar sagt, daß »sie die Anfangsgründe von Kunst und Handwerk lehrt«, die Rolle einer keltischen Göttin übernehmen als Beschützerin jener Berufe, als deren Erfinder Merkur gilt, und ganz allgemein sämtlicher menschlichen Schöpfungen. Meist ist sie wie die römische Minerva im Kriegsgewand dargestellt. Juno ist weit weniger beliebt als in Italien; von Venus gibt

Abb. 77. Cernunnos zwischen Apollo und Merkur. Grabrelief aus Reims. – Nach »La Gaule Romaine«.

es nur zahlreiche Statuetten in volkstümlicher Form. Maja, die Mutter Merkurs, Vesta als Göttin des Hauses und Nemesis haben ihre Anhänger ebenso wie Fortuna, Victoria und eine Kriegsgöttin, Bellona. Die weitaus beliebteste römische Göttin scheint Diana gewesen zu sein, die Begleiterin des Silvanus, Beschützerin der Jagd, der Wälder und auch der Quellen wie *Sirona* (Diana als Luna); letztere war bei den Kelten, deren Kalender dem Mondlauf folgte, so beliebt, daß sie die längste Zeit dem Vordringen des Christentums Widerstand leisten konnte.[14] Es war, wie man sieht, keineswegs so, daß der römische Götterhimmel vollständig übernommen wurde. Vergeblich sucht man nach Spuren eines Kultes des Janus, des Quirinus; auch die Anzeichen für eine Verehrung der Ceres, des Saturn, des *Liber pater* sind höchst selten; und die übernommenen Götter haben nicht jeweils den gleichen Rang wie in Italien. In Gallien ist nicht die alte römische Religion eingeführt worden mit ihren ungezählten Festen und ihren Genien, die alle Handlungen des Alltags schützten, sondern die Religion der Kaiserzeit, in der nur einige große, bewährte Kulte überlebten. Andererseits waren viele Plätze bereits durch einheimische Götter besetzt; es ging vor allem darum, sie mit den neuaufgetretenen zu vereinigen, und das geschah meist nicht ohne Angleichung. Oft aber gab man sich lieber damit zufrieden, sie nebeneinanderzustellen (Abb. 77), als sie einander anzupassen: entweder auf dem gleichen Monument, wie bei den »Vier-göttersteinen« mit den Bildern von zwei römischen und zwei gallischen Göttern, zum Beispiel in Lutetia Castor und Pollux, Cernunnos und eine Art von gallischem Herkules, dessen Name aber nicht überliefert ist – oder Jupiter und Vulkan neben Esus und Taruos Trigaranus. Ebenso verband man in gemeinschaftlicher Verehrung einen Gott mit einer Göttin, um das bei den Kelten sehr beliebte Götterpaar zu bilden. Stets handelte es sich dabei um einen eingewanderten Gott und eine einheimische Göttin (Apollo und Sirona, Merkur und Rosmerta), niemals umgekehrt. Weibliche Gottheiten waren schließlich so zahlreich und so stark in der keltischen Religion, daß der geringe Raum, der ihren Rivalen verblieb, verständlich ist. Das heißt, daß trotz des Einflusses Roms der Anteil der gallischen Götter groß bleibt. Um sie besser zu kennen, muß die Religionswissenschaft ihren Blick mehr und mehr auf die irischen, walisischen und bretonischen Mythen richten.

Die Anziehungskraft der Heilsreligionen: die Heilslehren des Ostens

Bei der einen wie bei der anderen Religion wird man vergeblich nach einem eigentlich sittlichen Element suchen. Diese Götter verlangen nur Weihgeschenke oder materielle Opfer. Was es an ethischen Werten in der gallischen Religion gab, fand sich in der philosophischen Lehre der Druiden. Die Schule konnte sie nicht ersetzen, noch weniger konnten dies die Priester der römischen Religion. Dieser Mangel erklärt den Erfolg, den in der lateinischen Welt die orientalischen Religionen gehabt haben, deren sittlicher Wert durchaus höher stand: Isis und Serapis in Ägypten, Mithras in Persien, Kybele oder die Göttermutter und ihr Begleiter Attis in Kleinasien verlangten von ihren Anhängern Arbeit an sich selbst, Bemühen um Reinheit und Mut, wodurch sie ihr Heil gewinnen konnten.

Abb. 78. Mithras schlachtet einen Stier. – Zeichnung von Dinh Trong nach einem Relief aus Vienne.

Diese Anhänger waren Eingeweihte, die an nur ihnen allein bekannten »Mysterien« teilnahmen und die Lehre der jeweiligen Gottheit empfingen. Isis hatte ihre Anhänger besonders im Süden, in Marseille, in Nîmes, wo die ersten Siedler Ägypter waren, in Arles und in *Glanum;* ihr Einflußbereich war also sehr beschränkt. Mithras (Abb. 78) wurde verehrt in den von den Heeren durchzogenen und besetzten Gebieten, also in den Tälern von Rhône und Rhein; hier entdeckt man mehr und mehr die Verbreitung und Vertiefung seines Einflusses. Er lehrte vor allem den Kampf des Guten gegen das Böse, schloß seine Anhänger in einer heiligen Miliz zusammen, die ständig gegen die Dämonen auf Posten stand, er pries die sittliche Reinheit, er versprach die Unsterblichkeit der Seele und die Wiederauferstehung des Körpers nach dem Gericht, die Freuden des siebten Himmels oder die Qualen der Hölle. Große, im Rheinland besonders häufig auftretende Reliefplatten stellten den Anhängern seine Verwandlung vor Augen: der Gott entspringt am 25. Dezember einem Felsen, und Hirten kommen, ihm die Erstlinge ihrer Herde darzubieten; er macht sich zum Herrn der Sonne und verfolgt den Stier als die unzähmbare Naturkraft; aus dem geopferten Stier wachsen die Pflanzen, das Getreide hervor; aus seinem Samen die Tiere; aus seinem Blut das Leben, das Skorpion, Ameise und Schlange zu vernichten drohen; aber der Hund bewacht die Seele des Stieres, der zu himmlischen Sphären aufsteigt, von wo aus er die Herden beherrscht und die Saaten beschützt. Noch weiter verbreitet war der Kult der *Magna Mater*, Kybele. Ihre Spuren sind nicht nur in Lyon zu finden, sondern im ganzen Land, und hier zahlreicher als in jeder anderen Provinz des Westens: in ihr verkörpert sich teilweise die Mutter Erde, die alte Göttin aus vorgeschichtlicher Zeit. Als gute und gerechte Mutter bewahrt sie ihre Anhänger vor Übel, heilt und verzeiht; ihre Priester, die »Galli«, geben zum Opfer ihre Mannbarkeit wie ihr Begleiter Attis; ihre »Dendrophoren«, die Baumträger, tragen in der Prozession die heilige Fichte. Der Kybele wie dem Mithras bringt man ein besonderes Opfer dar, das Stieropfer: einem Stier wird über einer Grube der Hals durchschnitten, darunter liegt der Eingeweihte, den das reinigende Opferblut überströmt.[15]

Während die eigentliche römische Götterwelt durch die Berührung mit keltischen Göttern in Gallien manche tiefgreifende Veränderung erfuhr, scheinen die aus dem Orient gekommenen Gottheiten ihren Charakter vollständig bewahrt zu haben. Die Gründe für diesen Unterschied sind verständlich. Die östlichen Religionen hatten zum Ziel das Heil: jede hatte ihre Eingeweihten, ihre Mysterien und stand sozusagen für sich allein als monotheistisches System, das eifersüchtig über seine Riten und Doktrinen wachte. Sie konnten sich im Kontakt mit den Kelten ebensowenig ändern wie mit den Römern; denn sie nahmen ja all jene auf, die eine Religion ohne Verheißungen nicht befriedigen konnte.

Der Kult der Roma und des Augustus

Genauso selbständig (jedoch aus anderen Gründen) und dabei von anderem Charakter war der Kult des vergöttlichten Kaisers, des römischsten der Götter. In den Städten war dies zunächst der Kult des

Augustus; dann der des jeweils herrschenden Kaisers, den man unter seinem Namen verehrte. In der späten Kaiserzeit wartete man in Rom ab, bis der Princeps aus dem Leben geschieden war, bevor man ihn als Gott behandelte, aber in den Provinzen verehrte man ihn schon zu Lebzeiten. Er hatte seine Priester, *flamines* oder *seviri,* und man zögerte auch nicht, seinen Namen mit Jupiter zu verknüpfen. Natürlich verehrte man in ihm das Symbol römischer Kaisermacht, nicht die Person; denn der Kaiserkult war vor allem Ausdruck der Loyalität gegenüber Rom, die auch die Familie des Kaisers einschloß – die *domus divina.* In dieser Religion römischen Menschentums möchte man das erste Beispiel einer positiven Religion sehen, deren Gott wirklich, gegenwärtig, sichtbar war und das Vaterland verkörperte. Die Völker des Reiches hegten für den Herrn der Welt ähnliche Gefühle wie das japanische Volk einst für seinen Gott-Kaiser.[16]

Die Tempel und die Feiern

Dieses an sich schon variationsreiche und komplizierte Bild der Religiosität im römischen Gallien läßt sich noch weiter differenzieren, wenn man darangeht, die regionalen Unterschiede aufzuzeigen. Die Kultzeugnisse sind ebenso vielfältig wie die Götter selbst.
In den Städten haben die großen römischen Götter ihre klassischen Tempelbauten: der römische Tempel ist rechteckig, mit oder ohne Säulenumgang, und unterscheidet sich wesentlich vom griechischen Tempel, von dem er abstammt, durch seinen hohen Sockel, in den eine Treppe eingefügt ist. In Nîmes kann man den am besten erhaltenen Bau dieser Art in Gallien betrachten, die »Maison Carrée« (Taf. 1), die den Enkeln des Augustus geweiht ist, ein Wunderwerk klassischer Architektur. Aber auf dem Land, selbst noch in unmittelbarer Nachbarschaft der Städte, haben die Tempel und Sanktuarien ein anderes Aussehen: es sind gallo-römische Bauten (Abb. 79), die vom klassischen Schema so sehr abweichen, daß man darin den Fortbestand des keltischen Heiligtums erkennt, eines bescheidenen Baus, von dem sonst keine Reste erhalten geblieben sind. Sie sind nicht langgestreckt wie die griechisch-römischen Bauten: wenn rechteckig, dann in gedrungenen Proportionen; oft quadratisch oder rund oder vieleckig – ihr Grundriß ist zentral, nicht axial ausgerichtet. Ringsum läuft ein Umgang, dessen genaue Bestimmung unbekannt ist (Abb. 80).[17] Die in den Drei Gallien besonders zahlreichen einheimischen Bauten sind anders orientiert als die römischen Tempel; obwohl es über diesen

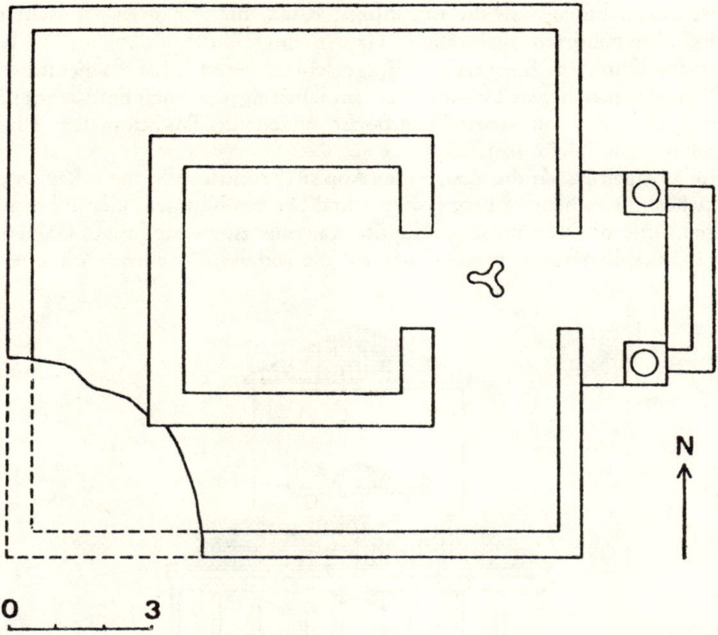

Abb. 79. Plan des gallo-römischen Tempels in Saint-Ouen-de-Thouberville (Eure). – Nach P.-M. Duval, *Les dieux de la Gaule,* Paris 1976, S. 164, Abb. 91.

Punkt noch keine Gewißheit gibt, ist anzunehmen, daß sie einheimischen Göttern geweiht waren; dagegen waren die Kultplätze der orientalischen Religionen von anderer Art: das *Mithräum* ist zum Beispiel ein kleines, zum Teil unterirdisch angelegtes Gebäude, eine einfache Anlage, von der im Westen nur selten Reste erhalten geblieben sind.
Gern wüßte man, ob sich in den täglichen Handlungen und bei der regelmäßigen oder gelegentlichen Ausübung dieser Religionen gewisse gallische Gewohnheiten erhalten haben. Doch es ist kein Ritual überliefert, und alles was die Inschriften oder die Skulpturen bieten, gleicht dem, was im römischen Bereich zu finden ist. Die druidischen Bräuche, wie das Abschneiden des heiligen Mistelzweiges, waren seit dem 1. Jahrhundert ebenso unterdrückt worden wie die Menschenopfer. Es

ist anzunehmen, daß die unzähligen Riten, die zur alten römischen Religion gehörten, nicht alle in Gallien eingeführt worden sind. Viele waren schon zur Kaiserzeit in Vergessenheit geraten. Da erscheint der Kult des häuslichen Herdes noch am lebendigsten: man hat Lararien, und die gallo-römischen Feuerböcke setzen die Tradition der gallischen Feuerböcke fort.[18]

Im übrigen lassen die Zeugnisse (Abb. 81) römische Sitten erkennen, insbesondere bei den Prozessionen und bei den blutigen oder unblutigen Opfern. Der römische religiöse Kalender ist zweifellos auf Gallien genauso übertragen worden wie auf die anderen Provinzen, ohne je-

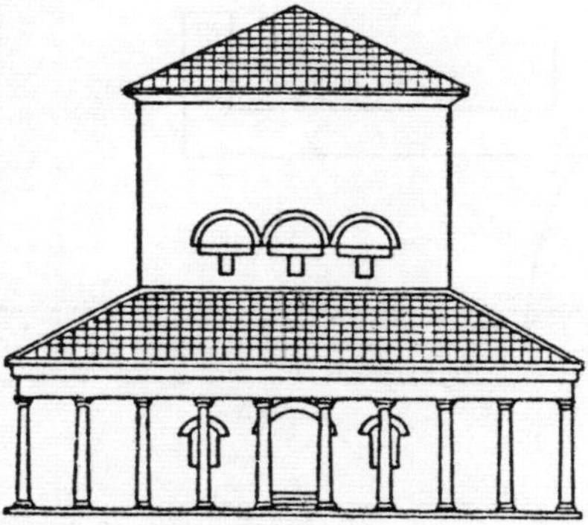

Abb. 80. Rekonstruktion des sogenannten Janus-Tempels in Autun. – Nach P.-M. Duval, *Les dieux de la Gaule,* Paris 1976, S. 164, Abb. 92.

doch die keltischen Kalender völlig zu verdrängen, wie den in Coligny gefundenen, der die Festtage *(mat)* und die Arbeitstage *(anmat)* aufführt. Zu den Festtagen des römischen Jahres (es waren 132) gehörten Zeremonien, von denen einige mit den zugehörigen Spielen mehrere Tage dauerten. Manche großen römischen Götter hatten ihre regelmäßigen Feiertage. Janus wurde an den Kalenden gefeiert und eröffnete in Italien den ersten Monat des offiziellen Jahres *(januarius),* jedoch gibt es von seinem besonderen Kult in Gallien keine Spur. Im Februar, in diesem dunklen Monat der Toten und der Unterirdischen, gab es unter den 28 oder 29 Tagen 22 »Unglückstage«, sie fielen auf die *parentalia,* die *feralia,* die Luperkalien und andere Reinigungsfeste. In den März fielen der Beginn der Feldzüge und der militärischen Arbeiten und die Hauptfeiertage des Kriegsgottes, der auch noch ein Fest Mitte Oktober hatte, zum Abschluß der Feldzüge: der Marskult war in Gallien sehr verbreitet, und es ist anzunehmen, daß die meisten dieser Festtage hier eingehalten wurden. Schon vor der Kaiserzeit hatte Rom ursprünglich griechische Gottheiten latinisiert, Merkur (Iden des Mai), Diana, Herkules und Apollo, den Augustus auf den obersten Platz erhob und dem er Festspiele weihte, die alle vier Jahre vom 6. bis 13. Juli stattfanden. Aber besonders ist aus Gallien der Erfolg der von

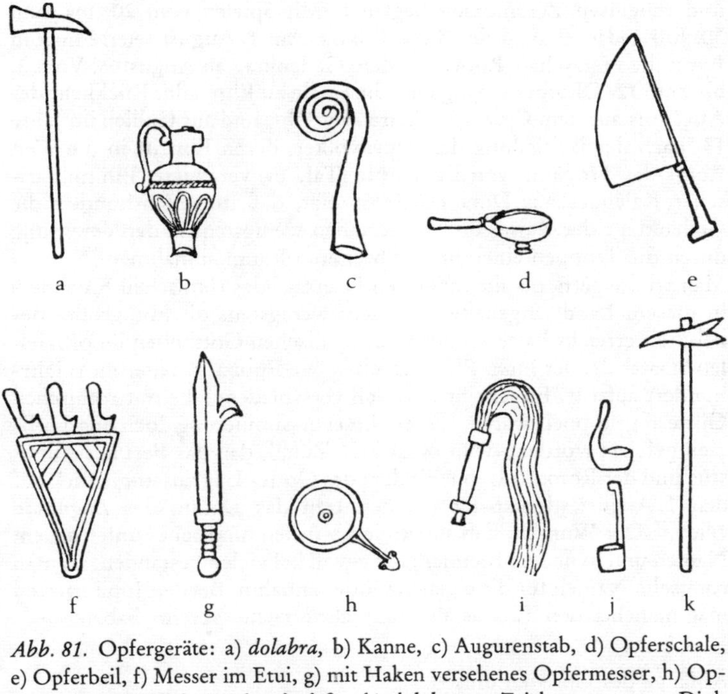

Abb. 81. Opfergeräte: a) *dolabra,* b) Kanne, c) Augurenstab, d) Opferschale, e) Opferbeil, f) Messer im Etui, g) mit Haken versehenes Opfermesser, h) Opferschale, i) Wedel, j) Schöpfgefäße, k) *dolabra.* – Zeichnungen von Dinh Trong nach Reliefs aus Vaison-la-Romaine (a, k), Comminges (b), Orange (c, i), Périgueux (d), Nîmes (e), Jagsthausen (f), Lyon (g), Toulouse (h), Orange und Mainz (j).

den Heeren mitgebrachten orientalischen Götter bekannt: Isis, die im Rhythmus der Jahreszeiten gefeiert und vor allem im Süden populär wurde, Kybele mit ihren vom 4. bis 10. April dauernden Spielen, denen Feierlichkeiten zu Ehren des Attis vom 15. bis 27. März vorangingen, und zuletzt Mithras als Sonnengott, dessen Wiederkehr am 25. Dezember gefeiert wurde.

Im Kaiserreich werden die Feiern politischen oder, besser gesagt, staatsbürgerlichen Charakters immer zahlreicher, und sie wurden, dessen kann man sicher sein, in Gallien wohl oder übel ebenso wie in den anderen Provinzen begangen; denn sie bestätigten die Loyalität der Bevölkerung gegenüber Rom. Wie die anderen wurden sie von Spielen und religiösen Zeremonien begleitet. Mit Spielen vom 20. bis zum 30. Juli gedachte man der Siege Cäsars. Am 1. August feierte man in Lyon die Herrschaft Roms mit dem Gedenktag an Augustus. Vom 3. bis zum 12. Oktober beging man die Spiele zu Ehren der Rückkehr des Augustus aus dem Orient im Jahre 19 v. Chr. und aus Gallien im Jahre 13, nach der Befriedung der Alpenvölker, deren Eintritt in die Welt Roms das Tropäum von La Turbie (Taf. 15) verewigte. Ein militärischer Kalender aus Dura Europos zeigt, daß im 3. Jahrhundert die Gedenktage der Kaiser und Kaiserinnen wenigstens in der Verehrung durch die Truppen einen immer breiteren Raum einnahmen.[19]

Man wüßte gern, ob alle religiösen Feiertage des römischen Kalenders in diesem Land eingehalten wurden; wenigstens die, die größte Beliebtheit erreicht hatten; und ob die gallischen Gottheiten im offiziellen Staatskalender ihren Platz erhielten wie Epona, die hier im 1. Jahrhundert auftritt. Es scheint nur, daß verschiedene, die mit römischen Göttern gekoppelt waren, wegen dieser Assimilierung doch quasi offiziell gefeiert wurden; denn es ist kein Zufall, daß das Fest des Augustus und der Roma in Lyon mit dem des Gottes Lug zusammenfiel, auf den 1. August, der später bei den Iren das Datum des *Lugnasad* blieb.[20] Der Wunsch, daß sie gefeiert würden, und sei es unter neuem Namen und in neuem Rahmen, hat gewiß bei vielen bestanden, als man römische Namen für die eigenen Götter annahm. Bei den Jupiterfesten mag mancher den Taranis als Himmelsherrscher verehrt haben.

Anfänge des Christentums

In Gallien tritt die aus dem Orient gekommene Religion erstmals gegen 150 mit einer Gemeinde im Rhônetal in Erscheinung: Das Martyrium von Lyon im Jahre 177 kennzeichnet ihren aufsehenerregenden

Beginn in diesem Land. Es ist möglich, daß die älteste christliche Inschrift Galliens, der Epitaph des Volusianus und des Fortunatus, die den Flammentod in Marseille starben, aus dieser Zeit stammt, und daß dieses Ereignis mit der Verfolgung in Lyon zusammenhängt. Aber danach sind die Fortschritte der neuen Religion langsam und bleiben zweifelhaft. Wieder findet sich in Lyon die aktivste Gruppe, was dem Bischof Irenäus zu verdanken ist. Gegen Beginn des 3. Jahrhunderts bestätigt eine griechische Inschrift, daß eine Gemeinde in Autun bestanden hat. Erst um 250 ist von neuen Bischöfen die Rede in Arles, Toulouse, Paris, Reims und Trier. Diese Langsamkeit in der Entwicklung dürfte nicht auf öffentliche Verfolgungen zurückzuführen sein. Erst im Jahre 250 begegnet man wieder Märtyrern, Dionysius in Paris, Saturnin in Toulouse, und etwas später, während der großen Verfolgung durch Diokletian, finden sich in diesem Land keine Anzeichen davon. Das muß freilich auch nicht bedeuten, daß Gallien den Verfolgungen entgangen ist: aber sie scheinen nach dem heutigen Stand historischer Kritik weniger Opfer gefordert zu haben als anderswo. Erst am Ende des 3. Jahrhunderts nimmt die Zahl der Bistümer zu, und sie bereiten den Triumph vor, der der Bekehrung Constantins folgen sollte.[21]

Wer sich an die Erklärung wagen wollte, warum in Gallien der christliche Einfluß bis gegen Ende des 3. Jahrhunderts nur schwach zu sein scheint, der könnte sicher einige Gründe in der Vielfalt und Lebenskraft des gallo-römischen Heidentums finden. Was hier auffällt, das ist nicht der Erfolg eines auf wenige große Götter reduzierten römischen Pantheons: es ist vielmehr die innige Vermischung eines üppigen einheimischen Polytheismus, der den Tierkulten der Vorgeschichte und zahlreichen lebendigen keltischen, noch in der Volksgunst stehenden Lokalkulten nahestand, mit dem römischen Polytheismus. Dieser war allerdings von allzu formalistischen Zügen der alten republikanischen Religion befreit und mit orientalischen Lehren angereichert worden, die Hoffnung und Trost brachten und wiederum durch den unbestrittenen Erfolg des Kaiserkults verstärkt wurden. Cäsars Urteil stimmt noch immer: »Das ganze Volk der Gallier ist sehr fromm.«[22]

2. Begräbnissitten

Jenseitsvorstellungen

Zu allen Zeiten beschäftigen sich die Gedanken der Menschen immer wieder am stärksten mit der Vorstellung von ihrem Schicksal nach dem Tode. Bei den Galliern treten hierin gewisse Unterschiede zutage. Die alte Lehre der Druiden ist uns nur in den Grundzügen bekannt: sie glaubten an die Unsterblichkeit der Seele und an die Seelenwanderung; für sie »sterben die Seelen nicht«, sagt Cäsar, »sie gehen in andere Körper über«. Der Dichter Lukan gibt allerdings eine etwas abweichende Beschreibung: »Wenn man den Druiden Glauben schenkt, erreichen die Schatten nicht die stillen Wohnungen des Erebos und die farblosen Reiche des unterweltlichen Dis: der gleiche Geist bewegt unsere Glieder in einer anderen Welt, der Tod ist nur die Mitte eines langen Lebens.«[1] Aber was ist das für eine »andere Welt«, die nicht irdisch ist, in der die auferstandenen Seelen ein neues Leben führen? Man hat an jene Zauberinseln gedacht, die sich die Inselkelten in der geheimnisvollen Weite eines unbekannten Meeres vorstellten. Am Ende des 1. Jahrhunderts unserer Zeitrechnung erinnert Plutarch an die keltischen Legenden von der Insel des Kronos (das ist der römische Saturn), der fünf Tagereisen weit von der Bretagne entfernt die Seelen der Verstorbenen aufnahm. Diese Vorstellungen von den Inseln der Seligen sind bei den Kelten der Römerzeit noch lebendig: das Totenschiff, das Fahrzeug für die letzte Reise, ist auf den Grabsteinen zu sehen, und Prokop, ein Geschichtsschreiber des 6. Jahrhunderts, erzählt, wie die Bewohner der Britischen Inseln des Nachts die Seelen auf Schiffen zur geheimnisvollen Insel führten. Man könnte sich als reine Mutmaßung diese eisige Hölle vorstellen, das kalte Reich, das im Mittelalter die Phantasie der Iren plagte. Aber man hat auch als Erklärung für das keltische Jenseits vorgeschlagen, es sei das Mondgestirn. Die Kelten schrieben dem Mond tatsächlich eine besondere Bedeutung zu; denn sie lebten nach dem Mondkalender. Und zur römischen Zeit gibt es in Gallien eine ansehnliche Zahl von Grabsteinen mit dem Zeichen des Halbmondes; sie sind über die mittleren Teile des Landes verstreut, die am tiefsten im Keltischen verwurzelt blieben.[2]

Jedenfalls stimmt die Vorstellung von einer außerirdischen Welt des Jenseits mit den Glaubensvorstellungen der Kaiserzeit überein. Franz Cumont hat gezeigt, wie die alten Lehren aus den Zeiten der Republik, die auf der Existenz einer unterirdischen Hölle beruhten, welche man entweder in die Tiefen des Erdballs verlegte oder die die ganze untere Hälfte des Universums einnahm, schon von der fortschrittlichen hellenistischen Wissenschaft zerstört worden waren. Diese hatte die theoretische Gewißheit erlangt, daß die Sonne nacheinander die beiden einander gleichen Hemisphären beleuchtet. Die einzige Zuflucht der Toten waren seitdem die Sterne und die höheren Bereiche der Atmosphäre. Neben zahlreichen Darstellungen der Sonne und besonders des Mondes (letztere hier häufiger als in den übrigen Provinzen) findet man in Gallien auf Grabsteinen noch andere Ideen über das astrale Jenseits ausgedrückt. Im Süden gibt es einige Dioskuren-Darstellungen, die die beiden abwechselnd erhellten Hemisphären versinnbildlichen; die Winde, die die Seelen durch die Atmosphäre tragen, und die Vögel, die die Seelen selbst darstellen, erheben sich zu einem höheren Dasein; dann sind es die Sterne und andere Sternensymbole, die, sogar oft auf Bronzestatuetten, den Mantel des Hammergottes Sucellus schmücken. Der Gott, der nach der alten gallischen Religion auf dieser Erde Leben erzeugt und dem Boden Fruchtbarkeit verleiht, regiert nun also in der anderen Welt der Sterne, wo er, nachdem er den tödlichen Schlag geführt hat, die Seelen der Menschen zu neuem Leben empfängt.

Andere Fabeln der klassischen Mythologie schildern auf unterschiedliche Weise diesen Glauben an ein überirdisches Leben. Der Flug Ganymeds zum Himmel und die Vergöttlichung des Herkules versinnbildlichen ganz natürlich den Aufstieg der Seele in das himmlische Reich. Die Sphärenharmonie, die sie aufnimmt, wird vom Bild der Lyra mit sieben Saiten dargestellt. Die Delphine verkörpern die himmlischen Gewässer, auf denen in der Höhe die Schiffe fahren, worauf auch, neben den Booten, Tritonen oder Nereiden und Okeanos hinweisen. Ein von Liebesgöttern gefahrenes Wagenrennen bezeichnet den Drang, der die Seelen zum Himmel treibt. Ein geflügeltes Pferd nimmt seinen Reiter, d.h. die Seele selbst, mit sich hinauf zu den Wolken. Und hier drücken die Mythen oft noch mehr als einen metaphysischen Glauben aus: eine moralische Vorstellung, die Überzeugung, daß die Ruhe jenseits des Grabes in einer höheren Welt und die ewige Glückseligkeit, wie sie das Leben im Jenseits bietet, als eine Entschädigung verdient sein müssen durch ein tapferes, fleißiges und tugendhaftes Leben. Wahrscheinlich ist dabei ein Einfluß orientalischer Heilsreligionen wirksam, besonders wenn auf ein reines Leben Wert gelegt wird, das ausschließlich im Kampf gegen böse Versuchungen zugebracht wird. An diesen Kampf erinnert der Sieg Apollos und seiner

Leier über den Satyr Marsyas mit seiner Flöte, welche die unreinen Leidenschaften versinnbildlichen; oder der Widerstand des Odysseus gegen die Sirenen oder die Leistungen der Athleten – Bilder der im guten Kampf siegenden Gerechtigkeit. Die Allmacht des Todes drükken eine Sphinx oder ein gefräßiger Löwe ganz unmittelbar aus. Einige Themen, die im übrigen Reich nachgewiesen sind, fehlen in Gallien: Phaëthon für das zerstörerische Feuer; die unter dem Netz mit Ares ertappte Aphrodite als Symbol der im Körper gefangenen Seele; die böse Circe, der Odysseus ebenso wie den Sirenen widersteht.[3]

Der Mut auf Erden zeigt sich bei der Jagd, dem gefährlichen Sport, beim Kriegsdienst, bei der Tagesarbeit des Bauern, des Handwerkers, des Händlers, des Gebildeten: daher die zahllosen Grabsteine mit den verschiedensten Szenen aus dem täglichen Leben. Sie stellen in einer allen zugänglichen Form ein moralisches Ideal vor, das weit mehr verbreitet ist als orientalische Doktrinen, das aber oft übereinstimmt mit ihrer Lehre von einem tätigen Leben, dem der tägliche Fleiß Würde verleiht. Hier hat man mit Recht den Einfluß stoischer Gedanken erkannt, die von den Kaisern des 2. Jahrhunderts übernommen und von den besten unter diesen in die Tat umgesetzt wurden. Der Lohn? Das künftige Leben auf den Glücklichen Inseln oder in der göttlichen Welt der Sterne, wo sich letzten Endes jeder auf seine Weise der ersehnten Ruhe hingibt; wo er als Held geehrt und gewissermaßen vergöttert wird; wo er zur Gesellschaft der Musen zugelassen ist, die ihn die höheren Genüsse des Geistes und der Kunst kosten lassen – die Festlichkeiten eines nicht endenden Gelages nicht zu vergessen. Manche Grabsteine schildern sowohl die menschliche Mühe wie ihre himmlische Belohnung: unten, wie der Tote auf verschiedene Weise im Leben tätig war; oben ist er beim Göttermahl, an dem oft die Angehörigen des Verstorbenen teilnehmen, so wie dieser als Schatten am Gedächtnismahl teilhat, das man ihm in dieser Welt bereitet.[4]

Muß man noch erwähnen, daß nicht alle an diese paradiesischen Versprechungen glaubten? Es fehlte nicht an Ungläubigen, die sich sträubten, über den Tod hinaus zu blicken, wie man es auf manchen Grabschriften lesen kann, so wie in Lectoure: *Non fui, fui, memini, non sum, non curo* (Ich war nicht, ich war, ich erinnere mich, ich bin nicht mehr, ich sorge mich nicht), eine so gängige Formel, daß man sie auf mehreren Gräbern in der Abkürzung findet: *N.F.F.M.N.S.N.C.* Das sind jedoch Einzelfälle. Die übergroße Mehrzahl der Inschriften drückt einen Glauben an das Fortleben aus, und der übliche Charakter der Bilder, auf denen die Arbeit auf dieser Welt und ihre Belohnung im

Jenseits gezeigt werden, läßt die Annahme zu, daß der Glaube an ein besseres, fast göttliches Leben, das man sich mit der erlittenen Mühsal auf dieser Welt verdient hat, weit verbreitet war.[5]

Widerspruchsvolle Grabsitten

Ob man an das künftige Leben glaubt oder nicht, der Gallier hat keine ernstere Verpflichtung, als den Totenkult zu versehen. Wenn er das tut, dann als Ausdruck oft widersprüchlicher Glaubensvorstellungen. Er vollzieht dabei überkommene Riten, die manchmal nicht recht damit übereinzubringen sind. »Im Heidentum, das keinerlei theologische Orthodoxie kennt«, schreibt Franz Cumont in seinem letzten, großartigen Werk *Lux perpetua*, »schaltet ein neuer Glaube einen alternden Glauben nicht notwendig aus. Sie können lange Zeit nebeneinander als Möglichkeiten bestehen, unter denen der Geist wählen kann. Diese Unentschiedenheit beunruhigte aber keineswegs die Gemüter, die nicht der dogmatischen Härte eines auferlegten Credo unterworfen waren. Keine Glaubensform war fließender als eine, die sich auf das Leben nach dem Tode einstellte und die keine Erfahrung kontrollieren konnte [...] Nichts ist zäher als die Vorstellungen vom Totenkult; nichts erhält sich mit größerer Beständigkeit generationenlang als die Totenbräuche. Ihr Fortbestehen wird von Liebe und Furcht zugleich genährt. Wer die urtümlichen Zeremonien aufs sorgfältigste ausrichtet, auf die die Verstorbenen Anrecht haben, der erhofft sich für seine Angehörigen ein besseres Los im Jenseits. Andererseits fürchtet man die Rache der Toten, wenn man die Rituale vernachlässigt und ihnen in ihrer postumen Existenz Leid zufügt. Eine Reihe von antiken Vorstellungen wird so auf die Dauer erhalten, und der Kult sichert ihren Bestand selbst dann, wenn fortschrittlichere Auffassungen aufkommen.«[6]

So bauten die Gallier dem Toten eine Grabstätte, die als Wohnung für die Ewigkeit gemeint war; ringsum legten sie die Lebensmittel nieder mit den Gegenständen, die ihm erlauben sollten, das Leben so zu führen, wie er es in dieser Welt liebte: aber auch wenn der Tote nicht begraben, sondern verbrannt wird und im Grab nur Asche liegt, wird er dennoch mit dem für das künftige Leben Notwendigen versehen. Auf dem Grabstein oder auf dem Mausoleum versichern besonders nach dem Ende des 1. Jahrhunderts die Weiheformeln die Unsterblichkeit des Verstorbenen und daß man sein Grab den verstorbenen Seelen *(Dis Manibus)* oder seinem ewigen Andenken *(memoriae aeternae)* oder zu anderen Zeiten auch beiden weihe. Die Grabreliefs erinnern an die Trennung von Seele und Körper und an die Wanderung der Seele ins Jenseits, sei es in Gestalt eines Vogels oder von den Winden getragen bis zu den Sternen, ihrem letzten Aufenthaltsort; andere zeigen den Toten im obersten Himmel, wo er sich auf ewig göttlichen Erquickungen hingibt, heroisiert, gottähnlich. Indes ist das Grab an den Gedenktagen Ort der feierlichen Handlungen, die die Familie vornimmt, Trankopfer und Totenmahl, an dem der Tote teilnimmt, als ob er noch immer da wäre, und die Inschriftsformeln auf dem Grabstein sprechen zu dem Vorübergehenden, der sie laut liest und sozusagen dem Verstorbenen etwas wie ein flüchtiges Leben zurückgibt und die Leiden seiner Einsamkeit erträglich macht. Die höchsten sittlichen Überzeugungen, etwa daß der Tote den göttlichen Lohn durch die Mühen verdient hat, die er in der Welt auf sich genommen hat, werden von der primitiven Vorstellung überlagert, daß das Schicksal des Verstorbenen von der Unterhaltung und Pflege seines Grabes und des Totenkultes abhänge[7] ... Die Hoffnung, der Tote weile in einer besseren Welt, die Furcht, er könnte von Göttern und Lebenden vergessen werden, die Sehnsucht, in der Illusion zu verweilen, er sei am irdischen Ort seines letzten Mahls zugegen – das ist ein Gemisch von Vorstellungen, die im Menschen wohnen, diktiert von dem instinktiven Wunsch, die immerwährende Trennung wieder aufzuheben.

Vielfalt der Grabformen

Aus sozialen Unterschieden allein ergibt sie sich nicht: Beerdigung und Einäscherung bestehen gleichzeitig, und das Nebeneinander beider Bestattungsarten reicht so weit in die Vergangenheit, daß man ihre Geschichte nicht zurückverfolgen kann. Die Erdbestattung herrschte vor in der Bronzezeit, zur Zeit der Dolmen; die Einäscherung in der frühen Eisenzeit; in der späten Eisenzeit kehrte die frühere Bestattungsweise zurück und trat dann wieder hinter der anderen in den Hintergrund, welche die Belgen schätzten; unter römischem Einfluß scheint sich die Einäscherung bis ins 3. Jahrhundert stärker verbreitet zu haben, und dann gewinnt die Beerdigung wieder die Oberhand, vielleicht unter dem Einfluß der orientalischen Religionen; mit dem Christentum setzt sie sich durch.

Die Gründe für die eine oder andere Art sind schon oft genannt worden. Für Erdbestattung sprechen die Achtung vor der Unversehrtheit der sterblichen Hülle des Verstorbenen, die Übereinstimmung mit dem Brauch, die zum künftigen Leben notwendigen Gegenstände ringsum niederzulegen; dagegen sprechen die Beanspruchung eines größeren Stücks Boden, die Kosten für den Bau einer Gruft, für einen Sarkophag, für einen Sarg; endlich die Gesundheitsgefährdung durch Friedhöfe. Für die Einäscherung sind anzuführen die Reinigung durch das Feuer, die Platzersparnis, die Hygiene und die radikale Trennung der befreiten Seele vom zerstörten Körper. Aber keine Theorie kann die Realität der ermittelten Tatsachen erfassen; denn in allen Schichten der Gesellschaft werden beide Arten praktiziert: »Wenn man auf dem Rasen [der mein Grab umgibt] einen Mann oder eine Frau einäschert und begräbt oder ein Grab aushebt, tragen meine Erben dafür die Verantwortung«, schreibt in seinem Testament ein reicher Lingone; er selbst hatte sich verbrennen lassen.[8]

Die Form des Grabmals ist außerordentlich vielgestaltig. »Das römische Gallien hat uns«, wie Camille Jullian schrieb, »fast 20000 Gräber hinterlassen, und kaum zwei darunter gleichen sich vollständig.«[9] Nur das Prinzip ist immer dasselbe: ob Leiche, ob Urne mit Asche, die sterblichen Reste werden dem Boden anvertraut, in einer Grube oder in einer Gruft, und der Stein, die Stele, der Altar oder das Mausoleum, die darüber errichtet werden, stehen da, um den Lebenden das Grab anzuzeigen. Wenn der Tote beerdigt wird, kommt er manchmal nackt in die Erde, manchmal ist er zuvor in einen Holzsarg eingeschlossen worden, der mit Nägeln oder Dübeln zusammengefügt ist; oder er wird mit Ziegelplatten abgedeckt, mit flachen Ziegeln, die zu einem kleinen Dach zusammengesetzt werden, oder mit Steinplatten, mit denen die Grube ausgelegt ist. Ist er reich, macht man für ihn einen Sarkophag, eine längliche Kiste mit einem schweren, flachen oder beiderseits abgeschrägten Deckel: der mit Bildhauerarbeiten verzierte Sarkophag wird in eine Gruft gesetzt, oder er bleibt im Freien stehen; an die Stelle eines Holzsarges tritt manchmal eine verzierte Bahre aus Blei. Wurde der Tote eingeäschert, so stellt man die Urne aus Stein, Glas oder Keramik in eine kleine, mit Steinen oder Ziegeln ausgekleidete Grube oder in die Nische einer Grabkammer. Rings um den Körper oder die Urne liegen die Habseligkeiten des Toten, Lebensmittel, Gefäße.

Der Oberbau, der sichtbare Teil des Grabes, erhält die verschiedensten Formen als einfacher Stein, Pyramide, Stele, rechteckiger Block, Altar, Mausoleum mit einer oder mehreren Etagen, Turm, viereckiger Pfeiler, *aedicula* oder kleiner Tempel. Der einzige hier unbekannte Typus ist der waagrechte Grabstein, die Grabplatte, die heute üblich ist. Oft erinnert das Grab an die Wohnung der Lebenden wie die Grabhäuser, die man im Osten Frankreichs beobachten kann; Pilaster, Türen, Bogenreihen, Giebel geben dem Grabmal ebenfalls das Aussehen einer Wohnhaus- oder Tempelfassade. Die »Pfeiler«-Monumente im Südwesten, die rheinischen Mausoleen (Igel, Neumagen, Köln), das Mal von *Glanum* (Saint-Rémy-de-Provence), die Pyramide von Autun sind nur die großartigsten dieser monumentalen Gräber am Straßenrand, die in der Nähe der Städte die bewundernden Blicke der Vorübergehenden auf sich zogen.[10]

Der mit Bildhauerarbeit versehene oder einfach beschriftete Grabstein wurde sehr oft von kleinen Leuten errichtet. Das ist nun der Hinweis nicht nur auf den Besitz einer anständigen Grabstätte, sondern auch auf eine tatsächliche wirtschaftliche Wohlhabenheit in den mittleren Schichten der Bevölkerung. Es ist doch eine sehr glückliche Zeit, in der der kleinste Handwerker seine Grabschrift meißeln und sein Porträt in Stein hauen lassen konnte! Auf seine Kosten oder mit Hilfe seiner Genossen läßt er sein Grabmal oft ausführen, wenn der erste Todesfall in seiner Familie eintritt: *Vivus fecit sibi et suis* eine häufige Formel; denn viele dieser Gräber sind Familiengräber. Aber es gibt auch Einzelgräber, und es ist nicht zu erkennen, ob dieses Gegenstück zu unseren Familiengrüften für die sterblichen Hüllen mehrerer Generationen der gleichen Linie sehr häufig war. Die großen gemeinschaftlichen Gräber der italischen Familien, die *columbaria,* wurden angelegt, um zehn und mehr Urnen ein und derselben Familie während längerer Zeit aufzunehmen, aber dafür gibt es in Gallien kein Beispiel. Wahrscheinlich ist, daß einige von den größten Mausoleen für mehrere Generationen gebaut wurden. Während man aber in den Grabstätten öfter die Formulierung vorfindet: »... für sich und die Seinen«, trifft man viel seltener die Worte: »... für sich, für die Seinen und für ihre Nachkommen«.[11] Im übrigen kommen zahlreiche Formeln des Typus *heredem non sequetur* vor, sie stellen den Willen des Erbauers fest, daß die Grabstätte nicht Teil seines Erbes sein soll. Sie bleibt unveräußerliches Eigentum dessen, der sie erbauen ließ, und wenn der Boden verkauft wird, soll ein Weg freibleiben, der den Zugang zum Denkmal ermöglicht. Endlich sind keine Grabsteine bekannt, auf denen die Namen von Angehörigen der gleichen Familie nach und nach bei ihrem Ableben eingemeißelt werden. Das Grab scheint stets auf einmal fertiggestellt worden zu sein, für eine Familie, für ihre direkten Abkömmlinge, für ihre Freigelassenen oder ihre treuen Diener; alles stellt sich uns so dar, als ob die Nachkommen von der zweiten Generation an sich ein anderes Grab richten mußten. Der Städter läßt sich auf dem Friedhof bei der Stadt beerdigen, wo er sich das Benutzungsrecht für ein Gelände gesichert hat; dem Landbesitzer scheint man auf seinem Eigentum das Recht auf ein eigenes Grab niemals beschnitten zu haben.

Gespräch zwischen Toten und Lebenden

Gleich welcher Art die Gräber sind, sie alle liegen stets außerhalb der Siedlungen, denn aus religiösen Gründen bestand ein allgemeines Verbot für Begräbnisse in der Stadt, das vielleicht ursprünglich auf hygienischen Rücksichten beruhte. Dicht vor dem Eingang der Stadt reihten sich die Grabsteine auf beiden Seiten der Straßen aneinander. Die diskrete Rücksicht, die uns die Gräber unserer Toten auf einem friedlichen Platz abseits des Verkehrslärms zusammenlegen läßt, war damals unbekannt. Im Gegenteil, man hat durchaus versucht, für den Verstorbenen den Kontakt mit den Lebenden aufrechtzuerhalten, gleich ob es Bekannte oder Unbekannte, Eltern, Freunde oder Fremde waren.
Viele Grabsteine wenden sich an den Unbekannten, der vorübergeht. Einmal ist es der Tote, der grüßt: »Guten Tag, Reisender, alles Gute, Reisender!«, »Bleib einen Augenblick stehen, bitte, frommer junger Mann, Reisender, damit du aus der Inschrift mein unglückliches Los erfährst«[12]; ein andermal ist es der Lebende: »Friede sei mit dir«, »Die Erde möge leicht auf dir ruhen« oder auch »Laß es dir gut gehn!«, worauf der Tote antwortet »Und du dir auch« ... Oft bittet der Tote den Lebenden, die Grabschrift laut zu lesen und so die Stille, die ihn ewig umgibt, für den Augenblick des Vorbeigehens zu unterbrechen und ihm wieder etwas Leben zu geben: »[...] und daß der auf dem Stein eingemeißelte Buchstabe meine Stimme durch deine Stimme erhalte, wer du auch seist, der diese Zeilen liest!«[13] oder auch: »Und du, Reisender, sprich, auf daß ihm die Erde eine leichte Last sei!«[14] Er wünscht dem Lebenden für sein brüderliches Mitleid die höchsten Güter: »Langes Leben dem, der sagt: Arpagius, die Erde liege leicht auf dir!«[15], »Mögest du glücklich und froh leben, wenn du dies gelesen und meinen Manen Gutes gewünscht hast!«[16] Manchmal tritt Ironie an die Stelle des Bittens: »Das ist deine Wohnung, sagt der Tote zum Lebenden. – Hierher komme ich nur widerwillig. – Aber trotzdem muß man kommen!«[17] Endlich wünscht der Tote den Reisenden gute Fahrt, wenn sie ihm einen Augenblick Aufmerksamkeit geschenkt haben: »Zieht weiter, bleibt gesund und lebt wohl!«[18] Wie sie so ohne

besondere Ordnung an den Straßen aufgereiht sind und sich den Augen Unbekannter darbieten, fordern diese Gräber wie eine brüderliche menschliche Pflicht einen Blick, einen Gedanken, ein wenig Mühe, die Inschriften eines Epitaphs zu entzifferen, die manchmal fast unleserlich geworden ist, einige wenige Worte nur: eine stete Erinnerung an das gemeinsame Los aller Menschen. Durch diesen Vorbedacht, in Inschriften und Skulpturen ihr Leben, ihr Gesicht, ihren Beruf in die Erinnerung zurückzurufen, und durch die Sorgfalt, die man auf ihr Grab verwendet, sind die Toten unter den Lebenden stets gegenwärtig.

Der Totenkult

Aber diese anonymen Ehrungen genügen noch nicht. Nicht nur die Unterhaltung des Grabes muß ständig durch die Verwandten, die Freunde, die alten Arbeitskollegen des Toten gesichert sein, sondern da dieser unter die Götter aufgenommen wurde, schuldet man ihm einen Kult wie einer fast göttlichen Person. Die Toten sind Geister, deren Zorn man fürchtet, deren Schutz man sich erhofft, obwohl man nicht so weit geht, ihnen wie den Göttern Macht über die Natur oder über das Leben der Menschen zuzuschreiben. Gewiß treten bald zu der Formel *Dis Manibus* die Worte *memoriae aeternae,* die sie zuletzt ersetzen. Sie weisen vielleicht darauf hin, sagt Camille Jullian, daß »Gallien seine Toten oft mehr wie verstorbene Angehörige verehrt hat als wie respektierte Götter«.[19] Die Wohnstatt der Toten ähnelt letztlich ebenso der der Menschen wie der der Götter, und vor dem Altar, der oft daraufsteht, werden die Zeremonien abgehalten mit Weihegeschenken, Trankopfer und anderen Opferhandlungen und dem gemeinsamen Mahl, was an den Götterkult erinnert.
Die kleinen Leute gründen Begräbnisvereine, sie zahlen ihre Beiträge ein Leben lang, um sich ein angemessenes Grab und die Gedächtnisfeiern zu sichern. Die Berufskörperschaften übernehmen wahrscheinlich auch einen Teil der Grabkosten ihrer Mitglieder, und das ist wohl der Grund dafür, daß oftmals die Darstellung von Arbeitsgeräten auch auf Frauengräbern vorkommt, weil eine Art von »Freimaurerei« ihre Ehemänner zusammenschloß. Man mußte den Boden kaufen, das Grab bauen und über eine gewisse Zahl von Jahren für die regelmäßigen Opfer vorsorgen. Ist die Familie des Toten reich, so ist das Gelände groß, mit einer Mauer abgeschlossen, von Weingärten umgeben oder von Gärten, die die Nahrungsmittel hervorbringen sollen; manchmal

gehört ein Wasserbecken dazu, in dem Fische geangelt werden, denn die wichtigste Zeremonie des Kultes ist das Totenmahl, das am Grabmal eingenommen wird. Dazu lädt man symbolisch den Toten ein: man spendet Trankopfer, kleinere Opfergaben, und oft gießt man die Opfergetränke durch eine Öffnung im Grabstein oder im Altar in das Grab hinein.[20] Das Testament eines Lingonen ist voll von Einzelheiten und juristischen Klauseln und klärt uns über diese Bräuche auf, über die Form des Grabes, über seine Pflege und über die Weiheakte, alles ohne rechte Ordnung. Wir bringen das Wichtigste im Auszug[21]:

»Ich vertraue meinem Enkel Sextus Julius Aquila, dem Macrinus, Sohn des Reginus, dem Sabinus, Sohn des Dumnedorix, und dem Priscus, meinem Freigelassenen und Bevollmächtigten, die Sorge um meine Begräbnisfeier und meine Bestattung an [...] und bitte sie, alles zu tun, [...] was ich [ihnen] nach meinem Tode zu tun aufgetragen habe [...]. Ich will, daß das Grab, das ich habe errichten lassen, nach dem von mir gegebenen Entwurf fertiggestellt wird: es soll eine Nische erhalten, in der meine Sitzstatue aufgestellt werden soll. Sie soll aus dem besten Marmor von jenseits des Meeres gemacht werden oder aus Platten aus der besten Bronze, und mindestens 5 Fuß (1,50 m) hoch sein. Unter der Nische soll ein Lager und auf jeder Seite ein Marmorsessel aus dem gleichen Marmor stehen, [...] zwei Decken, zwei gleiche Kissen für das Mahl, zwei Mäntel und eine Tunika für die Tage, wenn das Grab geöffnet wird. Vor das Bauwerk soll ein Altar aus bestem lunensischem Marmor, aufs schönste gearbeitet, aufgestellt werden, in den man meine Asche legen soll. Das Grab soll mit einem Gitter aus lunensischem Marmor verschlossen werden, so daß es leicht geöffnet und geschlossen werden kann. Meine Freigelassenen Philadelphus und Verus sollen diesen Bau, diesen Garten und das Becken in Ordnung halten, und man soll gegebenenfalls die notwendigen Mittel aufwenden, um es instand zu setzen und zu erneuern. [...] Die Pflege sollen drei Gärtner mit ihren Gehilfen übernehmen, [...] und jeder der drei soll 60 Scheffel Weizen im Jahr und 20 Denare für die Kleidung bekommen. Mein Enkel Aquila und seine Erben sollen zu diesen Kosten beisteuern. Auf das Grabmal sollen außen aufgeschrieben werden die Namen der Magistrate, unter denen die Arbeiten begonnen wurden, und die Zahl der Jahre, die ich gelebt haben werde [...]. Alle, die zu Fuß oder im Wagen hierherkommen, um es zu pflegen, sollen das Recht des Zugangs haben [...]

Alle, die ich zu meinen Lebzeiten oder durch Testament freigelassen habe, sollen anteilmäßig einen Betrag von *** im Jahr beitragen. Mein

Enkel Aquilus und sein Erbe sollen jedes Jahr den Betrag von *** für die Zubereitung der Speisen und Getränke zahlen, die man unter und vor dem Grabmal aussetzen soll, das Litavicrarus [einer gallischen Gottheit] unterstellt ist, und sie sollen sie hier an dieser Stelle verzehren und bleiben, bis alles aufgebraucht ist. Zu diesem Zweck sollen sie Treuhänder bestimmen, denen in jedem Jahr diese Aufgabe übertragen wird und die das Recht haben sollen, den genannten Betrag anzufordern. Ich gebe diesen Auftrag dem Priscus, Phoebus, Philadelphus und Verus: nach meinem Tod sollen sie jedes Jahr zusammen mit den benannten Treuhändern die Zeremonien auf dem Altar durchführen jeweils am ersten Tag im April, Mai, Juni, August und Oktober [...]«.

Eine große Zahl von Dokumenten, die aber alle nicht den Wert dieses Testaments haben, sprechen für die Stärke dieses Kultes. Soll man auch hier annehmen, daß gallische Bräuche und römische Sitten zusammengetroffen sind? Groß waren die Unterschiede gewiß nicht. Man kann wenigstens einige für Gallien eigentümliche Gewohnheiten in der Entwicklung beobachten. In diesem Land mit guter Küche ist das Totenmahl besonders beliebt. Auf den Grabsteinen wird es häufig bis in die kleinsten Einzelheiten dargestellt.[22] Die Heroisierung des Toten nach griechisch-römischem Brauch setzt in Gallien vielleicht eine einheimische Übung fort. Bei den Kelten steht die Gottheit dem Menschen näher, der Heros nimmt einen geachteten Platz ein, und sein Totenkult ähnelt stark dem Götterkult.[23] Die Verbreitung der Grabsäulen und -pfeiler ist vielleicht noch ein besonderer Zug, genau wie die Gewohnheit, ein Handwerkszeug abzubilden, die *ascia,* die das Grab gut zu schützen scheint. Auch findet man häufiger als in anderen Provinzen auf den Grabsteinen Mondsymbole, die den Glauben an den Übergang der Seelen zu den Gestirnen bestätigen, vor allem zum Mond, den die Kelten besonders verehrten. Kurz, der Totenkult trägt zwar einige keltische Züge, beweist aber in höchstem Grade die Vermischung römischer und gallischer Sitten, die innige Durchdringung der den Menschen am tiefsten berührenden Glaubensvorstellungen und -gewohnheiten.

Die besondere Herzlichkeit, mit der die Gallier die Gräber ihrer Angehörigen errichteten, schmückten und pflegten, drückt sich in zahlreichen Mausoleen und in den Reliefbildern aus, die auf uns wie ein etwas blind gewordener Spiegel ihres Lebens wirken. Ob nun der Grabschmuck von den besten Bildhauern ausgeführt ist, die aus den verschiedensten Legenden der Mythologie schöpften und selbstgefällig

Szenen zusammenstellten, um Macht und Reichtum des Verstorbenen vorzuführen, oder ob es die Arbeit eines schlichten Steinhauers vom Lande ist, der sich darin übt, den gröbsten Kalkstein zu behauen und ungeschickt genug ein Vorlagenbuch benutzt, das schon hundertmal kopiert wurde, diese Bilder spiegeln das harte oder leichte Leben der Toten wider, die man dadurch ehrt. Diese Menschen hingen unbeirrbar an der Vorstellung, daß ihre Grabsteine, die sie oft durch ein arbeitsreiches Leben erworben, oft vorausschauend zu Lebzeiten errichtet haben, ihnen eine Art des Weiterlebens gewähren. Und darin haben sie sich auch nicht getäuscht: heute, wo sie über unsere Museen verstreut sind, hat man noch nicht aufgehört, von ihnen zu reden.

Schlußbemerkung

Das Alltagsleben im römischen Gallien erweckt in uns den Eindruck von Uniformität, zu Unrecht: es war unendlich viel farbiger, abwechslungsreicher, mit einem Wort viel mannigfaltiger, als wir es beschreiben konnten. Die außerordentliche Stabilität einer einzigartigen Epoche in unserer Geschichte darf nicht die tausend kaum merklichen Wandlungen außer acht lassen, die die Gewohnheiten der Bevölkerung oft sehr schnell je nach Zeitumständen und Landschaft verändert haben.

Es genügt nicht, nur zwischen Stadt und Land zu unterscheiden: es gibt *die* Städte und *die* Landschaften in ihrer konkreten geographischen Situation mit ihren Dialekten und ihrer mehr oder weniger fortgeschrittenen Romanisierung. Es genügt nicht, die allgemeine wirtschaftliche Entwicklung aufzuzeigen: es gibt Krisenzeiten, Geldentwertung, wachsende Steuerlasten. Wenn uns auf der anderen Seite diese Zeit in einer gewissen Anonymität erscheint, so deshalb, weil wir in allen folgenden Epochen an eine persönliche Art des Regierens gewöhnt sind, die von Charakter und Wert oder Unwert dieses oder jenes Herrschers bestimmt wird. Der Einfluß des römischen Kaisers auf das Leben jeder Provinz ist weniger spürbar, es fehlen hier diese manchmal zu deutlichen Einschnitte, wie sie militärische Ereignisse und die Außenpolitik hervorrufen. Und wenn die Kultur der Kaiserzeit zum ersten Mal der damaligen Lebensordnung eine der heutigen vergleichbare Einheitlichkeit aufgeprägt hat, so geschah dies ganz allmählich im Laufe jener Epoche der Ruhe und Ausgeglichenheit, in der sich die Gallier daran gewöhnt haben, in Sicherheit zu leben, neue Techniken und Lebensweisen aufzunehmen und ihrer Begabung und ihrer Freude an sorgfältig ausgeführter Arbeit freien Lauf zu lassen.

Diesem Bild wären noch einige Nuancen hinzuzufügen, und die laufenden Forschungen werden sie noch vermehren und vertiefen. Beispielsweise bietet die gallo-römische Kunstgeschichte wertvolle Hinweise auf den zunehmenden Einfluß der klassischen Kunstauffassung und auf die Widerstände, der sie begegnete. Neuerdings wurde gezeigt, wie die Bildhauer, die nun lernten, mit dem Stein umzugehen, zu Beginn der Kaiserzeit sich noch an die Nachahmung der alten Bildhauertechnik in Holz oder Bronzeblech klammerten: sie behalten eine steife und schmale Faltendrapierung bei; dann, gegen Ende des 1. Jahrhunderts, werden die Linien weicher, bleiben aber einfacher als der Stil der Kaiserzeit Italiens. Im darauffolgenden Jahrhundert setzt sich der Einfluß römischen Stilempfindens ganz deutlich durch: der Formenreichtum des Dekors, die Eleganz der Bewegung, die Sicherheit in der Körperhaltung beweisen, daß die Künstler Meister in ihrer Technik geworden sind, jedoch im klassischen Sinn. Diese Formensprache, die für sie kein Geheimnis mehr enthält, benutzen sie bald für Themen, die ihnen näher liegen als andere: die Szenen aus dem Alltag. Und dann spiegelt die Kunstgeschichte am Ausgang des glücklichen Zeitalters, im letzten Drittel des 3. Jahrhunderts, die Geschichte selbst unter dem Einfluß des Elends ihrer Zeit wider: »Im Nordosten Galliens ist die Wiederkehr eines Nationalstils zu beobachten: [...] die Körperformen sind mit groben Meißelhieben herausgearbeitet und erscheinen nur skizziert, die Gewänder fallen schwer herab mit großen, gebrochenen Falten. Die Bearbeitung ist grob, obwohl nicht ohne Größe, und nähert sich einer Art von Volkskunst.«[1] Dieser Wandel der künstlerischen Auffassung und Technik gibt in seiner Abfolge Einblick in die schicksalhaften Veränderungen der gallo-römischen Einheit.

Anhand ihrer räumlichen Verbreitung läßt sich der Stand der Romanisierung in einem gewissen Maß an der Zahl der archäologischen Funde abschätzen und durch statistische Erfassung (die von vornherein immer durch Lücken im Basismaterial verfälscht wird) der Inschriften und der Flurnamen genauer bestimmen. Die geringe Zahl städtischer Siedlungen und größerer Denkmäler, die in der Bretagne gefunden worden ist, und die Zahl der gallischen Namen in den Inschriften bestätigen, daß sich in den abgelegenen Regionen bodenständige Traditionen besser erhalten haben als in anderen; und daß die römischen Einflüsse im Süden und im Rheinland am stärksten gewesen sind. Vielleicht kann man eines Tages in einem Flecken oder Weiler, in einem begrenzten Gebiet, einem *pagus* die Entwicklung über mehrere Generationen hinweg verfolgen mit allen zugehörigen Problemen der Anpassung und Übernahme, deren Existenz wir nur feststellen und in ihren wichtigsten Fakten darlegen konnten – dies bringt mehr Erkenntnisse als noch so viele Seiten eines Gesamtüberblicks.

Denn es war ein großes Abenteuer, das sich auf solche Weise in Ruhe vollzogen hat, mit tausend Einzelzügen, die uns noch unbekannt sind. In ihrem Spätzustand ist die Kultur des Mittelmeers mit der gerade aufblühenden gallischen Kultur zusammengetroffen, und jeder Tag trägt wie ein kleiner Baustein zur Festigung dieser Vereinigung bei. Zwei Kulturen haben sich auf gleichem Boden unter gleichem Himmel eng miteinander verbunden. Die neu aufgetretene hat manche Elemente verloren: die römische Kleidung konnte die gallische Kleidung nicht verdrängen; andere Bestandteile haben sich angepaßt: die römische Religion hat sich mit der keltischen Religion vermischt; andere haben sich gänzlich durchgesetzt: die griechisch-römische Architektur und die lateinische Sprache. Aus diesem gallo-römischen Leben entsteht zum ersten Mal der Ausdruck dessen, was wir heute unter westlicher Kultur verstehen, mit ihren zwei Gesichtern im Norden und im Süden, und es sind auch die Gesichter Frankreichs. Aber weder die Gallier noch ihre Nachfolger haben je unter diesem Dualismus zu leiden gehabt: er hat nicht für spätere Zeiten jenes Elend der »Komplexe« geschaffen, die sich manchmal in Doppelkulturen aus mangelhafter Verarbeitung ihrer Beiträge ergeben. Denn in Wahrheit gab es hier keine Doppelkultur, wie das Wort »gallo-römisch« annehmen läßt. Es ist wohl eine neue Lebensart entstanden, die von ihren Bestandteilen verschieden war, aus denen sie sich bildete; die fest zusammengewachsenen Lebensformen, die wir zu beschreiben versucht haben, drücken es deutlich und klar aus.

Für diesen Zusammenhalt sehen wir zwei Gründe. Der erste und wichtigere ist, daß es innerhalb der Bevölkerung nicht zwei Gruppen gab. Die Einwanderer aus Italien und aus anderen Provinzen waren nur eine Minderheit und wurden nach und nach von der Mehrheit der Bewohner aufgesogen, die seit vorgeschichtlicher Zeit auf diesem Boden seßhaft war. Die mediterranen Lebensformen und die lateinische Sprache sind, genau wie zuvor die keltischen Lebensformen und die keltische Sprache, aufgenommen worden und mit der vorhandenen Masse verschmolzen. Darum möchten wir das Wort »gallo-römisch« den kulturellen Werten vorbehalten und wünschen sogar, daß sich eines Tages die Schreibweise »gallorömisch« einbürgert, nicht jedoch als Ausdruck für die Einwohner selbst: es gibt keine »Gallo-Römer«, sondern Gallier, die Gewohnheiten, Glaubensart, Techniken übernommen haben, deren Wert sie verglichen und anerkannten. Sie taten es mit »dieser großen Begabung, dieser ungemeinen Geschicklichkeit, alles nachzuahmen, was man ihnen zeigt«, wie Cäsar richtig beobachtet hat.[2] Wie bei ähnlichen Begegnungen haben sie das Schlimmste mit dem Besten zugleich aufgenommen. Auf jeden Fall scheint es für uns, die wir nur aus Distanz urteilen, daß sie wohl das Beste behalten haben: unter den »Werkzeugen«, die sie übernommen haben, waren die Schrift, die lateinische Sprache und das römische Recht die stärksten und schönsten.

Der andere Grund ist der, daß sich die Verschmelzung langsam vollzog, geschützt vor jeder von außen kommenden Störung; so vollständig konnte sie nur sein, weil sie sich unter Ausschaltung von Gewalt und in der Ungezwungenheit eines freiwilligen Tauschprozesses über eine lange Zeit des Friedens und der Arbeit erstreckte. Mit dieser Schöpfung der Geschichte, mit dieser gallo-römischen Kultur ist es wie mit dem römischen Mörtel: so wie Kalk und Sand stets sorgfältig ausgesucht wurden, so waren auch die italischen und keltischen Bausteine in langer Vergangenheit bewährt und hatten gute Eigenschaften; beidemal handelt es sich um eine gründliche Verbindung, die sich ohne Eile vollzieht – man könnte sagen: mit Bewußtheit – im friedlichen Arbeitsklima eines gut geführten Baubetriebes. Das Ergebnis ist, so kann man sagen, der Stoff einer neuen Kultur: es gibt kein anderes Geheimnis seiner Festigkeit als die zur Entwicklung aufgewandte Zeit und Sorgfalt und die langsame Reifung, die sich an ihr vollzog.

Wenn man endlich das tägliche Leben der Gallier in seiner gesamten Entwicklung überschaut, ist man zuerst von seiner starken Aktivität überrascht. Man sieht, wie sie mit Begeisterung Techniken annehmen, die ihnen die Möglichkeit bieten, die natürlichen Schätze ihres Landes in schnellerem Tempo auszubeuten. Sie haben leidenschaftlich gebaut, das Werkzeug des Zimmermanns und des Maurers verbessert und das Fundament für die große Steinarchitektur gelegt. Im Westen waren sie die ersten Wagenbauer, die ersten Winzer, die ersten Küfer. Sie haben den Handwerkern zwei wesentliche Tugenden übermittelt: Berufsehre und Qualitätsgefühl. Der Zimmermann oder der Maurer des Ortes war damals bereits das, was er in unseren Dörfern heute ist: er hatte das gleiche Werkzeug in den Händen; er selbst ist der gleiche: meilenweit kein Haus, das er nicht in einem Leben fortgesetzter Mühen gebaut oder repariert hätte. Gewiß wurde die Landwirtschaft in jener Zeit weiter gepflegt: das Handwerk aber hat sich mit seinen Zünften, seinen Traditionen, seinen Begräbnisvereinen uneinnehmbare Positionen geschaffen, und gleichzeitig erlernte man in diesen Dörfern und Städten in lateinischer Sprache den Umgang mit der Verwaltung unter dem Schutz des römischen Rechts sowie das politische Leben durch Beteiligung an der Verantwortung in den Gemeinden. Damit erscheint das Leben dieser Männer und Frauen unserem Leben so nahe gerückt, obwohl etwa 70 Generationen sie von uns trennen.

Anmerkungen

Damit diese Anmerkungen nicht umfangreicher ausfallen, als es der vorliegenden Reihe entspricht, zitieren wir besonders die grundlegenden Arbeiten und Artikel, vor allem aus jüngster Zeit. Wegen der älteren Bibliographie verweisen wir auf die schon genannten Standardwerke. Die neueren von uns vorgenommenen Untersuchungen können hier nur ausnahmsweise vorgetragen werden: in der Zeitschrift Gallia *werden sie in einer Reihe von Artikeln behandelt, und dort finden die Fachleute die Begründungen für die im Text kurz dargelegten eigenen Auffassungen.*

Einleitung

Hat die Pax Romana im Innern Galliens von der Mitte des 1. Jahrhunderts bis zur Mitte des 3. Jahrhunderts ohne Unterbrechung geherrscht? Zwei Krisen sind bekannt (69/70 und 197). Von Unruhen im 2. Jahrhundert unter Marc Aurel wird berichtet (*G* V, S. 100; *G(E); G(P),* S. 101 f.), aber der Wohlstand des Landes scheint fortbestanden zu haben bis zu den ersten Einfällen der Germanen von 253; noch zu dieser Zeit ist z. B. der Norden in voller Entwicklung: S. J. de Laet, »La Gaule septentrionale à l'Époque romaine à la Lumière des Fouilles [...] les plus récentes (1935–1950)«, in: *Bull. de l'Inst. hist. belge de Rome* XXVI (1950/51). Das klassische Buch von Adrien Blanchet, *Les Trésors de Monnaies romaines et les Invasions germaniques en Gaule* (1900), über die Münzhortfunde auf den Spuren der ersten Invasionen wurde inzwischen ergänzt durch H. Koethe, »Zur Geschichte Galliens im dritten Viertel des 3. Jahrhunderts«, in: *32. Bericht der Röm.-Germ. Kommission* 1942 (1950); siehe auch I. J. Manley, »Effects of the Germanic Invasions of Gaul (234–284 A. D.)«, in: *Univ. of California Publ. in hist.* XVII, 2 (1934). – Über weitere Funde: A. Grenier, »Les Études gallo-romaines (1923–1943)«, in: *Mémorial des Études latines* (1943) S. 608. – Über die Geschichte des späten 3. Jahrhunderts: W. Seston, *Dioclétien et la Tétrarchie,* I (1946); A. Blanchet, in: *Cong. arch. de France,* 1934, II; L. Harmand, *L'Occident romain* (Payot, 1960); M. Bouvier-Ajam, *Le Temps des empereurs gaulois* (Paris 1974).

1 Es gab einen Altar in Köln, die Versammlung bleibt jedoch ungesicherte Hypothese.
2 Strabo IV,4,2.

Erstes Kapitel. Land und Leute

1. Das Land

Ausführlich hierzu die Darstellungen von Vidal de la Blache, Bd. I der *Histoire de France* von E. Lavisse, und von J. Jullian in *J* I, Kap. 1–3 (nach den alten Texten) und *J* VI, Kap. 5–7. – Roger Dion vom Collège de France stellt diese Fragen neu: *Les Frontières de la France* (1947); siehe auch J. Whatmough, *The Dialects of ancient Gaul* (Harvard University Press, 1970); A. Piganiol, »Documents cadastraux de la colonie romaine d'Orange«, in: *Gallia,* Suppl. XXVI (1962).

1 Josephus Flavius, *De bello judaico* II,28 (16),4.
2 Ammianus Marcellinus XV,10,1.
3 Strabo IV,1,14.
4 Strabo IV,1,2.
5 *J* IV, S. 528.
6 Strabo IV,1,2 und 1,14. Vgl. hierzu R. Dion, »Les Routes de l'Étain, l'Isthme gaulois et le Carrefour de Paris«, in der Zeitschrift *Hommes et Mondes* (April 1952).
7 Vgl. dagegen: *J* II, S. 104.
8 Diodoros V,25.
9 Strabo III,1,3; Cäsar, *B. G.* V,13; Tacitus, *Agricola* X,2; vgl. dazu R. Dion (s. Anm. 6).
10 *J* I, S. 73.

2. Die Bewohner

Ursprünge und Bevölkerung: *J* II ist veraltet; der neuere Stand in *H* I, Teil 1 und Teil 2, Kap. 1; *G(G)*, Kap. 1–3, 6; *L*, Kap. 1. – Einwanderung in römischer Zeit: *J* V, Kap. 1; – *C*, S. 18ff.; – *L*, Teil II, 1. – Versuch statistischer Auswertung der Inschriften: J. J. Hatt, *La Tombe gallo-romaine* (1951), Kap. 3 und 4.

1 *G(G)*, S. 14.
2 G. Fabre, *Les Civilisations protohistoriques de l'Aquitaine* (1952).
3 Die in Marseille unternommenen Grabungen haben dieses überlieferte Gründungsdatum bestätigt, siehe F. Bénoit, in: *GAL* VI (1948) S. 207.
4 Siehe Jean Jannoray, *Ensérune; contribution à l'étude des civilisations pré-romaines de la Gaule méridionale* (1955).
5 Über die Ethnographen: K. Trudinger, *Studien zur Geschichte der griechisch-römischen Ethnographie* (1918), und die Untersuchungen von J. Perret in seiner Ausgabe der *Germania* von Tacitus (Reihe Budé, 1949), S. 16–24.
6 R. Grousset, *Bilan de l'Histoire* (1946), S. 24f.
7 Über die lange umstrittene Originalität der keltischen Münzen siehe J.-B. Colbert de Beaulieu, in: *Rv. belge de Numismatique* XCIV (1948) S. 64ff.
8 R. Lantier, in: *CRAI* 1951, S. 276.
9 Diskussion darüber in *L*, S. 66ff., und in den Berichten von A. Grenier (in: *REA* 1947) und R. Lantier (in: *RA* 1951).
10 *L*, S. 26.

3. Die Gesellschaft

Gallische Ges.: *J* II, Kap. 3; – *B* I, Kap. 10f.; – *H* II, S. 223ff. – Gallo-römische Ges.: *J* IV, Kap. 6–9; – *B* II, Kap. 12 und 13; – *G(P)*, S. 79ff. – Latinerrecht: Untersuchungen von C. Saumagne, in: *BAF* 1950.

1 *B. G.* VI, 17. – Siehe unten Lit. zum »Achten Kapitel« (1.), die verschiedenen Kommentare von G. Dumézil.
2 *B. G.* VI,13.
3 *B* I, S. 163.
4 Cicero, *De re publica* III,9. – *B* I, S. 190–191.
5 Das hat Albert Bayet (*B* II, Kap. 12 und 13) bei den einzelnen Klassen untersucht: wir folgen oft seiner Darstellung und verweisen auf die dort angeführten Belege.
6 Salvianus, *De gubernatione dei* IV,5.

7 Die Großgrundeigentümer besaßen gewöhnlich Tausende von Sklaven. Zahlreiche Familien hatten Hunderte. Siehe *CIL* XII 1025, 4887, XIII 1747.
8 Widmungsinschriften für den *verna: CIL* XIII 568, XII 3628, 3781, 5012; – XIII 696 = *E* 1147.
9 *B. G.* V,45; VIII,30.
10 *E* 469, 682, 6808, 6819; 622, mit Attis.
11 *J* IV, S. 264.
12 Über die von Claudius zugunsten der Häduer getroffenen Maßnahmen siehe P. Fabia, *La Table claudienne de Lyon* (1929), und den Bericht von J. Carcopino, »La Table claudienne de Lyon et l'Impérialisme égalitaire«, in: J. C. *Points de vue sur l'Impérialisme romain* (1934).
13 Siehe unten Anm. 4 zum »Vierten Kapitel« (1.).
14 E. Albertini, *L'Afrique romaine* (1937), S. 20.
15 Über die Mittelklasse *G(P)*, S. 81 und 137.

4. Die Sprache

Gallisch: *J* II, Kap. 10 ist überholt. – Aufschlußreiche, aber nicht immer genaue Darstellung in *H* I, S. 40–98, 286–293; – *G(G)*, Kap. 9. – Glossar, »lang«: A. T. Holder, *Altceltischer Sprachschatz*, 3 Bde. (1896–1913); »kurz«: G. Dottin, *La Langue gauloise, grammaire, textes et glossaire* (1920; siehe Bericht von J. Loth, in: *RA* 1921), ergänzt durch L. Weisgerber, »Die Sprache der Festlandkelten«, in: *20. Bericht der Röm.-Germ. Kommission* (1930) S. 147–226. – Zahlreiche Hinweise in *RC, EC* und *Mém. de la Soc. de linguistique de Paris,* besonders von J. Vendryes. – Französische Wörter gallischer Herkunft: O. Bloch / W. von Wartburg, *Dictionnaire étymologique de la Langue française* (^{2}1951).
Die Übernahme des Lateinischen: gute Darstellung in *J* VI, Kap. 2. – Keltische Lehnwörter im Lateinischen: Ernout-Meillet, *Dictionnaire étymologique de la Langue latine* (^{3}1951); J. Vendryes, in: *CRAI* 1933, S. 376; *JC,* passim. – Lateinische Lehnwörter: J. Loth, *Les Mots latins dans les Langues brittoniques* (1892). – Über das gesprochene Latein einige gallo-römische Dokumente in G. Rohlfs, *Sermo vulgaris latinus* (1951).

1 Töpferrechnungen: F. Hermet, *La Graufesenque,* 2 Bde. (1934). Inschrift von Géligneux: *CIL* XIII 2494. – Über die Zahlen: R. Thurneysen, in: *Zeitschrift für Celt. Philol.* XVI.
2 Über diese schwierige Frage und ihre historische Seite: *H* I, S. 63, 73, 161–163, 186, 260, 286–291.
3 Über diesen Mitlaut u. a.: J. Vendryes, in: *EC* V, 2 (1950/51) S. 245.
4 J. Vendryes, in: *EC* I,2 (1936) S. 336.
5 *RC* XXXVIII (1920/21) S. 181.
6 Über die Dialekte: Joshua Whatmough, in: *Harvard Studies in Classical Philology* 55 (1944); die wertvollen landschaftlichen Bestandsaufnahmen daraus wurden auf Mikrofilm veröffentlicht: *The Dialects of ancient Gaul* (University Microfilms, Ann Arbor, Michigan, 1950/51).
7 Sammlung der gallischen Inschriften: G. Dottin, *La Langue gauloise* (s. o.).
8 Zeugnisse über das Fortbestehen des Keltischen: Irenäus von Lyon, *Adversus haereses* I, Vorwort, 3; – Severus Alexander und die Druidenpriesterin: H. A. (Severus) 60,6; Dio Cassius und die Gallier in Rom: Dio LXXIV,2,6; – Sulpicius Severus, *Dialoge* I,27,4; Hieronymus, *Comm. in Epist. ad Galatas* II,3; – Ausonius, *Domestica* IV,24. – Die Schweizer: J. H. Hubschmied, in: *Vox Romanica* III (1936) S. 48f.

9 J. Pirson, *La Langue des inscriptions latines de la Gaule* (1906); A. Graur, in: *Bull. Soc. linguistique* XXXIII S. 225–298. Über die Bedeutung des Provinziallateinischen: M. Lejeune, in: *Rev. des Ét. lat.* XXIX (1951) S. 103, Anm. 1.

10 Über diese Inschriften mit lateinischen und gallischen Wörtern: Héron de Villefosse, in: *BAC* 1914, S. 213, 489; J. Loth, in: *CRAI* 1916, S. 168.

5. Die öffentliche Meinung

J IV, Kap. 1, 5 (die Krise von 69), 6, 7, 15 (die gallo-römischen Sonderkaiser). – *B* II, Kap. 14 (gallisches und römisches Vaterland). – *L*, Teil II, 1. – Über das Eigentum, vor der römischen Eroberung: *G(G)*, Kap. 6; *B* I, Kap. 6; – in gallo-römischer Zeit: *B* II, Kap. 8.

1 Kataster von Orange: A. Piganiol, in: *CRAI* 1950, S. 60; 1951, S. 366; J. Sautel, in: *CRAI* 1951, S. 236. Dies ist das umfangreichste Kataster römischer Zeit, das erhalten blieb.

2 *J* IV, Kap. 7. – S. J. de Laet, *Portorium, Étude sur l'organisation douanière chez les Romains, surtout à l'époque du Haut-Empire* (Bruges 1949).

3 *Panégyriques latins,* ed. E. Galletier (Reihe Budé), Bd. II.

4 *J* IV, S. 381.

5 J. Formigé, »Le Trophée des Alpes (La Turbie)«, in: *Gallia,* Suppl. II (1949).

6 G.-Ch. Picard, »Trophées d'Auguste à Saint-Bertrand-de-Comminges«, in: *Mém. de la Soc. arch. du Midi de la Fr.* XXI (1947).

7 Über das gallische Sonderreich: Georg Elmer, »Die Münzprägung der gallischen Kaiser in Köln, Trier und Mailand«, in: *Bonner Jahrbücher* 146 (1941).

8 *C*, S. 11.

Zweites Kapitel. Lebensraum und Zeitbegriff

1. Die Städte

J V, Kap. 2 und 8; *J* VI, Kap. 5–7, passim. – *G(G)*, Kap. 7. – *G* V, Kap. 7 und 8, *G* VI,2, Kap. 12 (Häfen) und vor allem Kap. 18 (faßt die besten Monographien gallischer Städte zusammen); P.-M. Duval, *Paris antique* (1961); R. Étienne, *Bordeaux antique* (1962); M. Labrousse, *Toulouse antique* (1968); M. Clavel, *Béziers et son territoire dans l'Antiquité* (1970); Edith Mary Wightman, *Roman Trier and the Treveri* (London 1970). – F. Lot, *Recherches sur la population et la superficie des cités remontant à la période gallo-romaine* I, 1–2, und II (1945–50): Städte südlich der Loire mit der Bibliographie nach neuerem Stand (wird fortgesetzt). – P.-A. Février, *Le développement urbain en Provence de l'époque romaine à la fin du XIVe siècle* (Paris 1964). – Die Arbeiten von Gilbert-Charles Picard zeigen den Charakter der Orte, an denen die Bevölkerung zeitweise zusammenkam und die Rolle, die ihnen in der Romanisierung der Landgebiete zufiel.

1 F. Bénoit, »Les Fouilles d'Entremont en 1946«, in: *GAL* V,1 (1947).

2 *CIL* XIII 10015 Nr. 99, 105, 115, 108.

3 F. G. de Pachtere, *Paris à l'époque gallo-romaine* (1912); P.-M. Duval, »État présent de l'Arch. parisienne«, in: *Mém. Féder. Soc. hist. et arch. de Paris et de l'Île de France* I (1949).

4 Amphitheater innerhalb der Städte: Poitiers, Avenches; nahe am Stadtrand: Nîmes, Arles, Autun; am Stadtrand oder außerhalb: Lutetia, Fréjus, Metz, Trier, Saintes; in

einiger Entfernung: Toulouse; in einer Talsenke: Rodez; auf einer Anhöhe über der Stadt: Arles.

5 Die besten Stadtpläne von Orange und Fréjus: *FOR* II, VI.

6 Über die Aquädukte: A. Blanchet, *Recherches sur les Aqueducs et Cloaques de la Gaule romaine* (1908); C. Germain de Montauzan, *Les Aqueducs antiques de Lyon* (1908). – Mit etwa 30 km Länge: Aix-en-Provence, Nîmes, Béziers, Cahors, Poitiers, Rodez, Reims, Néris. Die Pfeilerreste sind am schönsten erhalten in Fréjus, Barbegal (Arles), Luynes (Tours), bei Lyon, am Pont du Gard (Nîmes), in Arcueil (Paris), Jouy-aux-Arches und Gorze (Metz) und Zahlbachtal (Mainz).

7 Siehe die ausgezeichneten Hinweise von P. Grimal in seiner Ausgabe von Frontin, *Les Aqueducs de la Ville de Rome* (Reihe Budé, 1944).

8 Zisternen: A. Donnadieu, *Fréjus* (1927); M. Labrousse, *»Les Fouilles de Gergovie«* [1945/46], in: *GAL* VI,1 (1948). – Städtische Brunnen sind bekannt in Autun, Alesia, *Glanum*, Champlieu. Zur Technik siehe Anm. 17 zum »Vierten Kapitel« (1.). Der Eimer ist in Alesia gefunden worden, vgl. *R(C)* II, S. 55, 116.

9 Abwasserkanäle: A. Blanchet (s. Anm. 6).

10 Siehe S. 138.

11 *CIL* XIII 2027.

12 Über ein Mosaik von Zeugma: S. Reinach, in: *RC* XXVIII (1907), S. 1.

13 H. Rolland, »Fouilles de Glanum (Saint-Rémy de Provence)«, in: *Gallia*, Suppl. I (1946); R. H., »Les fouilles de Glanum de 1945 à 1947«, in: *GAL* VI,1 (1948). – J. Sautel, *Vaison la romaine*, 3 Bde. und 3 Supplementbände.

14 *Carm.* XXIII,37 f.

15 *Ordo urbium nobilium* (XIX) 135 ff. (mit Auslassungen).

16 *Epist.* X.

2. Wohnstätten

A. Grenier, *Habitations gauloises et Villas latines dans la Cité des Médiomatriques* (1906). – Siehe vor allem *G* VI,2, Kap. 19–20; – *G(G)*, Kap. 7 (gallische Häuser); – *J* V, Kap. 6; – R. de Maeyer, *De Romeinsche Villa's in Belgie* (Antwerpen 1937), 2 Bde., einer davon mit Plänen; – Harald Koethe, »Die Bäder römischer Villen im Trierer Bezirk«, in: *30. Bericht der Röm.-Germ. Kommission* (1940); – J. Sautel, *La Maison d'un riche Gallo-Romain à Vaison au temps de l'Empire* (1944); – G. Fouet, »La villa gallo-romaine de Montmaurin (Haute-Garonne)«, in: *Gallia*, Suppl. XX (1969); – R. Martin untersucht das gallo-römische Stadthaus im Unterschied zum römischen Typ.

1 Strabo IV,4,3.

2 *Cahiers d'Arch. et d'Hist. d'Alsace* 1947, S. 47.

3 Zahlreiche Beispiele in der Zeitschrift *Pro Alesia*.

4 Strabo IV,4,5.

5 Diodoros V,28,4.

6 Vgl. besonders J. Toutain, »Les Fouilles d'Alésia de 1944 à 1947«, in: *GAL* VI,1 (1948).

7 *E* 4568.

8 *Epist.* II,2.

9 *E* 7795.

10 Gregorius von Tours, *Historia Francorum* VIII,42.

11 Siehe die Pläne von H. Rolland, oben Anm. 13 zum »Zweiten Kapitel« (1.)

12 Siehe F. Bénoit, »Les Fouilles d'Entremont en 1946«, in: *GAL* V,1 (1947). Untersucht wurden die *insulae* in *Glanum*, Vaison, Alesia, Gergovia, Autun und Augst.

13 *E* enthält etwa hundert Dokumente, die wohl Wohnhäuser und andere Gebäude darstellen. Wir nennen: Häuser: *E* 350, 626, 1099, 2782, 3396, 3523, 4193, 4206, 4686, 4872, 5268 S. 454, 5565, 5933, 7731, 7795; Dächer 245, 395, 1229, 2206, 3502, 4084, 4193, 4395, 4818, 4867, 5779. – 626 und 5535 (?) sind *zweigeschossig.*
14 *G* VI, S. 784.
15 *G* VI, Abb. 302.
16 G. Fouet/M. Labrousse, »Découvertes en Nébouzan«, in: *GAL* VII,1 (1949).
17 *E* 7795.
18 R. Lantier, *Guide illustré du Musée des Antiquités nationales* (1948), Abb. 48.
19 *E* 1659, 3784, 4030, 5175b, 5268 S. 442, 7236.
20 A. Blanchet, in: *Mélanges d'Arch. gallo-romaine* II (1902) S. 111. Lyon scheint ein bedeutendes Zentrum gewesen zu sein. Siehe die Fabrikationsmarken in *CIL* XIII 3.
21 *Epist.* IV,16–21.
22 Ch. Picard, in: *Rev. des Ét. lat.* XXVII (1949) S. 110. Kandelaber von Saint-Paul-Trois-Chateaux: *R(C)* II, S. 188.
23 Im Britischen Museum.
24 *B(D).*
25 *B(D)* und W. Drack, *Die römische Wandmalerei der Schweiz* (Basel, 1950).
26 *Hist. nat.* VIII,191.
27 *E* 7795.
28 Tischbeine: *E* 716, 7260, 7687; Prunksitz mit Spiralen: 3255; Faltstühle: 119, 585, 587, 680; 2893.
29 Ein einziges Beispiel: *E* 553; 3163 ist wahrscheinlich aus Italien eingeführt.
30 *E* 626, 4037, 4043, 4129; 5154, 5268, 5839 und Bd. X, S. 32, 7806.
31 *E* 7795; 5, 643, 4095, 5258, 5814, 6447ff., 6673, 6943.
32 Hocker: etwa 20 Beispiele in *E.*
33 J. Vendryes, in: *RC* XLVII, S. 200.
34 Bänke: *E* 1828, 1837, 3468.
35 Stühle: *E* 3170, 4043, 5156 (Rautenform), 4037 (Truhe).
36 Sessel: *E* 8016, 5268 S. 446; Rohrsessel: 1253, 1658, 1728, 2789, 5142 und Bd. IX, S. 405, 5145, 7392; in drei Dimensionen: 6484–6485; mit Fußbrett: 5149; »Bürosessel«: 5156.
37 Zu all diesem siehe *E* 7795.
38 *E* 5154.
39 *E* 2794, 4043.
40 *E* 2784.
41 Abbildungen in *LH.*
42 Über dieses Elfenbein vgl. M. Labrousse, in: *GAL* V,2 (1947) S. 474.
43 Siehe Anm. 13 zum »Vierten Kapitel« (4.).
44 A. Blanchet, in: *MAF* LI (1890) und *LX* (1899).
45 Feuerböcke: J. Déchelette, in: *Manuel* (siehe unter *G*), S. 904; als Grabbeigaben: G. Faider-Feytmans, »Le Culte celtique du Foyer dans la Cité des Nerviens«, in: *Doc. et Rapp. de la Soc. roy. paléontol. et arch. de Charleroi* XLVII (1948/49).
46 Lararien: *E* 4193, 4206; 1351, 2208, 3396; 4818; 1327 (zur Ratte).

3. Die Zeiteinteilung

Das keltische Jahr: *J* II, S. 392ff., 163; *J* VI, S. 93, 159; – J. Loth, »L'Année celtique«, in: *RC* XXV (1904); – *H* II, Teil 3, Kap. 3–4; – *G(G),* Kap. 9; – Marie-Louise Sjoestedt, *Dieux et Héros des Celtes* (Reihe »Mythes et Religions«, 1940), Kap. 5; – E. Linckenheld,

»Pline et le Calendrier gaulois«, in: *RC* 48 (1931). – Über den Kalender von Coligny: E. Espérandieu, *Le Calendrier de Coligny* (Saint-Maixent, 1898), und Bibliographie in G. Dottin, *La Langue gauloise* (1920) S. 172. – Das römische Jahr: *CIL* I, 2. Aufl.; – *DA*, Artikel »calendarium«; – A. Grenier, *La Religion romaine* (Reihe »Mana«, 2, III, 1948), Kap. 4 (Bibliographie) und Kap. 2, Nr. 5 (Les Jeux). – Über den Zeitmesser von 354 (Philocalus): Henri Stern, Le Calendrier de 354 (1953) – P.-M. Duval, »Les Gaulois et le calendrier«, in: *Mélanges d'archéologie [...] offerts à Jérôme Carcopino* (Paris 1966); P.-M. D., »Les dieux de la semaine«, in: *GAL* XI (1953).

1 *B(D)*, S. 83.
2 Über die 7-Tage-Zählung: J. Heurgon, »Octavo Ianam Lunam«, in: *Rev. des Ét. lat.* XXV (1947) S. 236.
3 Über die Woche: *DA*, Artikel »dies« (S. Reinach).
4 Nur einmal haben wir Venus und ein- bis zweimal die Sonne am Wochenanfang gefunden.
5 Dio XXXVI, 19.
6 Über die Sonnenuhren und Wasseruhren siehe die vorzügliche Darstellung von J. Carcopino, *La Vie quotidienne à Rome* (1939), S. 172 ff. (dt. *Rom, Leben und Kultur in der Kaiserzeit*, Stuttgart: Reclam, 1977, S. 211–216).
7 Der Reihe nach: *CIL* XIII 10032[27] (Mainz), 5955 (Grand), 11173 (Crêt-Châtelard), *MAF* LIII (1893) S. 151 (Hérapel). Fragmente von Sonnenuhren: *E* 2924 (?), *E(G)* 34.

Drittes Kapitel. Leben im Haus und Alltagsarbeit

1. Die Familie

Gallische F.: *J* II, Kap. 11; – *B* I, Kap. 10 und 11. – Gallo-römische F.: *J* IV, Kap. 9 und besonders *J* VI, Kap. 4; *B* II, Kap. 11–13. – Über die Frau stellt Andrée Lehmann, *Le Rôle de la Femme dans l'Histoire de la Gaule* (1944), eine Anzahl Texte zusammen. – Über die Namen: G. Bloch, E. Lavisse, in: *Histoire de France*, Bd. I,2, S. 234; – *J* VI, Kap. 4; – diese Frage untersuchte sehr eingehend J.-J. Hatt, *La Tombe gallo-romaine* (1951), Kap. 3–4.

1 *B. G.* VI,19.
2 Zum Thema Familie folgen wir häufig der kritischen Darstellung von Albert Bayet (*B* II), der in manchen Punkten die Darstellung Jullians korrigiert.
3 *CIL* XII 3343, XIII 4334 *(medica)*, 3706 *(obstetrix)*, XII 1594 *(unguentaria)*, 4514 *(tonsor)*.
4 *Parentalia* VI,7.
5 *E* 499, 1122, 4861.
6 *CIL* XIII 1811, *G* VI, 2, S. 993.
7 *B* II, S. 442.
8 *E* 1163.
9 Über die gallischen Frauen siehe die schöne Passage bei J. Carcopino: *JC*, S. 246 ff.
10 Die nachstehenden Zitate wurden schon von *B* II zusammengestellt (Kap. 12) und um einige Beispiele aus *CIL* XII und XIII ergänzt.
11 *Parentalia* XI, XVIII und XXI; *Epigrammata* LXXXI.
12 *Epist.* II,4–11.
13 *CIL* XII 743.
14 *CIL* XIII 7113 und *E* 5828.
15 *Protrepticus* 18.

16 *B* II, S. 388.
17 Alle folgenden Namen aus den Inschriften *CIL* XII und XIII.
18 *CIL* XIII 1036.
19 *J* VI, S. 267.
20 *CIL* XII 5864.
21 Zu diesen Wörtern siehe *Diction. étym. de la Langue latine* von Ernout-Meillet.
22 *E* 2051. Wickelkinder: 1407, 2044, 3508, 5347, 7097 etc. Auf den Knien der Göttinnen: 3377.
23 *E* 5828, 5834.
24 *E* 4665.
25 *CIL* XII 4797.
26 Puppen: *E* 1786, 3733; Ball: 1188; Reifen? 4877.
27 Spieltische: *E* 1671, 7725.
28 *CIL* XIII 2219.
29 Hunde und Kinder: *E* 4097, 3249, 1490.
30 Katzen: *E* 1193 (kleines Mädchen mit Hahn), 1783. Siehe auch 2906, 3500, 7811.

2. Kleidung und Körperpflege

J II, Kap. 8; – *J* V, Kap. 6 und 7. – *H* I, Teil 1, Kap. 5. – *JC*, S. 235f. – *C*. – *Dict. Arch. Chrét.*, Artikel »Vêtement« (Marrou).

1 Über die Unterscheidung der Gallierhosen von einer weiteren Hose der Germanen und Belgen, der sie ihren Namen verdanken, vgl. *H* I, S. 280. – Gallierhosen: *E* 2002, 2026, 2162, 2259, 6072.
2 Tuniken: *E* 2313, 2409, 2824, 3103, 3483, 3490, 4821, 4822. – Wulstkragen: 2313, 2314, 4830, 5698. – Schal: 1116, 1134, 1141, 1146, 1149, 4711, 7007.
3 Trikot: *E* 5148f. und IX, S. 406. Hemd: *E* 5175.
4 Mäntel: Krieger von Mondragon *E* 271 *(sagum);* Bogen von Carpentras *E* 243 (*reno*?); mit Kapuze: *E* 2407, 2701, 2781, 2784 4026, 6774 und etwa vierzig weitere Beispiele.
5 Frauen: *E* 2201, 2268, 2405, 3724, 4712, 5698; 1128 (Trikot?).
6 Knöpfe: *E* 7559.
7 Fibeln: *E* 3017, 5468; *CIL* XIII 10027, II, gezeichnet Aucissa.
8 Halsketten, Ohrringe und Armreifen: *E* 197, 1168, 1169, 1174, 1194, 1422, 1665; 1370, 1417, 1474, 1787, 2828, 3505, 6480, 7279; 197, 883, 1032 etc. – Ringe: *CIL* XIII 10024; *E* 3333, 6992, 7011, 1506, 7758, 7952 Nr. 2, 6804, 8028, 7373.
9 Kopfbedeckung *(pileus): E* 469, 6808, 6819; runde Kopfbedeckung *(calotte):* 3224; Barett(?): 3132; Frauen: 5212, 2433, 1783.
10 *ST*, Abb. 133, S. 493 = *CIL* Finke 130. – Sandalen: *E* 290, 834, 1247, 2630, 4311, 1621, 3122, 5078, 7477, 5148f. und IX, S. 406; X, S. 104.
11 Schuhe und Schnürstiefel: *E* 2633, 7498, 5149 S. 345, 2793, 5156, 833, 2023, 2131, 2234, 2373, 2814; Gamaschen: 588, 618. – Saalburgmuseum.
12 Strümpfe und Fußlappen: *E* 5145, 2793, 3122; A. Audollent, »Les tombes gallo-romaines à inhumation des Martres-de Veyre (Puy-de-Dôme)«, in: *Mém. présentés par divers savants à l'Acad. des Insc. et B.-L.* XIII,1 (1923).
13 Pantoffeln, Holzpantinen, Holzschuhe: *E* 3317, 3127, 3685, 2783?; A. Audollent, siehe Anm. 12.
14 *Ephemeris* II.
15 *Hist. Nat.* XXVIII,191.
16 *E 7795*.

17 Kämme: *E* 3076, 1171. Spiegel: 1157, 1160, 1167, 1171, 2098, 3283, 3407; 1393. Aus Glas mit geschmolzenem Blei belegt: Berthelot, in: *Arch. et Hist. des Sciences* (1906) S. 104.
18 Körperpflege: *E* 1253, 1658, 4156 S. 311; 5142 und Bd. 9, S. 405, 5145, 7597, 5258.
19 Frauenfrisur: P.-M. Duval, in: *GAL* IV (1946) S. 123; *E* 2742, 2031, 3727–3729 6996; 6307 ff.; 6048; 5004, 6858; 3172. Weitere Einzelheiten in J.-J. Hatt, *La Tombe gallo-romaine* (1951), Kap. 2.
20 Friseur: siehe die glänzend geschriebenen Seiten von J. Carcopino, *La Vie quotidienne à Rome* (1939), S. 187 (dt. *Rom*, 1977, S. 223). Bartträger und Bartlose: *E* 5148, S. 343. Brenneisen: *GAL* VIII (1950) S. 152. Tonsor: *CIL* XII 4514 (Frau), 4515, 4516, 4517; *E* 5565?.
21 Schnurrbärte: *E* 7214, 7222, 7254, 7262, 7532, 7722. Locke: 2969, 7267.
22 *E* 2614.

3. Die Mahlzeiten

J II, Kap. 8. – *G(G)*, Kap. 6. – *G(E)*. – *J* V, Kap. 5 und 6, *J* VI, Kap. 4. – *C*. – *JC*, S. 233–235.

1 Über die Mahlzeiten in Rom J. Carcopino, *La Vie quotidienne à Rome* (1939), S. 304 (dt. *Rom* (1977), S. 360).
2 Totenmahl: *C(S)*, S. 417. Siehe J.-J. Hatt, *La Tombe gallo-romaine* (1951), S. 190.
3 Dennoch ist nur ein Mahl bei Kerzen bekannt: *E* 553.
4 Sitzende Tischgäste: *E* 73, 76, 78, 4041, 4156, 6449, 6592; der Tote sitzend: *E* 4097, 5154, 5268, 7392, 7806.
5 Rund 60 Reliefs zeigen das Totenmahl, darunter etwa 40 den deutlich heroisierten Toten. Beschrieben hier in der Reihenfolge: *E* 4097, 5155, 6430, siehe auch 4041, 5268.
6 *E* 5268.
7 Küche: *E* 6430, 7762? Gefäße: *O*, Taf. LXVII, 960. Ausonius, *Ephemeris* IV.
8 Siehe »Viertes Kapitel«.
9 Küchengeräte: Réchaud: *CC* II, S. 426; Schaufel: *R(C)* Abb. 280; Ofen: *CC* II, Abb. 627; Rost: Abb. 628; Kuchenform: Abb. 631; Trichter: Abb. 634.
10 Schlachter: *CIL* XII, 1593, 4482, XIII, 941, 2018, 7521, 7553, 8351. – *E* 1210, 2056, 3309, 3591; 3454. – *O*, Taf. XLVI, 959.
11 Poseidonius bei Athenaeus IV, 40.
12 *J* V, S. 258.
13 *CIL* XII 4483, XIII 8390, 851. *E* 1524: Metzgerin? Reims: *E* 3681. Bonn: 7762 (?).
14 Metzger: *E* 3469, 3608; Schweinskopf: 6430; Eberkopf: 3163.
15 *Hist. Nat.* X,53.
16 Fischteiche: *Hist. Nat.* IX,59 und 168. Ausonius, *Epist.* IV, 59.
17 *Mosella*, 85 ff., Übersetzung (überarbeitet) von Jasinski, *Œuvres d'Ausone*, 2 Bde. (Paris: Garnier, 1934/35). – Seltene Fische auf den Reliefs: *E* 1423, 3199, 4236, 7458; auf einer Platte auf Altären: 6277 (wurden Fische geopfert?); auf dem Tisch: 5268. Dagegen kommen Fische häufig auf Mosaiken vor. Auf Gefäßen: *O*, Taf. LXXXVIII.
18 Austern: Strabo IV,1,8; Plinius bei Mucianus 32, 62. – Reservat in Saintes: *BAC* 1943–45, S. 470.
19 Ausonius, *Epist.* IX,18 ff.
20 Ebd. V,11 ff., 31 ff.
21 Sidonius Apollinaris, *Epistulae* VIII,12,7. – *O*, Taf. LXXXIX.
22 Salzlake: Martial XIII,103; IV, 885; Plinius, *H. N.* XXXI,194.

23 *J* II, S. 271 (Hinweise); Ausonius, *De rosis nascentibus.*

24 Früchte: Äpfel: *E* 6354, 6366, 6401, 6461, 6499, 6507, 6577, 7769, 6567, 6584, 6430; 4044; Birnen: 5981, 7780; Nüsse: 5154, 5417; Mandeln: 6177, 6327; Feigen: *E* 8292 und Julianus Apostata, *Misopogon,* S. 341; Kirschen: Plinius, *H. N.* XV,103–104; Pfirsiche: XV, 39. – *Mala aurea:* Ausonius, *Epist.* 7 (*J* V, S. 324 Abbildung von Orangen). *Prunella:* Sidonius Apollinaris, *Carm.* XI,18.

25 Brot: Plinius, *H. N.* XVII,61 f., 66, 81, 92; XXII,121.

26 Brote und Kuchen: *E* 6430, 1555, 3585, 1547, 5057, 4295. Bäcker: *E* 6903, *CIL* XII 4502, 4503, XIII 8255, 8338.

27 Käse: Plinius, *H. N.* XI,240,241; Martial XII,32,18.

28 Biere: *Kourmi:* Dioscorides II,110; *cervesia: CIL* XIII 10018 Nr. 7; *cervesarii: CIL* XIII 597, *CIL* Finke 41; *zuthos:* Diodoros V,26; Brauanlage einer Villa: *J* V, S. 256.

29 Es weist nichts darauf hin, daß sich *E* 2855 auf die Cidre-Herstellung bezieht.

30 *E* 1898. – Über den Weinbau siehe »Fünftes Kapitel« (1.).

31 »*vienne*«: Plinius, *H. N.* XIV,57.

32 *CIL* XIII 10018 passim, 10027[73].

33 Plinius, *H. N.* XIV, 83–84; 68; 149; Ammianus XV,12,4.

Viertes Kapitel. Die Arbeit: Das Handwerk

Über die Arbeit und die Arbeitstechniken: J. P. Waltzing, *Étude historique sur les corporations professionnelles chez les Romains, depuis les origines jusqu'à la chute de l'Empire d'Occident,* 3 Bde. (Löwen, 1895–1900). – *J* IV, Kap. 10. – L. Homo, *Problèmes sociaux de jadis et d'à présent* (1922). – Techniken: A. Neuburger, *Die Technik des Altertums* (1920/1921), Neudruck Gütersloh [4]1977, und Band IV (1931) von Th. Bossert, *Geschichte des Kunstgewerbes* (Matz). – *J* V, Kap. 6. – Ausgezeichnetes Bildmaterial und Werkzeugverzeichnisse von Champion in *RA* 1916, I = *R(C)* I, Abb. 271–286, mit Bibliographie. Fernand Bénoit, *Histoire de l'Outillage rural et artisanal* (Didier, 1947; für den Süden Frankreichs vor allem). Raymond Lantier, *Guide illustré du Musée des Antiquités nationales au Château de Saint-Germain-en-Laye* (1948) räumt den Techniken und dem Gebrauch der Werkzeuge bei der Arbeit breiten Raum ein. Zwei Werke von André Leroi-Gourhan stellen eine gute Darstellung der Technologie unter allgemein ethnographischen, nicht historischen Gesichtspunkten dar: *L'Homme et la Matière* (1943) und *Milieu et Techniques* (1949).

1 *CIL* XIII 5474–5475.

2 *CIL* XIII 10029[26].

3 *E* 4037.

4 Bei diesen Zahlen ist eine rapide Geldentwertung zu berücksichtigen. – *G(E),* S. 576, 582; J. Heurgon, »Le Trésor du Hamel-Bouzancourt«, in: *Bulletin trimestriel de la Société des Antiquitaires de Picardie* (1950) S. 14; A. Segré, *Circulazione monetaria e prezzi nel mondo antico ed in particolare in Egitto* (Rom 1922); M. Besnier, *L'empire romain de l'Avènement des Sévères au Concile de Nicée* (Reihe Glotz, 1937), S. 316.

1. Holzhandwerk

Siehe Hinweise am Anfang des »Vierten Kapitels«. – Die Holzbearbeitung wird erst allmählich besser bekannt durch Tausende von Weihegaben, die in Heiligtümern ausgegraben wurden, in Chamalières (Puy-de-Dôme) und an den Seinequellen; Schiffswracks wurden mit Hilfe der Methoden der Unterwasser-Archäologie untersucht (in Port-Vendres und in Marseille), vor allem durch P. Pomey.

5 Schiffe: *B. G.* III,23; Wälle: VII,13.
6 Über die Zünfte: Waltzing, *Étude* (s. Lit. zum »Vierten Kapitel«) und *CIL* XII und XIII; *lignarius: CIL* Finke 294.
7 Champion, in: *RA* 1916, I, Abb. 271–274; *Le Monde,* 29. Mai 1951.
8 *E* 3134 und 4929; *M. Annaei Lucani Commenta Bernensia,* ed. Usener, S. 32.
9 *E* 1096.
10 *E* 3695, 4702, 5478.
11 Champion, in: *RA* 1916, I. *E* 3083, 2783, 1881, 3695, 4702, 5326, 1454, 3293.
12 Anreißwinkel: *E* 225, 471, 7403, 5457; Héron de Villefosse, in: *MAF* 1902, S. 145.
13 Vgl. *MAF* 1910, S. 343.
14 Maßstab von Senlis: *GAL* V,2 (1947) S. 440.
15 *BAF* 1943/44, S. 64.
16 Möglicherweise ist *pertica* (frz. *perche,* Meßstab) ein Wort keltischer Herkunft: vgl. J. Vendryes, in: *RC* 48.
17 Brunnen: L. Bonnard, *La Gaule thermale* (1907); R. Louis, in: *GAL* I,2 (1943), S. 60; R. Dauvergne, *Sources minérales, thermes gallo-romaines et occupation du sol aux Fontaines-Salées* (1944); J. Mertens, »Puits antiques à Elewijt et les Puits romains en bois«, in: *AC* 20 (1951) S. 84.
18 Fässer: *G* VI,2, S. 601; *E* 1112, 1882; 4221; E. Thevenot, in: *Ann. de Bourgogne* XXIII (1951) S. 253.
19 *G* VI,2, Abb. 200 (Faß aus Mainz). *E* 3232; 5148 S. 340, 5184, 5193, 5198, 6699; 5392; 6779 = 8021; 7187; 7591; Bottiche: 2852; Avallon: 2215.
20 Holzschuhmacher: *E* 3685.

2. Steinbearbeitung

J II, Kap. 8, und V, Kap. 2, 5 und 6. Es gibt keine umfassende Darstellung der gallo-römischen Architektur. – Über die Steinbrüche: *G* VI,2, Kap. 22. – *L'Art de bâtir chez les Romains* von Choisy ist zu allgemein gehalten und veraltet (1873) – wie auch sein Kommentar zur Vitruv-Ausgabe und -Übersetzung. – Sehr brauchbare Beobachtungen in: C. Germain de Montauzan, *Les Aqueducs antiques de Lyon* (1908), Kap. 4, und *Essai sur la Science et l'Art de l'Ingénieur aux premiers siècles de l'Empire romain* (1908). – Gute Beobachtungen über die Mauertechnik in G. Plat, *L'Art de bâtir en France des Romains à l'an 1000 d'après les Monuments anciens de la Touraine, de l'Anjou et du Vendômois* (1939), Kap. 1 und 2. – Über die Arbeitsabläufe: Jules Formigé, »Le Trophée des Alpes (La Turbie)«, in: *Gallia,* Suppl. III (1949). – Über die Befestigungen: *G* V, S. 356–361, und in der späten Kaiserzeit Kap. 12. – Zum Vergleich A. Chauvel, »Étude sur la Taille des Pierres au Moyen Age«, in: *Bulletin monumental* 93 (1934). Über Baumaterial und -geschichte der Baudenkmäler Roms: Esther Boise van Deman, in: *American Journal of Archaelogy* 1912 (umstritten); E. B. van D. *The Building of the Roman aqueducts* (Washington 1935), und Marion Elizabeth Blake, *Ancient Roman construction in Italy from prehistoric Period to Augustus* (Washington 1947).

1 Zünfte: Waltzing, *Étude* (s. Lit. zum »Vierten Kapitel«), und *CIL* XII und XIII. – Herkules: *CIL* XIII 4623–4625, 7693 ff.; Silvanus: siehe Anm. 3 Ende.
2 Steinbruch von La Turbie: J. Formigé, »Le Trophée des Alpes« (s. o.); merowingische Sarkophage: *GAL* VII,2 (1949) S. 246.

3 Säule von Ensérune: *GAL* VI,1 (1948) S. 206. Steinbruch von *Glanum:* H. Rolland, »Fouilles de Glanum«, in: *Gallia*, Suppl. I (1946), Abb. 28. – Saint-Béat: *CIL* XIII 38; M. Labrousse, »Un Sanctuaire rupestre gallo-romain dans les Pyrénées«, in: *Mél. Ch. Picard* II (1949) S. 481; *E* 8122.
4 Champion, in: *RA* 1916, I, Abb. 276. *E* 471, 510, 730, 1501, 1509, 1612, 5858. Anreißwinkel: Héron de Villefosse, in: *MAF* 1902.
5 *E* 1111; 1119.
6 *GAL* VIII (1950), S. 130.
7 Kelle: *E* 5226 und IX, S. 410, 1881, 1884; Senkblei: 730, 6723, 7403, *GAL* II (1944) S. 255.
8 Zur *ascia:* Dom Leclerc, Art. »*ascia*« im *Diction. d'arch. chrét.* (1907); H. Wuilleumier, in: *Rev. Hist. des Relig.* 128 (1944); J.-J. Hatt, *La Tombe gallo-romaine* (1951), Kap. 6.
9 Vitruv VII,2,4–8.
10 Isidorius von Sevilla, *Origines* XIX,19,12.
11 Stadtmauer und »Janustempel« in Autun, »Thermes de la Trouille« in Arles, Villa in Thézée u. a.
12 P.-M. Duval, in: *GAL* IV (1946) S. 103, Anm. 1.
13 *E* 2767 (Sens).
14 Sueton, *Caesar* 46.
15 *B(D)*. – *CIL* XIII 3225.

3. *Metallverarbeitung*

J II, Kap. 8, und *J* V, Kap. 2, 5, 8. – Über die Gruben: *G* VI,2, Kap. 22.

1 Plinius, *H. N.* XXXIV; XLVIII, 162.
2 Emilianus: *CIL* XIII 4238. – Zmaragdus: XIII 1550. – A. Albenque, *Les Rutènes* (1948), S. 168. – Diodoros III,11–13.
3 *G* VI,2, Abb. 347, Relief-Fund bei Linarès.
4 *G* VI,2, S. 959.
5 Plinius, *H. N.* XXXIV,95–96.
6 Siehe unsere Zusammenstellung »Vulcain et les métiers du métal«, in: *GAL* X (1952). Siehe auch J. Toutain, *Les Cultes païens dans l'Empire romain* (siehe Lit. zum »Achten Kapitel«), III. Etwa 50 Bild-Dokumente des Gottes finden sich in *E*. – Über Goibniu: G. Dumézil (siehe Lit. zum »Achten Kapitel«). – Ucuetis: G. Dottin, *La Langue gauloise* (1920), S. 160, Nr. 33.
7 Schmied: *E* 1877, 2052, 3155, 3274, 4617, 4706, 7397, 8076; *E(G)* 702. *E* 2769, 3333 und 6992 sind eher Kesselschmiede oder Goldschmiede.
8 *E* 1452.
9 *R* 2778; 4606 zeigt das gleiche.
10 Sarkophag von Saint-Aignan: A. Albenque, *Les Rutènes* (1948), Taf. X.
11 R. Lantier, »Masques celtiques en métal«, in: *Monuments Piot* 37 (1937).
12 R. Lantier, »Le Dieu celtique de Bouray«, in: *Mon. Piot* 34 (1934).
13 Technik der Bronzegießer: *CC* I, S. 368; *RA* 1952. Kleinbronzen: R. Zenodoros: s. o. S. 250.
14 Françoise Henry, »Émailleurs d'Occident«, in: *Préhistoire* II,1 (1933).
15 E. Salin / A. France-Lanord, in: *GAL* IV (1946).
16 A. Blanchet, *Traité des Monnaies gauloises* (1905).
17 Dagegen ist eins in Italien bekannt: S. Reinach, *Répertoire de Reliefs grecs et romains* III, 234, 2.

18 C. Germain de Montauzan, *Les Aqueducs antiques de Lyon* (1908) S. 204.
19 *CIL* XIII 10029[26].
20 Frontin, *Les Aqueducs de la Ville de Rome*, ed. P. Grimal (Reihe Budé, 1943).

4. Töpferei und Glasherstellung

Allgemeine Behandlung der gallo-römischen Keramik: *J* V, Kap. 6; *G(E)*; – J. Déchelette, *Les Vases céramiques ornés de la Gaule romaine (Narbonnaise, Aquitaine et Lyonnaise)*, 2 Bde. (1904); – Felix Oswald/T. Davies Pryce, *An Introduction to the study of terra sigillata* (1920). – Töpfermarken und Motive: F. Oswald, *Index of potters' stamps on terra sigillata* (1931) und *O* (1936/37); J.-J. Hatt, »Aperçus sur l'Évolution de la Céramique commune gallo-romaine, principalement dans le Nord-Est de la Gaule«, in: *REA* LI (1949); – R. Lantier, *Guide illustré ...* (siehe Lit. zum »Vierten Kapitel«), S. 100–107. – Über die großen Werkstätten der späten Kaiserzeit: F. Hermet, *La Graufesenque*, 2 Bde. (1934); – C. Fabre, »Les Industries céramiques de Lezoux«, in: *RA* 1935, II; – M. Durand-Lefebvre, »Étude sur les Vases de Montans du musée Saint-Raymond de Toulouse«, in: *GAL* IV (1946); E. Delort, »L'Atelier de Satto, Vases unis, 3000 marques«, in: *Mém. de L'Ac. nat. de Metz*, 1948; – P. Wuilleumier, *Les Medaillons gal.-rom.* (1952) – Die Monographien über eine einzelne Keramik-Werkstatt und ihre Produktion wirken sich förderlich aus auf die Terra-sigillata-Forschung: Marcel Lutz, »L'atelier de Saturninus et Satto à Mittelbronn (Moselle)«, in: *Gallia*, Suppl. XXI (1970). – P.-M. Duval, »Composition et nature des graffites de La Graufesenque«, in: *Études celtiques* VII,2 (1956).

1 *GAL* VI,1 (1948); Marseille: S. 208; Ensérune: S. 205.
2 *ST*, Abb. 91, S. 406. Amphoren: *G* VI,2, Kap. 16. Émile Thevenot leitete eine Untersuchung über die Formen und die Stempel der Amphoren im Westen.
3 *E* 5216, 6430, 6699.
4 *GAL* VI,1 (1948), S. 213.
5 Z. B. in La Graufesenque: L. Basan, in: *GAL* 8 (1950).
6 A. Grenier, »Sur la ›Coutume ouvriere‹ des Potiers gallo-romains«, in: *Festschrift für August Oxé* (1938) S. 84.
7 An Darstellungen von Töpfern oder Händlern auf Grabsteinen kenne ich nur *E* 1446, 7006, 4344, 1487; – *CIL* XII 4478, XIII 8729, 11361, *CIL* Nesselhauf 188.
8 Drehscheibe: J. Déchelette, *Vases céramiques ornés* II S. 338; Technik: *CC* II, Kap. 11.
9 J.-J. Hatt, in: *Mél. Ch. Picard* I (1949) S. 426.
10 F. Hermet, *La Graufesenque;* A. Albenque, »Nouveaux graffites de la Graufesenque«, in: *REA* 53 (1951); A. Aymard, in: *REA* 54 (1952).
11 *O;* siehe R. Lantier, *Guide illustré ...* (siehe Lit. zum »Vierten Kapitel«), S. 103.
12 A. Blanchet, »Étude sur les Figurines de terre cuite de la Gaule rom.«, in: *MAF* 51 (1891) und 60 (1901).
13 Flache Medaillons: *oscilla.*
14 Stempel: *CIL* XII und XIII 6 (1933). – A. Blanchet, »Rech. sur les Tuiles et Briques de constr. de la Gaule rom.«, in: *RA* 1920, II. – R. Clément, »Un compte de Briquetier ...«, in: *REA* 1926.
15 Morin-Jean, *La Verrerie an Gaule sous l'Empire romain* (1913), und der Artikel »*vitrum*« in *DA*. – R. Lantier, *La Verrerie* (Musée des Antiquités nat., St-Germain-en-Laye). – Schliffschalen: *Trierer Zeitschrift* XVIII (1949) Taf. I, S. 328. Ein Meisterwerk der Glaskunst: *GER* XXIX (1951), Taf. 23.
16 *J* V, Kap. 6.

5. Weberei und Lederverarbeitung

J V, Kap. 6. – *JC*, S. 235. – A. Audollent, »Les tombes gallo-romaines à inhumation des Martres-de-Veyre (Puy-de-Dôme), in: *Mém. pres. par div. sav. à l'Ac. des inscr. et b.-l.* XIII,1 (1923); Ch. Pagès, »Étude technique sur les tissus dédouverts dans les sépultures gallo-romaines des Martres-de-Veyre«, ebd. – Willy Groenman van Waateringe, »Romains lederwerk uit Valkenburgh«, in: *Z. H.* (Groningen 1967).

1 Martial VI,11,7.
2 Catull 64,310–319.
3 *E* 5518; siehe 6626, 6668?.
4 *CIL* XIII, 3202, 8345. *J* V, S. 243.
5 *E* 2768 (Sens).
6 *E* 4136, 4125; 2768; Scheren: des Webers *E* 1461, 2739, 2781, 3683, 5680, 6943; des Tuchscherers 468, 2768, 3267.
7 Schneider: *E* 3683, 2781, 3785, 2784, 4043, 5123, 5268 S. 443; 1659.
8 *J* V, Kap. 6. Geschirrmacher, *lorarii: CIL* XIII 1052? – Plinius, *H. N.* IX,14. – Lantier, in: *CRAI* 1951.
9 *E* 6824, 5015, 8156a, 1872; 1878.
10 Sättel: *E* I, S. 198 (Orange); 2771, 2752, 6436, 6454, 6455, 6463, 6465.
11 Lederbekleidung: *E* 5790, 5811, 6248, 5495; 5555, 5787, 6136, 6137; 243 (Carpentras); *CIL* XIII 3162 (Seehund) und XII 4466 *(capistrarius)*. Siehe die Ledergegenstände im Saalburgmuseum und im Vindonissa-Museum, Windisch (Schweiz).

6. Zwei Kleinhandwerker: Korbmacher und Harzsammler

Über andere kleine Handwerker sind einige Dokumente zusammengetragen in *J* V, Kap. 6.

1 Seiler: *E* 3667; Ballen: *E* 164, 857, 1670, 5186, 5268 S. 454, 7556.
2 G. Lafaye, in: *RA* 1892, I; *viminarius: CIL* XII 4522; *E* 2743 (?).
3 Rinde: *E* 2788.
4 *E* 4989.
5 Kästen, Brotkörbe: *E* 5154, 5159, 5216, 7538, 7736, 7767, 1472, 1508; 5213, 5224 Nr. 17.
6 Körbe, Tragkörbe: *E* 7724, 4974, 5227 S. 409, 6484. – Schwinge: 5075, 5833, 417, 8022 Nr. 1 (?).
7 Plinius, *H. N.* VII,206.
8 *CIL* XIII 5708.
9 A. Albenque, *Les Rutènes* (1948), S. 176. Artikel von L. Balsan über die Verbreitung dieses Gewerbes, in: *GAL* 9 (1951).
10 Plinius, *H. N.* XXXV,41 und 149.
11 *E* 5682, 5490.
12 *E* 5753 und X S. 39. 6019; *E(G)* 98, 99.

Fünftes Kapitel. Die Arbeit: Landwirtschaft und Handel

1. Die Bauern

J II, Kap. 8; *J* V, Kap. 5. – *G* VI, 2, Kap. 19 (Wohnen), 21 (Domänengut), 16 (Amphoren). – *G(E)*. – F. Bénoit, *Histoire de l'Outillage rural et artisanal* (Didier, 1947). – Über den Weinbau: R. Dion, »Métropoles et Vignobles en Gaule romaine«, in: *Annales: Économies,*

Sociétés, Civilisations (1952), mit Hinweisen auf frühere Artikel; R. D., *La Création du Vignoble bordelais* (Angers 1952); – E. Thevenot, »Les Origines du Vignoble bourguignon d'après les Documents archéologiques«, in: *Annales de Bourgogne* XXIII (1951). – R. Dion, *Histoire de la vigne et du vin en France, des origines au XIXe siècle* (Paris 1959). – M. Renard, »Technique et agriculture en pays trévire et remois«, in: *Latomus* IX (Brüssel 1959).

1 *E* 3681.
2 G. Lafaye, in: *RA* 1892, I.
3 *G* VI,2.
4 *E* 6903.
5 *Mosella* 362. Die einzige bisher bekannt gewordene Wasserkraftanlage gehört ebenfalls in die Zeit der Spätantike: vgl. F. Bénoit, »L'Usine de Meunerie hydraulique de Barbegal«, in: *RA* 1940,I.
6 Pflügen: *E* 102, 464, 1185, 4092, 7227. – Joch: *E* 7249; aus Holz: *GER* 28 (1944–50), S. 230. – Maultiere: *E* 3232. – Bauern: *E* 1682, 4036.
7 Plinius, *H. N.* XIII,72 und 296.
8 Sensen: F. Bénoit, *Histoire de l'outillage rural et artisanal* (1947), S. 42. In Reims: *E* 3681; *passernices:* Plinius, *H. N.* XXXVI,165.
9 *E* 470, 472; Karst 2961, 4147, 5227, und IX, S. 410; siehe *Zeitschrift für Schweizerische Archäologie und Kunstgeschichte* XII (1951) Taf. LXXIII; *E* 2793, 3478, 4462, und Champion, in: *RA* 1916, I Abb. 277–279.
10 *J* V, Kap. 5 und 6.
11 Vgl. *Mosella* 161 f., 189–196.
12 Gefäße; *O*, Taf. XXIV. Reliefs: *E* 26, 312, 637, 1451, 1669, 1766, 3926, 4203, 5619. Winzermesser: *E* 470, 472, 1811, 3277, 6849, 7010. Winzer: *E* 4212. Olivenernte: *E* 176.
13 Rinder (Weihegaben): *E* 3551, 3410, 3611, 3632, 3884, 7100. – *Epona:* Art. von Keune in *RE*.
14 *E* 40, 350, 626, 1044, 1240; 1584 = *CIL* XIII 7070.
15 Cuq, *CRAI* 1919, S. 265.
16 *E* 4044 (Arlon).
17 *E* 1098.
18 *E* 1097.
19 *E* 3152, 4260, 4049.

2. Die Händler

J II, Kap. 7; *J* V, Kap. 1, 4, 7. – *G(E)*. – *RO*. – *C*. – Über die Syrer, deren Rolle in der frühen Kaiserzeit überzeichnet worden ist: F. Cumont, *Les Religions orientales dans le Paganisme romain* ([4]1929), S. 99, 252, und P. Lambrechts, »Le Commerce des Syriens en Gaule«, in: *AC* VI (1937) S. 35.

1 Zünfte: Waltzing, *Étude* (siehe Lit. zum »Vierten Kapitel«); – A. Alföldi, »La Corporation des Transalpini et des Cisalpini à Avenches«, in: *Ur-Schweiz* XVI (1952). – Darstellungen von Geldzahlungen: *E* 1341, 1345, 5142, 5243, 6066; *E(G)* 427. – *E* 5148, 5175, 5268, 7725. Siehe auch *E* 501, 4457, 7236, 2790, 3175, 3198.
2 *Libra: E* 5478; 1345, 2782, 3178, 4846. – *Statera: E* 5155, 1122, 4457, 5704. *CC* II, Abb. 493, 494.
3 Gewichte: *GAL* VI,1 (1948) S. 58; VII,1 (1949) S. 99.

4 Steingewichte: *E* 5478; Einsatzgewichte: *CC* II, S. 261; Plättchen: *E* 469.
5 *BAF* 1943/44, S. 31.
6 Siehe Anm. 13 zum »Ersten Kapitel« (3.).
7 Siehe Lit. zum »Siebten Kapitel« (1.) Levebvre des Noëttes.
8 *G* VI,2, Kap. 13.
9 Ebd. – Ouvèze (?): *CIL* XII 3316, 4107. – *Nautae* von Lutetia: *E* 3132 = *CIL* XIII 3026 a; P.-M. Duval, »Proues de Navires de Paris«, in: *GAL* V,1 (1947).
10 Treideln: *E* 5268 S. 450, 455; *E* 6699; *E* 5148 S. 340 und IX S. 407.
11 *E* 685, 5268 S. 455, 816.
12 *E* 4072, 6699, 5193; 685. Unterwasserfunde: *GAL* VIII (1950) S. 129. – Ostia: *G* VI,2, Abb. 170.
13 *E* 5833.
14 *G* VI,2, Kap. 16 und 17.
15 Basar: *E* 3317; »Syrer«: 3097; Kränze: 499.
16 *E* 1342, 4295, 774.
17 *E* 3608.
18 *E* 3469.
19 *E* 7591, 1791, 7187, 2750.
20 Über diese Mausoleen: J.-J. Hatt, *La Tombe gallo-romaine* (1951), Kap. 10 und 11; E. Thevenot, in: *Annales de Bourgogne* 33 (1951).
21 *E* 5148; 5184–93–98, 5216; siehe Lit. zum »Achten Kapitel« (2.).
22 *E* 3224, 4861, 616.
23 In Sanxay, Champlieu, Yzeures, in Vieil-Évreux und Montbouy.
24 *J* V, S. 152. – *O*, Taf. XLVII, 965.

Sechstes Kapitel. Die Arbeit: Geistige Berufe und Militär

1. Die Lehrer

Über die Druiden: *J* II, Kap. 4 und 10; – *B* I, Kap. 2 und 9. – *G(G)*, Kap. 10; J. Vendryes, *La Religion des Celtes* (Reihe Mana, 2,III, 1948), S. 290ff. – Gallo-römische Schulen der Kaiserzeit: *J* VI, Kap. 2. – *B* II, Kap. 10. – Zur griechischen und römischen Erziehung insgesamt: H.-I. Marrou, *Histoire de l'Éducation dans l'Antiquité* (1948), Teil 3. – Die gallo-römischen Schulen der späten Kaiserzeit sind weit besser bekannt: siehe Bibliographie in Marrou, *Histoire*, S. 467, 558, 562–564.

1 *E* 5503.
2 *CIL* XII 1918; XIII 2038, 2040. – *E* 2026, 3736, 2796, 4034.
3 Robert Marichal, »De la Capitale romaine à la Minuscule«, in: Marius Audin, Somme typographique (1948).
4 Marrou, *Hist.* (s.o.), S. 362.
5 *E* 1584.
6 *E* 5149, 619, 4103.
7 *CIL* XIII 3702.
8 Marseille: *J* VI, S. 124. – Autun: H. de Fontenay, *Autun et ses Monuments* (1889); *Panégyriques latins*, ed. E. Galletier (Reihe Budé), Bd. I (1949).
9 *Panégyriques latins* I,5,20f.
10 Marrou, *Hist.* (s.o.), S. 383.

2. Die Advokaten

J VI, Kap. 2, § 9. – In Rom: *JC*, S. 218 ff. – Justiz: *J* IV, Kap. 7.

1 Strabo IV,4,3.
2 Diodoros V,31,1.
3 Tacitus, *Dialogus de oratoribus* V,5; VI,2,5 f.; IX–XXII.
4 Über die gallo-römischen Advokaten: *J* VI, Kap. 2, § 9.
5 *CIL* XIII 11069, 5005, 7063; XII 4036.
6 Espérandieu, *Inscr. lat. de la Gaule (Narbonnaise)*, 114 (siehe unter *CIL*).

3. Die öffentlichen Ämter

J V, Kap. 6, 8 und 11. – *B* II, Kap. 13 und 14. – Beispiele von Laufbahnen in Pierre Wuilleumier, »L'Administration de la Lyonnaise sous le Haut-Empire«, in: *Annales de l'Université de Lyon* III,16 (1948).

1 H.-G. Pflaum, *Le Marbre de Thorigny* (1948).
2 Vgl. J. Carcopino, in: *REA* 50 (1948) S. 336.
3 B. Sapène, »Caius Julius Serenus, personnage de Lugdunum Convenarum vers l'an 100«, in: *Rev. de Comminges* LXIV (1951).
4 A. Aymard, »Du nouveau sur un Toulousain et sur Toulouse à l'époque romaine«, in: *Bull. de la Soc. arch. du Midi de la France* V (1942–45) S. 513.
5 *J* VI, S. 182.
6 *CIL* XII, 6038.

4. Militärische Laufbahn und Militärdienst

J IV, Kap. 1, 5, Kap. 7. – *JC*, S. 215 f. – *C*. – Victor Chapot, *Le Monde romain* (1927), S. 87 f.

1 Über die Lager Germaniens siehe die Veröffentlichungen über den Obergermanisch-rätischen Limes und *GR* 1–2 (1924).
2 *C*, S. 18.
3 Über das Kataster von Orange siehe S. 49 und Anm. 1 zum »Ersten Kapitel« (5.).
4 *J* IV, S. 301.
5 Über diese verstümmelten »Arenen« und unvollständigen Amphitheater (Arena-Theater wie in Augst) siehe P.-M. Duval, in: *GAL* IV (1946) S. 117.
6 *CIL* XIII 8639, 12048, 8174.
7 *J* IV, S. 300.
8 J.-J. Hatt, »Le Passé romain de Strasbourg«, in: *GAL* VII,2 (1949).

5. Die Ärzte

J II, Kap. 10; VI, Kap. 2. – *Histoire générale de la Médicine*, hrsg. von Laignel-Lavastine, Bd. 1–3 (1936–39). – Siehe auch Celsus, *Traité de Médecine*, übers. und hrsg. von A. Védrènes, (1876), vor allem die Tafeln mit den Funden chirurgischer Instrumente aus Gallien (Taf. I–V). – Über die Augenärzte: E. Espérandieu, »Recueil des cachets d'oculistes romains« (1894, und in: *RA* 1893/94), fortgeführt in *CIL* XIII 3 (1906) und vervollständigt in *RA* 1927, II: »Nouveaux cachets d'oculistes«; – E. Thevenot, »Médicine et Religion aux temps gallo-romains: le Traitement des Affections de la Vue«, in: *Latomus* IX (1950). –

Über die Badeorte: L. Bonnard / Percepied, *La Gaule thermale, Sources et stations thermales et minérales de la Gaule à l'epoque gallo-romaine* (1913). – P.-M. Duval, »Médecins et médecine de Gaule« in: *Médecine de France* Nr. 74 (1956).

1 Plinius, *H. N.* XXIX,9f.
2 *Domestica* 4.
3 *CIL* XIII 11359, 5079; XII, 3343; XIII, 2019, 4334, *CIL* Nesselhauf, 123.
4 Scribonius Largus, *Compositiones medicamentorum,* Vorwort.
5 *ST,* Abb. 131, S. 488.
6 Ammianus Marcellinus XXIII,6,24.
7 Celsus I,10.
8 *J* V, S. 30.
9 Galen, *Vom Puls,* passim.
10 Celsus III.
11 Celsus II,11.
12 Celsus I.
13 Siehe S. 28 und Lit. zum »Achten Kapitel« (1.): Dumézil.
14 Äskulap: etwa 20 Bilddarstellungen, ein halbes Dutzend Inschriften; Hygieia: etwa zwanzig Dokumente; Telesphorus: *E* 1605 (?), 6806, *R(C)* II, S. 169.
15 J. Toutain, *Les Cultes païens dans l'Empire romain* (siehe Lit. zum »Achten Kapitel«), III; C. Vaillat, *Le Culte des Sources dans la Gaule antique* (1932).
16 Heiligtümer: Alésia, Sainte-Sabine, Seinequellen, Halatte, Montbouy, Vertault, Essarois, u. a.; *E* 2397; 2040f.; 2429f.; 3875f.; 2970f.; 3386f.; 3416f. Besondere Pilgerkleidung? *E* 2722, 2387, 2402, 3395, 6427, 7679, 8294f., 2407.
17 *E* 4665; 1425, 2044, 3420–21, 3508, 3880, 5347, 7080, 7091, 7097, 4364.
18 *E* 3377, 3378; 1741.
19 *E* 4363.
20 Celsus, ed. Védrènes (s. o.), Taf. I–V: Instrumentenfunde aus dem Aveyron, aus Reims, dem Allier, in Fontaine-sur-Dun, in Auvenay.
21 Laignel-Lavastine, *Histoire de la Méd.* (s. o.), Bd. I: *La Pharmacie dans l'Antiquité.*
22 Plinius, *H. N.* XVI,249–251.
23 Ebd. XXIV,103.
24 Ebd. XXV,106.
25 Siehe Anm. 21.
26 Siehe diese Autoren in: *Corpus Medicorum Latinorum* (Reihe Teubner).
27 *E* 4892.
28 *RC* XXXVIII S. 67.
29 Celsus, ed. Védrènes (s. o.), Taf. III.
30 *CIL* XIII 10021, Nr. 153a, 82c, 28a, 5b.
31 *GAL* VI,2 (1948) S. 319.
32 *E* 4665.
33 Celsus VII,7, 14 B–F.

6. Schriftsteller und Künstler

Schriftsteller, Buchwesen: *J* VI, Kap. 2. – In Rom: J. Carcopino, *La Vie quotidienne à Rome* (1939), S. 226f. (Die öffentlichen Vorlesungen), (dt. *Rom* 1977), S. 270. – Künstler: *J* VI, Kap. 3.

1 Über die Schriftsteller: *J* VI, Kap. 2; *JC,* S. 249.

2 *CIL* XII 103; *J* VI, S. 146.
3 Plinius, *Epistulae* IX,11; Martial VIII,88; *CIL* XII 1592, XIII 2672, 444.
4 *E* 5176.
5 Ephemeris 7.
6 *CIL* XIII 8355. Über die Stenographie: Marrou, *Hist.* (siehe Lit. zum »Sechsten Kapitel« (1.), S. 414–484.
7 Siehe S. 306.
8 J. Whatmough, in: *Journ. of Celtic Studies* I (1949).
9 *CIL* XIII 11806.
10 *CIL* XIII 641, 2810, 643 = *E* 1111.
11 Plinius, *H. N.* XXXIV,45–47.
12 Phyllis Pray Bober, »Mercurius Arvernus«, in: *Marsyas, Studies in the History of Art* IV (1945–47); A. Blanchet, in: *BAF* 1945–47, S. 159.
13 *CIL* XII 5864, 3058.
14 *B(D)*.
15 Autun: Fontenay, *Autun et ses Monuments,* S. 79, 87. Tongeren: *C*, S. 47, Anm. 6.

Siebtes Kapitel. Freizeit und Vergnügungen

1. Reisen und Transportmittel

J V, Kap. 3–4. – *G* VI, 1: »Les Routes«. – [H. G. Pflaum,] »Essai sur le cursus publicus sous le Haut-Empire romain«, in: *Mém. prés. par. div. sav. à l'Acad. des inscr.* XIV, Teil 1 (1940). – E. Vaillé, *Histoire générale des Postes françaises* I (1947). – Lefebvre des Noëttes, *L'Attelage, le Cheval de selle à travers les Ages: Contribution à l'Histoire de l'Esclavage* (1931). – *JC*, S. 236f. – *J* V, Kap. 3 und 4. – *G* VI,2: »Navigation«, und das veraltete Werk von L. Bonnard, *La Navigation intérieure en Gaule* (1912). – J.-M. Duval, »Les voies gallo-romaines«, in: *Les routes de France depuis les origines jusqu'à nos jours, Colloques* (Paris 1959).

1 Lefebvre des Noëttes, *L'Attelage* (s. o.), widersprochen: *G* VI,1.
2 *G* VI,1, Kap. 3–5. Über den ältesten Meilenstein in Gallien: P.-M. Duval, »A propos du Milliaire de Domitius Ahenobarbus trouvé dans l'Aude en 1949«, in: *GAL* VII,2 (1949).
3 *E* 4035, 5268 S. 451, 7725.
4 *E* 4043, 5158, 5268 S. 449, 5499.
5 *CIL* XIII 2031; XII 4377.
6 P. Lebel, in: *Rev. arch. de l'Est et du Centre-Est* II (1951) S. 193.
7 *CIL* XII 5732.
8 Z. B. *CIL* XIII 5621, 6096, 6426, 6437, 6667, 8243, 5069, 5070; *CIL* Finke 244, 345; Vase: *G* VI, 1, Abb. 81.
9 Plinius, *H. N.* VII, 30.
10 Pflaum, »Essai ...« (s. o.) S. 380.
11 *J* VII, S. 167, Anm. 8.
12 Pflaum, »Essai ...« (s. o.).
13 *G* VI, 1, S. 203f.; Vaillé, *Histoire* (s. o.) S. 62.
14 *Codex Theodosianus,* »De cursu publico« VII und VIII.
15 Das ist die bekannte Ansicht von Lefebvre des Noëttes, *L'Attelage* (s. o.). Sie ist oft bestritten worden, erscheint uns aber im ganzen richtig. Das gilt ebenso für das genagelte Hufeisen im folgenden.

16 *E* 3245.
17 *E(G)* 404, *E* 590, 4102, *E(G)* 288.
18 *E* 2770, 4031, 4041, 4297, 4321, 7685, 7725; 4035, 5268 S. 451, 6700.
19 *E* 293.
20 Siehe H. Corot, »Essai de Classification typologique et de Statistique des Hipposandales«, in: *Pro Nervia,* IV (1928), bezieht sich auf 180 Beispiele; X. Aubert, »Evolution des Hipposandales«, in: *Rev. des Musées* 1929. – *E* 4611.
21 S. Reinach, Art. *»mulomedicus«* in *DA*.
22 *DA* Abb. 5153. Über die Schmiedemesser (boutoirs): J. Heurgon, in: *BAF* 1951.
23 *E* 104 und IX, S. 92.
24 Über alle diese Bezeichnungen: Ernout-Meillet, *Dict. étym. de la Langue latine* ([4]1959).
25 Vierrädrig: *E* 4, 857, 3175, 3232, 3522, 5266, 5268, S. 449, 5499, *E(G)* 455; – *E(G)* 404; – 3245; – *E* 811. Weiter zum Wagenkasten: *E* 2339.
26 Zweirädrig: *E* 4031, 4321, 7685, 7725; – 4297, 6700; – 4155, 5268 S. 451; – 4102. – Wagenkasten: 4041, 5261, 4043, 4044, 4102, 5158. – In Sens: 2770.
27 Wagenkasten aus Korbgeflecht: *E* 3175, 3521, 3522, 4031, 4157. – Bremse: 2339, 3232. – Federung (?) 6193.
28 *E* 4155.
29 *Monuments Piot* 45 (1951).
30 P.-M. Duval, »La Forme des Navires romains d'après la Mosaïque d'Althiburus«, in: *Mél. de l'Ec. fr. de Rome* 61 (1949).
31 *E* 678, 686, 687, 690.
32 P.-M. Duval, *Monnaies au Navire de l'Europe occidentale, Hommages à J. Bidez et à Fr. Cumont* (1949); *E* 685.
33 *E* 51931 99.
34 P.-M. Duval, »Les Barques gallo-romaines de Blessey et de Cerveau«, in: *Rev. arch. de l'Est et du Centre-Est* (1952).
35 Siehe Anm. 32.
36 *E* 5815. Dies widerspricht der Ansicht von Lefebvre des Noëttes, *De la marine antique à la marine moderne: la révolution du gouvernail* (1935).
37 Strabo IV,4,1; Plinius, *H. N.* XVI,158.
38 *Epist.* V.
39 *Epist.* VIII,12.

2. *Jagd, Fischfang, die Tierwelt*

Jagd: G. de Mortillet, *Origines de la Chasse, de la Pêche et de l'Agriculture* (1890). – Kurt Lindner, *Die Jagd der Vorzeit* (1937, im folgenden zit. nach: K. L., *La Chasse préhistorique,* übers. von G. Montandon, 1941), einschließlich Römerzeit, beschränkt auf Europa, bes. Nordeuropa. – *J* II, Kap. 8; Kap. 5. – Nach Abschluß dieses Kapitels erschien 1951 die Dissertation von Jacques Aymard, *Essai sur les Chasses romaines des Origines à la fin du siècle des Antonins (Cynegetica).* Darin wird alles, was die Jagd und die keltischen Hunde betrifft, sehr ausführlich behandelt. – Fischfang: G. de Mortillet (s. o.). – *J* II, Kap. 8; V, Kap. 5.

1 *C(S),* S. 439.
2 Arrian, *Kynegetikos* 19 und 3.
3 Ebd., 3.
4 *E* 3957, 6133, 175, 1560, 1648, 6326?; Vasen: *R(C)* II, Abb. 68; *LH,* Vignette XXIX; *O,* Taf. LXXVII–LXXIX.

5 Arrian, *Kynegetikos* 21 und 3.
6 *E* 3179, 5172, 5203, 3677, 4029; 2636.
7 *E* 6530, 5064; Lindner, *La Chasse* (s.o.), Taf. XXI.
8 *E* 8015, Nr. 5; Plinius, *H. N.* VIII,148.
9 Plinius, *H. N.* VIII,148.
10 *E* 175, 1560, 5142, 3399, 268; Lindner, Taf. XXIV.
11 *CIL* XIII, 5708; *E* 1679, 1683, 3677; Lindner, Taf. XXIII, C.
12 Arrian, *Kynegetikos* 19. *E* 7599, 5172.
13 *E* 175, 1648; Lindner, Taf. XX; *E* 3179, 6133; Lindner, Taf. XXIII, C; *B(D)*, S. 76; *O*, Taf. LIV, 1132; *E* 3399.
14 *E* 5142; *O*, Taf. LIII, 1126–28; *E* 3400.
15 Zahlreiche Sarkophage; *E(G)* 278. Rückkehr: *E* 268, 1704, *E(G)* 645.
16 *B(D)*, Taf. VII.
17 Arrian, *Kynegetikos* 23.
18 *E* 180, 1683; 175, 1560; *O*, Taf. LIV, 1131. – Ausonius, *Epist.* IV.
19 *E* 44, 362. Über den Bären: *E* 404, 609, 1219, 1222, 1266, 1284, 5206–68; *E(G)* 438. Artio: *ST*, Abb. 138.
20 *B. G.* VI,26–28. *E(G)* 568. *CIL* XIII 5708. – Dackel: Lindner (s.o.), S. 466.
21 Strabo IV,4,3.
22 *E* 2775.
23 H. Stern, in: *GAL* IX (1951).
24 Ausonius, *Epist.* III.
25 *J* V, S. 202, Anm. 1; *CIL* XIII 5708.
26 Martial XIII,103; Plinius, *H. N.* IX,59 u. 29–32.
27 *Halieutica* III,542.
28 *CIL* XIII 8830.
29 *Epist.* IV,53; V,40; IX,2.
30 *Mosella* 240–273.
31 *O*, Taf. XLVI, 951–956. *E* 1769, 3995, 99, 4306.
32 E 361, 653, 4678, 6903; 770, 773, 6284; Lyon: 7062. Über den Hund als Haustier: *J* VI, Kap. 4.
33 *CIL* XIII 488; Übers. Jullian: *J* VI, S. 146.
34 *C(S)*, S. 509.
35 *Kynegetikos* 5.
36 Ebd. 10, 13.
37 L. de la Saussaye, »Le Véritable Symbole de la Nation celtique«, in: ***Rev. numism.*** (1840) S. 246. – Déchelette, ***Manuel*** (siehe unter *G*) IV, S. 683; der gallische Hahn als nationales Emblem ist eine Schöpfung der Revolution. Über das völlig andere Problem des Turmhahns: Barraud, in: ***Bull. monumental*** XVI, S. 277.
38 Ernout-Meillet, *Dict. etym., gallus;* J. Vendryes, in: *EC* V,2 (1950/51), S. 467.
39 Sueton, Nero 45.
40 *E* 361, 1034, 1193, 2101, 3438, 5496.
41 *E* 213, 635 etc.; besonders 5011, 5019, 6865, 2856, 3129, 7595, 827.
42 *E* 210, 7565, 7772; 3954, 4229, 5431, 6172; 291, 5433, 3297, 6291, 6865; 635, 2856; 6135, 7050; 703, 827, 1295, 3129, 7595; 264, 291, 1284; 827, 3288; 7600; 639.
43 *E* 5431.
44 *J* II, S. 286.
45 *E* 5211. *O*, Taf. LXXX bis IXC.
46 *E* 291, 1284, 3937, 6291.

3. Die Schauspiele

Zu den römischen Spielen im allgemeinen und in der Stadt Rom im besonderen sei verwiesen auf die gute Darstellung von J. Carcopino, *La Vie quotidienne à Rome,* 1939 (dt. *Rom,* 1977) Teil 2, Kap. 3. – In Gallien: Theater: *J* V, Kap. 2; VI, Kap. 4 (Liste), und VIII. *FW* IV (Liste); Margarete Bieber, *The History of the Greek and Roman Theatre* (Princeton 1939), Kap. 14. – Zirkus: *J* V, Kap. 2; VI, Kap. 4 und 8. *FW* IV (Liste). J. Formigé, »Le Prétendu Cirque romain d'Orange«, in: *Mém. prés [...] à l'Ac. des inscr.* XIII, 1 (1923). Über den Zirkus in Trier: *Trierer Zeitschrift* XVIII,2 (1949). – Amphitheater: *J* V, Kap. 2; VI, Kap. 2–4 und 8. *FW* IV (Liste zu überarb.). – Über die »Arenatheater«: J.-C. und J. Formigé, *Les Arènes de Lutèce, Procès verbaux de la Commission municipale du Vieux Paris,* 1918 (1923); J. Formigé, in: *GAL* II (1944) S. 84. – Musikinstrumente: *CC* II, S. 491.

Theater

1 Autun: P. Wuilleumier, in: *REA,* 42 (1940). Vienne: J. Formigé, *Le Théâtre romain de Vienne* (1950). Lyon: P. Wuilleumier, »Fouilles de Fourvière (Lyon)«, in: *Gallia,* Suppl. IV (1951). Vaison: J. Sautel, *Le Théâtre de Vaison et les Théâtres romains de la Vallée du Rhône* ([2]1952).

2 L. Chatelain, *Les Monuments antiques d'Orange* (1908). J. Formigé, »Remarques diverses sur les th. rom. à propos de ceux d'Arles et d'Orange«, in: *Mém. prés. par div. sav. à l'Ac. des inscr. et b.-l., 1re série* XIII,1 (1923); 2 (1933).

3 Von Canac.

4 *E* 7981–7983; *GAL* VIII (1950) S. 140.

5 J. Formigé, »Remarques« (siehe Anm. 2).

6 *CIL* XII 1929.

7 *J* VI, S. 157; Martial, *De spectac.* 8 und 7; A. Grenier, in: *Mél. Radet* (1940).

8 *Carm.* XXIII, 263–299.

9 *CIL* XII 188 = *E* 6685; F. Cumont, *La Stèle du Danseur d'Antibes et son Décor végétal* (1942).

10 *CIL* XII 4501.

11 Komödianten: *O,* Taf. XVIII, XIX, XVLIII. XLVII. Tänzerinnen: *E* 607, 608, 611, 2896, 3247, 3772, 4027, 4040, 4497, 4796, 5150, 5165, 6183, 6320, 6479, 6597.

Zirkus

12 Pyramiden sind erhalten in Arles und in Vienne. Trier: *E* 5175 und *Trierer Zeitschrift* 18,2 (1949).

13 *E* 144f., 228, 590f., 1108, 1777, 3190, 4033, 5175. *C(S),* S. 461.

14 *Historia Francorum* V,18.

15 *Carm.* XXIII, 312–427.

16 Mosaik von Sans. *B(D),* S. 108, *CIL* XIII 10025, Nr. 172–174; *Ann. Soc. arch. Namur* XX,2 (1893), S. 145.

17 *B(D),* S. 108.

Amphitheater

18 J. Formigé, *Les Arènes de Lutèce* (s.o.); P.-M. Duval, in: *GAL* IV (1946) S. 103.

19 E. Espérandieu, *L'Amphithéâtre de Nîmes* (1933).

20 J. Formigé, *Les Arènes de Lutèce* (s.o.).

21 Vgl. die Diskussion über Menschenopfer *B* I, Kap. 4.

22 Siehe die Interpretation von A. Piganiol, »Les Trinci gaulois, gladiateurs consacrés«, in: *Recherches sur les Jeux romains* (1923).

23 Tacitus, *Ann.* III,43.
24 *CIL* XII 5837, 3329, 3323, 3332; 5836–37, 3327–28, 3325; XIII 1200, 5702; XII 3331, 1915; XIII 1997; XII 1596. *CIL* Espérandieu 434–436.
25 *CIL* XII 5837, 3323, 1915.
26 *CIL* XIII 1997, 1749; XII 4452.
27 Vgl. S. 224.
28 *E* 3999, 598, 602, 600. Vgl. auch 463, 603, 606, 809, 1192, 1346, 3010, 5385.
29 Im Medaillenkabinett der Nationalbibliothek Paris, Nr. 942.
30 *CIL* XIII 12063, 3262; XII 2747. Mosaiken: *B(D)*, S. 108.
31 *E* 2160 u. XIII, Taf. LX. vgl. auch 7587.
32 *E* 610, 613, 3923.
33 *E* 6, 4569, *E(G)* 299, *E* 6551, *E(G)* 12, *E* 6544 (Elefant).
34 *E* 609.
35 *B(D)*, *O*, Taf. L–LIII.
36 *O*, Taf. LIV–LV.
37 Eusebius, *Historia Ecclesiae* V,1. – E. Griffe, *La Gaule chrétienne à l'époque romaine*, I (1947), Kap. 1; P. Wuilleumier, »Fouilles de Fourvière« (s. Anm. 1).

Odeon
38 P. Wuilleumier, »Fouilles de Fourvière« (siehe Anm. 1).
39 *CIL* XII 722. *E* 180, 181.
40 *E* 181; 385, 830, 4306, 4372, 6086; 6844, 828.
41 *E* 4855, 1239, 3151; 1875, 1876.
42 *E* 5801, 6446; 1107, 3465.
43 Carnyx: *E* 24, 236, 260 S. 205, 431, 691, 701. Hörner: *E* 243. Trompete: *E* 6329. Dudelsack? *E* 1874.
44 *E* 181, 1412; 1400, 1410, 2941.
45 Sistrum: *E* 496.
46 Pseudo-Scymnos, 186.
47 *CIL* XII 3344.

4. Öffentliche Bäder, Sport

Thermen: *J* V, Kap. 2 und 8 und 6; Kap. 3. – D. Krencker / E. Krüger, *Die Trierer Kaiserthermen* (1929): zahlreiche Grundrisse von römischen Thermen und Textsammlung. Wir legen hier das Ergebnis einer sorgfältigen Auswahl aus dieser großen Zahl von Dokumenten vor. – Über die Thermen in Rom, J. Carcopino, *La Vie quotidienne à Rome* (1939), S. 293 (dt. *Rom*, 1977, S. 348).
Sport: H.-I. Marrou, in: *Hist. de l'éducation dans l'Antiq.* S. 324, 337.

1 Saint-Bertrand-de-Comminges: B. Sapène, in: *Mém. de la Soc. arch. du Midi de la Fr.* XX (1943), XXI (1945). Lutetia: F. G. de Pachtere, *Paris à l'époque gallo-romaine* (1912) und P.-M. Duval, in: *Congrès de Grenoble (de l'Ass. G. Budé)*, (1948).
2 Kanäle: in Fontaines-Salées, in Montcaret, Montmaurin, Sens. Auflagesockel im Thermenbau, Paris.
3 *CIL* II 5181.
4 *CIL* XIII 1983.
5 *CIL* XII 3179; siehe 594.
6 *E* 709.
7 P.-M. Duval, in: *GAL* V,1 (1947).

8 *J* V, S. 375.
9 *CIL* XII 3304, 3155.
10 H. Rolland, »Fouilles de Glanum«, in: *Gallia,* Suppl. I (1946) Taf. I–II.
11 Jugend: *CIL* XII 22; XIII 913, 6358, 6468, 6549, 6688–6689, 7424, 7754. – *campus* (ohne Bezug auf Jugend): *CIL* XII 2493–2494; XIII 3107, 11353 b. – Jugendlicher von Aix: *CIL* XII 533.
12 *Mosella,* 200–239.

Achtes Kapitel. Glaube und fromme Pflichten

1. Religiöse Vorstellungen

Texte: J. Zwicker, *Fontes Historiae religionis celticae* (1934–36). – Jullian: *Rech. sur la relig. gauloise* (1903).
Gallische Religion und ihr Fortleben: J. Vendryes, *La Religion des Celtes* (Reihe Mana, 2, III, 1948), mit Bibliographie (1948). – *J* II, Kap. 4 und 5; *B* I, Kap. 2 und 4. – *H* II, Kap. 3. – *G(G),* Kap. 10. – M.-L. Sjoestedt, *Dieux et Héros des Celtes* (1940). – Pierre Lambrechts, *Contributions à l'Étude des Divinités celtiques* (Brügge 1942). Unter anderem Gesichtspunkt: Georges Dumézil, *Mythes et Dieux des Germains* (1939); G. D., *Mars, Jupiter, Quirinus,* I (1941) S. 20, 167–173; G. D., *Naissance de Rome* (1944), S. 22 f.; G. D., *Tarpeia* (1947), S. 113.
Gallo-römische Religion: *J* VI, Kap. 1; *B* II, Kap. 2 und 10. – Jules Toutain, *Les Cultes païens dans l'Empire romain,* Teil 1, *Les Provinces latines,* Bd. I, *Cultes officiels* (1905); Bd. II, *Cultes orientaux* (1911); Bd. III, *Cultes indigènes nationaux et locaux* (1917). – Franz Cumont, *Les Religions orientales dans l'Empire romain* ([4]1929) und *C(S).* – P. Lambrechts, *Contributions* (s. o.). – Georges Drioux, *Cultes indigènes des Lingons* (1934). – P.-M. Duval, *Les dieux de la Gaule* (P. U. F., 1957). – F. Bénoit, *Mars et Mercure. Nouvelles recherches sur l'interprétation gauloise des divinités romaines* (Aix-en-Provence, 1959). – J. De Vries, *La religion des Celtes* (Payot, 1963). – E. Thevenot, *Divinités et sanctuaires de la Gaule* (Fayard, 1968). – J.-J. Hatt, »Les croyances funéraires des Gallo-Romains d'après la décoration des tombes«, in: *Rev. archéol. de l'Est* XXI (1970). – R. Turcan, *Les religions de l'Asie dans la vallée du Rhône* (Leyden 1972).

1 Z. B. über das Tropäum von Saint-Bertrand-de-Comminges: G.-Ch. Picard siehe Anm. 6 zum »Ersten Kapitel« (5).
2 *C(S);* F. Cumont, *Lux perpetua* (1949).
3 *B. G.* VI,18.
4 *RE* Art. »Sucellus«; P. Lambrechts, Contributions (s. o.), Kap. 6.
5 Phyllis Pray Bober, »Cernunnos«, in: *Americ. J. of Archaeol.* 45 (1951).
6 J. Vendryes, »L'Unité en trois Personnes chez les Celtes«, in: *CRAI* 1935, S. 324.
7 Bober, »Cernunnos«, s. Anm. 5.
8 *E* 3134, 4929.
9 *RE,* Art. »Epona« (Keune): Inventar. – Rudiobus: *E* 2978.
10 L. Lerat, in: *GAL* VIII (1950) S. 95.
11 Lambrechts, (s. o.) Kap. 4–5.
12 *B. G.* VI, 17.; s. S. 184.
13 Zu diesen Gottheiten: Inventar bei Lambrechts, s. o.
14 *J* VI, S. 40.
15 F. Cumont (s. o.), und J. Toutain, T. 2 (s. o.); F. Cumont, *Textes et Monuments relatifs au Culte de Mithra* (1894–1900).

16 *B* II, Kap. 2; Toutain, *Les Cultes païens,* T. 1.
17 Angaben zu Sanxay: J. Formigé, in: *GAL* II (1944); zu Fontaines-Salées: R. Louis, in: *GAL* I,2 (1943).
18 Siehe S. 84f.
19 *CIL* I, 2. Aufl. – Coligny: G. Dottin, *La Langue gauloise* (1920). – Dura Europos: *Yale Class. Studies* 7.
20 M.-L. Sjoestedt, *Dieux et héros des Celtes* (1940).
21 E. Griffe, *La Gaule chrétienne à l'époque romaine,* I (1947); E. Mâle, *La Fin du paganisme en Gaule et les plus anciennes Basiliques chrétiennes* (1950).
22 *B. G.* VI,16.

2. Begräbnissitten

J VI, Kap. 3 und 4; *B* II, Kap. 2. *C(S),* Bestandsaufnahme für Gallien, S. 213–227 und passim. – J.-J. Hatt, *La Tombe gallo-romaine* (1951).

1 *B. G.* VI, 14; Lukan I, 454–458.
2 Die Hölle: *G(G),* S. 369 (Plutarch, Prokop); J. Vendryes, in: *RC* XLVI (1929) S. 134 (die Eishölle); *C(S),* S. 213 (der Mond).
3 Inventare: *C(S),* S. 213.
4 Bedeutung der Genreszenen: *C(S)* S. 431; *RO,* S. 535, Anm. 26.
5 *CIL* XIII 530; *B* II, S. 67.
6 P. 11.
7 *J* VI, Kap. 4, § 3; *B* II, S. 58.
8 Einäscherung und Beerdigung: F. Cumont, *Lux perpetua* (1949), S. 14, 387; *G(G),* Kap. 2 und 3; E. Salin, in: *Mél. Louis Halphen* (1951), Kap. 73. – Der Lingone: *CIL* XIII 5708.
9 *J* VI, S. 205. Monographien über Friedhöfe: C. Boulanger, *Le Mobilier funéraire gallo-romain …* (1902–05); F. Eygun, »Le Cimetière gallo-romain des Dunes à Poitiers (Journal des Fouilles du père de la Croix, S. J.)«, in: *Mém. de la Soc. des Antiqu. de l'Ouest* XI, Serie 3.
10 *J* VI, Kap. 4 (Grabtypen). E. Linckenheld, *Les Stèles funéraires en forme de maison chez les Médiomatriques et en Gaule* (1927); J.-J. Hatt, *La Tombe gallo-romaine* (1951).
11 *CIL* XIII 3756.
12 *CIL* XII 533.
13 *CIL* XIII 2104.
14 *CIL* XIII 7015.
15 *CIL* XIII 2073.
16 *CIL* XIII 1972.
17 *CIL* XII 5270.
18 *CIL* XIII 1893.
19 *J* VI, S. 253.
20 Über die Gebräuche: F. Cumont, *Lux perpetua,* und J.-J. Hatt, *La Tombe gallo-romaine* (1951).
21 *CIL* XIII 5708.
22 Vgl. S. 117.
23 A. Grenier, »Sanctuaires celtiques et Tombe du héros«, in: *CRAI* 1943, S. 360; 1944, S. 221.

Schlußbemerkung

Über gewisse Konstanten in der gallo-römischen Vorgeschichte: P.-M. Duval, »De la préhistoire à la Gaule romaine«, in: *La France et les Français* (Encylopédie de la Pléiade, 1972). – L. Chevalier, *Histoire anachronique des Français* (Plon, 1974).

1 *LH,* S. 92–95; J.-J. Hatt, *La Tombe gallo-romaine* (1951).
2 *B. G.* VII, 22.

Bibliographie

Das Thema ist noch kaum für sich allein behandelt worden, aber es gibt bis ins Detail gehende Untersuchungen über umfangreiche Teilbereiche in den grundlegenden Werken, die wir herangezogen haben. Für die in den »Anmerkungen« häufig vorkommenden Titel sind die benutzten Abkürzungen angegeben.

B Bayet, A., *Histoire de la Morale en France,* Bd. I: *La Morale des Gaulois* (1930); Bd. II: *La Morale païenne à l'époque gallo-romaine* (1931).

C Cumont, F., »Comment la Belgique fut romanisée«, in: *Annales de la Société royale d'Archéologie de Bruxelles,* Bd. XXVIII (1914, [2]1919).

C(S) Cumont, F., *Recherches sur le Symbolisme funéraire des Romains* (1924).

CC Cagnat, R. / Chapot, V., *Manuel d'Archéologie romaine,* Bd. I (1917), Bd. II (1920).

FW Friedländer, L.: *Darstellungen aus der Sittengeschichte Roms in der Zeit von Augustus bis zum Ausgang der Antonine,* überarb. von G. Wissowa, 4 Bde. ([11]1921, insbes. Bd. IV).

G Grenier, A., »Archéologie gallo-romaine«, in: J. Déchelette, *Manuel d'Archéologie préhistorique celtique et gallo-romaine,* Bd. V: *Géneralités. Travaux militaires* (1931); Bd. VI: *L'Archéologie du Sol,* Teil 1: *Les Routes,* Teil 2: *Navigation. Occupation du Sol* (1934).

G(E) Grenier, A., »La Gaule romaine«, in: T. Frank, *An Economic Survey of Ancient Rome,* Bd. III (Baltimore 1937).

G(G) Grenier, A., *Les Gaulois* (1945).

G(P) Grenier, A., *La Gaule, province romaine* (Didier, 1946).

Grenier, A., *Manuel d'Archéologie romaine,* Teil III: *L'architecture,* 2 Bde. (Picard, 1958); Teil IV: *Les monuments et les eaux,* 2 Bde. (Picard, 1960).

Grenier, A., *Les Gaulois,* 3. Aufl. mit Vorw. und Bibl. von L. Harmand (Payot, 1970).

GR *Germania Romana. Ein Bilderatlas,* 1–2 (1924), 3–4 ([2]1924), 5–6 ([2]1926).

Hatt, J. J., *La Tombe gallo-romaine* (1951).

Hatt, J. J., *Histoire de la Gaule romaine (120 av. J.-C. – 451 apr. J.-C.). Colonisation ou colonialisme?* (Payot, 1959; 2., durchges. und verb. Aufl. 1966).

H Hubert, H., Bd. I: *Les Celtes et l'Expansion celtique jusqu'à l'époque de la Tène* (1932); Bd. II: *Les Celtes depuis l'époque de la Tène et la Civilisation celtique* (1932).

H(G) Hubert, H., *Les Germains* (1924, ersch. 1952).

J Jullian, C., *Histoire de la Gaule,* Bd. I: *Les Invasions gauloises et la colonisation greque* (1908) Bd. II: *La Gaule indépendante* (1908); Bd. IV: *Le Gouvernement de Rome* (1914); Bd. V und VI: *La Civilisation gallo-romaine: État matériel, état moral* (1920). – C. J., – *Gallia* (Hachette 1892).

JC Carcopino, J., »Ce que Rome et l'Empire romain doivent à la Gaule« (1932), in: J. C., *Points de vue sur l'Impérialisme romain* (1934).

L Lot, F., *La Gaule* (Les Grandes Études historiques, 1947).

Lot, F., *La Gaule. Les fondements ethniques de la nation française,* 2. Aufl., überarb. und erg. von P.-M. Duval (Fayard, 1967).

LH Lantier, R. / Hubert, J., *Les Origines de l'Art français* (1947).

RO Rostovtzeff, M., *The Social and Economic History of the Roman Empire* (1926).

ST Stähelin, F., *Die Schweiz in römischer Zeit* ([3]1948).

Thevenot, E., *Les Gallo-Romains,* 3. verb. Aufl. (P.U.F., 1963; »Que sais-je?«).

Quellen und Sammelwerke

Texte: lateinische und griechische (ins Lateinische übers.) Texte, gesammelt von Dom Bouquet in *Rerum Gallicarum et Francicarum Scriptores* (1728), Bd. I. und II (Neudruck L. Delisle, 1869). Griechische Texte, gesammelt und ins Französische übersetzt von E. Cougny und H. Lebègue: »Extraits des Auteurs grecs concernant la Géographie et l'Histoire des Gaules«, in: *Société de l'Histoire de France,* 6 Bde. (1878–92). Darin fehlen Auszüge von Kaiser Julian.

Barbet, A., »Recueil général des peintures murales de la Gaule«, in: *Gallia,* Suppl. XXXVI, I. Narbonnaise 1, 2 Bde. (1974).

B(D) Blanchet, A., *Étude sur la Décoration des Édifices de la Gaule romaine* (1913).

CIL *Corpus Inscriptionum latinarum,* Bd. XII (Narbonnaise; 1888); Bd. XIII, 6 Bde. (Trois Gaules et Germanies; 1899–1943). – Suppl. z. Bd. XII: E. Espérandieu, *Inscriptions latines de la Gaule (Narbonnaise),* 2 Bde. (1929); Suppl. zu Bd. XIII für Belgien und Germanien: H. Finke, »Neue Inschriften«, in: *17. Bericht der Römisch-Germanischen Kommission* (1927), S. 1–107 und 199–231, 373 Nummern; – H. Nesselhauf, »Neue Inschriften ...«, in: *27. Bericht* ... (1937), S. 51–134, 267 Nummern.

Duval, P.-M., *La Gaule jusqu'au milieu du Ve siècle,* 2 Bde., Bd. I der Neuausgabe der *Sources de l'histoire de France* von A. Molinier (Picard, 1971).

E Espérandieu, E., *Recueil général des bas-reliefs, statues et bustes de la Gaule romaine* I–XI (1907–1938); XII–XIII (1947–49) von Raymond Lantier, der die Veröffentlichung fortführt; mehr als 8300 Nummern.

E(G) Espérandieu, E., *Recueil général des bas-reliefs, statues et bustes de la Germanie romaine* (1931), 761 Nummern. C. Jullian konnte nur die ersten fünf Bände der beiden Werke benutzen.

FOR *Carte archéologique de la Gaule romaine (Forma Orbis Romani),* seit 1931 erschienen unter Leitung von Adrien Blanchet: neun Departements mit Texten und Karten (Alpes-Maritimes, Var, Korsika, Bouches-du-Rhône, Basses-Alpes, Vaucluse, Gard, Aveyron, Hérault).

Carte archéologique de la Gaule romaine: Drôme (J. Sautel), Aude (A. Grenier), Indre-et-Loire (J. Boussard), Haute-Vienne (J. Perrier), Ardèche (A. Blanc) (C.N.R.S., 1957–75).

König, I., »Die Meilensteine der Gallia Narbonensis«, in: *Itinera Romana* 3 (Bern 1970).

LB Lafaye, G. / Blanchet, A.: *Inventaire des Mosaïques de la Gaule,* 2 Bde. (1909), Bildband (1919–22).

Lantier, R., *Recueil des bas-reliefs* ... XIV (1955), XV (1966). Vgl. *E.*

O Oswald, F., *Index of figure-types on terra sigillata (»Samian Ware«),* Suppl. zu *The Annals of archaeology and anthropology,* Bd. XXIII (1936/37). Bildthemen der Reliefkeramik im römischen Westen.

R Reinach, S., *Bronzes figurés de la Gaule romaine* (1894).

R(C) Reinach, S., *Catalogue illustré du Musée des Antiquités nationales de Saint-Germain-en-Laye,* Bd. I (1917, ²1926); Bd. II (1921).

Rouvier-Jeanlin, M., »Les figurines gallo-romaines en terre cuite au Musée des antiquités nationales«, in: *Gallia,* Suppl. XXIV (1972).

Stern, H. (und unter seiner Leitung), »Recueil général des mosaïques de la Gaule«, in: *Gallia,* Suppl. X, I. Belgique, 3 Lfgn. (1957–63) II. Lyonnaise (2 Lfgn. erschienen, 1967–75).

Wuilleumier, P., »Inscriptions latines des trois Gaules (France)«, in: *Gallia,* Suppl. XVII (C.N.R.S., 1963).

Verzeichnisse der Bronzen

Boucher, S., *Vienne, bronzes antiques* (inventaire des collections publiques françaises; Paris: Louvre, 1971).

Boucher, S., *Bronzes romains figurés* (Collections des musées de Lyon IX, Lyon 1973).

Gallia, Suppl. VIII, XIII und XVIII über gallo-römische Bronzen: Bavay (G. Faider-Feytmans, 1957); Seine-Maritime (E. Espérandieu / H. Rolland, 1959); Haute-Provence (H. Rolland, 1965).

Lebel, P., *Catalogue des collections archéologiques de Besançon* V: *Les bronzes figurés* (1961).

Lebel, P., *Catalogue des bronzes figurés antiques du musée de Langres* (1965).

Lebel, P., *Cat. des coll. arch. de Lons-le-Saulnier* III: *Les bronzes figurés* (1963).

Lebel, P., *Cat. des coll. arch. de Montbéliard* III: *Les bronzes figurés* (1962).

Menzel, H., *Die römischen Bronzen aus Deutschland:* I. Speyer (Mainz 1960), II. Trier (1966); auch Kataloge Bonn (1969), Augsburg (1969) und Hannover (1964).

Tassinari, S., »La vaisselle de bronze romaine et provinciale au Musée des antiquités nationales«, in: *Gallia,* Suppl. XXIX (1975).

Zadocks, A.-N. / Zitta, J., *Roman bronze statuettes from the Netherlands* I und II (1969).

Enzyklopädien

DA Daremberg/Saglio/Pottier: *Dictionnaire des Antiquités grecques et romaines* (1878–1916).

RE Pauly/Wissowa: *Real-Encyclopädie der classischen Altertumswissenschaft.*

Zeitschriften

AC *L'Antiquité classique* (Belgien), seit 1931.

BAC *Bulletin archéologique du Comité des Travaux archéologiques et historiques,* seit 1883.

BAF, MAF *Bulletin et Mémoires de la Société nationale des Antiquaires de France,* seit 1857.

CRAI *Comptes rendus de l'Académie des Inscriptions et Belles-Lettres,* seit 1858.

EC siehe *RC.*

GAL *Gallia, Fouilles et Monuments archéologiques en France métropolitaine,* seit 1943 (mit Supplementen).

GER *Germania, Korrespondenzblatt der Römisch-Germanischen Kommission des deutschen Archäologischen Instituts,* seit 1917.

Helinium (Belgien und Niederlande), seit 1961.

Helvetia Archaeologica, seit 1970.

MAF siehe *BAF.*

RA *Revue archéologique,* seit 1844, veröffentlicht *Année épigraphique.*

RC, EC *Revue celtique* (1870–1936), als *Études celtiques* seit 1937.

REA *Revue des Études anciennes,* seit 1899.

Revue archéologique du Centre, seit 1962.

Revue archéologique de Narbonnaise, seit 1968 mit Suppl.

Revue des études anciennes mit »Chronique gallo-romaine« (P.-M. Duval seit 1953).

Archeologia (populärwissenschaftlich).

Tafelnachweis

Umschlagbild: Weinhändler. Relief aus Dijon. (Foto Musée Archéologique de Dijon)

1 Maison Carrée in Nîmes. (Foto Heinrich Reclam)
2 Arena und Theater in Arles. (Foto Greff. S. E. R. P., Paris)
3 Römisches Theater in Arles. (Foto Heinrich Reclam)
4 Theater mit Gymnasion von Orange. (Foto J. Collard, Lyon)
5 Orchestra und Bühnenwand des Theaters von Orange. (Foto Heinrich Reclam)
6 Triumphbogen (Südseite) in Orange. (Foto Heinrich Reclam)
7 Stadttor und Mausoleum in St. Rémy – Glanum. (Foto Heinrich Reclam)
8 Relief auf den Triumphbogen in Orange. Darstellung von Beutestücken. Links oben *braccae* (Hosen). (Foto Heinrich Reclam)
9 Gefangene Gallier auf den Triumphbogen in Carpentras. (Foto Heinrich Reclam)
10 Arena in Nîmes. (Foto J. Collard, Lyon)
11 Pont du Gard bei Nîmes. (Foto Heinrich Reclam)
12 Tour Magne (großer Turm der römischen Mauer) in Nîmes. (Foto Heinrich Reclam)
13 Gallo-römischer Tempel (Pierre de Couard) in Autun. (Fotoarchiv *Gallia*)
14 Gallo-römischer Rundtempel in Périgueux. (Fotoarchiv *Gallia*)
15 Tropaeum Augusti in La Turbie. (Foto C. Gilletta, Nizza)
16 Glanum, Hauptstraße, Theater links Mitte. (Foto Heinrich Reclam)
17 Häuser in Vaison-la-Romaine. (Foto Heinrich Reclam)
18 Thermen von Lutetia (»Palais des Thermes«, Paris). (Foto Commission du Vieux Paris)
19 Holzschuhmacher. Relief aus Reims. (Foto Hurault)
20 Gallo-römischer Pferdehändler. Relief aus Dijon. (Foto Musée Archéologique de Dijon)
21 Mosaik aus Lillebonne. In der Mitte Apollo und Daphne. Umlaufend Szenen einer Hirschjagd. (Foto Ellebe, Rouen)
22 Relief auf einem Pfeilergrabmal aus Neumagen. Frisierszene. (Foto Rheinisches Landesmuseum Trier)
23 Mosaik aus Bad Kreuznach. Ein Gladiator kämpft mit einem Panther. (Foto Karl-Geib-Museum Bad Kreuznach)
24 Gallische Göttin. Bronzekopf aus Rennes (1. Jh.). (Foto Musées de Rennes)

Register

Das Register verzeichnet die Namen der Orte und Flüsse (F), der Regionen und Provinzen sowie der Volksstämme (V), die im Text erwähnt sind (römische Form *kursiv*). Auf die Abbildungen im Text (Abb.) und die Fotos (Taf.) wird am Schluß eines Stichworts verwiesen.

Inhalt

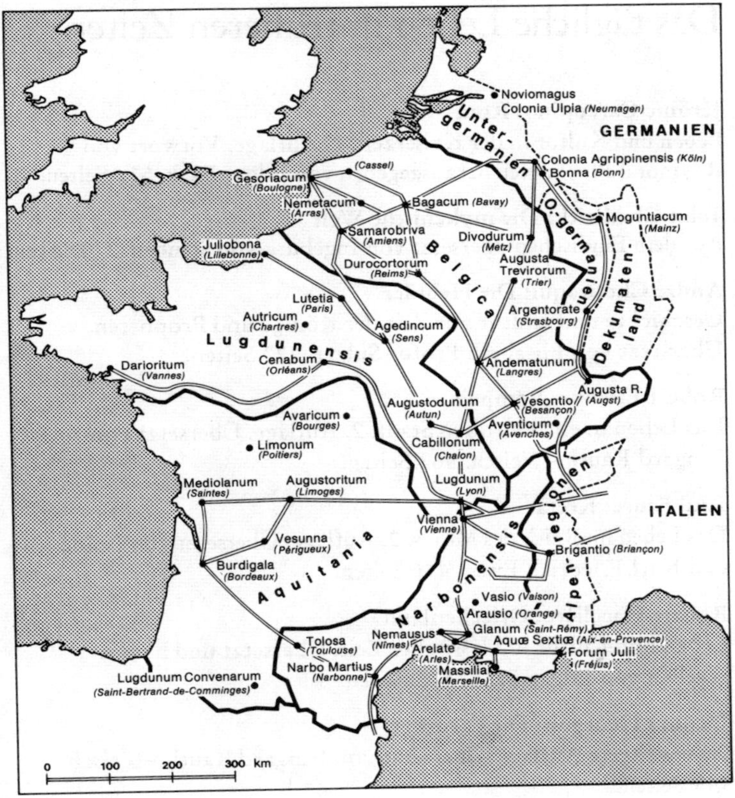

Karte von Gallien im 2. Jahrhundert. Zeichnung von Theodor Schwarz nach »La Gaule Romaine«.

Das tägliche Leben in früheren Zeiten

Jérôme Carcopino: Rom
Leben und Kultur in der Kaiserzeit. 2. Auflage. Vorwort von Raymond Bloch. Neu herausgegeben von Edgar Pack. 512 Seiten.

John Chadwick: Die mykenische Welt
Aus dem Englischen übersetzt von Ingeburg von Steuben. 270 Seiten.

André Chouraqui: Die Hebräer
Geschichte und Kultur zur Zeit der Könige und Propheten. Übersetzt von Elisabeth Profos-Sulzer. 287 Seiten.

Robert Etienne: Pompeji
Das Leben in einer antiken Stadt. 2. Auflage. Übersetzt von Irmgard Rauthe-Welsch. 463 Seiten.

Paul Faure: Kreta
Das Leben im Reich des Minos. 2. Auflage. Übersetzt von Isolde und Karl Friedrich Eisen. 476 Seiten.

Robert Flacelière: Griechenland
Leben und Kultur in klassischer Zeit. Übersetzt und herausgegeben von Edgar Pack. 479 Seiten.

Jacques Heurgon: Die Etrusker
2., erweiterte Auflage. Übersetzt von Irmgard Rauthe-Welsch. 448 Seiten.

Pierre Montet: Ägypten
Leben und Kultur in der Ramses-Zeit. Neu herausgegeben von Rudolf Scheer. 453 Seiten.

Charles-Marie Ternes: Die Römer an Rhein und Mosel
Geschichte und Kultur. 2. Auflage. Übersetzt von Dorothea Basrai. 351 Seiten.

Philipp Reclam jun. Stuttgart